OPTIMUM

Collection dirigée par Fabien Fichaux

# L'anglais aux concours commerciaux

## Méthode de l'écrit et de l'oral
## Notions de civilisation
## Annales corrigées

***Deuxième édition***

Fabien Grenèche

*Ancien élève de l'École normale supérieure de Fontenay / Saint-Cloud*
*Agrégé de l'Université*
*Professeur de classes préparatoires au lycée Henri-IV, Paris*

ellipses

ISBN 978-2-340-001794

32, rue Bargue 75740 Paris cedex 15

DANGER LE PHOTOCOPILLAGE TUE LE LIVRE



www.editions-ellipses.fr

# Remerciements

De nombreux exercices et fiches de méthode contenus dans ce manuel ont été testés en classes préparatoires EC au Lycée Clemenceau de Reims puis au Lycée Henri-IV de Paris, ainsi que dans le cadre des stages « HEC admission directe en 2e année » longtemps organisés au Lycée Lakanal de Sceaux sous la direction de Bernard Clerté, à la mémoire duquel ce volume est dédié.

Je suis très reconnaissant envers Louis Ballarin, Françoise Grellet, Guillaume Odin, Sandrine Parageau et Sylvie Watkins qui m'ont apporté conseils et suggestions. Je remercie aussi chaleureusement Robin Holmes et Mike Lavin, qui ont participé à l'élaboration des corrigés de thèmes et Jeremy James, pour sa relecture attentive et sa contribution à certains dossiers de civilisation.

Je souhaite aussi remercier le directeur de la collection Optimum, Fabien Fichaux, pour les échanges fructueux que nous avons eus autour de ce projet.

Enfin, je veux dire ma reconnaissance à Guillaume Jamin et Quentin Rônez, deux anciens élèves qui ont bien voulu me faire profiter de leurs remarques exigeantes d'anciens préparationnaires sur l'organisation de cet ouvrage.

# Avant-propos

Cet ouvrage a pour ambition de proposer aux candidats aux concours commerciaux un ensemble de savoirs et de savoir-faire pour les aider à se préparer dans de bonnes conditions aux épreuves écrites et orales d'anglais.

Pour bien saisir le niveau d'exigence requis, les étudiants doivent garder à l'esprit qu'un certain nombre d'erreurs formelles, qui ne les pénalisaient guère au niveau du baccalauréat dès lors que l'objectif communicationnel était rempli, deviennent en concours prétextes à les classer. Pour cette raison, l'enrichissement de l'expression, prolongement naturel du travail entamé dans le secondaire, doit passer par une connaissance très rigoureuse de la grammaire et de la syntaxe ainsi que par l'étoffement du lexique, tant argumentatif que descriptif.

Mais si le saut qualitatif que les candidats doivent opérer entre le secondaire et les concours des grandes écoles a souvent tendance à les désarçonner, c'est aussi parce qu'il doit s'illustrer dans d'autres domaines de compétences :

- La mise en place de **réflexes méthodologiques** précis, notamment en traduction, dans le cadre d'une étude comparée exigeante du français et de l'anglais, mais aussi pour faire face aux exercices d'expression écrite (question de compréhension, essai) et orale (résumé et commentaire d'un article de presse ou d'un document audio).
- La connaissance des faits essentiels de **civilisation** des pays anglophones, tant il est vrai que l'enjeu culturel est souligné par tous les jurys de concours pour qui l'épreuve de langue vivante n'a rien d'un banal test linguistique. L'approfondissement des fondamentaux de la civilisation (institutions, système éducatif, système judiciaire ...) est tout aussi nécessaire que la connaissance de « sujets d'actualité » par définition plus mouvants (progrès de la science, environnement, économie ...).

Le manuel, ainsi organisé autour de ces deux pôles, comporte également de nombreux **sujets d'annales corrigés** pour illustrer les conseils de méthode. Destiné prioritairement aux étudiants des classes préparatoires commerciales, il pourra aussi être utile aux candidats qui ne sont pas issus des classes de EC, qu'il s'agisse des khâgneux souhaitant préparer les concours commerciaux parallèlement à l'entrée dans les ENS, ou des étudiants se présentant à ces concours dans le cadre des procédures d'« admission directe » ou d'« admission sur titre ».

PARTIE I

# Acquérir la méthode des épreuves écrites et orales

# 1 Épreuves écrites

# I. Descriptifs

## A. Concours « classes préparatoires » – LV1

| Banque d'épreuves | Traductions | Expression écrite |
|---|---|---|
| **CCIR**<br>HEC, ESSEC, ESCP, EM LYON, EDHEC, AUDENCIA, ESC Grenoble, SKEMA, Toulouse Business School | **Durée : 2 h**<br>**épreuve indépendante**<br>40 % de la note finale<br>**Version** (20 %) ≈ 250 mots, littéraire ou journalistique<br>**Thème** (20 %) ≈ 200 mots, littéraire ou journalistique | **Durée : 2 h**<br>**épreuve indépendante**<br>60 % de la note finale<br>Texte argumentatif en langue étrangère (850 mots) sur « un sujet contemporain portant sur la culture et/ou la civilisation du domaine linguistique concerné »<br>**2 questions** (250 mots par réponse)<br>Q 1 : compréhension<br>Q 2 : expression personnelle |
| **ECRICOME**<br>ICN, KEDGE, NEOMA | **Durée : 3 h**<br>2/3 de la note finale<br>**Version** (1/3) ≈ 220 mots, littéraire ou journalistique<br>**Thème** (1/3) ≈ 180 mots, littéraire ou journalistique | 1/3 de la note finale<br>**Essai** : 250 mots<br>(choix entre deux sujets) |
| **IENA**<br>École de Management de Normandie, École de Management de Strasbourg, ESC [Dijon, La Rochelle, Montpellier, Pau, Rennes, Troyes], ESM de Saint-Cyr, INSEEC, ISC, ISCID, TÉLÉCOM Management, ISG | **Durée : 4 h**<br>50 % de la note finale<br>**Version** (25 %) : journalistique (extrait d'environ 150 mots tiré du texte-support)<br>**Thème** (25 %) : journalistique « Texte suivi ou non d'environ 150 mots, destiné à vérifier les connaissances grammaticales essentielles » | 50 % de la note finale<br>Texte argumentatif en langue étrangère (700 mots environ), sur « la connaissance de la vie contemporaine du pays étudié »<br>**2 questions de compréhension** (25 %) : 100 mots par question (souvent, explication d'une citation du texte)<br>**+ 1 question d'expression personnelle** (25 %) : 300 mots |

## B. Concours « classes préparatoires » – LV2

| Banque d'épreuves | Traductions | Expression écrite |
|---|---|---|
| **CCIR**<br>HEC, ESSEC, ESCP, EM LYON, EDHEC, AUDENCIA, ESC Grenoble, SKEMA, Toulouse Business School | **Durée : 1 h 30**<br>**épreuve indépendante**<br>40 % de la note finale<br>**Version** (20 %) ≈ 200 mots, littéraire ou journalistique<br>**Thème** (20 %) ≈ 150 mots, littéraire ou journalistique | **Durée : 1 h 30**<br>**épreuve indépendante**<br>60 % de la note finale<br>Texte argumentatif en langue étrangère (650 mots) sur « un sujet contemporain portant sur la culture et/ou la civilisation du domaine linguistique concerné »<br>**2 questions** (200 mots par réponse)<br>Q 1 : compréhension<br>Q 2 : expression personnelle |
| **ECRICOME**<br>ICN, KEDGE, NEOMA | **Durée : 3 h** | |
| | 2/3 de la note finale<br>**Version** (1/3) : littéraire ou journalistique<br>**Thème** (1/3) : 10 phrases de thème grammatical, « faisant appel à la grammaire et au vocabulaire de base » | 1/3 de la note finale<br>**Essai** : 250 mots<br>(choix entre deux sujets) |
| **IENA**<br>École de Management de Normandie, École de Management de Strasbourg, ESC [Dijon, La Rochelle, Montpellier, Pau, Rennes, Troyes], ESM de Saint-Cyr, INSEEC, ISC, ISCID, TÉLÉCOM Management, ISG | **Durée : 3 h** | |
| | 50 % de la note finale<br>**Version** (25 %) : journalistique, (extrait d'environ 130 mots tiré du texte-support)<br>**Thème** (25 %) : 10 phrases de thème grammatical « concernant le langage usuel, destinées à vérifier l'acquisition d'expressions idiomatiques et la correction linguistique » | 50 % de la note finale<br>Texte argumentatif en langue étrangère (400 mots environ), sur « la connaissance de la vie contemporaine du pays étudié »<br>**1 question de compréhension** (25 %) : 150 mots<br>**+ 1 question d'expression personnelle**<br>(25 %) : 250 mots |

## C. Concours « admission sur titres » ou « admission parallèle » (HEC/ESCP, EDHEC)

Nous renvoyons pour les concours Passerelle et Tremplin à l'ouvrage de Fabien Fichaux, *L'anglais aux concours Passerelle-Tremplin*, publié dans la même collection, pour ne nous intéresser ici qu'à l'admission parallèle dans les écoles de premier rang.

L'ESSEC a renoncé en 2008 à l'épreuve écrite d'anglais qu'elle organisait jusqu'alors, mais l'admission est subordonnée à l'obtention d'un score minimum au TOEFL ou au TOEIC.

### ➠ Descriptif des épreuves écrites

En 2014, seules HEC, l'ESCP Europe et l'EDHEC (pour les admissions sur titres en 1re année) maintenaient une épreuve écrite de langue vivante. Cette situation est naturellement susceptible d'évoluer.

| Écoles | Traductions | Expression écrite |
| --- | --- | --- |
| **HEC/ESCP**<br>(concours « admission directe en 1re année du cycle Master ») | **Durée : 3 h** | |
| | 50 % de la note finale<br>**Version** (20 %) ≈ 200 mots, littéraire ou journalistique<br>**Thème** (20 %) ≈ 150 mots, littéraire ou journalistique | 50 % de la note finale<br>Texte argumentatif en langue étrangère (600 à 700 mots) sur « la culture et/ou la civilisation contemporaines »<br>**2 questions** (200 mots par réponse)<br>Q 1 : compréhension<br>Q 2 : expression personnelle |
| **EDHEC**<br>(concours « AST 1re année ») | **Durée : 2 h** | |
| | 2/3 de la note finale<br>**Version** (1/3) : littéraire<br>**Thème** (1/3) : 10 phrases de thème grammatical utilisant, notamment, le vocabulaire économique | 1/3 de la note finale<br>**QCM** : 40 questions sur « le vocabulaire de tous les jours et du commerce ainsi que les points de grammaire les plus difficiles pour les étudiants » |

# II. La traduction

## A. Conseils généraux et principaux défis

Une bonne traduction est celle qui, tout en respectant l'**authenticité de la langue-cible**, restitue l'intégralité des **effets de sens du texte-source**. Cette double exigence de **fidélité** requiert de la part du traducteur rigueur, humilité, et une certaine dextérité linguistique pour aller bien au-delà d'une juxtaposition littérale de mots, et appréhender le texte comme une totalité organisée.

Rappelons d'abord de grands principes.

- Toute traduction doit commencer par un **repérage précis de la situation d'énonciation narrative**. Prendre le temps de répondre aux questions *qui ? quoi ? où ? quand ?* mais aussi *qui parle ? qui voit ?* c'est se prémunir contre certains dangers découlant d'une lecture hâtive, comme l'anachronisme ou une **visualisation** erronée de la situation décrite. Il est donc conseillé, plutôt que de commencer à traduire pour ainsi dire « à l'aveugle », dès la première lecture, de prendre le temps nécessaire pour procéder à ces repérages et d'en tirer les conséquences utiles. Le **lieu** de l'action sera déterminant : selon que celle-ci se déroule au Royaume-Uni ou aux États-Unis, c'est un certain bagage lexical et culturel qu'il s'agira de mobiliser pour traduire avec précision. La compréhension exacte du **statut social** de tel personnage dans le cadre d'un texte littéraire pourra aussi aider à trouver le ton juste si celui-ci comporte un passage dialogué. Il faudra également distinguer **époque de publication et temps de la narration**, notamment dans l'hypothèse d'un texte littéraire, où la situation de la diégèse dans un passé plus ou moins éloigné pourra avoir des répercussions sur le **registre** de langue. Les marqueurs de temps, de lieu et de mouvement, tout comme les jalons rhétoriques du discours, devront enfin particulièrement retenir l'attention. En somme, la traduction doit être précédée d'une phase d'analyse rhétorique et thématique, comparable au premier contact avec le support d'une explication de texte littéraire ou civilisationnel.
- **Le paratexte**, qui indique au candidat si le support est de nature **journalistique ou littéraire**, lui permet ainsi de commencer à cerner l'« horizon d'attente » du texte. Si l'exercice requiert dans les deux cas les mêmes qualités et procède de la même exigence, les stratégies de traduction varieront parfois face à tel ou tel support. Une répétition, par exemple, pourra, dans un texte littéraire, relever d'une intention manifeste de l'auteur, d'un choix stylistique et, à ce titre, être conservée dans la traduction. À l'inverse, dans un article de presse, la répétition n'aura pas nécessairement la même valeur et pourra, selon les cas, être avantageusement effacée par un travail sur les synonymes dans le texte d'arrivée.
- **Le registre de langue** doit systématiquement retenir l'attention du candidat. Certaines maladresses découlent parfois de l'hésitation à traduire fidèlement ce

qu'il a pourtant identifié comme une familiarité, ou à l'inverse un style empesé, dans le texte-source. La fidélité est certes due au message et à son contenu informatif, mais aussi à la **tonalité** et au registre de langue qui le véhiculent.

- Il est crucial de tout traduire, sans **omissions**. Celles-ci, qu'elles soient volontaires ou non, seront toujours considérées par le correcteur comme un refus de traduire, et donc de prendre des risques. À ce titre, les omissions sont en règle générale **pénalisées très fortement dans les concours**. Face à un segment difficile dont plusieurs mots lui échappent, le candidat devra donc s'efforcer d'**inférer le sens du contexte**, en visant la cohérence de l'argumentation ou de la narration qu'il a identifiée. Face à un terme technique ou simplement précis dont on peinerait à trouver la traduction, il faut avoir le réflexe de traduire par l'**hyperonyme** (terme générique dont le sens inclut celui de plusieurs autres), plutôt que de laisser un espace vide : si, en thème, « cabillaud » ne vous inspire guère, optez, faute de mieux, pour **fish**, mais ne laissez pas de « blanc » !

## 1. Typologie des erreurs

En version comme en thème, chaque erreur de traduction est « tarifée » selon un barème de points-fautes. Quelques trouvailles remarquables sont parfois bonifiées, mais la règle générale est que chaque copie reçoit d'abord une note négative, correspondant à une addition de points-fautes, qui sera ensuite convertie sur vingt. Les correspondances « erreur ··➔ nombre de points-fautes » peuvent varier d'un concours à l'autre, et d'une année sur l'autre en fonction de la difficulté des textes, mais on peut retenir les invariants suivants :

- Les omissions coûtent le maximum de points-fautes relevés sur le segment concerné à partir d'un échantillon de copies.
- Les fautes de grammaire ou de syntaxe coûtent toujours plus cher que les fautes lexicales (si l'on excepte les barbarismes ou les non-sens).
- Les fautes d'orthographe sont toujours sanctionnées, soit à l'unité, soit sous forme d'un « forfait ».

On peut distinguer les types d'erreurs suivants, classés du moins grave au plus grave au sein de chaque catégorie :

### Erreurs de compréhension

- Faux-sens (une nuance n'est pas saisie, mais la traduction est dans le bon champ lexical).
- Contresens (la traduction sort du champ lexical, voire propose l'exact contraire de ce que le texte-source exprime).
- Non-sens (le segment produit dans la langue-cible est incompréhensible).

Notez que toutes ces erreurs peuvent porter sur un mot isolé ou « gangrener » un segment de phrase, voire une phrase entière, et ainsi entraîner un nombre de points-fautes d'autant plus élevé. Faux-sens, contresens et non-sens peuvent porter sur le lexique et/ou la syntaxe.

### ➠ Erreurs d'expression

- Mal dit, très mal dit.
- Sous-traduit ou sur-traduit.
- Impropriété (la traduction proposée du mot ne convient pas en contexte, alors qu'elle conviendrait dans d'autres contextes).
- Registre de langue inapproprié (trop familier ou trop formel dans le contexte donné).
- Calque (traduction littérale aberrante : le traducteur se laisse abuser par le texte-source et produit dans la langue-cible un énoncé qui ne serait pas naturel pour un natif ; à distinguer de la traduction littérale, parfois justifiée).

### ➠ Erreurs morphologiques

- Orthographe lexicale (nombre de consonnes, mais aussi majuscules, etc.).
- Orthographe grammaticale (désinences grammaticales, accord du participe passé, mais aussi accents circonflexes du subjonctif, etc.).
- Barbarisme (création d'un mot qui n'existe pas ; à distinguer du néologisme volontaire qui, dans de très rares cas, peut être exigé par le texte).
- Verbes irréguliers…

### ➠ Erreurs grammaticales et syntaxiques

- Prépositions.
- Déterminants.
- Emploi et construction du génitif.
- Temps (choix ponctuel d'un temps, mais aussi concordance des temps).
- Structures verbales.
- Modalité.
- Barbarisme grammatical…

Bien évidemment, un segment erroné peut relever de différents types d'erreur : un calque portant sur un faux-ami peut se doubler d'un contresens, une impropriété d'une faute d'orthographe, etc. Dans ce cas, on additionne en général les points-fautes.

Gardant à l'esprit l'échelle de gravité des erreurs, le candidat devra donc élaborer une stratégie : s'il ne faut bien sûr pas renoncer à toute ambition stylistique (les trouvailles seront toujours récompensées), il s'agit bien cependant d'**évaluer les risques pris** et de traduire en conséquence. Le cas emblématique est celui des expressions dites idiomatiques. Certaines sont transparentes d'une langue à l'autre (*crier au loup* ↔ **to cry wolf**), tandis que d'autres ne pourront être traduites qu'avec un équivalent *a priori* assez éloigné. Un réflexe de bon sens en traduction consistera donc, si vous n'êtes pas certain de l'équivalent, à sous-traduire l'expression idiomatique par le biais d'une paraphrase pour ne pas risquer de verser dans le non-sens. La stratégie d'évitement sera, certes, sanctionnée, mais sans doute moins que la production d'un énoncé absurde.

**Par exemple, comment traduire « c'est la goutte d'eau qui fait déborder le vase » ?**

- La solution idéale est l'équivalent idiomatique anglais :

> *c'est la goutte d'eau qui fait déborder le vase* → it's the last straw (that breaks the camel's back).

- Une traduction littérale à l'aide de **drop** et de **water overflowing out of the vase** constituerait un calque doublé d'un non-sens, qui pourrait coûter un minimum de 6 points-fautes, et sans doute beaucoup plus !
- Une sous-traduction consistant ici à traduire l'esprit de l'expression en renonçant à en traduire la lettre (**I can't put up with it any longer**) ne coûterait vraisemblablement que 2 points-fautes, voire pourrait être acceptée sans malus (dans ce cas, l'équivalent idiomatique **the last straw (that breaks the camel's back)** serait bonifié). « Stratégiquement », en cas de doute sur l'équivalent idiomatique, il est donc souvent bien préférable d'opter pour la sous-traduction…

## 2. Le registre de langue

Il importe d'emblée de cerner le registre de langue employé. La tâche sera aisée en thème, et tout phénomène lexical original en français (archaïsme, dialecte, jargon, familiarité…) devra idéalement donner lieu à la recherche d'un **équivalent** anglais, étant entendu que **la traduction du sens primera toujours sur le rendu du registre**. Il faut ici rappeler qu'à bien des égards, la réussite en traduction au niveau des concours dépend directement de la capacité de l'étudiant à évaluer les risques qu'il prend. Si les barèmes peuvent varier marginalement d'un concours à l'autre, une **sous-traduction** consistant par exemple en l'abandon volontaire d'un registre marqué « coûtera » toujours moins de points-fautes qu'un barbarisme ou qu'un non-sens !

Ceci étant dit, il ne faut naturellement pas renoncer à toute ambition, notamment dans le domaine de la précision lexicale. C'est d'ailleurs souvent le maniement des registres et la connaissance de la **connotation** (sens subjectif) des mots au-delà de leur simple **dénotation** (sens objectif) qui fondent la différence entre une traduction acceptable et une excellente traduction.

En guise d'exemples, on classera du plus formel au plus familier (voire grossier) les énoncés suivants en proposant, les équivalents anglais :

> *Cette satanée voiture refuse de démarrer !* ➞ That cursed car won't start!
> *Cette fichue voiture refuse de démarrer !* ➞ That damned car won't start!
> *Cette foutue voiture refuse de démarrer !* ➞ That bloody car won't start!
> *Cette saloperie de voiture refuse de démarrer !* ➞ That fucking car won't start!

> *Succomber* ➞ to succumb, to expire
> *Décéder* ➞ to pass away
> *Mourir* ➞ to die
> *Crever* ➞ to snuff it
> *Casser sa pipe* ➞ to kick the bucket

Le travail sur le registre de langue pourra aussi affecter les formes verbales et modales et s'avérer ainsi un test grammatical intéressant aux yeux des correcteurs.

> *Oserais-je vous demander de l'aide ?* ➞ Would you mind my asking for your help?
> *Puis-je vous demander de l'aide ?* ➞ May I ask for your help?
> *Pourrais-je vous demander de l'aide ?* ➞ Could I ask for your help?
> *Je peux vous demander de l'aide ?* ➞ Can I ask for your help?

Par ailleurs, puisqu'il peut s'avérer difficile pour des étudiants, à qui l'on enseigne en général l'anglais le plus châtié, de mobiliser en situation de concours un vocabulaire informel, il ne faut pas perdre de vue qu'un texte littéraire fonctionne comme un **réseau** de signification : si tel mot familier fait l'objet d'une sous-traduction, faute d'équivalent, il sera parfois possible de compenser cette perte ailleurs dans la phrase en introduisant, par exemple, une **forme explétive** (**kind of, I mean**…), une **interjection** (**look, well**…), ou encore une **ellipse** de l'auxiliaire ou de certains pronoms…

Notez enfin qu'il faut être capable d'identifier les **sautes de registre**, qui peuvent correspondre à la volonté ponctuelle d'un narrateur d'introduire un contrepoint comique et/ou familier, à un changement de locuteur dans un dialogue ou encore, comme dans l'extrait ci-dessous, à l'introduction d'une citation au sein d'un texte discursif :

> It is hard to think of any neo-conservative who has put on his country's uniform other than in his dreams. Mr Kerry can legitimately argue that, as someone who has been at the sharp end of battle, he would have thought more carefully than these "**chicken hawks**" before launching a preventive war. He gets some of his loudest applause on the stump when he says that he knows "**something about aircraft carriers for real**".
>
> (*The Economist*, January 31st 2004)

La saute de registre est ici manifeste, entre une langue journalistique plutôt soutenue et deux citations dont la première est caractérisée par un terme familier (**chicken**, employé plutôt que **cowardly** + jeu de mot avec **hawk**, terme communément utilisé pour désigner les « faucons », partisans d'une option militaire) et la seconde par un lexique minimal : **something… for real**. Naturellement, la traduction doit s'efforcer de respecter cette saute de registre :

> *« Existe-t-il un seul néo-conservateur qui a porté l'uniforme de son pays ailleurs que dans ses rêves ? M. Kerry, parce qu'il a servi en première ligne, peut légitimement avancer qu'il aurait réfléchi plus sérieusement que ces «* ***poules mouillées de faucons*** *» avant de s'engager dans une guerre préventive. Lors des réunions publiques, c'est notamment lorsqu'il déclare qu'il «* ***s'y connaît en porte-avions pour de vrai*** *» qu'il est le plus franchement applaudi. »*

## 3. Les allusions culturelles

Véritables défis au traducteur, puisqu'elles n'ont, en général, pas de strict équivalent dans la langue-cible, les allusions culturelles posent plusieurs problèmes : l'équivalent choisi est-il spontanément compréhensible ? Ne remet-il pas en cause le contexte socio-culturel décrit ? À quel type de public s'adresse-t-il ?

Pour traduire les allusions culturelles, plusieurs stratégies existent mais il est difficile, hors contexte, d'en conseiller une au détriment de l'autre :

- **l'emprunt** du terme de la langue départ, que l'on considère alors suffisamment transparent ou connu pour figurer dans la langue-cible ;
- **l'équivalence** approximative ;
- **l'explication**, directement insérée dans le corps du texte ou mise entre parenthèses.

On exclut volontairement ici la pratique de la **note de traducteur**, toujours suspecte dans les concours car considérée comme un échec.

Considérons plusieurs exemples de phrases contenant des références culturelles et les stratégies mobilisables pour les traduire :

### ➨ They would dash to the pub right after work.

La représentation de ce qu'est un *pub* est suffisamment claire pour un lecteur francophone pour que l'on puisse d'emblée écarter la solution de l'**explication**. L'**équivalent** le plus proche du *pub*, à considérer le degré de convivialité du lieu, serait le café mais il va de soi que les deux termes ne recoupent pas exactement les mêmes réalités culturelles. Il faut donc ici **emprunter** le terme anglais.

> ➝ *Ils avaient l'habitude de courir au pub juste à la sortie du travail.*

### ➨ He was appointed head of MI5.

Selon que l'on privilégie ici emprunt, équivalence ou explication, la phrase se traduira de trois manières différentes :

> ➝ *Il a été nommé à la tête du MI5*
> ➝ *Il a été nommé à la tête de la DGSI britannique*
> ➝ *Il a été nommé à la tête des services de contre-espionnage britannique*

La première solution (**emprunt**) est envisageable, si elle s'adresse à un lecteur au fait de l'actualité, exposé aux médias d'information ou… aux films d'espionnage !

La seconde (**équivalence**) s'adresse à un public potentiellement plus large, à condition que l'appellation DGSI (Direction Générale de la Sécurité Intérieure) soit pour lui suffisamment évocatrice. Celle-ci bénéficie sans doute d'une reconnaissance spontanée assez faible de la part du grand public, puisque ce n'est que récemment que ce nouveau service est né de la fusion entre DST et Renseignements Généraux.

La troisième (**explication**) a ici l'avantage de neutraliser la question du lectorat potentiel en insistant sur la définition des activités du service concerné, plus que sur son appellation.

### ➠ He has been working as a Reader at King's College for five years.

Voici une définition du terme qui pose problème ici :

- « In British universities, a Reader is a lecturer of the highest grade below Professor » (*Oxford Dictionary of English*).

**L'emprunt** est ici inenvisageable. Le titre de **Professor** aurait été transparent, mais celui de **Reader** ne peut spontanément être significatif qu'à un lectorat très limité. Il y aurait en outre un risque majeur de contresens : **a reader ≠ a Reader.**

**L'équivalence** est possible :

> ··➔ *Il est maître de conférences à King's College depuis cinq ans.*

Elle n'est cependant pas tout à fait satisfaisante, car les grades de l'Université française (Maître de Conférences, Professeur des Universités) ne correspondent pas à la hiérarchie en vigueur dans les établissements britanniques (**Lecturer**, **Senior Lecturer**, **Reader**, **Professor**). La solution consistant à étoffer « maître de conférences » en « maître de conférences habilité à diriger des recherches » est séduisante, puisqu'il s'agit souvent, en France, d'une étape intermédiaire avant de devenir Professeur, mais ne correspond pas non plus exactement à la réalité universitaire britannique où des **Lecturers** peuvent diriger des thèses très tôt dans la carrière.

**L'explication**, couplée à **l'emprunt**, est sans doute ici la solution la moins erronée :

> ··➔ *Il est* Reader *(grade intermédiaire entre Maître de Conférences et Professeur) à King's College depuis cinq ans.*

### ➠ He passed his A-levels with flying colours.

On conviendra que l'emprunt strict (··➔ *Il a été brillamment reçu aux A-levels*) n'est ici guère envisageable qu'auprès d'un lectorat spécialisé. L'équivalence est possible (··➔ *Il a été brillamment reçu au baccalauréat*) mais l'intervention d'un terme français dans un contexte britannique marqué pourra surprendre, d'autant plus qu'un nombre croissant d'élèves passent le baccalauréat international en Grande-Bretagne. L'explication (··➔ *Il a été brillamment reçu à l'examen de fin d'études secondaires*), éventuellement couplée à l'emprunt (··➧ *Il a été brillamment reçu aux A-levels, équivalent britannique du baccalauréat*) est sans doute préférable.

## 4. Les noms propres

### ➨ Les noms et prénoms

- Ils ne se traduisent généralement pas : il ne faut bien sûr pas traduire Peter par Pierre en version, ou Henri par Henry en thème… La brusque intervention d'un nom à consonance française dans un environnement anglo-saxon, et inversement, serait saugrenue. En revanche, si un personnage est affublé d'un diminutif comique, il faut idéalement trouver un équivalent produisant le même effet (par exemple « Piggy » est rendu par « Porcinet » dans la traduction de *Lord of the Flies* publiée par Gallimard).
- Si un nom propre est utilisé pour son acception générique, il faut bien sûr utiliser un équivalent.

> "Google makes it easier to find Smiths and Joneses" [titre d'un article de *USA Today*, avril 2009]
> ··➧ *« Grâce à Google, il est plus facile de retrouver les Dupont et les Durand »*

- Notez que les patronymes peuvent se mettre au pluriel en anglais, mais pas en français.

> The Harveys and the Joneses are used to going on holiday together.
> ··➧ *Les Harvey et les Jones ont l'habitude de partir en vacances ensemble.*

- Lorsqu'il s'agit d'un personnage public, historique, etc., l'usage peut imposer une traduction :

> Queen Elizabeth II ··➧ *la Reine Elisabeth II, Plato* ··➧ *Platon, Christopher Columbus* ··➧ *Christophe Colomb, Mona Lisa* ··➧ *La Joconde, Jeanne d'Arc* ··➧ *Joan of Arc, etc.*

### ➨ Les noms géographiques

- On traduit, **chaque fois qu'il existe un équivalent attesté dans la langue-cible,** les noms de pays, de régions, de villes, de mers, de rivières, de chaînes montagneuses ou de bâtiments publics.

> the Netherlands ··➧ *les Pays-Bas,* the Hague ··➧ *La Haye,* the Rocky Mountains ··➧ *les Rocheuses,* the House of Commons ··➧ *la Chambre des Communes,* the River Thames ··➧ *la Tamise,* Gênes ··➧ *Genoa,* etc.

- L'usage peut également nécessiter de modifier **l'orthographe** de certains noms de villes :

> Reims ··➧ *Rheims,* Lyon ··➧ *Lyons,* Marseille ··➧ *Marseilles,* Venise ··➧ *Venice,* Edinburgh ··➧ *Édimbourg.*

- On ne traduit en revanche pas les noms de **rues** :

> He lives [in High Street Kensington / on Holland Avenue / in Russel Square / on Sunset Boulevard].
> ··➔ *Il habite [High Street Kensington / Holland Avenue / Russel Square / Sunset Boulevard].*

Notez, dans le sens du thème, l'apparition de l'article **the** :

> *Ils vivent rue Monge / place du Panthéon* ··➔ They live in the rue Monge / on the Place du Panthéon.

On traduit cependant les noms de rues et d'avenues new-yorkaises qui, il est vrai, ne sont pas vraiment des noms propres :

> The restaurant is located on Seventh Avenue. ··➔ *Le restaurant est situé sur la Septième Avenue.*

- Reste le cas particulier des noms de lieux utilisés pour leur **valeur métonymique**. Pour rendre le texte directement intelligible, il est préférable de traduire la réalité culturelle, politique, etc. que le lieu symbolise. Parmi les métonymies les plus courantes :

> **Domaine britannique** : 10 Downing Street ··➔ *le Premier ministre,* 11 Downing Street ··➔ *le ministère des Finances,* Buckingham Palace ··➔ *le souverain / la royauté,* The City ··➔ *le monde des affaires,* Fleet Street ··➔ *la presse,* Westminster ··➔ *le Parlement,* Whitehall ··➔ *le gouvernement,* Stormont ··➔ *le gouvernement d'Irlande du Nord…*

> **Domaine américain** : The White House ··➔ *le Président / l'exécutif,* Capitol Hill ··➔ *le Congrès,* Wall Street ··➔ *la Bourse,* Broadway ··➔ *le monde du spectacle,* Madison Avenue ··➔ *le monde de la publicité,* Hollywood ··➔ *l'industrie du cinéma*

## 5. Les unités de mesure

- L'usage impose de convertir les mesures, au moins approximativement. Voici les principales unités dont le sens n'est pas transparent :

> **Longueur** : one inch ··➔ *2,5 cm*, one foot ··➔ *30,5 cm*, one yard ··➔ *91 cm, one mile* ··➔ *1,6 km*
> **Poids** : one ounce ··➔ *28,3 g*, one pound ··➔ *454 g*
> **Volume** : one pint ··➔ *0,56 l*, one gallon ··➔ *36,36 l*
> **Température** : 32 °F ··➔ *0 °C*, 100,4 °F ··➔ *38 °C*

- En fonction du contexte, il faut bien sûr opter pour une mesure exacte ou, plus souvent, approximative.

> There's a petrol station a few miles away. ··➔ *Il y a une station-service à quelques kilomètres.*
> He's a good six feet tall. ··➔ *Il mesure un bon mètre quatre-vingts.*
> It's a 60-mile drive. ··➔ *C'est un trajet de 100 kilomètres environ.*

- Il serait absurde de traduire la valeur chiffrée des prix, étant donné la variation des taux de change, mais il faut bien traduire **pounds (sterling)** par *livres (sterling).*

> The town spent 2 million pounds on this new sports complex. ··➔ *La ville a dépensé 2 millions de livres pour ce nouveau complexe sportif.*

## 6. Les titres

**Sauf indication contraire, les titres de romans dont sont extraits les passages à traduire ne doivent pas être traduits.** Il est vrai que traduire maladroitement *Wuthering Heights*, ou *À la Recherche du temps perdu*, là où l'usage a imposé respectivement *Les Hauts de Hurlevent* et *Remembrance of Things Past*, pourra sembler incongru.

En revanche, **les titres des articles de journaux** ou ceux qui figurent, le cas échéant, au début du passage littéraire, sont effectivement à traduire.

Les titres des articles de journaux anglais frappent souvent le lecteur francophone par leur **extrême concision**. Voici leurs principales caractéristiques stylistiques :

- Omission de la plupart des articles

> "Teacher charged with attempted murder of school pupil" (*The Guardian*, 10 July 2009)
> ➝ *« Un enseignant accusé de tentative de meurtre sur un élève »*
> "Segregation in schools fuelled by 'white flight', report warns" (*The Guardian*, 10 July 2009)
> ➝ *« La ségrégation scolaire alimentée par la "fuite des blancs", selon un rapport »*

- Omission de *TO BE*

> "*Post* criticized for 'ethical lapse'" (*The New York Times*, 11 July 2009) ➝ *« Le Washington Post accusé de manquement à l'éthique »*
> "Five hurt in Pamplona bull run" (*The Independent*, 11 July 2009) ➝ *« Cinq blessés dans une course de taureaux à Pampelune »*

- Utilisation d'une série de substantifs

> "Rail, bus and bike travel the focus of Brown's transport strategy" (*The Guardian*, 29 June 2009)
> ➝ *« Pour sa politique des transports, Brown mise sur le train, le bus et le vélo »*
> "House price rise blow for Prescott Bulldozers" (*The Daily Telegraph*, 10 September 2005)
> ➝ *« Augmentation des prix de l'immobilier : un revers pour Prescott et sa politique de rénovation urbaine »*

- Utilisation fréquente du gérondif

> "Tracking down the terrorists" (*Time*, 28 November 2008) ➝ *« Sur la piste des terroristes »*
> "Unlocking progress on climate change" (*The Guardian*, 9 July 2009) ➝ *« Comment faire progresser la lutte contre le changement climatique »*

- Utilisation d'un système des temps simplifié

> "Home Secretary Jacqui Smith to step down" (BBC News, 2 June 2009) ➝ *« La ministre de l'Intérieur Jacqui Smith va démissionner »*
> "Obama delivers letter from Senator Kennedy to the Pope" (*Newsweek*, 10 July 2009)
> ➝ *« Obama a remis au pape une lettre du sénateur Kennedy »*

- Utilisation de références culturelles et de jeux de mots

> "Let there be bacteria!" (*The Economist*, The World in 2005) ➝ *« Que les bactéries soient ! »*
> *(le titre initial parodie le* Let there be light! And there was light *de la Genèse.)*
> "Of mice and not men" (*The Economist*, 22 April 2004) ➝ *« Des souris, mais pas des hommes »*
> *(jeu de mots sur le fameux roman de Steinbeck* Of Mice and Men*)*

"Over their dead bodies" (*The Guardian*, 7 August 2002) ➞ *L'article en question critique la tentation de certains réalisateurs d'exhumer les projets laissés inachevés par le décès d'un confrère pour les mener à bien, et, ce faisant, se les approprier. Le titre constitue un jeu de mots sur une expression idiomatique très courante* **Over my dead body!**, *qui exprime le refus catégorique et peut se traduire par « Moi vivant, jamais ! » ou encore « Il faudra me passer sur le corps ! ». On peut donc ici envisager une traduction construisant un jeu de mots comparable sur les expressions figées françaises : « Eux vivants, jamais ! » ou encore « Il faudra passer sur leur dépouille ». Une autre solution consisterait à travailler à partir d'une expression idiomatique proche (« à son corps défendant ») pour tenter « à leurs cadavres défendant ».*

## 7. La ponctuation

Souvent ignorées des étudiants, les règles de ponctuation spécifiques à l'anglais contribuent pourtant de manière significative à l'authenticité du discours. Certains emplois diffèrent nettement du français à l'anglais (par exemple la ponctuation des dialogues), si bien que les candidats doivent redoubler de vigilance en expression écrite comme en thème.

### ➠ Le point d'interrogation (the question mark)

- Pour conclure une question directe mais jamais pour conclure une interrogative indirecte.

Where have all the good times gone?
He did what?
He asked me where I was.

### ➠ Le point d'exclamation (the exclamation mark)

- Pour ponctuer un impératif ou une exclamative.

Do not move!
What a beautiful day!

- Pour ponctuer une incise, surtout si celle-ci est un peu ironique.

On such (fortunately rare!) occasions, we would indulge in small talk.

### ➠ La virgule (the comma)

Les virgules sont globalement moins nombreuses en anglais qu'en français, en particulier parce qu'elles ne délimitent pas systématiquement les compléments circonstanciels. Une erreur par ailleurs fréquemment commise par les étudiants à la fois anglicistes et germanistes est de séparer, comme en allemand, toutes les propositions par des virgules, ce qui est impossible en anglais. Vous trouverez ci-dessous la liste des principaux emplois à connaître.

- Avant certains adverbes et conjonctions de coordination (**and**, **or**, **but**, **for**, **yet**, et **nor**) reliant deux propositions indépendantes.

  It is hard enough to find a good job, but it will be even harder with no diploma.
  It may be a good idea, yet I'm not convinced it'll work.

- Pour encadrer les propositions relatives non déterminatives.

  Her grand-mother, who lives in Surrey, will turn 80 next week.
  This report, which is said to be a major landmark, is now available online.

  En revanche, les subordonnées déterminatives introduites par **that** ne peuvent être précédées d'une virgule :

  The book that I read this afternoon was fascinating.

- Pour détacher les éléments introductifs du reste de la phrase.

  Conversely, they decided not to run the risk.
  When you next go to London, come and see me.
  A prominent figure of the Labour Party for 20 years, Robin Cook died in August 2005.
  As the report had suggested, new benchmarks were introduced.

- Pour encadrer les groupes mis en apposition à l'intérieur d'une phrase.

  Paul Auster's latest novel, *Sunset Park*, was published in 2010.

- Pour encadrer des adverbes introduisant un point de vue ou clarifiant la relation entre deux phrases.

  Most of them, however, decided to stay put.
  He was, of course, rather pleased with the result.
  People overwhelmingly agreed with him. It seemed, indeed, the right decision to make.

- Pour séparer les éléments d'une énumération.

  I bought apples, bananas, and carrots.
  She was blonde, good-looking, and desperately sad.
  She had long, dark hair.

- Pour introduire ou suivre une courte citation.

  "I really have to leave," she said.
  Jane said, "I really have to leave."

- Pour mettre en relief une subordonnée en milieu ou fin de phrase.

  We tried to convince her, although to no avail.

- Pour séparer les éléments dans le cadre d'une suite de subordonnées en **that**.

  He said that he was sorry, that he hadn't done it on purpose, and that he would not do it again.

En revanche, une seule subordonnée en **that** n'est pas séparée de la principale par une virgule.

> He said that he was sorry.

- Pour introduire les tags.

> She is quite a nice lady, isn't she?

- Pour séparer dans un nombre (à l'exception des dates) les groupes de trois chiffres, là où le français utilise un espace.

> About 10,000 lives were claimed by the epidemic.

### Le point-virgule (the semicolon)

- Pour séparer deux propositions indépendantes à l'intérieur d'une même phrase.

> The previous set of statistics showed no sign of improvement; the new one leaves more room for optimism.

- Avant certains adverbes et conjonctions (**however, therefore, thus, besides, moreover, furthermore, consequently**…), là où deux phrases distinctes pourraient en fait être construites.

> The situation has worsened; therefore, we must take new measures.
> = The situation has worsened. Therefore, we must take new measures.

En revanche, on ne peut pas utiliser de point-virgule devant **and, but, nor** ou **or**.

### Les deux points (the colon)

- Pour introduire une explication.

> They actually have a lot in common: they both love Italy and pizza.
> They remain poles apart: he refuses to leave the city, but she'd like to move to the countryside.

- Pour introduire une longue citation.

> At this stage, I'd like to quote George Orwell: "All animals are equal, but some are more equal than others."

- En revanche, pour introduire une série d'exemples, on utilisera plus volontiers en anglais des expressions comme **that is to say, namely, for example/instance, such as**, ou **e.g.**

### ➠ Le tiret (the dash)

C'est l'un des signes de ponctuation dont l'usage varie le plus entre le français et l'anglais ; d'où la nécessité d'être très rigoureux. On utilise le(s) tiret(s) :

- Pour apporter une précision (développée ou concise) comme en français.

> The thieves – there were three of them, all masked, armed, and looking determined – robbed the bank twice this month.
> In the UK – and in many other countries – universities are self-governing bodies.

- Pour, à la fin de la phrase, expliciter ce qui vient d'être dit, mettre en relief un élément nouveau, ou introduire une nuance ou un contraste.

> It was impossible to leave the premises on such short notice – or so I was told.
> You should start by defining the two concepts – the preemptive war and the preventive war.

L'utilisation du tiret d'incise unique pour mettre en exergue l'ultime segment d'une phrase n'est cependant pas aussi fréquente en français ; on peut donc parfois lui préférer dans le cadre de la version un léger réagencement syntaxique ou d'autres signes de ponctuation (selon le contexte, les deux points, le point-virgule…).

### ➠ Le trait d'union (the hyphen)

- Parfois, pour relier un préfixe se terminant par une voyelle à un mot commençant lui-même par une voyelle : **pre-exist**, **re-establish**, **anti-inflammatory**… La tendance est cependant aujourd'hui de relier préfixe et radical et les dictionnaires récents donnent souvent **antiaircraft** plutôt que **anti-aircraft**, **cooperate**, plutôt que **co-operate**, etc.
- Pour créer un adjectif composé à partir d'une association ponctuelle de mots.

> He runs a non-for-profit company.
> Her ten-year-old girl took a thirty-minute walk.
> He gave me his I-swear-I-did-not-do-it look but was still asking for forgiveness.

### ➠ Les guillemets (inverted commas, quotation marks)

- Pour introduire le discours direct. Contrairement à ce qui se passe en français, les guillemets doivent être refermés dès lors qu'il ne s'agit plus d'une citation.

> "Let's go to the restaurant," she said.
> "I'd rather dine in," he replied.

- Plus rarement qu'en français, pour indiquer une saute de registre, un néologisme, une distance ironique, ou encore un terme que l'on sait impropre, mais que l'on utilise malgré tout.

> Apparently his "hobbies" include gate-crashing and binge-drinking.
> I think such changes boil down to some "Disneyfication" of culture – the reduction of our everyday lives to theme park existences.

- Pour mettre en relief un terme sur lequel on apporte un commentaire.

> The word "politics" can be followed by a singular or a plural verb, depending on its actual meaning in context.

### Les points de suspension (the three dots)

- Pour indiquer qu'une partie du texte est omise, comme en français : [...].
- En revanche, alors que le français utilise fréquemment les points de suspension à la fin d'une énumération non achevée, ou encore pour suggérer le suspense, le regret ou un autre sentiment, ces usages sont beaucoup plus rares en anglais. Pour indiquer qu'une énumération reste inachevée, préférez donc **etc.** ou **and so on**.

### Les parenthèses (parentheses, brackets)

Comme en français, pour ajouter une explication, tout en attestant son caractère secondaire.

> After we left Spain (which was about three years ago), we lost touch with them.

### L'apostrophe (the apostrophe)

- Pour les formes verbales contractées.

> I'm sure she'll succeed.

- Pour construire le génitif des noms au singulier ou au pluriel désignant des humains, des animaux personnifiés, des institutions, ou parfois, selon l'usage, des « activités humaines ».

> Jane's decision contrasted with Charles's (ou Charles').
> The government's response was long overdue.
> The media's coverage of the event was quite surprising.

- Les abréviations et sigles employés au pluriel prennent un « s » minuscule et surtout pas d'apostrophe : **MPs, ASBOs, WMDs...**

### La ponctuation des dialogues

- On n'utilise pas en anglais de tiret pour indiquer un changement de locuteur dans un dialogue, comme c'est l'usage en français.

- Les guillemets encadrent strictement chaque élément de discours direct en anglais, à l'exclusion des verbes déclaratifs, voire de courts passages narratifs, parfois inclus dans le segment entre guillemets en français.
Comparez ainsi le passage suivant et sa traduction :

> *« – Je ne pense pas pouvoir me joindre à vous, dit François. Il faut que je parte à Londres dès que possible.*
> *– Quel dommage ! répondit-elle.*
> *Elle semblait vraiment contrariée.*
> *– J'essaierai cependant de t'appeler en arrivant là-bas ».*

> "I don't think I'll be able to join you," François said. "I have to go to London as soon as possible."
> "What a pity!" she replied.
> She really looked upset.
> "I'll try to give you a call when I get there, though."

## 8. Les temps

Parce que les fautes sur le groupe verbal sont extrêmement fréquentes dans les copies de concours, alors même qu'elles restent lourdement pénalisées, il paraît opportun de rappeler, à l'aide du tableau suivant, les principales correspondances entre temps/modes français et équivalents anglais.

| Mode / temps français<br>Valeur | Exemples | Temps / modal anglais | Exemples traduits |
|---|---|---|---|
| **Présent** | | | |
| Vérité générale | *Le soleil se lève à l'est.* | Present simple | The sun rises in the east. |
| Habitude | *Je vais à Londres régulièrement.* | Present simple | I go to London on a regular basis. |
| Caractéristique permanente du sujet | *Il chante merveilleusement.* | Present simple | He sings beautifully. |
| Expression d'une opinion ou d'une volonté | • *Que veux-tu ?*<br>• *J'aime beaucoup ce roman.* | Present simple | • What do you want ?<br>• I like this novel a lot. |
| Horaire programmé indépendant de la volonté de l'énonciateur | *Notre avion décolle à 10 h.* | Present simple | Our plane takes off at 10 a.m. |
| Narration « neutre » (reportage « en direct », titres de journaux, indications scéniques) | • *Des bruits. Une femme entre.*<br>• *« Un homme gagne 200 000 $ au loto »* | Present simple | • Noises. A woman enters.<br>• "Man wins $200,000 in lottery." |
| Récit<br>(suite chronologique d'évènements dans un article de presse ou une œuvre littéraire) | *1/ À l'âge de 25 ans, il réalise son premier film et commence à jouer dans de nombreuses pièces.*<br>*2/ Il entre dans la pièce et s'assoit aussitôt.* | Past simple<br>(dans des textes historiques ou journalistiques, mais aussi des œuvres littéraires)<br>*ou* present simple<br>(le roman anglais contemporain utilise désormais fréquemment le *present tense* de narration qui pourra donc, *dans certains cas*, être utilisé pour respecter un aspect stylistique *marqué*) | 1/ At 25, he directed his first movies and started starring in numerous plays.<br>2/ He entered the room and sat down immediately.<br>or<br>He enters the room and sits down immediately. |
| Action en cours | *Ils travaillent. / Ils sont en train de travailler chez eux.* | Present progressive | They are working at home. |

| Mode / temps français<br>Valeur | Exemples | Temps / modal anglais | Exemples traduits |
|---|---|---|---|
| Action temporaire se situant dans le présent au sens large | *Il loge chez nous en ce moment.* | Present progressive | He's staying with us. |
| Jugement subjectif sur un comportement habituel | *Il est tout le temps en train de tergiverser !*<br>*J'aime bien John, il est tout le temps en train de raconter des blagues !* | Present progressive + ALWAYS | He's always procrastinating!<br>I like John, he's always telling jokes! |
| Forme d'insistance | *Que ce soit clair : tu ne viens pas avec nous.* | Present progressive | Let me tell you this: you are not coming with us. |
| Action programmée par l'énonciateur | *Je joue demain soir.* | Present progressive | I'm giving a concert tomorrow night. |
| État qui dure | *Nous nous connaissons depuis 2 ans.* | Present perfect | We have known each other for two years. |
| Bilan | *C'est la première fois que je vois ce film.* | Present perfect | It's the first time I've seen this film. |
| Action qui vient de s'achever | *Je termine à l'instant ! / Je viens de terminer* | Present perfect | I've just finished! |
| Action qui dure | *Ils jouent au tennis depuis deux heures.* | Present perfect progressive | They've been playing tennis for two hours. |
| Caractéristique habituelle, proverbiale | *Il y a toujours des contretemps.* | WILL | Setbacks will happen. |
| Futur proche<br>(prise de décision / prédiction concernant une action future) | *1/ Je l'appelle de suite !*<br>*2/ Prends ton temps ! Je t'attends dehors !* | WILL<br>*ou*<br>WILL + BE + + -ING | 1/ I will phone him at once!<br>2/ Take your time! I'll be waiting for you outside! |
| Capacité / incapacité | *Il est parfois très gentil.* | CAN | He can be very nice. |
| Perception | *Je vois un homme là-bas.* | CAN | I can see a man over there. |
| **Passé simple** | | | |
| Récit | *Le chœur commença à chanter* | Past simple | The choir started singing. |

| Mode / temps français<br>Valeur | Exemples | Temps / modal anglais | Exemples traduits |
|---|---|---|---|
| **Imparfait** | | | |
| Habitude révolue, état révolu | *Autrefois, je travaillais beaucoup.* | Past simple<br>*ou*<br>USED TO | I worked a lot in those days.<br>or: I used to work a lot. |
| Récit historique | *En 1793, le roi était guillotiné.* | Past simple | The king was beheaded in 1793. |
| Souhait | *Si seulement tu te mettais à travailler !* | Prétérit modal | If only you started working! |
| Hypothèse | *Si elle se décidait, nous pourrions partir.* | Past simple | If she made up her mind, we would be able to leave. |
| Hypothèse révolue | *Sans ton aide, j'échouais.* | WOULD + HAVE<br>+ participe passé | But for your help, I would have failed. |
| Hypothèse irréaliste | *Si j'étais l'homme le plus riche du monde, j'achèterais un château.* | Prétérit modal | If I were the richest man in the world, I would buy a mansion. |
| Action / état prévisible dans le passé | *1/ Il allait se promener tous les samedis matins.*<br>*2/ À 11 heures tapantes, j'étais sûr de le trouver assis à l'arrêt de bus.* | WOULD<br>*ou*<br>WOULD + BE + -ING | 1/ He would go for a walk on Saturday mornings.<br>2/ At 11 a.m. sharp, he would be sitting at the bus stop. |
| Action en cours (arrière-plan d'une autre action passée) | *Il traversait la rue (quand il l'aperçut).* | Past progressive | He was crossing the street (when he saw her). |
| État qui durait dans le passé | *Nous nous connaissions depuis deux ans.* | Past perfect | We had known each other for two years. |
| Bilan dans le passé | *C'était la première fois que je voyais ce film.* | Past perfect | It was the first time I had seen this film. |
| Action qui durait dans le passé | *Ils jouaient au tennis depuis deux heures.* | Past perfect progressive | They had been playing tennis for two hours. |
| Demande / suggestion | *Et si nous allions au restaurant ?* | SHALL | Shall we go to the restaurant? |

| Mode / temps français<br>Valeur | Exemples | Temps / modal anglais | Exemples traduits |
|---|---|---|---|
| **Passé composé** | | | |
| Évènement révolu (daté ou situé par rapport à un autre évènement passé) | *J'ai acheté ce roman hier.* | Past simple | I bought this novel yesterday. |
| Évènement révolu qui a des conséquences sur le présent | *Ils ont dépensé toutes leurs économies.* | Present perfect | They have spent all their savings. |
| Action qui vient de s'achever | *J'ai terminé !* | Present perfect (+ JUST) | I've (just) finished. |
| Bilan | *Je ne suis jamais allé en Russie.* | Present perfect | I have never been to Russia. |
| Action inachevée aux conséquences multiples | *J'ai lu beaucoup ces derniers temps.* | Present perfect progressive | I've been reading a lot lately. |
| **Plus-que-parfait** | | | |
| Rupture avec le présent | *Je t'avais dit que cela finirait comme cela.* | Past simple | I told you it would end this way. |
| Antériorité d'un évènement passé par rapport à un autre | *Elle était déjà partie lorsqu'il tenta de la joindre.* | Past perfect | She had already left when he tried to call her. |
| État qui durait dans le passé jusqu'à un autre moment du passé | *Ils ne s'étaient pas vus depuis deux ans lorsqu'ils se rencontrèrent par hasard dans la rue.* | Past perfect | They hadn't seen each other for two years when they bumped into each other on the street. |
| Action qui durait dans le passé jusqu'à un autre moment du passé | *Ils avaient joué au tennis depuis deux heures quand il se mit à pleuvoir.* | Past perfect progressive | They had been playing tennis for two hours when it started raining. |
| Hypothèse révolue | *Si tu ne m'avais pas aidé, j'aurais échoué.* | Past perfect | If you hadn't helped me, I would have failed. |
| Regret | *Si seulement tu t'étais mis à travailler !* | Past perfect | If only you had started working! |

| **Mode / temps français Valeur** | **Exemples** | **Temps / modal anglais** | **Exemples traduits** |
|---|---|---|---|
| **Passé anterieur** | | | |
| Antériorité d'un évènement passé par rapport à un autre | *Dès qu'il eut fini, il fut applaudi chaleureusement.* | Past perfect | As soon as he had finished, he was applauded heartily. |
| **Futur** | | | |
| Prédiction | *Les choses vont empirer.* | WILL | Things will get worse. |
| Décision / Intention du sujet | *1/ Je le ferai, c'est promis.*<br><br>*2/ Je partirai tôt demain matin.* | WILL<br>[/ BE GOING TO]<br>*ou*<br>WILL + BE + –ING<br>[/ BE GOING TO] | 1/ I'll do it; I promise.<br><br>2/ I'll be leaving early tomorrow morning. |
| Décision / Intention du sujet, dans un registre solennel et/ou menaçant | *Je prendrai toutes les mesures qui s'imposent.* | SHALL | I shall take all necessary steps. |
| Action en cours dans l'avenir | *Demain à cette heure-ci, nous serons en train de déjeuner.* | WILL + BE + -ING | This time tomorrow, we'll be having lunch. |
| Action ponctuelle dans l'avenir, liée à une autre action postérieure [subordonnée de temps] | *Quand je serai là, nous parlerons de tout cela.* | Present simple | When I am here, we will talk about this. |
| Action qui dure dans l'avenir, liée à une autre action simultanée [subordonnée de temps] | *Pendant que nous préparerons le dîner, tu feras tes devoirs.* | Present progressive | While we are preparing dinner, you'll do your homework. |

| Mode / temps français<br>Valeur | Exemples | Temps / modal anglais | Exemples traduits |
|---|---|---|---|
| **Futur antérieur** | | | |
| Antériorité d'une action future par rapport à une autre action future | *Il aura terminé quand j'arriverai.* | WILL + HAVE + participe passé | He will have finished when I arrive. |
| Antériorité d'une action future vue dans son déroulement par rapport à une autre action future | *Il aura déjà travaillé depuis un moment quand nous arriverons.* | WILL + HAVE BEEN + –ING | He will have been working for some time when we arrive. |
| Antériorité d'une action ponctuelle dans l'avenir, liée à une autre action future [subordonnée de temps] | *Quand il aura fini ses devoirs, nous l'emmènerons au cinéma.* | Present perfect | When he has finished his homework, we will take him to the movies. |
| Éventualité | *Ils ne pas encore arrivés ; ils auront manqué le train.* | MAY + HAVE + participe passé (simple hypothèse)<br>*ou*<br>MUST + HAVE + participe passé (forte probabilité) | They haven't arrived yet – they may have missed the train.<br>*or*<br>They haven't arrived yet – they must have missed the train. |
| **Conditionnel présent** | | | |
| Hypothèse | *1/ Si je partais tout de suite, je serais à l'heure.*<br>*2/ Il essaierait de nouveau, il ne réussirait pas.* | 1/ WOULD<br>2/ Past simple | 1/ If I left right now, I would be on time.<br>2/ Even if he tried one more time [/ Were he to try one more time], he would not succeed. |
| Hypothèse portant sur une action imaginée dans son déroulement | *Je regarderais un film si j'en avais le temps !* | WOULD + BE + -ING | I would be watching a movie if I had the time. |

| Mode / temps français<br>Valeur | Exemples | Temps / modal anglais | Exemples traduits |
|---|---|---|---|
| Discours indirect (respect de la concordance des temps) | *Elle m'a dit qu'elle y arriverait toute seule.* | WOULD | She told me she would manage on her own. |
| Discours indirect et subordonnée de temps | *Il m'a dit qu'il commencerait dès que nous arriverions.* | Past simple | He told me he would start as soon as we arrived. |
| Fait non vérifié | *1/ Serait-il trop tard ?*<br>*2/ Il serait (prétend être) un de ses proches amis.*<br>*3/ Il serait un agent de la CIA.* | 1/ Present simple<br>2/ TO CLAIM<br>3/ Passive form:<br>IS SAID TO<br>/ IS BELIEVED TO… | 1/ Is it too late?<br>2/ He claims to be a close friend of his/hers.<br>3/ He is said to be a CIA agent. |
| Irréel dans les relatives restrictives | *1/ Il marchait comme quelqu'un qui serait aveugle.*<br>*2/ Quiconque serait innocent ne tolérerait pas d'être traité de la sorte.* | Past simple | 1/ He walked like someone who was blind.<br>2/ Anyone who was innocent would not tolerate being treated that way. |
| **Conditionnel passé** | | | |
| Hypothèse révolue | *S'il n'avait pas plu, nous aurions joué au tennis.* | WOULD + HAVE<br>+ –ED | If it hadn't rained, we would have played tennis. |
| Hypothèse révolue portant sur une action imaginée dans son déroulement | *J'aurais été en train de regarder le film si j'étais arrivé à temps.* | WOULD + HAVE BEEN + -ING | I would have been watching the film if I had arrived on time. |
| Discours indirect et subordonnée de temps | *Il m'a dit qu'il commencerait dès que nous serions arrivés.* | Past perfect | He told me he would start as soon as we had arrived. |
| Fait non vérifié | *1/ Aurait-il eu un contretemps ?*<br>*2/ Il aurait été un de ses proches amis.*<br>*3/ Il aurait été un agent de la CIA.* | 1/ Past simple / Present perfect<br>2/ TO CLAIM TO HAVE + -ED<br>3/ Passive form:<br>IS SAID TO HAVE + –ED | 1/ Was he delayed? / Has he been delayed?<br>2/ He claims to have been a close friend of his/hers.<br>3/ He is said to have been a CIA agent. |

| Mode / temps français<br>Valeur | Exemples | Temps / modal anglais | Exemples traduits |
| --- | --- | --- | --- |
| **Subjonctif** | | | |
| Opinion / demande / suggestion | *Il est important que tu sois précis.* | Subjunctive<br>SHOULD<br>Autre tournure (plus courante) | It is important that you be precise.<br>It is important that you should be precise.<br>It is important for you to be precise. |
| Éventualité | *Au cas où tu gagnes…* | SHOULD | In case you should win… |
| Souhait / préférence | *Je préférerais que tu restes avec nous.* | Prétérit modal | I'd rather you stayed with us. |

## B. La version

Quelques conseils et rappels généraux :

- **La qualité de la langue française** fait partie intégrante de l'évaluation. Les fautes d'orthographe lexicale ou grammaticale seront donc lourdement sanctionnées, tout comme les barbarismes ou autres solécismes. Il peut par ailleurs s'avérer utile de revoir dans une grammaire française les règles de formation du passé simple de l'indicatif, voire de l'imparfait du subjonctif !
  - *« La version a révélé aux correcteurs que les candidats s'expriment à l'écrit dans un français bancal d'où sont absentes les règles élémentaires d'orthographe et de grammaire, ce qui est très préoccupant ».* (Rapport ESSEC 2013)
  - *« L'orthographe française est parfois très défaillante, comme la ponctuation. Chaque faute est très légèrement sanctionnée, mais leur accumulation dans certaines copies conduit à de lourdes pénalisations : par exemple, certaines copies ne comportent aucun accent, ou les –s du pluriel et autres accords sont utilisés de façon aléatoire, ce qui est un peu inquiétant lorsqu'on se destine à des professions où les talents de communication et de négociation sont essentiels. »* (Rapport HEC 2008)
  - *« La méconnaissance qu'ont certains candidats de leur propre langue et de son orthographe est une tendance inquiétante que nous constatons et dénonçons depuis quelques années déjà ».* (Rapport HEC 2006)
- Une fois que le candidat pense être parvenu à une version aboutie, il importe de **relire le texte français de façon autonome**, pour en vérifier l'intelligibilité et la fluidité linguistique. Un écueil fréquent rencontré par nombre de candidats est de rester soumis au texte anglais au point de proposer des énoncés français traduits littéralement qu'ils n'auraient jamais spontanément produits dans cette langue qui est la leur. Ce danger du **calque**, lexical ou syntaxique, est inlassablement rappelé dans les rapports de jury à tous les niveaux, d'année en année.
  - *« Beaucoup d'élèves ont su se libérer du mot à mot et trouver des images françaises correspondant au sens de plusieurs expressions idiomatiques de l'anglais. Cependant [...] des candidats se sont souvent cantonnés au calque ».* (Rapport HEC 2006)
- Les textes qui comportent une **lourde charge lexicale** désarçonnent souvent les candidats. L'important est de ne pas céder à la panique face à cette difficulté apparente. Un candidat qui s'est préparé sérieusement, et qui a acquis un riche bagage lexical pendant ses années de préparation et en amont, peut raisonnablement penser que les difficultés qu'il a à inférer le sens sont partagées par une majorité. Si un mot, voire un segment entier, paraît tout à fait obscur, le jury saura gré au candidat d'avoir fait **une proposition cohérente par rapport au contexte**.
  - *« Quelles que soient les lacunes lexicales du candidat, la traduction est avant tout soumise à une obligation de vraisemblance »* (Rapport HEC 2008)
  - *« Le texte contenait quelques termes qui pouvaient être inhabituels pour nos candidats [...], mais la plus grande indulgence a été accordée à ceux qui ont su se référer au contexte, au sens général*

*de la phrase. […] On ne peut que conseiller aux candidats de juger leur traduction à l'aune du bon sens pour éviter des invraisemblances parfois risibles »*. (Rapport HEC 2007)

- S'agissant de l'identification du registre, il faut se demander si le texte privilégie un vocabulaire dérivé du **latin** qui dénote souvent le recours à une certaine abstraction, voire à une certaine affectation, et un interlocuteur de niveau social élevé ou un lexique **germanique**, plus descriptif et précis, et surtout bien plus courant.

Traduire fidèlement, c'est souvent contourner le danger d'un rendu trop littéral (calques lexicaux et syntaxiques…), en mobilisant certains procédés, dont on rappelle ici brièvement les principaux :

## 1. La transposition

Elle suppose un changement de catégorie grammaticale entre la langue de départ et la langue d'arrivée.

### La transposition de l'adjectif

- Adjectif → groupe prépositionnel

> A green-eyed woman. → *Une femme aux yeux verts.*
> An untidy flat. → *Un appartement en désordre.*
> Jobless people. → *Des personnes sans emploi.*

- Adjectif → proposition relative

> Yours is an unreasonable behaviour. → *Tu as un comportement qui n'est pas raisonnable.*

### La transposition de l'adverbe

- Adverbe → groupe prépositionnel

> "That's out of the question," he replied angrily. → *« C'est hors de question », répondit-il, d'un air indigné.*

- Adverbe → adjectif

> "That's out of the question," he replied angrily. → *« C'est hors de question », répondit-il, indigné.*

- Adverbe → préfixe ou suffixe

> I'd love to see you again. → *J'adorerais te revoir.*
> I'll stay here 10 days or so. → *Je resterai ici une dizaine de jours.*

- Adverbe → verbe

> She almost fell down. → *Elle a failli tomber.*

### ➠ La transposition du verbe

▻ Verbe → nom

> After they left,… ⇢ *Après leur départ,…*

▻ Verbe → groupe prépositionnel

> If you happen to see them… ⇢ *Si, par hasard, vous les voyez…*
> You're kidding! ⇢ *Sans blague !*

▻ Modal / périphrase modale → adverbe
Notez que ce type de transposition n'est possible que pour certaines valeurs des modaux, indiquées ici entre crochets. Le travail précis en contexte est donc indispensable avant d'avoir recours à ce procédé.

> He can be touchy. [*potentiel*] ⇢ *Il est parfois susceptible.*
> They must have been delayed. [*forte présomption*] ⇢ *Ils ont certainement été retardés.*
> You may have realised that… [*hypothèse*] ⇢ *Tu t'es peut-être rendu compte que…*

### ➠ La transposition du nom

▻ Nom → verbe

> The boss threatened her with dismissal. ⇢ *Le patron a menacé de la renvoyer.*

▻ Nom → adjectif

> The government's decision… ⇢ *La décision gouvernementale…*

▻ La double transposition ou « chassé croisé »

> He ran across the field. ⇢ *Il traversa le champ en courant.*

## 2. La modulation

Elle consiste en un changement de point de vue au niveau du message.

### ➠ Modulation lexicale (glissements métonymiques)

▻ La partie et le tout

> Drop me a line when you are less busy. ⇢ *Envoie-moi un petit mot quand tu seras moins occupé.*

▻ Le moyen et le résultat

> A life-jacket. ⇢ *Un gilet de sauvetage.*

- Une partie pour une autre

  I'm fond of frogs' legs. ··➝ *J'adore les cuisses de grenouilles.*

- Le concret et l'abstrait

  You'll have to toe the line if you don't want to get into trouble. ··➝ *Tu devras obéir si tu ne veux pas d'ennuis.*

- Le lieu et l'activité

  You should return to the negotiating table. ··➝ *Vous devriez reprendre les pourparlers.*

#### Modulation grammaticale

- Le passif et l'actif

  He is said to be a nice chap. ··➝ *On dit de lui que c'est un gars sympa.*

- L'affirmation et la négation

  The film was rather dull. ··➝ *Le film était sans grand intérêt.*

- Le singulier et le pluriel

  Has everyone got their books? ··➝ *Tout le monde a-t-il son livre ?*

- Le possessif et le défini

  My back aches. ··➝ *J'ai mal au dos.*

- L'indéfini et le défini

  She had a sad look in her eyes. ··➝ *Elle avait le regard triste.*

### 3. L'étoffement

Il consiste à utiliser dans la traduction plusieurs mots là où la langue de départ était plus concise.

#### Étoffement de la préposition

I can help you with your luggage. ··➝ *Je peux t'aider à porter tes bagages.*
I took the plane to London. ··➝ *Je pris l'avion à destination de Londres.*

#### Étoffement de l'adjectif

He is notorious for being systematically late. ··➝ *Il est tristement célèbre pour être toujours en retard.*

### ➠ Étoffement du pronom, du possessif ou du démonstratif

> They've had it. ⇢ *Ils ont eu leur compte.*
> He was running for his life. ⇢ *Il courait pour sauver sa peau.*

## 4. L'allégement

Il consiste au contraire à rendre implicite ce qui est exprimé dans la langue de départ et qui serait redondant dans la langue d'arrivée.

> I would find it difficult to bother her again. ⇢ *Je trouverais ø difficile de la déranger à nouveau.*
> The pike swam across the river. ⇢ *Le brochet traversa la rivière ~~à la nage~~.*

## 5. L'équivalence

Elle sert à rendre compte de la situation décrite dans la langue de départ par un message globalement différent mais cohérent avec la culture de la langue cible.

> Once bitten twice shy. ⇢ *Chat échaudé craint l'eau froide.*
> You're welcome! ⇢ *De rien !*

## 6. La traduction des structures résultatives

Elles posent souvent des problèmes de traduction du fait de leur extrême concision en anglais et parce que l'anglais et le français ont tendance à mentionner les éléments du procès dans un ordre différent.

Voici quelques stratégies pour traduire les résultatives :

### ➠ Inverser l'ordre des éléments

L'anglais tend à suivre la chronologie de l'action, là où le français mentionne fréquemment d'abord le résultat, avant les moyens mobilisés pour l'obtenir, introduits par « à force de », « avec », « comme », « tant », etc.

> He frightened her into believing there was no hope left. ⇢ *À force de lui faire peur, il la persuada qu'il n'y avait plus d'espoir.*
> She was shocked out of her mind. ⇢ *Elle perdit la tête, tant le choc fut grand.*

Nous empruntons à Françoise Grellet cet autre exemple frappant, tiré d'une nouvelle de Kipling :

> The procession was Mendelssohned out of the church. ⇢ *Le cortège quitta l'église au son de la marche nuptiale de Mendelssohn.*

### ➠ Conserver l'ordre des éléments

Le résultat sera alors introduit par « au point de », « tant et si bien que », « jusqu'à », « pour »…

> She read herself to sleep last night. ⇢ *La nuit dernière, elle lut jusqu'à s'endormir.*
> He's been so sad lately that he drinks himself to oblivion every night. ⇢ *Il est si malheureux ces derniers temps qu'il boit pour oublier tous les soirs.*
> They ate themselves sick. ⇢ *Ils ont mangé à s'en rendre malades.*

### ➠ Traduire la particule (*into / out of / to*) ou l'adjectif par un verbe

> "I was not talked into this decision by anyone," he insisted. ⇢ *Personne ne m'a poussé à prendre cette décision.*
> Power has intoxicated them into foolishness. ⇢ *Le caractère grisant du pouvoir les a rendus stupides.*

## 7. Exemples corrigés et commentés

NB : les exemples proposés ici sont tous de nature journalistique, mais de nombreux sujets sur support littéraire sont traités dans la partie « Annales corrigées » à la fin de cet ouvrage.

### ➠ Exemple 1

Soon after the bombings in London in July 2005 the Prime minister made it clear in a public statement that legal regime change was on the cards. "Let no one be in any doubt. The rules of the game are changing," Tony Blair declared. In fact, he has been renovating the criminal justice system ever since he came into office, expressing a determination to rebalance the system emphatically in favour of the victim, reducing jury trial, removing long-established evidential rules which he believed made it harder to get convictions and, most crucially, lowering the standard of proof in categories of case where he knew the public would be unlikely to object, such as antisocial behaviour and terrorism. It is a populist agenda that gives far more power to the state but is dressed up as "power to the people".

Arguments against these serious departures from principle can readily be dismissed by government spinners as arcane and legalistic. Indeed, one of Mr Blair's favourite soundbites is to claim that we have a Dickensian system unsuited to the 21st century, implying that the world has moved on, and the need for *habeas corpus* or juries or high standards of proof is no longer justified. We are to believe that the state is now benign and could no longer pose a threat to the citizen. Judges, once denounced by Labour as right-wing and partisan, are now characterised as lily-livered liberals whenever they fulfil their independent role within our constitution and find against the government.

*The Economist*, "The World in 2006".

- **Proposition de traduction**

Peu après les attentats à la bombe[1] qui ont touché Londres en juillet 2005, le Premier ministre a clairement[2] fait savoir, lors d'une déclaration officielle, qu'il fallait s'attendre[3] à une réforme du système judiciaire[4]. « Que personne ne s'y trompe. Les règles du jeu sont en train de changer », a déclaré Tony Blair. En réalité, il n'a eu de cesse[5] de rénover la procédure criminelle depuis qu'il a pris ses fonctions, se disant déterminé à nettement rééquilibrer le système en faveur des victimes[6], réduisant le recours aux jurys populaires[7], revenant sur les critères de constitution du dossier à charge[8], instaurés de longue date mais qui, selon lui, entravaient le processus de condamnation et, c'est là l'essentiel, abaissant le niveau de preuve[9] requis dans certains types d'affaires, en matière d'incivilités[10] et de terrorisme, par exemple, car il savait que l'opinion publique ne protesterait probablement pas. Il s'agit d'un programme populiste qui confère bien plus de pouvoirs à l'État, mais qui se déguise sous les traits du « pouvoir rendu au peuple ».

Les arguments qui vont à l'encontre de ces graves entorses aux principes peuvent être aisément[11] balayés par les grands communicants[12] du gouvernement sous le prétexte qu'ils seraient abscons et légalistes[13]. En effet, l'un des refrains favoris de M. Blair est que notre système pénal fonctionnait dans la société décrite par Dickens au XIX^e^ siècle[14], mais ne convient plus aux réalités d'aujourd'hui. Il entend par là que le monde a évolué et que le recours à l'*habeas corpus*, aux jurys populaires ou à des preuves irréfutables ne se justifie plus. Nous sommes désormais invités à croire que l'État est inoffensif et ne peut constituer une menace pour le citoyen. Les juges, autrefois dénoncés par les travaillistes à cause de leur partialité et de leur conservatisme, passent maintenant pour des gauchistes[15] pusillanimes à chaque fois qu'ils remplissent le rôle indépendant que leur confèrent nos lois et émettent des avis contraires à ceux du gouvernement.

- **Notes**

**1.** Il est naturellement nécessaire d'étoffer ici pour éviter le calque : *bombardement… **2.** Notez la transposition adjectif → adverbe pour éviter le calque de structure. **3.** *To be on the cards = to be likely to happen.* **4.** Attention à bien décomposer le groupe nominal en contexte pour ne pas sombrer dans le non-sens : *legal regime change = a change of legal regime ≠ a legal change of regime.* **5.** Choisissez une traduction qui montre bien que Tony Blair a fait de cette réforme une priorité, toujours d'actualité lorsque l'article a été publié. **6.** L'utilisation d'un pluriel semble ici plus spontanée en français. **7.** À tort ou à raison, les jurys populaires ont parfois la réputation d'être moins sévères dans leurs verdicts que les juges professionnels (*jury trials ≠ bench trials*). **8.** Notez le recours nécessaire ici à un lexique relativement spécialisé. **9.** Il ne s'agit pas d'un calque : l'expression est utilisée souvent dans le domaine de la recherche scientifique, mais aussi dans le domaine juridique. **10.** Ce concept à la mode recouvre à peu près les mêmes faits que l'expression anglaise de *anti-social behaviour*. **11.** *Readily = quickly, immediately, willingly or without any problem.* **12.** *A spin doctor = someone employed to give a favourable interpretation of events to the media, especially on behalf of a political party* (Oxford Dictionary of English). La traduction parfois retenue de l'expression par « conseillers en communication » a l'inconvénient de ne pas être assez péjorative par rapport à la définition britannique. La traduction proposée ici a l'avantage de réintroduire une distance critique à l'encontre de la fonction elle-même. **13.** Variante : disqualifiés au titre de leur hermétisme et de leur légalisme. **14.** L'étoffement se justifie ici par la volonté de rendre plus directement intelligible à un lecteur français non averti la référence littéraire.

**15.** Surtout, ne pas traduire littéralement ici puisqu'en français contemporain, le premier sens de « libéral » est « favorable à l'économie de marché ». Voici la définition que propose un dictionnaire unilingue de *liberal* en anglais : *believing in or allowing more personal freedom and a development towards a fairer sharing of wealth and power within society*. On voit donc bien qu'on est proche de « progressiste » ou « de gauche » en français. L'ironie du texte consiste ici à mettre au compte de l'ancien gouvernement travailliste de Tony Blair ce type de jugement porté sur les magistrats ; d'où la traduction proposée qui marque bien l'incongruité de l'injure.

## ➠ Exemple 2

There was good news and bad news this week for Earl Berry, a prisoner on death row in Mississippi. The convicted murderer and kidnapper was granted a last-minute reprieve by the supreme court. Tragically, though, the food Berry ordered for what he believed to be his final meal was barbecued pork chops. If only the convict had waited for the report from the World Cancer Research Fund (WCRF) – which fingered red meat as being almost as certain a killer as Berry himself – he would have realised that, even as he escaped one death sentence, his choice of gallows snack was condemning him to another.

Thank God, though, that the prisoner didn't opt for a bacon sandwich as his valedictory meal – according to the report, it's cured meats in particular that put the eater beyond a cure.

The cancer doctors' attack on pork also raises a dilemma for the prime minister who, according to a profile published this week, treats himself and his closest advisers to a "big plate of bacon sandwiches" for their brain-storming meetings every morning at 7.15. Now advised that, even as his brain storms, his body is sustaining a hurricane of dangerous oxidants, will Gordon Brown rethink his power breakfast?

If he did, the PM might find himself caught between the priorities of doctors and spin doctors, because there are strong signs that this medical assault on a nationally symbolic foodstuff is becoming a patriotic issue.

Mark Lawson, *The Guardian,* 2 November 2007

### ♦ Proposition de traduction

Cette semaine a apporté son lot de bonnes et de mauvaises nouvelles pour Earl Berry, prisonnier condamné à la peine capitale dans l'état du Mississipi. À la dernière minute, l'homme, reconnu coupable d'enlèvement et de meurtre, a bénéficié d'un sursis de la Cour Suprême. Mais par un tragique coup du sort[1], Berry a commandé, pour ce qu'il pensait être son dernier repas, des côtelettes de porc cuites au barbecue. Si seulement le condamné avait attendu le rapport du Fonds Mondial de Recherche contre le Cancer qui a accusé la viande rouge d'être presque aussi sûrement meurtrière que Berry lui-même…[2] Il aurait alors compris[3] qu'au moment même où il échappait à une exécution, le choix de son dernier casse-dalle[4] de condamné, l'envoyait à son tour à la potence[5].

Et encore, Dieu soit loué, le prisonnier n'a pas choisi en guise d'ultime repas, un sandwich au bacon :[6] selon le rapport, ce sont notamment les viandes traitées qui condamnent ceux qui les consomment, sans perspective de traitement possible.

Cette charge des cancérologues contre la viande de porc pose aussi un dilemme au Premier ministre qui, selon un portrait qui lui est consacré cette semaine dans la presse, administre chaque jour à 7 h 15 une « grosse assiette de sandwiches au bacon » à ses plus proches conseillers et à lui-même, pour agrémenter[7] leurs réunions de remue-méninges[8]. Désormais conscient que, tandis qu'il agite ses neurones, de dangereux oxydants tempêtent[9] contre son corps, Gordon Brown va-t-il repenser ses studieux petits-déjeuners[10] ?

Si c'était le cas, le Premier ministre pourrait se retrouver piégé entre les prescriptions des médecins et celles des docteurs en communication politique[11], car tout porte à croire que cette charge du milieu médical contre un aliment qui se trouve être un symbole national, est en train de devenir un enjeu patriotique.

### ◆ Notes

**1**. L'étoffement permet de traduire la mise en valeur de l'adverbe placé en tête de phrase, tout en utilisant une expression idiomatique en français. Le choix de *tragically* plutôt que *unfortunately* est bien sûr à mettre au compte de l'intention sarcastique du journaliste. **2**. Il est possible ici de procéder à un léger réagencement syntaxique, à condition d'utiliser dans la phrase suivante l'adverbe « alors » pour relancer le raisonnement. **3**. Attention à ne pas calquer : *il aurait réalisé. **4**. L'auteur crée ici un effet humoristique en transformant l'expression usuelle *a convict's last meal* en un syntagme plus familier. La traduction doit naturellement s'efforcer de marquer le changement voulu de registre. **5**. L'étoffement permet ici de rendre compte de l'image visuelle de la potence introduite dans *gallows snack* et que l'on avait jusqu'alors sacrifiée au profit d'une expression proche de la tournure idiomatique « dernier repas du condamné ». **6**. L'utilisation du tiret d'incise unique pour mettre en exergue l'ultime segment d'une phrase n'est pas aussi fréquente en français ; on peut donc lui préférer ici un réagencement syntaxique. **7**. Notez l'étoffement de la préposition. **8**. L'expression *brain-storming* est si courante que son sens littéral est souvent grandement affadi. On aurait pu ainsi penser à une traduction plus neutre comme « petits-déjeuners de travail », si l'image initiée avec *storm* ne s'était pas trouvée filée dans la phrase suivante. **9**. Il faut ici trouver un équivalent acceptable de l'image anglaise, tout en respectant la gradation *storm* → *hurricane*. **10**. *A power breakfast or lunch is an occasion at which people eat while they are working and talking about business.* **11**. Déjà rencontrée dans la précédente version journalistique, l'expression de *spin doctor* pose ici un problème de traduction différent à cause du jeu de mots sur *doctors*. La traduction proposée ici joue sur la polysémie de « docteur » en français : 1/ synonyme de « médecin », 2/ titulaire d'un doctorat et, à ce titre, spécialiste reconnu d'un domaine particulier. Une autre possibilité, moins concise, aurait consisté à introduire une image anatomique pour caractériser le rôle de ses conseillers, chargés d'« ausculter » ou de « prendre le pouls de » l'opinion.

## ➠ Exemple 3

UNIVERSITIES SHOULD DISCRIMINATE IN FAVOUR OF POORER CHILDREN WITH WORSE EXAM RESULTS

Few things make rich parents more annoyed than the thought that their expensively-educated, hard-working children may lose out to lazy counterparts from feckless homes when it comes to higher education. Surely the best university places should go to those with the best results?

Against that background, this week's preliminary report from a government review of English university admissions (Scotland and Wales are different) has raised a rumpus. Currently dons face nominal targets for admitting disadvantaged students, with extra cash if they manage, and government disapproval if they don't. The new report suggests they should systematically award places to less-qualified, but more deserving students. That infuriates some parents, but it is right.

The well-crammed but incurious product of a successful school (a good state one as much as a private one) may well be a less good bet than a determined candidate who has battled through a rowdy school with weak teaching. [...] Universities are right to take account of that. This is not to advocate the affirmative action that American universities have been practising in favour of black people (upheld by the Supreme Court earlier this year and roundly condemned by this newspaper). Here, the aim is not social engineering but to uncover buried talent.

*The Economist*, 27 September 2003

- **Proposition de traduction**

Les universités devraient favoriser les enfants issus de milieux modestes qui obtiennent de plus faibles résultats aux examens

Peu de choses irritent davantage les parents aisés que l'idée selon laquelle leurs enfants travailleurs, scolarisés à grands frais, puissent être lésés par rapport à leurs paresseux homologues[1] issus de foyers indignes, lorsque les études supérieures sont en jeu. Les meilleures places dans les universités ne devraient-elles pas[2] naturellement revenir à ceux qui ont obtenu les meilleurs résultats ?

Dans ce contexte, le rapport préliminaire de cette semaine, fruit[3] d'une étude du gouvernement sur les admissions dans les universités anglaises (le système[4] est différent en Écosse et au Pays de Galles), a soulevé un tollé. Actuellement, les professeurs des universités prestigieuses[5], chargés de recruter des étudiants issus de milieux défavorisés, doivent atteindre des objectifs essentiellement symboliques, assortis de[6] subventions supplémentaires s'ils y parviennent, et de remontrances du gouvernement s'ils échouent. Ce[7] nouveau rapport suggère qu'ils devraient systématiquement accorder des places à des étudiants moins performants, mais plus méritants. Cela fait enrager certains parents, mais c'est légitime[8].

Il peut s'avérer[9] plus risqué de miser sur le produit fini[10] d'une école renommée, – qu'il s'agisse d'une bonne école publique ou d'une école privée –, largement gavé de connaissances, mais dépourvu de curiosité intellectuelle[11], que sur un candidat déterminé qui a dû batailler durant toute sa scolarité[12] dans une école caractérisée par[13] des problèmes de discipline et un faible niveau d'enseignement. [...] Les universités ont raison de tenir compte de cet élément. Il ne s'agit pas pour autant de prôner la discrimination positive que les universités américaines pratiquent[14] en faveur de la minorité noire (une démarche défendue par la Cour Suprême cette année et condamnée sans équivoque par notre[15] magazine). En l'espèce, le but n'est pas de refaçonner artificiellement la société[16], mais bien de mettre à jour des talents cachés.

### ◆ Notes

**1**. La traduction peut paraître incongrue mais, comme « homologues » en français, *counterparts* désigne en anglais bien plus volontiers des personnes de même niveau de responsabilité dans un contexte professionnel que des enfants de même niveau scolaire. On choisira donc de respecter cette désignation, cohérente avec le sarcasme à l'œuvre dans ce début de texte. **2**. La formulation interro-négative s'impose ici en français et rend bien compte, là aussi, du ton sarcastique du journaliste qui prend le parti de restituer ironiquement le raisonnement supposé tenu par les parents aisés. **3**. Notez la transposition préposition → nom. **4**. Étoffement bienvenu. **5**. *A don is a college lecturer, especially at Oxford or Cambridge University in England* (*Cambridge Advanced Learner's Dictionary*). **6**. Notez la transposition préposition → participe, et rappelez-vous que la préposition *with* est souvent étoffée de la sorte en version. **7**. *The* servant linguistiquement à déterminer un élément qui a déjà été identifié, est parfois traduit par ce/cet/cette pour mettre en relief la reprise anaphorique. **8**. Préférez ici « légitime » à « juste », pour lever l'ambiguïté entre « moral » et « exact ». **9**. Notez ici la possibilité de réagencement syntaxique, à condition de bien penser à traduire le modal *may*. **10**. L'étoffement ici sert à traduire les deux connotations du mot *product* dans le texte anglais : dépersonnalisation et uniformisation. **11**. L'étoffement est ici nécessaire pour traduire la connotation positive du terme en contexte. **12**. La préposition *through* exprime ici la réussite au terme d'un processus difficile. **13**. Voir note n° 6. **14**. Une erreur sur la traduction du *present perfect progressive* serait assurément lourdement sanctionnée en concours. **15**. Le recours à un possessif est sans doute ici plus spontané en français. **16**. L'expression *social engineering* est souvent connotée négativement, notamment aux États-Unis, où elle sert parfois de raccourci aux conservateurs pour désigner les politiques sociales interventionnistes prônées par leurs adversaires, et qu'ils jugent contraires à l'évolution naturelle de la société et aux rapports sociaux existants. La traduction proposée s'efforce de rendre compte de cette dimension péjorative.

## ➡ Exemple 4

#### Despite winning higher fees, universities still can't escape economics

Nutritious or not, when you are hungry the promise of a meal is welcome. England's impoverished universities are grateful that at least the principle of higher and variable tuition fees has squeaked through the first big parliamentary vote on the government's higher education bill. The forecast annual net £1 billion gain is less than they hoped for and will pay out fully only in 2009. "It is not jam today," admits Ivor Crewe, who heads the dons' main lobbying outfit. "It is some jam the day after tomorrow. But that is better than ten years of bread and water."

That Tony Blair was willing to risk his future over the arcane details of university finance was indeed gratifying. Past governments have preferred to posture, expanding the universities while allowing them to decline. "It was a brave fight that has produced a helpful principle, but we can't live on principles," says one academic grandee. "I can't pay salaries with principles, or repair buildings with them."

*The Economist*, 24 January 2004

- **Proposition de traduction**

**MÊME SI ELLES ONT EU GAIN DE CAUSE[1] SUR L'AUGMENTATION DES FRAIS DE SCOLARITÉ, LES UNIVERSITÉS NE PEUVENT TOUJOURS PAS ÉCHAPPER AUX LOIS DE L'ÉCONOMIE[2].**

Lorsqu'on a faim, la perspective d'un repas, qu'il soit substantiel ou non[3], est toujours la bienvenue. Les universités anglaises, appauvries, apprécient qu'au moins le principe de frais de scolarité plus élevés et variables ait été, tant bien que mal[4], retenu lors du premier vote significatif au parlement dans le cadre du projet de loi gouvernemental sur l'enseignement supérieur. Le gain net prévisionnel d'un milliard de livres par an qu'il représente est inférieur à leurs espérances, et ne se concrétisera tout à fait qu'en 2009. « Ce n'est pas aujourd'hui qu'on pourra mettre du beurre dans les épinards[5], concède Ivor Crewe, président de la principale association d'enseignants du supérieur. On en mettra un peu après-demain. Mais c'est toujours mieux que rester au pain sec[6] et à l'eau pendant dix ans. »

Que Tony Blair ait été prêt à risquer son avenir sur d'obscurs détails propres aux finances universitaires constitue, à l'évidence, une source de satisfaction. Les précédents gouvernements, qui ont préféré adopter une posture trompeuse[7], ont facilité l'expansion des universités, mais, dans le même temps, n'ont rien fait pour éviter leur déclin. « Ce fut un combat courageux qui a produit un principe bénéfique, mais ce ne sont pas les principes qui font vivre, déclare un haut responsable du milieu universitaire. Ce n'est pas avec des principes que je paie les salaires ou que j'entretiens les bâtiments. »

- **Notes**

**1**. Attention à ne pas calquer « *ont gagné des frais de scolarité supplémentaires ». **2**. Pensez à bien distinguer *economics* (les sciences économiques) et *the economy* (l'ensemble des échanges qui constituent l'économie d'un pays, par exemple). **3**. Le réagencement syntaxique permet ici de rapprocher l'adjectif « substantiel » du nom « repas » qu'il qualifie. **4**. Procédé classique de chassé-croisé où la préposition *through* est traduite par un verbe, tandis que le verbe *squeaked* est rendu en français par un complément de manière. **5**. Il faut ici avoir recours à une équivalence, en restant, si possible dans le même champ lexical. **6**. L'étoffement se justifie ici par la nécessité d'avoir recours à une expression idiomatique. **7**. Étoffement nécessaire pour rendre compte de la connotation négative de *posturing* : *behaviour or speech which is intended to attract attention and interest, or to make people believe something that is not true* (*Cambridge Advanced Learner's Dictionary*).

## C. Le thème

Comme le soulignent fréquemment les rapports de jury, l'exercice du thème littéraire ou journalistique, même s'il implique de travailler à partir d'un texte suivi et non de phrases « fabriquées » à dessein, n'en reste pas moins destiné à vérifier avant tout la **maîtrise de la grammaire et de la syntaxe**. Le vocabulaire de base retient bien sûr également l'attention des correcteurs mais, en tout état de cause, les barèmes de concours sanctionneront toujours plus les énoncés agrammaticaux que les ignorances lexicales.

Les « préférences » syntaxiques décrites ci-dessous, déjà décrites dans de nombreux ouvrages sur la traduction, ne sont que des tendances générales pour lesquelles il serait aisé de trouver des contre-exemples. En outre, dans le cadre de la traduction littéraire, il est parfois nécessaire de conserver la tournure initiale pour respecter la spécificité du style de l'auteur. Il a toutefois paru pertinent de rappeler ici quelques grands principes à des étudiants non-spécialistes qui doivent, dans un premier temps, acquérir un certain nombre de réflexes élémentaires.

## 1. Préférence de l'anglais pour les formes verbales

L'anglais a souvent tendance à privilégier une forme verbale, conjuguée ou non, là où le français utilise plus spontanément une locution nominale ou participiale.

### ➠ Nom/locution nominale → Verbe

*Dès son retour, il s'est remis à travailler.* ··➔ As soon as he was back, he started working again.

### ➠ Locution verbale → Verbe

*Il n'a cessé de tenir des propos confus durant toute la réunion.* ··➔ He rambled on during the whole meeting.

### ➠ Participe présent → Verbe conjugué

*Ses forces diminuant, il décida de se retirer de la course.* ··➔ As his strength was waning, he decided to withdraw from the race.

### ➠ Participe passé → Verbe conjugué

*Installée confortablement sur son canapé, elle pouvait enfin se détendre.* ··➔ Once she was comfortably seated on her couch, she could unwind at last.

### ➠ Phrase nominale → Verbe conjugué

*Il semblait catégorique. Aucune hésitation de sa part.* ··➔ He sounded positive. There was no hesitation whatsoever on his part.

## 2. Préférence de l'anglais pour la coordination et la chronologie des faits

Il est d'usage en anglais d'introduire le dernier élément d'une énumération par *and*, mais ce n'est pas le seul cas où l'anglais aura tendance à introduire une coordination, là où le français privilégiera la juxtaposition. La juxtaposition de propositions indépendantes est également fréquente en français, tout comme la subordination que l'anglais efface parfois au profit d'une vision chronologique des faits.

### ➠ Juxtaposition → Coordination

*Nous n'avons pas encore réussi à la joindre. Nous ressaierons plus tard, cependant.* ➞ We haven't been able to reach her yet, but we'll try again later.
*Je savais qu'il pouvait être prétentieux, arrogant. Je ne pensais pourtant pas qu'il irait jusqu'à dire cela.* ➞ I knew he could be conceited and arrogant, but I did not think he would go so far as to say that.

### ➠ Subordination → Coordination

*Les observateurs internationaux se sont rendus à la prison, pour se voir finalement refuser l'accès au quartier de haute sécurité.* ➞ The team of international observers went to the prison and were eventually denied access to the high security area.

## 3. Préférence de l'anglais pour l'explicitation des liens entre les éléments apposés

Cette tendance à expliciter une relation entre plusieurs éléments de la phrase n'est pas toujours partagée par le français, qui joue à cet égard spontanément davantage sur l'implicite. Elle explique en outre pourquoi la traduction littérale d'un groupe adjectival ou participial mis en apposition en tête de phrase s'apparente souvent à un calque syntaxique qu'il convient d'éviter.

### ➠ Apposition → Explicitation

*Le joueur français, classé seulement 75ᵉ à l'ATP, ne pouvait pas espérer battre le joueur espagnol.* ➞ The French player could not hope to defeat the Spanish player as he was only ranked 75th by the ATP.
*Éreintés, ils décidèrent malgré tout de poursuivre leur trajet.* ➞ They decided to go on with their journey even though they were exhausted.
*Originaire d'Australie, il avait décidé de s'installer en Grande-Bretagne pour changer de carrière.* ➞ He came from Australia and he had decided to settle down in Britain to make a career change.

## 4. Préférence de l'anglais pour l'ordre canonique (sujet-verbe-complément)

L'anglophone a souvent tendance à rejeter expressions adverbiales ou incises en tête ou en fin de phrase pour ne pas séparer le verbe de son complément d'objet, tout comme il mentionne le sujet grammatical d'emblée, sans en retarder l'apparition dans la phrase. D'une manière générale, le bloc formé par le sujet, le verbe et le complément tend donc à rester solidaire. Les cas d'inversion du couple « sujet-verbe » doivent faire l'objet d'une attention toute particulière car ils ne sont pas les mêmes en français et en anglais.

### ➠ Incise → Ordre canonique

> *Il lisait, pour la deuxième fois, le dernier roman de Paul Auster.* ⇢ He was reading Paul Auster's latest novel for the second time
> *Gordon Brown, en dépit de ses efforts constants, est loin d'être aussi populaire que Tony Blair l'était en 1997.* ⇢ Despite his relentless efforts, Gordon Brown is not nearly as popular as Tony Blair was in 1997.

### ➠ Antéposition → Ordre canonique

> *Grande figure du parti travailliste, Robin Cook laissera une trace dans l'histoire grâce au discours qu'il prononça devant les Communes en mars 2003.* ⇢ Robin Cook, a prominent figure of the Labour Party, will be remembered for the speech he gave in the House of Commons in March 2003.

### ➠ Inversion → Ordre canonique

> *S'ensuivirent de terribles évènements.* ⇢ Dreadful events followed.
> *Peut-être as-tu raison.* ⇢ Maybe you're right.
> *Elle m'a demandé où était garée la voiture.* ⇢ She asked me where the car was parked.
> *Tu dois faire travailler tous les élèves.* ⇢ You have to make all pupils work.
> *Des touristes empruntent régulièrement le tunnel où a été tuée la princesse dans un accident de voiture en 1997.* ⇢ Tourists regularly drive through the tunnel where the Princess died in a car crash in 1997.

En revanche, on trouvera en anglais une inversion dans les cas suivants :

- Lorsqu'un terme négatif, restrictif ou intensif est mis en exergue en début de phrase.

> *Ma joie était telle que je ne pouvais pas m'arrêter de rire.* ⇢ Such was my joy that I couldn't stop laughing.
> *À peine étaient-ils rentrés que le téléphone sonna.* ⇢ Hardly had they got back when the phone rang.

- Lorsqu'il s'agit d'exprimer l'irréel avec **should** en tête de phrase ou un **past perfect**. (registre soutenu)

> *Si jamais tu la voyais aujourd'hui, dis-lui que…* ➜ Should you see her today, please tell her…
> *Si d'aventure j'avais eu vent de ces difficultés, j'aurais pris une autre décision.* ➜ Had I known about these difficulties, I would have made a different decision.

- Lorsqu'il s'agit de décrire un mouvement et que la phrase fonctionne avec un adverbe ou une particule.

> *Voilà la Reine.* ➜ Here comes the Queen.

- Dans le cas des reprises elliptiques avec auxiliaires.

> *« J'ai adoré le film ». « Moi aussi ».* ➜ "I loved the film." "So did I."
> *« Je n'ai pas aimé le film ». « Moi non plus ».* ➜ "I didn't like the film." "Neither did I."

## 5. Préférence de l'anglais pour l'effacement de la relative

### Relative → -ING

> *Ceux qui souhaitent travailler de chez eux pourront désormais le faire plus facilement.*
> ➜ Those wishing to work from home will find it easier from now on.

### Relative → Coordination

> *Il acheta une pomme qu'il avala en un instant.* ➜ He bought an apple and ate it in no time.
> *Le professeur était un Écossais qui, me sachant intéressé par Glasgow, me prêta un ouvrage sur l'histoire de la ville.* ➜ My teacher was a Scotsman, and knowing that I was interested in Glasgow, lent me a book on the city's history.

Cependant, dans certains cas, il est nécessaire de réintroduire en anglais une relative déterminative, là où le français joue plus sur l'implicite.

> *Il a été très surpris par la décision tombée hier.* ➜ He was very surprised at the decision that was made yesterday.

## 6. Thème et rhème

En anglais, on a tendance à présenter l'information nouvelle (rhème) en premier, alors qu'en français c'est souvent le « déjà connu » (thème) qui est d'abord mentionné dans la phrase. C'est notamment en vertu de ce principe que les tournures passives sont plus fréquentes en anglais qu'en français.

### ➡ Thème → rhème

> *Autre défi auquel la communauté internationale est confrontée : le Darfour.* ➞ Darfur is yet another challenge the international community is faced with.
> *On a déjà fait allusion au problème du réchauffement climatique.* ➞ The issue of global warming has already been hinted at.

## 7. Place des adverbes

En vertu de la règle énoncée plus haut, les adverbes ne peuvent se trouver en anglais là où on les trouve fréquemment en français, à savoir entre le verbe et le complément d'objet.

> *Ils jouent régulièrement au tennis.* ➞ They regularly play tennis. / They play tennis regularly.

- L'adverbe se place souvent entre le sujet et le verbe.

> *À maintes reprises, elle nous a dit de venir la voir.* ➞ She repeatedly told us to come and visit her.

- L'adverbe se place en général après l'auxiliaire ou le modal.

> *Ils vont venir, c'est certain.* ➞ They will definitely come.

- On peut toutefois trouver la structure adverbe + auxiliaire / modal :
  - dans le cas de réponses courtes ou de reprises

> *« Veux-tu vraiment y aller ? » « Oui, vraiment. »* ➞ "Do you really want to go there?" "Yes, I really do."

  - pour insister

> *Jamais je n'aurais dû revenir.* ➞ I never should have come back.

- La place de l'adverbe avec **to be** suit le même raisonnement.
  Comparez les énoncés suivants :

> I am always late. (*factuel*)
> I always am late. (*plus emphatique*)
> I'm late, I really am. (*reprise*)

- Les adverbes de lieu se placent souvent en fin d'énoncé.

  *En haut des escaliers, j'ai laissé la lourde valise.* ➞ I left the heavy suitcase upstairs.

- Les adverbes de temps se placent souvent en fin d'énoncé.

  *Je suis rentré de vacances hier.* ➞ I came back from holiday yesterday.

- Les adverbes de fréquence se placent :
  - après **be** ;
  - après le premier auxiliaire si le verbe est conjugué à une forme composée ;
  - avant le verbe dans tous les autres cas.

  *J'ai toujours essayé de vous dire la vérité.* ➞ I have always tried to tell you the truth.
  *Je fais toujours de mon mieux pour être à l'heure.* ➞ I always try my best to be on time.

- Les adverbes de degré se placent avant l'adjectif, l'adverbe ou le verbe qu'ils modifient.

  *Nous marchions relativement vite.* ➞ We were walking fairly fast.
  *Ce restaurant est fortement recommandé.* ➞ This restaurant is highly recommended.
  *J'ai vraiment aimé le spectacle.* ➞ I really liked the show.

- Les adverbes de manière se trouvent en général entre le sujet et le verbe ou après le complément.

  *Elle entra dans la pièce calmement.* ➞ She walked into the room quietly.
  *Il se mit à hurler de manière inattendue.* ➞ He unexpectedly started screaming.

- Les adverbes de liaison se placent en général en début de proposition ou en apposition.

  *Je pense, néanmoins, que tu dois te décider.* ➞ However, I think you have to make up your mind. / I think, however, that you have to make up your mind.

- **though** (pourtant) ne peut se rencontrer qu'en fin d'énoncé.

  *Je n'arrive pas à me décider ; pourtant, j'essaierai de te répondre demain.* ➞ I can't make up my mind; I'll try and give you an answer tomorrow, though.

- Les adverbes de modalité se placent devant le verbe ou en position initiale dans la phrase.

  *Naturellement, je vais t'aider.* ➞ Naturally, I will help you.
  *Elle a probablement besoin d'aide.* ➞ She probably needs help.

- Les adverbes d'ajout se placent souvent au début de l'énoncé.

  *De plus, je souhaiterais mentionner le fait que…* ➞ In addition, I would like to mention the fact that…

## 8. Place des compléments circonstanciels

Si la phrase en comporte plusieurs, l'ordre des compléments circonstanciels est en général : **manière + lieu + temps.**

> *Ils se sont rencontrés par hasard samedi dernier à Leicester Square.* ➞ They met by chance in Leicester Square last Saturday.

Par ailleurs, s'il s'agit de deux compléments qui appartiennent à la même catégorie (lieu, temps…), **le plus précis est mentionné en premier**.

> *Le lundi matin, à 7 h 30 précises, elle se levait et prenait un petit-déjeuner léger.* ➞ At 7.30 sharp on Monday mornings, she would get up and have a light breakfast.

Il ne faut enfin pas hésiter à **déplacer le complément circonstanciel** de temps ou de lieu, pour le placer par exemple en tête de phrase, surtout si celui-ci s'immisce dans la phrase française entre verbe et complément d'objet.

> *Les deux protagonistes ont fini par signer, lundi 2 janvier, cet accord attendu depuis longtemps.* ➞ On Monday 2 January, both parties eventually signed the long-expected treaty.
> *Les deux protagonistes ont fini par signer, cinq jours après la reprise des négociations qui avaient été, contre toute attente, interrompues, cet accord attendu depuis longtemps.* ➞ Both parties eventually signed the long-expected treaty, five days after resuming the negotiations they had unexpectedly broken off.

## 9. L'absence de répétition du sujet et du complément

Sauf dans le cas marginal où il s'agirait de rendre volontairement un registre très familier, il faut considérer que **la répétition du sujet ou du complément est syntaxiquement incorrecte** en anglais.

### ➠ Répétition → sous-traduction

> *Jeremy, c'est un de mes collègues et amis.* ➞ Jeremy is a colleague and a friend.
> *Ce livre, tu l'as déjà lu ?* ➞ Have you already read this book?

Cependant, il est possible de **compenser** l'emphase de la phrase française en traduction, si vous estimez qu'elle est effectivement à mettre au compte d'une intention manifeste de l'auteur et que sa perte constituerait une sous-traduction avérée.

### ➠ Répétition → *the one who…*

> *C'est toujours elle qui décidait où ils partaient en vacances.* ➞ She was always the one who decided where they spent their holidays.

**➠ Répétition → *as for…*, pronom sujet**

*Ann, elle, continuait de lire, sans se soucier du bruit.* ➞ As for Ann, she kept on reading despite the noise.

**➠ Répétition → italiques (soulignement dans un texte manuscrit)**

*Toi, tu veux toujours avoir raison !* ➞ *You* must always be right!

## 10. La difficulté de conserver l'animisme

Sauf dans le cas où il s'agirait de rendre une expression stylistiquement très marquée, il faut souvent sous-traduire les expressions qui personnifient les choses en leur prêtant, par l'intermédiaire d'un verbe, volonté ou intention. Ce procédé est bien plus rare en anglais.

**➠ Animisme → passif**

*Ce tableau fascinant me hante depuis des années.* ➞ I have been haunted by this fascinating painting for years.

**➠ Animisme → sous-traduction du verbe**

*Sa décision se voulait un geste d'apaisement.* ➞ Her decision was meant to be a pacifying gesture.

**➠ Animisme → transposition en adjectif**

*La montagne les enchantait.* ➞ The mountain was delightful to them.

## 11. Exemples corrigés et commentés

NB : les exemples proposés ici sont tous de nature journalistique, mais de nombreux sujets sur support littéraire sont traités dans la partie « Annales corrigées » à la fin de cet ouvrage.

## ➠ Exemple 1

**UNE FOIS DE PLUS, LES CAMPUS FRANÇAIS RÉCOLTENT UNE TRÈS MAUVAISE NOTE DANS LE CLASSEMENT DE SHANGHAÏ**

Pour la quatrième année consécutive, les universités françaises ne sont pas à la fête dans le désormais célèbre palmarès de Shanghaï. Dans ce classement des 500 premières universités mondiales, établi par l'université de Jia Tong à Shanghaï, la France ne compte aucune université dans les vingt premières mondiales et quatre seulement dans les 100 premières. [...] Comme l'an dernier, l'américaine Harvard est en tête de la liste. Les universités américaines raflent 17 places au top 20 mondial. Pour figurer dans ce classement, les universités doivent répondre à plusieurs critères comme le nombre de prix Nobel [...], la fréquence de citations des chercheurs de l'établissement et la qualité de l'enseignement.

Souvent méprisé par les universitaires, ce classement est de plus en plus utilisé par les étudiants et scruté par les directions des universités en dépit des reproches qui lui sont faits. [...] La création de classements mondiaux a fait prendre conscience aux universités publiques européennes – toutes mal classées, hormis les Britanniques – que les campus privés américains avaient pris plusieurs décennies d'avance. Pour rattraper leur retard, les pays européens s'interrogent sur le montant des droits d'inscription, l'appel aux capitaux privés et l'exploitation économique des résultats de la recherche.

*Le Figaro*, 21 août 2006.

### ◆ Proposition de traduction

**YET ANOTHER POOR SCORE[1] FOR FRENCH UNIVERSITIES IN THE SHANGHAI LEAGUE TABLE[2]**

For the fourth year in a row, French universities get no pat on the back[3] in the now famous Shanghai league table. In this ranking of the best 500[4] universities in the world drawn up by Shanghai Jia Tong University, there are[5] no French institutions in the top 20 and only four in the top 100. [...] As was the case last year, Harvard University in the US is ranked first. American universities sweep up 17 of the 20 top positions. To appear in the table, universities have to meet several criteria[6] such as the number of Nobel Prizes [...], how often their researchers are cited and the quality of teaching.

This league table, which is often despised by academics, is increasingly used by students and closely examined[7] by University boards, despite the criticisms it draws. [...] The creation of such global rankings has made the European state universities – all of them scoring poorly except for British ones – realise that the American private campuses are several decades ahead of them. To make up for lost ground, European countries are wondering[8] about raising tuition fees, calling upon private funding, and ways of cashing in on research results.

◆ **Notes**

**1**. Les titres d'articles comportant un verbe conjugué sont encore plus rares en anglais qu'en français ; on choisira donc ici une tournure nominale. **2**. Notez la construction du groupe nominal : [*the* + nom propre (en position d'adjectif) + nom]. **3**. Variantes : *cut a rather poor figure / get nothing to be proud of*. **4**. Notez l'inversion : les 500 premières ··➔ *the best 500*. **5**. La tournure présentative suffit ici à rendre le verbe « compter », mais une variante possible était : *France can boast no*… L'important est ici, bien sûr, d'éviter le calque lexical (**counts*). **6**. Attention au pluriel irrégulier : *one criterion, two criteria*. **7**. Variante : *scrutinised*. **8**. Alors que, notamment dans le premier paragraphe, on faisait jusqu'alors état des performances médiocres récurrentes des universités françaises, on évoque ici leur réaction actuelle. L'aspect –ING est donc nécessaire.

## ➨ Exemple 2

### Elles aiment Hillary

*La candidate démocrate est partie à la conquête de l'électorat féminin, longtemps réservé à son égard. Et ça marche !*

L'été dernier, il suffisait, pour provoquer l'agacement de Mark Penn, principal conseiller stratégique de Hillary Clinton, de l'interroger sur la relation complexe, fragile et parfois houleuse de la candidate démocrate avec l'électorat féminin. « Hillary est une femme, rétorquait-il sèchement. Comme 54 % des votants aux dernières élections. Je ne vois pas en quoi cela peut lui nuire. » Et pourtant…

Adulée par les Américaines les plus jeunes, et par les plus défavorisées, assurée de 68 % des intentions de vote des femmes noires, Hillary Clinton a pourtant bien du mal à s'arroger les électrices de la classe moyenne blanche. À commencer par les démocrates progressistes et intellectuelles, qui lui reprochaient ses ambitions dévorantes, son manque de sincérité politique et ses tendances conservatrices occultes. Les autres, dans un registre moins idéologique, déploraient son attitude distante, inaccessible, et son peu de sensibilité aux questions féminines. Jusqu'à aujourd'hui.

Hillary Clinton, qui effectivement, depuis le début de sa campagne, s'efforçait d'apparaître crédible dans les « affaires d'hommes », comme la défense nationale ou la lutte contre le terrorisme, a réussi en quelques mois à remettre l'accent sur son statut de femme.

Philippe Coste, *L'Express*, 1er novembre 2007

◆ **Proposition de traduction**

### They love Hillary

*The Democratic candidate has now set out to win[1] over female voters, who have long been sceptical about her. And it works all right[2]!*

Last summer, all you had to do to ruffle Mark Penn's feathers[3], was ask this most senior[4] political adviser to Hillary Clinton about the candidate's complex, fragile, and at times turbulent relationship with female voters. "Hillary's[5] a woman," he would[6] curtly retort. "Like 54% of the people who went to the polls in the last election. Really, how can that harm her[7]?" And yet it did[8].

Hillary Clinton is adulated by[9] the most underprivileged and by the youngest generation of American women; 68% of Black women already said they would vote for her. But she has found it quite hard to secure votes from white upper-middle class women, notably from the liberal and intellectual Democratic[10] voters who reproached her with her burning[11] ambition, her lack of political sincerity and her concealed conservative trends. Others would, in a less ideological tone, deplore the fact that she acted[12] distant and aloof and seemed little concerned with feminine issues – at least until today[13].

Hillary Clinton, who, since the beginning of her campaign, had indeed been trying to sound credible on "manly matters", such as national defence or the war on terrorism, has managed to put the spotlight back on her condition as[14] a woman within[15] just a few months.

### ◆ Notes

**1.** Variante : *has now started to court…* **2.** Étoffement bienvenu ici. **3.** *To ruffle sb's feathers = to upset or annoy someone.* **4.** *Senior = high-ranking.* **5.** La contraction de la forme verbale est ici bienvenue puisqu'il s'agit d'une citation. **6.** Notez l'emploi dit « fréquentatif » du modal *would* ici. **7.** Notez la modulation « phrase négative → phrase interrogative ». **8.** Notez que l'étoffement par une forme verbale de reprise serait ici nécessaire en anglais. Variante : *And yet, things were not as simple.* **9.** Notez qu'il serait plus spontané en anglais ici d'utiliser un schéma sujet / verbe plutôt que d'accumuler les groupes participiaux en apposition avant l'apparition du sujet. Ce choix de traduction rejaillit également sur la fin de la phrase et conduit à créer en anglais deux phrases indépendantes. **10.** *A Democratic candidate* : un candidat du parti démocrate. *A democratic principle* : un principe démocratique. **11.** Attention au risque de calque ; il faut bien sûr ici privilégier une collocation « adjectif + nom » véritablement idiomatique. **12.** Notez la transposition « nom → verbe », fréquente dans le sens français ⇢ anglais. **13.** Les phrases sans verbe conjugué sont d'un emploi plus rare en anglais ; d'où l'intérêt ici d'incorporer « Jusqu'à aujourd'hui. » dans la phrase précédente, sous forme de segment mis en exergue par le tiret. **14.** Attention à employer la bonne préposition. **15.** *within a few months ≠ in a few months.*

## ➡ Exemple 3

Sans attendre la fin du conflit et en pleine campagne présidentielle américaine, la guerre en Irak débarque en force sur les écrans. Ces films, ouvertement hostiles au président Bush, dressent le portrait d'une Amérique déboussolée.

*Dans la vallée d'Elah*, réalisé par Paul Haggis qui sort mercredi sur les écrans français, ouvre le bal de toute une série de films consacrés à la guerre en Irak. Des méthodes parallèles de la guerre antiterroriste aux efforts de censure de l'administration Bush, du massacre de civils perpétré par des « chiens de guerre » aux traumatismes des soldats revenus du front, les cinéastes ont puisé leur inspiration dans les pages sombres de ce conflit, déjà plus long que l'engagement américain dans la Seconde Guerre mondiale. Sans surprise, ces longs-métrages, au ton hostile à la politique du président américain, rassemblent nombre de figures du militantisme antiguerre. Robert Redford avait publié dès l'automne 2002 une tribune pour mettre en cause la stratégie guerrière de la Maison-Blanche et Susan Surandon, à l'affiche de *Dans la vallée d'Elah*, fut une des signataires des premières pétitions contre l'intervention américaine en Irak.

Vianney Aubert, *Le Figaro*, 5 novembre 2007

- **Proposition de traduction**

The current surge[1] of films on the Iraq war is coming[2] at a time when the conflict is[3] not over yet and when the American presidential campaign is in full swing. Those overtly anti-Bush films depict the United States as an utterly[4] disorientated country.

*In the Valley of Elah*, a[5] movie directed by Paul Haggis due to hit French screens next Wednesday, is the first in[6] a long series of films dealing with the Iraq war. Film-makers have drawn inspiration from the darkest hours[7] of a conflict that has already lasted longer than the American military engagement in World War II:[8] from the underhand[9] methods of anti-terror warfare to the attempts at censorship by the Bush Administration, and from the murder of civilians by[10] "dogs of war" to US veterans' post-traumatic disorders. It comes as no surprise that those full-length movies setting a tone hostile to Bush's policy are starring quite a few leading figures of the anti-war movement. As early as autumn 2002, Robert Redford published an opinion column[11] to question the bellicose strategy of the White House. As for[12] Susan Surandon, starring in *In the Valley of Elah*, she signed one of the earliest petitions against the American intervention in Iraq.

- **Notes**

**1**. Notez que l'intensité du phénomène décrite en français par le verbe « débarquer » est ici rendue par le substantif *surge*. Celui-ci est d'autant plus approprié ici qu'il est utilisé dans le jargon militaire pour qualifier l'envoi de troupes supplémentaires sur un théâtre d'opérations. **2**. Aspect –ING bien sûr nécessaire ici. **3**. Transposition nom → verbe, classique dans le sens français ⇢ anglais. **4**. L'adverbe est ici nécessaire pour étoffer l'adjectif et traduire au mieux « déboussolée ». **5**. Notez la présence de l'article dans les groupes nominaux en apposition. **6**. Ne tentez pas de traduction littérale, qui risquerait d'être fort peu idiomatique. **7**. Utilisez ici une expression idiomatique équivalente. **8**. Le réagencement syntaxique utilise ici la valeur explicative des deux points. **9**. Variante : *dubious*. **10**. Notez l'effacement de « perpétré par », simplifié ici par le recours à la seule préposition. **11**. « Tribune » est à prendre bien sûr ici au sens journalistique, d'où la traduction proposée. Pensez cependant à d'autres contextes. Ex : Son poste lui fournissait une tribune idéale pour répandre ses idées : *His position provided him with a bully pulpit to make his views known*. L'image *bully pulpit* est généralement attribuée à Roosevelt qui définissait ainsi la fonction de président des États-Unis. **12**. Notez le possible réagencement syntaxique ici.

## ➠ Exemple 4

### L'ex-chef de la communication de Tony Blair se fait étriller au cinéma

En 1997, à l'arrivée de Tony Blair au pouvoir, peu de Britanniques avaient entendu parler de *spin*. Une expression, née aux États-Unis dans les années 80, qui recouvre les techniques employées par les lobbyistes pour manipuler l'opinion publique. Dix ans plus tard, au moment de sa démission, le terme était non seulement entré dans le langage courant, mais il résumait toutes les dérives auxquelles peut mener la communication politique.

Et nul ne symbolise mieux le spin qu'Alastair Campbell, l'ancien Directeur de la communication de Blair, qui a inspiré le personnage de Malcolm Tucker dans le film *In the Loop*. [...]

Cette culture de la manipulation a culminé avec la polémique sur la présence présumée d'armes de destruction massive en Irak, le gouvernement ayant été accusé d'avoir sciemment menti aux journalistes et au public. Blair et Campbell ont été blanchis par l'enquête qui avait été ouverte, mais l'affaire a sonné le glas des procédés agressifs de ce dernier, finalement contraint à la démission en 2003.

Depuis, Alastair Campbell a rebondi. Il a délaissé la politique pour revenir à ses premières amours (l'écriture de romans). [...] Nouvelles fonctions, nouvelle image : il est aujourd'hui un des chouchous d'une presse qui l'a longtemps vilipendé.

Frédérique Andréani, *Le Point*, 19 novembre 2009.

### ◆ Proposition de traduction

**Movie vilifies[1] Blair's former chief spin doctor[2]**

When Tony Blair came[3] into office in 1997, few[4] Britons had heard about "spin", a word coined in the US in the 80s, which encapsulates the various techniques used by lobbyists to manipulate public opinion[5]. When he resigned ten years later, not only had the term come into popular usage but it served to define all the excesses[6] political communication can lead to.

And no-one embodies spin better than Alastair Campbell, Blair's former Director of Communications, who inspired the character of Malcolm Tucker in the movie *In the Loop*. [...]

This culture of manipulation culminated in the controversy surrounding the alleged presence of WMDs[7] in Iraq, when the government was accused of knowingly lying to the press and to the public. The ensuing[8] investigation exonerated[9] both Blair and Campbell. The episode, however, tolled the knell[10] for the aggressive methods used by Campbell, who was eventually forced to step down in 2003.

Alastair Campbell has taken a fresh start since then. He has steered away from politics[11] to return to his former passion, writing novels. [...] The same man it had long lambasted is now one of the darlings[12] of the press, which shows that[13] with a new job comes[14] a new public image.

### ◆ Notes

**1.** Deux variantes possibles : *Move gives Blair's former chief spin doctor a drubbing / pummeling. To drub* et *to pummel* s'utilisent au sens figuré notamment dans le domaine sportif, pour décrire la victoire à plate couture d'une équipe. **2.** Mieux vaut utiliser ici cette traduction par une expression certes péjorative, mais qui serait, à n'en pas douter, celle qu'un journaliste utiliserait dans un titre pour attirer le lecteur, et réserver le titre officiel *Director of Communications* pour la suite du texte. **3.** Notez la transposition « nom → verbe », fréquente dans le sens français ··➜ anglais. **4.** Attention à la différence entre *a few* (faible quantité) et *few* (commentaire négatif : quantité trop faible). **5.** Attention aux déterminants : *the public*, mais *Ø public opinion*. **6.** Attention à la traduction de « dérive » dans son sens figuré :

*excess/excesses. Drift* est envisageable uniquement s'il est suivi d'un complément: *a drift towards economic chaos*. **7**. *WMDs = Weapons of Mass Destruction*. **8**. Une simplification jouant sur l'implicite est ici acceptable. **9**. Attention aux traductions possibles de « blanchir » dans son sens figuré : *he was exonerated / cleared of all charges* (il a été blanchi de toutes les accusations portées contre lui), *he was charged with laundering dirty money* (il a été accusé de blanchiment d'argent sale). *To whitewash* signifie au sens propre « blanchir à la chaux » et peut prendre un sens figuré : *the whole story was whitewashed* (toute l'affaire a été étouffée). **10**. L'expression idiomatique a la même valeur, propre ou figurée, en anglais. Une sous-traduction aurait cependant été, sans doute, peu sanctionnée : *put an end to...* **11**. *Politics* (la politique, la vie politique, les sciences politiques) ≠ *a policy* (une politique, un ensemble de mesures). **12**. *A darling is a person who is particularly popular with a certain group* (Oxford Dictionary of English). Dans un contexte scolaire, *pet* aurait été envisageable : *to be the teacher's pet*. **13**. On peut ici opter pour le réagencement syntaxique, en raison de la tendance de l'anglais à expliciter les liens entre les éléments juxtaposés. Il était cependant possible de conserver la syntaxe initiale et « coller » ainsi davantage au style choisi : *With a new job comes a new public image: long a choice target for the press, he is now one of its darlings*. **14**. Il est souvent conseillé de réintroduire un verbe dans ce qui, en français, est une phrase ou une proposition nominale.

## D. Le thème grammatical

L'exercice du thème grammatical ou « thème d'imitation » est un des indicateurs les plus fiables dont dispose le correcteur de concours pour évaluer le travail du candidat durant ses années de préparation. Il requiert en effet un travail très rigoureux en amont et, le jour du concours, une grande concentration et la capacité éprouvée à repérer tous les pièges pour mieux les déjouer. Il n'y a en effet guère de phrases de thème « anodines » dans les sujets de concours ; toutes comportent au moins un piège grammatical et une difficulté syntaxique, souvent agrémentés d'un test sur un champ lexical, supposé connu des candidats.

Pour chaque phrase, il est donc primordial de commencer par repérer ces points grammaticaux ou syntaxiques mobilisés, dont la récurrence est frappante d'une année à l'autre, voire d'un concours à l'autre. Dans cette perspective, vous trouverez ici un recensement des pièges les plus fréquents, à partir des sujets 2008, 2007, 2006 et 2005 (les corrigés de la session 2009 se trouvent dans la dernière partie de cet ouvrage). Lorsque deux solutions sont proposées, il peut s'agir de simples variantes, mais aussi de deux solutions concurrentes : il arrive très ponctuellement que l'absence de contexte rende le choix impossible.

Ce repérage est destiné à fournir des pistes de travail, mais ne vise pas à l'exhaustivité. Il ne peut donc remplacer une révision plus systématique de la grammaire anglaise qui, seule, vous permettra d'aborder cette épreuve avec sérénité...

## 1. La concordance des temps dans les **If-clauses**

### ➡ Rappels

▷ IF + présent ··➔ **WILL**

If I find your wallet, I'll give it to you.

▷ **IF + prétérit ··➔ WOULD**

If I found your wallet, I would give it to you.

▷ **IF + past perfect ··➔ WOULD / WOULD HAVE** + participe passé

If I had found your wallet, I would have given it to you.

### ➡ Phrases tirées des annales

▷ IENA 2008, phrase 4

*Si on lui avait demandé conseil, nos finances ne seraient pas aussi préoccupantes.* ··➔ If we had asked him [/her] for advice, we wouldn't be in such a financial predicament.

▷ ECRICOME 2007, phrase 2

*Si les clients n'avaient pas vu cette publicité attrayante, ils n'auraient pas acheté ces ordinateurs bon marché.* ··➔ If the customers had not seen this eye-catching ad, they would not have bought these cheap computers.

▷ ECRICOME 2006, phrase 6

*Si ton neveu m'avait interrogé, je lui aurais parlé de mon métier et de celui de ma femme.* ··➔ If your nephew had asked me [/ Had your nephew asked me], I would have told him about my job and my wife's [/ my job and that of my wife / my and my wife's jobs].

▷ ECRICOME 2005, phrase 3

*Si nous proposions une plus large gamme de produits, nous obtiendrions des parts de marché.* ··➔ If we offered a wider range of products, we would secure market shares.

▷ IENA 2006, phrase 10

*Il y aurait moins d'accidents si les automobilistes respectaient les limitations de vitesse.* ··➔ There would be fewer accidents if drivers abided by speed limits [/ were drivers to abide by speed limits].

▷ IENA 2005, phrase 4

> *Si on avait investi plus tôt, on aurait évité la crise actuelle.* ➜ If investments had been made earlier, today's crisis would have been forestalled.

NB : Le « si » hypothétique est bien sûr à distinguer du « si » concessif :

▷ IENA 2008, phrase 2

> *Si intelligent qu'il soit, il échouera s'il ne fournit pas davantage d'efforts.* ➜ However intelligent he may be, he will fail if he doesn't put more effort into it.

## 2. Le futur dans les subordonnées de temps

### ➨ Rappels

Il est impossible d'utiliser **WILL** dans les subordonnées temporelles exprimant une idée de futur introduites par les conjonctions **when** (quand), **as soon as** (dès que), **whenever** (chaque fois que), **until** (jusqu'à ce que)… On utilisera donc le présent ou le **present perfect**, qui correspondront respectivement à l'usage du futur simple et du futur antérieur en français.

> When I [arrive / have arrived], we will talk about this.

Pour autant, il est bien sûr faux de dire que « **when** n'est jamais suivi de **will** », ce qu'on voit bien, par exemple, dans les formes interrogatives, directes ou indirectes.

> When will you arrive?
> I don't know at all when I will arrive.

Au style indirect, il faut bien sûr respecter la concordance des temps.

> "I'll call you when I get there." ➜ He said he would call her when he got there.

### ➨ Phrases tirées des annales

▷ ECRICOME 2008, phrase 3

> *Quand il verra les chiffres, il comprendra pourquoi on dit que la compagnie est de moins en moins rentable.* ➜ When he sees the figures, he will understand why the company is said to be becoming less and less profitable.

▷ ECRICOME 2007, phrase 3

> *Quand il aura réussi à trouver des investisseurs, il aura fait quasiment la moitié du chemin.* ➜ When he has managed to find investors, he will be practically half way there.

- ECRICOME 2005, phrase 7

> *« Quand recevra-t-il son cadeau ? » « Sois patient. Tu le découvriras quand ce sera son anniversaire. »* ➞ "When will he get his present?" "Be patient. You'll find out when it is his birthday."

- IENA 2008, phrase 9

> *Nos ventes repartiront dès que notre nouveau parfum sera commercialisé.* ➞ Our sales will pick up as soon as our new perfume [/ fragrance] has hit the shops.

- IENA 2007, phrase 2

> *Ne lui avait-on pas promis des horaires allégés quand elle reviendrait ?* ➞ Hadn't they [/we] promised her that she would get shorter working hours when she was back?

- IENA 2006, phrase 1

> *Personne ne peut dire quand la grève prendra fin.* ➞ Nobody can say when the strike will [/ is to] end.

- IENA 2005, phrase 5

> *Le ministre prendra une décision quand les experts auront donné leur avis.* ➞ The minister will make a decision when the experts have given their opinion.

## 3. Le prétérit modal et le **past perfect** modal

### ➨ Rappels

Le prétérit peut être utilisé pour marquer l'irréel. On parle ici de prétérit modal ; la rupture ne se fait pas entre un passé et un présent bien définis, mais plutôt entre du réel et du potentiel. On l'emploie :

- après **wish** + nom/pronom.

> I wish I had more time.
> I wish you were here.

(Notez que **were** est la forme du prétérit modal de **be** à toutes les personnes)

- après *if only* + nom/pronom.

> If only you started working…

- après **it's (high / about) time** + nom/pronom.

> It's (high / about) time you started working.

(Une structure infinitive est aussi possible : It's high time for you to start working.)

- après **would rather** + nom/pronom différent du sujet.

> I'd rather you stayed here.

- après les conjonctions **if**, **as if / though** (comme si), **even if / though** (même si)…

> They behave as though they were alone.

- Le **past perfect**, dans son emploi non pas temporel mais modal, peut désigner le non-réel. Il permet de renvoyer alors non pas à l'irréel du présent, mais à l'irréel du passé.

> I wish you could have been with us!
> I wish you hadn't started too early.

### Phrases tirées des annales

- ECRICOME 2008, phrase 8

> *Nous préférerions y aller en avion mais en raison de la grève il nous faudra prendre le train.* ··➔ **We would rather fly there, but because of the strike, we will have to take the train.**

NB: Une structure du type « Nous préférerions que tu y ailles… » aurait, elle, commandé l'emploi du prétérit modal :

> We'd rather you flew there…

- IENA 2007, phrase 3

> *Elles regrettent toutes d'avoir cédé trop vite à ses pressions.* ··➔ **They all wish they hadn't bowed to [his/her] pressures so quickly.**

- IENA 2005, phrase 6

> *N'est-il pas grand temps que nous embauchions un comptable ?* ··➔ **Isn't it high time we hired an accountant? [/Isn't it high time for us to hire an accountant?]**

## 4. « Depuis »

### Rappels

Le **present perfect** peut servir à exprimer la continuité de la situation dans le présent.

Notez que, dans ce cas de figure, le français utilisera le présent là où l'anglais utilisera le **present perfect**.

> I've known him [for a long time / since 1985]. ··➔ *Je le connais [depuis longtemps / depuis 1985].*

Si l'on décrit une action (et non un état) débutée dans le passé et se poursuivant dans le présent, on utilisera le **present perfect progressive** plutôt que le **present perfect** simple.

> We've been working on this chapter for about two weeks.

**For** sert à exprimer une durée.

**Since** sert à introduire le point de départ de la période considérée.

Le **past perfect** peut servir à parler d'un état qui, commencé à un moment du passé, avait toujours cours à un autre moment du passé.

> I had known them for two years when they moved out to Australia.

Le **past perfect progressive** peut servir à parler d'une action qui, commencée à un moment du passé, avait toujours cours à un autre moment du passé.

> I had been trying to call him for hours on end when at last he got back to me.

### ➡ Phrases tirées des annales

▷ ECRICOME 2008, phrase 4

> *Voilà huit mois que nous vivons à l'étranger, nous commençons à avoir le mal du pays.* ➞ We have been living abroad for eight months now and we are beginning to feel homesick.

NB : Pour traduire la phrase, pensez à la reformuler : « Nous vivons à l'étranger depuis des mois… »

▷ ECRICOME 2007, phrase 1

> *Depuis septembre, quelque quarante élèves viennent s'entraîner deux fois par semaine, ce qui est encourageant.* ➞ Since September, some forty pupils have been coming to train twice a week, which is encouraging.

▷ ECRICOME 2006, phrase 1

> *Le nombre d'emplois de bureau est en augmentation depuis ces deux dernières décennies, n'est-ce pas ?* ➞ The number of clerical jobs has been increasing [/on the increase / rising] for the past two decades, hasn't it?

▷ ECRICOME 2005, phrase 1

> *La société importait des denrées alimentaires depuis quelques années quand elle fit faillite. Quelle déception !* ➞ The company had been importing foodstuffs for a few years when it went bankrupt. How disappointing!

▷ IENA 2008, phrase 8

> *Je me demande ce qu'elle a : elle ne répond plus à mes courriels depuis une semaine.* ➞ I wonder what is wrong with her ; she hasn't replied to a single one of my emails for a week.

▷ IENA 2006, phrase 3

> *Elle est PDG de cette société depuis cinq ans, depuis qu'elle a remplacé son père.* ➞ She has been the C.E.O. of the firm for five years, ever since she took over from her father.

▷ IENA 2005, phrase 3

> *L'usine fabriquait des appareils électroménagers depuis vingt ans quand elle fit faillite.* ➞ The factory had been manufacturing domestic appliances for twenty years when it went bust [/ bankrupt].

## 5. « Dont »

### ➨ Rappels

Lorsque « dont » relie deux noms, on le traduit par :

- **whose** lorsqu'il correspond à un génitif

> The President, whose decision we are still waiting for, landed at 4pm.
> The church, whose bells keep ringing, is at the far end of the village.

- **of which / of whom** quand il a le sens de « un parmi d'autres »

> Her latest book, some chapters of which I have already read, is truly fascinating.

Lorsque « dont » relie le nom à un verbe, un adjectif, ou une phrase entière, il faut chercher à le rendre par une structure qui dépendra du contexte, en **[which / that / Ø]** + préposition ou **[which / that / Ø]** seuls.

> *Voici l'immeuble dont elle a hérité.* ➞ This is the building that she inherited.

[Ici, on utilise une structure sans préposition, car le verbe **inherit** est transitif direct en anglais, au contraire du français « hériter *de* » qqch.]

> *Le village dont je viens n'est pas sur la carte.* ➞ The village Ø I'm coming from is not on the map.

Lorsque « dont » permet de parler d'une quantité, on utilise la structure « quantifieur + **of** + **whom / which** ».

> I met several friends, some of whom were former colleagues.
> Several decisions, most of which had been long expected, were eventually made.

### ➨ Phrases tirées des annales

▭ ECRICOME 2008, phrase 1

> *Mes parents avaient approuvé notre mariage mais les siens, dont la fortune était énorme, s'y étaient opposés.* ➞ My parents had approved of our marriage but hers, whose fortune was considerable, had opposed it.

▭ ECRICOME 2007, phrase 4

> *Les incidents dont la plupart avaient eu lieu tard le soir ne furent rapportés que le lendemain.* ➞ The incidents, most of which had occurred late in the evening, were not reported before the following day.

▭ ECRICOME 2005, phrase 2

> *C'est le magnat de presse dont la mission est de réduire la semaine de travail.* ➞ He's the press tycoon [/ baron] whose mission is to cut the working week.

▭ IENA 2007, phrase 8

> *La réaction des clients dont tu m'as parlé jeudi dernier n'est guère surprenante.* ➞ The reaction of the customers whom [/Ø] you told me about last Thursday is hardly surprising.

▷ IENA 2005, phrase 7

> *Cette société dont le siège est en Suède, nous fournissait d'excellents logiciels.* ··➔ This company, whose head office is in Sweden, used to supply us with outstanding software.

## 6. « Ce que », « ce qui »

### ➨ Rappels

En tête de proposition, pour annoncer ce qui suit : **what**

> What I found interesting in the text was the minute description.
> I'll tell you what I think about it.

Notez que pour dire « tout ce que / qui », on utilisera **all (that)** et jamais **~~all what~~**.

> I'll tell you all (that) I think about it.

En cours de phrase, pour reprendre un segment précédent : **which** systématiquement précédé d'une virgule

> Jane eventually came over, which surprised everyone.

### ➨ Phrases tirées des annales

▷ ECRICOME 2007, phrase 1

> *Depuis septembre, quelque quarante élèves viennent s'entraîner deux fois par semaine, ce qui est encourageant.* ··➔ Since September, some forty pupils have been coming to train twice a week, which is encouraging.

▷ ECRICOME 2007, phrase 5

> *Les universitaires pourront désormais réformer l'enseignement supérieur, ce qu'ils ne pouvaient faire avec le système précédent.* ··➔ From now on, academics will be able to reform higher education, which they could not do under the previous system [/ because of the way things used to work].

▷ ECRICOME 2006, phrase 10

> *On l'a vue téléphoner, mais on ne sait pas du tout ce qu'elle a dit à son patron.* ··➔ We saw her giving a call, but we haven't got the slightest idea of what she said to her boss.

▷ ECRICOME 2005, phrase 6

> *Ce qu'elle refuse de comprendre, c'est qu'elle ne réussira jamais dans ce secteur.* ··➔ What she will not [/ refuses to] understand is that she will never succeed in this field.

## 7. Le comparatif de supériorité

### Rappels

Dans tous les cas, **than** sert à introduire l'élément avec lequel on compare.

- Si la comparaison porte sur un adjectif :
  - Cas des adjectifs d'une syllabe : on ajoute –**er**.
  - Cas des adjectifs de trois syllabes et plus : on forme le comparatif à l'aide de **more**.
  - Deux cas de figure pour les adjectifs de deux syllabes :
    - Si l'adjectif se termine par –**y**, –**le**, –**er** ***ou*** –**ow**, il fonctionnera comme un adjectif court et prendra –**er** au comparatif.

    clever (*intelligent*) → cleverer ; simple → simpler ; pretty (*joli*) → prettier.

    Notez que la terminaison –**y** donne –**ier** au comparatif.

    - **Dans tous les autres cas,** il fonctionnera comme un adjectif long et formera son comparatif à l'aide de **more**.

    careful (*attentif*) → more careful ; childish (*puéril*) → more childish.

- Si la comparaison porte sur d'autres éléments
  - Sur un groupe verbal : **GV + more**
  - Sur un groupe nominal : **more + GN**
  - Sur un adverbe : mêmes règles qu'avec un adjectif : (**fast → faster**, **long → longer**…), mais les adverbes de deux syllabes en –**ly** sont considérés comme longs (**sharply → more sharply**), à l'exception de **early** (**→ earlier**)

### Phrases tirées des annales

- ECRICOME 2008, phrase 5

  *Faire changer vos pneus, quel qu'en soit le prix, serait beaucoup plus sûr.* ··➔ Having your tyres changed, whatever the cost (may be), would be far safer.

- ECRICOME 2005, phrase 3

  *Si nous proposions une plus large gamme de produits, nous obtiendrions des parts de marché.* ··➔ If we offered a wider range of products, we would secure market shares.

- IENA 2005, phrase 4

  *Si on avait investi plus tôt, on aurait évité la crise actuelle.* ··➔ If investments had been made earlier, today's crisis would have been forestalled.

## 8. Le comparatif d'infériorité

### ➠ Rappels

- On utilisera **less (+ than)** avec les adjectifs (courts ou longs), les verbes et les adverbes
- Pour ce qui est des noms, il faut distinguer deux cas :
  - on utilisera **less (+ than)** avec les noms indénombrables :

    I earn less money than him.

  - on utilisera **fewer (+ than)** avec les noms dénombrables pluriels :

    There were fewer students attending the meeting than yesterday.

### ➠ Phrases tirées des annales

- IENA 2006, phrase 10

  *Il y aurait moins d'accidents si les automobilistes respectaient les limitations de vitesse.* ➞ There would be fewer accidents if drivers abided by speed limits [/were drivers to abide by speed limits].

## 9. Le comparatif d'égalité

### ➠ Rappels

- Si la comparaison porte sur un adjectif :
  Forme unique : **as** + adjectif (court ou long) + **as**
- Si la comparaison porte sur un nom, on utilisera les structures suivantes :
  - **as much** + nom indénombrable + **as**…
  - **as many** + nom dénombrable pluriel + **as**…
- La structure du comparatif d'égalité peut être **modulée** à l'aide :
  - de multiplicateurs :

    His second novel is twice as long as the first one.

  - de diviseurs :

    His second film is half as interesting as his first one.

Elle peut en outre être niée au moyen de *not*, et deux formulations sont alors possibles : not as… as… ou not so… as…

My car is actually not [as / so] old as it looks.

### ➠ Phrases tirées des annales

▷ IENA 2008, phrase 3

> *Connaître la culture du pays n'est-il pas aussi utile que d'en parler la langue ?* ⇢ Isn't knowing the country's culture as useful as speaking the language?

▷ IENA 2007, phrase 9

> *Les agriculteurs polonais obtiendront deux fois plus de subventions que l'an passé.* ⇢ Polish farmers will get twice as many subsidies as last year.

## 10. « the + comparatif… the + comparatif »

### ➠ Rappel

Cette tournure sert à traduire les expressions « plus… plus / moins… moins / plus… moins / moins… plus »

### ➠ Phrases tirées des annales

▷ ECRICOME 2008, phrase 6

> *Plus les pénalités seront draconiennes, moins les employeurs embaucheront des travailleurs clandestins.* ⇢ The harsher the penalties (are), the less employers will hire illegal immigrant workers.

▷ ECRICOME 2007, phrase 6

> *Plus les jeunes consommeront de fruits et de légumes, moins ils courront le risque de devenir obèses.* ⇢ The more fruit and vegetables youngsters eat, the less likely they will be to become obese.

▷ ECRICOME 2006, phrase 7

> *Le maire se rendra bien compte que plus il attend plus les réparations seront chères.* ⇢ The mayor will eventually realise that the longer he waits, the more expensive the repairs will be.

▷ ECRICOME 2005, phrase 5

> *Moins il y aura de voitures dans le centre de nos villes, plus la vie des citadins sera agréable.* ⇢ The fewer cars there are in our city centres, the more pleasant the life of city-dwellers will be.

▷ IENA 2007, phrase 10

> *Plus l'orateur parlait, moins il semblait convaincant ; pas étonnant que la salle se soit vidée !* ⇢ The more the speaker talked, the less convincing he sounded. No wonder everyone left the room!

- IENA 2006, phrase 7

> *Plus l'entreprise se développera, plus elle embauchera.* ➝ The more the company develops, the more employees it will hire.

- IENA 2005, phrase 1

> *Plus j'y pense, plus on peut s'attendre à un nouveau choc pétrolier.* ➝ The more I think about it, the more we can expect a new oil shock.

## 11. Superlatif ou comparatif ?

### Rappels

#### Le superlatif (de supériorité et d'infériorité) des adjectifs

- Les mêmes règles que pour le comparatif s'appliquent, mais avec la terminaison –**est** pour les adjectifs courts, et **most / least** pour les adjectifs longs.

> He's the funniest man I've ever known.
> This is the least difficult problem we've had to deal with in a long time.

#### Le superlatif (de supériorité et d'infériorité) des noms

- Pour le superlatif de supériorité, on emploiera systématiquement **the most** + nom.

> Who brought the most friends?

- Pour le superlatif d'infériorité, on emploiera :
  - **the least** + nom indénombable

  > You had the least courage of them all.

  - **the fewest** + nom dénombrable pluriel

  > Among the three of you, Bob made the fewest efforts.

#### Cas particulier

Alors qu'en français on utilisera le superlatif, l'anglais utilisera le comparatif dès lors qu'il s'agit de ne comparer que deux éléments. On emploiera alors la structure : **the** + comparatif.

> I read the two books and I found that the second one was the more interesting.

### ➠ Phrases tirées des annales

▭ ECRICOME 2006, phrase 4

> *Laquelle de ces deux solutions vous paraît la plus adaptée aux difficultés que nous connaissons actuellement ?* ··➔ Which of the two solutions seems to you the more appropriate for the difficulties we are facing right now?

▭ IENA 2008, phrase 10

> *Les solutions les plus évidentes sont-elles nécessairement les moins onéreuses ?* ··➔ Are the most obvious solutions necessarily the cheapest?

▭ IENA 2007, phrase 5

> *Laquelle des deux solutions aurais-tu choisie ? – La moins coûteuse, évidemment.* ··➔ "Which of the two solutions would you have chosen?" "The cheaper, of course."

## 12. La tournure « comparatif + and + comparatif »

### ➠ Rappel

Elle sert à traduire les expressions « de plus en plus / de moins en moins ».

### ➠ Phrases tirées des annales

▭ ECRICOME 2008, phrase 3

> *Quand il verra les chiffres, il comprendra pourquoi on dit que la compagnie est de moins en moins rentable.* ··➔ When he sees the figures, he will understand why the company is said to be becoming less and less profitable.

## 13. L'expression d'une grande quantité

### ➠ Rappels

#### ◆ A lot of / lots of

On emploiera **a lot of** et **lots of** surtout dans des phrases affirmatives.

Ils permettent de désigner une grande quantité d'un ensemble, et peuvent être suivis d'un dénombrable pluriel comme d'un indénombrable.

Notez que **a lot of** peut aussi s'employer comme adverbe (**I like playing tennis a lot**), ou pronom (**"Do you like playing tennis?" "A lot."**)

- **Much/many**

**Much** et **many**, employés seuls, se trouvent essentiellement dans des phrases négatives ou interrogatives.

**Much** ne peut être suivi que d'un nom indénombrable.

**Many** est toujours suivi d'un dénombrable pluriel.

**Much** peut être précédé de **so** et de **too**.

> There was so much snow outside that we couldn't go out.

**Many** peut être précédé de **so, too, a great, a good**.

> He showed us a [good / great] many of his slides.

**Too much, very much,** et **so much** peuvent par ailleurs s'employer avec des verbes et sont alors rejetés à la fin du groupe verbal.

> He told me too much.

- **Most (of)**

**Most** est la forme superlative de **much/many** et sert à traduire « la plupart de ».

On distingue trois structures différentes :

- **Most** + Ø + nom, pour exprimer une généralité.

> Most customers are waiting for the retail sales period.

- **Most** + **of** + **the** + nom, pour désigner la presque totalité d'un groupe restreint par le contexte à droite du nom ou par un possessif.

> Most of the customers we have visit our shop at least once a week.
> Most of our customers visit our shop at least once a week.

- **Most** + **of** + pronom.

> Most of them are nice people.

Par ailleurs, notez : **most of the time** (la plupart du temps), **most Ø people** (la plupart des gens).

## ➠ Phrases tirées des annales

- ECRICOME 2007, phrase 4

> *Les incidents dont la plupart avaient eu lieu tard le soir ne furent rapportés que le lendemain.* ··➧ The incidents, most of which had occurred late in the evening, were not reported before the following day.

- ECRICOME 2007, phrase 10

> *Peu d'affiches sont payées par les candidats eux-mêmes car la plupart sont offertes par leurs partisans.* ··➧ Few posters are paid for by candidates themselves, because most of them are provided by their supporters.

## 14. L'expression d'une petite quantité

### ➡ Rappels

Pour exprimer l'idée de « quelques » éléments, on utilisera **a few** + dénombrable.

> I have a few friends in Spain.

Pour exprimer l'idée de « un peu de », on utilisera **a little** + indénombrable.

> "Is there any bread left?" "Yes, a little."

### ➡ Phrases tirées des annales

- ECRICOME 2005, phrase 1

> *La société importait des denrées alimentaires depuis quelques années quand elle fit faillite. Quelle déception !* ··➔ The company had been importing foodstuffs for a few years when it went bankrupt. How disappointing!

## 15. Une quantité insuffisante

### ➡ Rappels

Pour exprimer l'idée de « peu de », on utilisera :

- **few** + dénombrable.

> Few shops will be open tomorrow.

- **little** + indénombrable.

> Hurry up! I have little time!

### ➡ Phrases tirées des annales

- ECRICOME 2007, phrase 10

> *Peu d'affiches sont payées par les candidats eux-mêmes car la plupart sont offertes par leurs partisans.* ··➔ Few posters are paid for by candidates themselves, because most of them are provided by their supporters.

## 16. L'expression d'une quantité nulle

### ➠ Rappels

**No**, comme **not any**, sert à nier l'existence d'une quantité, même s'ils ne sont pas toujours syntaxiquement interchangeables.

**No,** comme **not any**, peut se rencontrer dans les compléments des phrases négatives :

> I can't lend you any money. = I can lend you no money.

En revanche, on ne peut trouver que **no** en tête de phrase pour indiquer « une absence de… ».

> No present could please me more, thank you so much!

**None** est le pronom utilisé pour désigner un ensemble vide. Il peut s'employer seul, mais on le trouve souvent suivi de [**of** + déterminant + nom] ou [**of** + pronom].

**None of** + pluriel peut être suivi d'un verbe au singulier ou au pluriel.

> None of us [was/were] willing to go on with this project.

### ➠ Phrases tirées des annales

▻ IENA 2007, phrase 6

> *Aucune des propositions n'a été retenue par le comité de sélection.* ➝ None of the proposals was accepted by the selection committee.

## 17. La traduction de « on »

### ➠ Rappels

▻ Si « on » ne fait pas référence à un agent connu, l'anglais utilisera de préférence un passif.

> *On nous demanda de rappeler plus tard.* ➝ We were asked to call back later.

▻ Si « on » fait référence à un groupe dont l'énonciateur s'exclut, on utilisera **people** ou **they**.

> *On conduit à gauche en Australie. (ce n'est pas un Australien qui parle)* ➝ In Australia, [they / people] drive on the left.

▻ Si « on » fait référence à un groupe dont l'énonciateur fait partie, on utilisera **we**.

> *On conduit à gauche en Australie. (c'est un Australien qui parle)* ➝ In Australia, we drive on the left.

- Si « on » désigne « n'importe qui », on utilisera **you**.

  *On ne peut pas à la fois se coucher tard et se lever en forme.* ··➔ You can't go to bed late at night and then feel well in the morning.

- Si « on » a une valeur proverbiale, on utilisera **one**.

  *On ne devrait jamais rien regretter.* ··➔ One should never have regrets.

### ➠ Phrases tirées des annales

- ECRICOME 2008, phrase 3

  *Quand il verra les chiffres, il comprendra pourquoi on dit que la compagnie est de moins en moins rentable.* ··➔ When he sees the figures, he will understand why the company is said to be becoming less and less profitable.

- ECRICOME 2006, phrase 10

  *On l'a vue téléphoner, mais on ne sait pas du tout ce qu'elle a dit à son patron.* ··➔ We saw her giving a call, but we haven't got the slightest idea of what she said to her boss.

- IENA 2008, phrase 6

  *On donnera un jour de congé à tout employé ayant travaillé dimanche dernier.* ··➔ A day off will be granted to each employee who worked last Sunday.

- IENA 2008, phrase 7

  *Cela vaut-il la peine d'assister à la réunion ? On peut en douter.* ··➔ Is it worth attending the meeting? One can doubt it. [/ It is doubtful.]

- IENA 2007, phrase 2

  *Ne lui avait-on pas promis des horaires allégés quand elle reviendrait ?* ··➔ Hadn't they [/we] promised her that she would get shorter working hours when she was back?

- IENA 2006, phrase 5

  *On est en train de construire une galerie marchande au nord de la ville.* ··➔ A shopping mall is being built north of the city.

- IENA 2006, phrase 8

  *On n'aurait jamais dû lui faire confiance.* ··➔ We should never have trusted him/her.

- IENA 2005, phrase 1

  *Plus j'y pense, plus on peut s'attendre à un nouveau choc pétrolier.* ··➔ The more I think about it, the more we can expect a new oil shock.

- IENA 2005, phrase 4

  *Si on avait investi plus tôt, on aurait évité la crise actuelle.* ··➔ If investments had been made earlier, today's crisis would have been forestalled.

## 18. La traduction du verbe « devoir »

### ➡ L'obligation

#### ◆ Rappels

- **MUST** sert à exprimer, au présent, une contrainte intériorisée par l'énonciateur, qu'il se donne une règle à appliquer lui-même, ou qu'il l'impose aux autres.
- **HAVE TO** sert :
  - à exprimer le même type de contrainte, à tous les autres temps.
  - à exprimer, au présent, une contrainte imposée au sujet de l'extérieur, par un règlement, des circonstances contraignantes, etc.
- **BE TO** sert à exprimer :
  - une obligation déterminée par un projet bien arrêté.

    > We are to leave for Spain tomorrow.

  - une obligation virtuelle au passé, qui consiste souvent en une référence à la fatalité.

    > After that day, I was never to see her again.

- Pour nier l'obligation, on utilisera :
  - **NOT HAVE TO**

    > You don't have to do it right now.

  - **NEEDN'T**

    > You needn't come with us, if you don't want to.

#### ◆ Phrases tirées des annales

- ECRICOME 2006, phrase 5

  > *Ce matin-là, le Premier Ministre a annoncé qu'il devait rencontrer son homologue hollandais le surlendemain.* ➞ That morning, the Prime Minister announced that he was to meet his Dutch counterpart two days later.

- ECRICOME 2005, phrase 8

  > *Ce matin-là, son épouse lui avait annoncé qu'elle devait partir pour les Pays-Bas.* ➞ That morning, his wife had told him that she was to leave [/ had to leave] for the Netherlands. (*énoncé ambigu*)

### ➡ Le conseil

#### ◆ Rappels

Avec **OUGHT TO**, le conseil émane des règles imposées par le sens commun ou par l'usage, il est donc plus impératif.

> You ought to finish this novel before starting a new one.

Avec **SHOULD**, le conseil est plus subjectif, ce qui suppose davantage une certaine liberté de choix laissée à l'interlocuteur.

> You should read this novel first.

**SHOULD HAVE** + participe énoncé *a posteriori* un conseil et permet donc souvent d'exprimer un reproche ou un regret.

> You should have read this novel first.

- **Phrases tirées des annales**

- IENA 2006, phrase 8

> *On n'aurait jamais dû lui faire confiance.* ··➔ We should never have trusted him/her.

### La probabilité

- **Rappels**

- **SHOULD** sert à exprimer :
  - un évènement qui paraît très vraisemblable.

  > I should be back on Friday.

  - un évènement qui aurait dû se produire.

  > They should have arrived by now.

- **MUST** sert à exprimer :
  - une quasi-certitude.

  > You must be so pleased.

  - une quasi-certitude portant sur du révolu.

  > They must have arrived by now.

- Notez que dans cet emploi, la quasi-certitude exprimée par **MUST** peut être niée par **CAN'T** ou **CAN'T HAVE** + participe passé.

> You can't be serious!
> She can't have succeeded.

### Phrases tirées des annales

- ECRICOME 2008, phrase 2

> *L'avion a dû atterrir il y a longtemps car les passagers ont déjà tous quitté l'aéroport.* ··➔ The plane must have landed a long time ago because all the passengers have already left the airport.

## 19. Dénombrables et indénombrables

### ➨ Rappels

#### ◆ Les dénombrables

Ces noms désignent des éléments ou des classes d'éléments que l'on peut compter, et qui peuvent être précédés d'adjectifs numéraux et de l'article **a/an**.

⇨ Pour la formation du pluriel, la règle générale « nom singulier + **-s** » s'applique à la plupart des noms dénombrables : a boy, two boys. Il y a cependant des cas particuliers :

- mots en **-s / -x / -ch / -sh / -z** : terminaison en **-es** (**a church → churches**, **a quiz → quizzes**) ;
- certains mots terminés par **-o → -oes** (**a potato → potatoes**, mais : **a photo → photos**) ;
- les noms en [consonne + **-y**] → **-ies** (**a baby → babies**, mais **a guy → guys**) ;
- la plupart des noms en **-on → -a** (**a criterion → criteria**, **a phenomenon → phenomena**) ;
- la plupart des noms en **-is → -es** (**a basis → bases**, **a crisis → crises**, **an analysis → analyses**…) ;
- la plupart des noms en **-us → -i** (**a nucleus → nuclei**) ;
- 13 noms en **-f** ou **-fe** font leur terminaison en **-ves** : **calf** (*veau*), **elf** (*elfe*), **half** (*moitié*), **knife** (*couteau*), **leaf** (*feuille*), **life** (*vie*), **loaf** (*miche de pain*), **self** (*le « moi »*), **sheaf** (*gerbe*), **shelf** (*étagère*), **thief** (*voleur*), **wife** (*épouse*), **wolf** (*loup*).

  > one life → lives, *mais :* a cliff (*falaise*) → cliffs, a safe (*coffre-fort*) → safes…

  Notez que **hoof** (*sabot*), **scarf** (*écharpe*) et **wharf** (*quai*) forment leur pluriel en **-s** ou **-ves**.

⇨ Un certain nombre de dénombrables sont **irréguliers** et ont une forme différente au singulier et au pluriel : **man → men**, **woman → women**, **child → children**, **foot → feet**, **tooth → teeth**, **mouse** (*souris*) **→ mice** , **goose** (*oie*) **→ geese** , **ox** (*bœuf*) **→ oxen**

⇨ Certains dénombrables ne changent pas de forme au pluriel ; ils sont **invariables** : **fish**, **sheep** (*mouton*), **deer** (*daim*), **salmon** (*saumon*), **trout** (*truite*), **aircraft** (*avion*).

> I caught five fish yesterday.

⇨ Certains dénombrables prennent un **-s**, au pluriel comme au singulier : **crossroads** (*carrefour*), **means** (*moyen*), **series** (*série*), **species** (*espèce*), **works** (*usine*)…

> We need to find another means of transportation. ➝ *Nous devons trouver un autre moyen de transport.*

> We know nothing about his financial means. ··➔ *Nous ne savons rien de ses ressources financières.*

- Alors qu'en français, on a tendance à mettre en facteur commun l'élément possédé lorsqu'il est identique d'une personne à l'autre, l'anglais utilisera le pluriel :

> Hundreds of people lost their lives in the bombings. ··➔ *Des centaines de personnes ont perdu la vie lors des attentats.*

### ◆ Les indénombrables

Ces noms désignent des éléments concrets ou abstraits que l'on ne peut pas compter, et qui ne peuvent être précédés d'adjectifs numéraux ou de l'article **a/ an**. On distingue :

- Les indénombrables réguliers, dont la forme et l'accord verbal sont au singulier, comprennent :
  - des mots de sens concret qui désignent des matières : **snow**, **milk**, **wine**, **cotton**…
  - des mots de sens abstrait qui désignent des concepts, des sentiments ou des activités humaines : **love**, **friendship**, **liberalism**….
  - des mots désignant un ensemble d'éléments de même fonction : **furniture** (*les meubles*), **luggage** (*les bagages*), **rubbish** (*les ordures*)…

Pour extraire et définir *un* élément de la classe d'objets décrite par le nom indénombrable, on utilisera un dénombreur (parfois appelé également « extracteur » ou « partitif ») : **a piece of advice** (*un conseil*), **a piece of cheese** (*un morceau de fromage*), **a piece of luggage** (*un bagage*), **a scrap of luck** (*un coup de chance*), **a bar of soap** (*une savonnette*), **a cup of tea** (*une tasse de thé*)…

Notez qu'on trouve souvent devant ces noms **some** pour traduire « *un* » ou « *des* ».

> Would you like some advice? ··➔ *Veux-tu [/Voulez-vous] un/des conseil(s) ?*

- Les **indénombrables irréguliers** ressemblent à des noms au pluriel (–**s**), mais leur accord verbal est singulier. Ils comprennent :
  - Les noms de sciences en –**ics** : **politics**, **physics**… (**politics** peut cependant être suivi d'un verbe au pluriel si le nom prend le sens des opinions politiques de quelqu'un)
  - Des noms de maladies : **mumps** (*les oreillons*), **rabies** (*la rage*), **measles** (*la rougeole*)…
  - Des noms de jeux : **darts** (*fléchettes*), **billiards** (*billard*), **dominoes** (*dominos*)…
  - **News** : **"No news is good news."**

- Certains **indénombrables** font leur accord au pluriel :
  - Noms d'objets ou de vêtements **doubles** : **scissors**, **compasses**, **jeans**, **overalls** (*salopette, bleus de travail*), **pyjamas**… Ces noms peuvent être quantifiés grâce à **a pair of**.
  - Quelques autres noms : **accounts** (*les comptes*), **brains** (*intelligence*), **contents** (*contenu*), **customs** (*douane*), **remains** (*la dépouille*), **stairs** (*l'escalier*), **wages** (*le salaire*)…

### ◆ Les noms collectifs

- Ils désignent des ensembles de personnes, considérés soit du point de vue de l'unité du groupe, soit en tant que somme d'éléments distincts. Selon le point de vue adopté, l'accord se fera au singulier ou au pluriel. On trouve dans cette catégorie : **army**, **audience** (*le public*), **crew** (*l'équipage*), **crowd** (*la foule*), **family**, **the government**, **the press**, **staff**…

> The British government was controlled by Labour for many years. ➞ *Le gouvernement britannique fut dirigé par le parti travailliste pendant des années.*
> *Mais :* The government are due to meet today to discuss new anti-terror laws. ➞ *Les membres du gouvernement doivent se réunir aujourd'hui pour discuter de nouvelles lois anti-terroristes.*

- Certains noms collectifs s'accordent systématiquement au pluriel. C'est notamment le cas de **cattle** (*le bétail*), **clergy**, **people** (*les gens*), **police**…

> The police have stormed into the tube station. ➞ *La police a investi la station de métro.*

### ◆ Noms tantôt dénombrables, tantôt indénombrables

Certains noms peuvent fonctionner comme des dénombrables ou comme des indénombrables, mais avec des sens légèrement différents. Parmi eux :

> Ø business (*les affaires*) → a business (*une entreprise*)
> Ø fruit (*des fruits*) → fruits (*plusieurs espèces de fruits / les bienfaits*)
> Ø hair (*les cheveux*) → a hair (*un poil*)
> Ø glass (*du verre*) → a glass (*un verre*)
> Ø work (*du travail*) → a work (*une œuvre*)

## ➠ Phrases tirées des annales

- IENA 2008, phrase 4

> *Si on lui avait demandé conseil, nos finances ne seraient pas aussi préoccupantes.* ➞ If we had asked him [/ her] for advice, we wouldn't be in such a financial predicament.

- ECRICOME 2007, phrase 6

> *Plus les jeunes consommeront de fruits et de légumes, moins ils courront le risque de devenir obèses.* ➞ The more fruit and vegetables youngsters eat, the less likely they will be to become obese.

- ECRICOME 2006, phrase 2

*Il faudra désormais qu'il tienne compte de tous les conseils que vous accepterez de lui donner.* ··➔ From now on, he will have to take account of all the advice you will be willing to give him.

- ECRICOME 2005, phrase 4

*Il n'était pas nécessaire que vous leur communiquiez cette information. J'aurais pu le faire.* ··➔ You needn't have given them that piece of information. I could have done it.

- IENA 2005, phrase 7

*Cette société dont le siège est en Suède, nous fournissait d'excellents logiciels.* ··➔ This company, whose head office is in Sweden, used to supply us with outstanding software.

## 20. Exclamatives et tournures intensives

### Rappels

- Structure **What** + nom

What a beautiful day!
What difficult decisions you now have to make!

- Structure **How** + adjectif

How nice!
How rude of you!

- Structure **How** + phrase affirmative

How they laughed!

- Structure **such** + article + ADJ + nom

She is such a nice girl.

- Structure **So** (*si/tellement*) / **too** (*trop*) + adjectif ou adverbe

That is so important to me.
That was too difficult for them.

- Notez également la structure **so / too** + adjectif + **a/an** + nom

It was so amazing a film. (= It was such an amazing film)

### ➡ Phrases tirées des annales

- IENA 2008, phrase 1

> *Dommage que tu n'aies pas pu le convaincre de venir.* ➝ What a pity you couldn't convince him to come!

- ECRICOME 2006, phrase 8

> *Quelle merveilleuse musicienne ! Il y a environ treize ans qu'elle s'est mise à jouer de la clarinette.* ➝ What a marvellous musician! She took to playing the clarinet about thirteen years ago.

- ECRICOME 2005, phrase 1

> *La société importait des denrées alimentaires depuis quelques années quand elle fit faillite. Quelle déception !* ➝ The company had been importing foodstuffs for a few years when it went bankrupt. How disappointing!

- IENA 2005, phrase 2

> *Qui aurait pu imaginer une telle hausse des prix de l'immobilier ?* ➝ Who could have imagined such a rise in property prices?

- IENA 2005, phrase 10

> *Était-ce vraiment nécessaire de dépenser de telles sommes pour moderniser cet atelier ?* ➝ Did they really have to spend such amounts of money to modernise that workshop?

## 21. La traduction de « faire faire »

### ➡ Rappels

- Si on utilise la contrainte, physique ou psychologique : **to make sb do sth** (au passif : **to be made TO do sth**).
Remarque : on utilise aussi cette structure avec **make** pour traduire les phrases impliquant une réaction physique ou psychologique non voulue, provoquée par l'environnement immédiat ou le souvenir de qqch.

> Smoking always makes her caugh. / Australia has always made me dream.

- Quand il n'y a pas contrainte, mais que l'on obtient qqch par des moyens financiers ou autres :

> to have sb do sth / to get sb to do sth / to have sth done

- Attention cependant à ne pas calquer systématiquement ces expressions. Beaucoup de verbes anglais ont spontanément un sens causatif qui rend inutile l'utilisation de *make* ou *have*.

> She dropped the plate. ➝ *Elle a fait tomber l'assiette*
> They showed us round their new house. ➝ *Ils nous ont fait visiter leur nouvelle maison*

### ➠ Phrases tirées des annales

- ECRICOME 2008, phrase 5

> *Faire changer vos pneus, quel qu'en soit le prix, serait beaucoup plus sûr.* ⋯➔ Having your tyres changed, whatever the cost (may be), would be far safer.

- ECRICOME 2008, phrase 10

> *Votre travail consiste à faire acheter nos produits par le client, que cela vous plaise ou non.* ⋯➔ Whether you like it nor not, your job consists in making the customer buy [/enticing the customer into buying] our products.

## 22. Les « tags »

### ➠ Rappel

Dans les reprises correspondant au français « n'est-ce pas ? » (les ***tags*** de fin de phrases), on utilisera une forme négative si la proposition principale est affirmative, et inversement.

### ➠ Phrases tirées des annales

- ECRICOME 2008, phrase 9

> *Vos employés s'attendent à ce que vous les écoutiez de temps en temps, n'est-ce pas ?* ⋯➔ Your employees expect you to listen to them from time to time, don't they?

# III. L'expression écrite

## A. La question de compréhension

Fondée sur l'étude d'un texte en anglais (CCIP, IENA, HEC/ESCP admission directe), la question de compréhension suppose des qualités de **synthèse**, de **fidélité** au texte et de **reformulation**. Il peut s'agir d'une question large qui va nécessiter de résumer des pans entiers du raisonnement tenu par l'auteur ou d'une question restreinte qui ne retiendra qu'un aspect de la problématique posée.

À l'évidence, l'exercice ne présente pas de difficulté méthodologique majeure. Dès lors que le texte a été bien compris, et que le raisonnement qui s'y déploie a été nettement identifié, le **repérage des éléments** permettant de répondre à la question posée sera très rapide. Cette sélection doit être d'autant plus précise que le nombre de mots demandé est souvent réduit. Il importe donc de bien analyser les termes de la question, pour éviter tout hors-sujet.

- Les candidats doivent nettement distinguer ce qui est de l'ordre de l'argumentaire développé par l'auteur et leurs propres idées, réactions ou références. Le format des épreuves les y aide d'ailleurs, puisque les questions de compréhension sont systématiquement suivies d'une question d'expression personnelle (essai) qui sera le lieu d'expression de leur propre raisonnement. Le candidat doit donc **se cantonner au texte, et rien qu'au texte**. Il ne doit pas évaluer ou commenter la position défendue par l'auteur, pas plus qu'il ne doit céder à la tentation d'ajouter des connaissances personnelles, aussi pertinentes qu'elles puissent être. Les adverbes de jugement (**fortunately, paradoxically, rightly…**), communément utilisés dans d'autres exercices comme l'essai, devront donc en l'espèce être proscrits, à moins qu'ils ne servent à rendre compte d'un jugement de valeur explicitement avancé par l'auteur du texte-support lui-même.

- *« Les examinateurs ont encore trop souvent trouvé une conception erronée de l'épreuve, consistant à copier/coller des fragments du texte, ce qui témoigne d'un talent de copiste, et non d'une capacité à synthétiser les éléments du texte relatifs à la question posée. […] Une autre erreur du même ordre consiste à citer plus ou moins abondamment le texte […]. La reformulation du texte doit être systématique. »* (Rapport CCIR 2013)

En revanche, **le danger réside bien dans la tentation de la paraphrase ou de la citation déguisée, comme le confirme la lecture des rapports de jury.** La richesse de l'expression écrite constituera donc un critère de notation essentiel et devra s'exprimer à la fois au plan du vocabulaire argumentatif général et du lexique thématique particulier mobilisé dans le texte.

- *« Les questions 1 et 2 sont des questions de compréhension. Il s'agit de tester la compréhension du document, l'aptitude à l'analyser dans la perspective de la question posée, l'aptitude à structurer une réponse en ordonnant les divers arguments relevés, et à reformuler de façon personnelle. Il s'agit d'expliquer et non de commenter. Il faut donc commencer par bien lire la question posée, bien dégager les éléments nécessaires, construire une réponse, éviter le psittacisme dans la reformulation.* » (Rapport IENA 2003)

Comme dans tout exercice d'expression écrite, la correction de la grammaire et de la syntaxe, et l'intelligibilité du propos sont essentielles. Attention par ailleurs aux tournures idiomatiques souvent un peu lourdes et qui risquent de « consommer » trop d'espace. La contrainte de place vous oblige en fait à choisir les options les plus « économiques » chaque fois que votre bagage lexical vous le permet.

Ainsi, les **mots-charnières** les plus courts seront convoqués :

as a consequence → consequently
in spite of → despite
in addition → furthermore
in this way → thus
by which method → whereby
etc.

Des **adjectifs** ou noms précis, éventuellement composés, remplaceront facilement les relatives ou de lourdes périphrases :

The step we need to take → the necessary step
A task that required a lot of time to do → a time-consuming task
A supporter of former British Prime Minister Tony Blair and his political ideas → a Blairite

La connaissance de certains **préfixes et suffixes** vous aidera à former **adjectifs ou noms composés** :

The worst enemy you are always confronted to → the arch-enemy
(*mais aussi* : the arch-rival, the arch-traitor…)
The strategy you adopt in order to oppose an action or activity → the counter-strategy
(*mais aussi* : a counter-measure, a counter-proposal…)
An activist who fights for the preservation of the environment → an eco-warrior
(*mais aussi* : an eco-disaster, an eco-zealot…)
A policy that is connected with or decided upon by the European Union → a Euro-policy
(*mais aussi* : a Euro-campaign, a Euro-summit…)
Someone who believes very firmly in their ideas and opinions → a self-opinionated person
(*mais aussi* : self-assured, self-satisfied…)
Someone who likes their job so much that they appear to be addicted to it → a workaholic
(*mais aussi* : a bookaholic, a newsaholic…)
Someone whose understanding of the world is restricted by traditions → tradition-bound
(*mais aussi* : class-bound, duty-bound…)
Someone who is very concerned by their health → health-conscious
(*mais aussi* : budget-conscious, trend-conscious…)
A working environment where you do not suffer from stress → a stress-free environment
(*mais aussi* : accident-free, trouble-free…)
A product designed so that it does not harm the environment → an eco-friendly product
(*mais aussi* : ozone-friendly, user-friendly…)
Someone who is unwilling to consider new ideas or opinions → narrow-minded
(*mais aussi* : broad-minded, serious-minded…)
An area unaffected by recurrent storms → storm-proof
(*mais aussi* : recession-proof, violence-proof…)

> Someone who feels excessively guilty → guilt-ridden
> *(mais aussi* : cliché-ridden, scandal-ridden…*)*
> Someone who is very badly affected by fear → fear-stricken
> *(mais aussi* : horror-stricken, poverty-stricken…*)*

De la même manière, des **portmanteaux words** pourront ponctuellement simplifier des groupes nominaux :

> Students who graduated either from Oxford or Cambridge → Oxbridge graduates
> The sort of babble commonly used by psychologists → psychobabble
> The economic theories Bill Clinton implemented → Clintonomics

Par ailleurs, l'apprentissage de **synonymes** utiles pour varier le lexique argumentatif sera facilité par un travail sur les collocations, les **phrasal verbs**… autant d'outils à votre disposition dans la partie « Enrichir l'expression » de cet ouvrage.

Au concours **IENA (LV1)**, il s'agit d'expliciter une phrase précise, une expression voire un concept du texte, comme le demande la consigne généralement utilisée : **explain what the following… means.** Les phrases sélectionnées présentent souvent une difficulté stylistique remarquable : syntaxe surprenante, lexique imagé, jeu de mots, mot composé, expression idiomatique… Dans tous les cas, il importe bien sûr de proposer une lecture de la citation **en contexte**. Une métaphore d'ordinaire figée peut ainsi se trouver revitalisée dans le passage où elle intervient, une expression en général neutre peut revêtir, en contexte, une connotation péjorative ou laudative, etc. Il s'agit donc de **proposer une reformulation efficace de la phrase précise tout en restant parfaitement cohérent avec l'argumentaire général**.

## B. L'essai

En premier lieu, il convient de ne pas confondre les « questions de compréhension du texte » qui supposent une restitution synthétique et structurée du raisonnement tenu par l'auteur du texte, par le biais d'une reformulation efficace (« le texte et rien que le texte »), avec l'essai ou « question d'expression personnelle » qui engage au contraire le commentaire et le positionnement personnel de l'étudiant. Notez que les deux exercices coexistent souvent au sein d'une même épreuve écrite ; c'est notamment le cas aux concours CCIP, IENA et « HEC/ESCP admission directe ».

La définition que donne de l'exercice le *Webster Dictionary* montre bien tout ce qui le sépare de la dissertation « à la française » :

- An essay is an analytic or interpretative composition usually dealing with its subject from a limited or personal point of view.

Bien loin de viser à l'exhaustivité, l'essai se veut donc l'exposition d'**un point de vue**, raisonné et informé, plus qu'une confrontation d'opinions contraires.

## 1. Les critères de notation

Le candidat doit être capable :

- de rédiger une **introduction** stimulante en soulignant, s'il y a lieu, le côté inattendu et paradoxal du sujet.
  - *« On notera des faiblesses dans la méthode ; rares sont ceux qui ont défini les termes du sujet »* (Rapport HEC 2006)
- de construire un **plan**, visible par la simple mise en page.
  - *« Les correcteurs souhaitent de nouveau attirer l'attention des candidats sur l'obligation d'écrire des paragraphes (plus ou moins longs) et ce afin de mettre en valeur les différentes étapes de leur raisonnement. Un seul paragraphe de 275 mots sans sous-division aucune devient très vite indigeste ».* (Rapport ECRICOME 2008)
- d'échafauder une **argumentation personnelle** et l'étayer par des **exemples** tirés de sa connaissance du monde anglo-saxon, de l'actualité, et tout simplement de sa culture générale. D'une année sur l'autre, des expressions telles que « clichés désolants » ou « lieux communs navrants » reviennent sous la plume des rapporteurs qui se plaignent du manque d'ancrage culturel des compositions rédigées.
  - *« Une majorité de candidats semble se limiter dans l'expression libre à une perception ou une représentation des attentes des concepteurs et des correcteurs. Ils n'osent pas exprimer une opinion personnelle, mais vont là où le sujet semble les pousser ».* (Rapport HEC 2006)
- d'enchaîner des phrases avec **logique**.
  - *« Les correcteurs relèvent beaucoup trop souvent un manque de logique et de cohésion dans l'argumentation : paragraphes ou même phrases rédigées sans relations aux autres, avec une absence de transitions et de mots de liaison ».* (Rapport HEC-ad, 2003)
- d'utiliser à bon escient, sans sombrer dans la litanie de structures figées et artificielles, un **lexique** et des **structures syntaxiques et grammaticales** d'un niveau « post-baccalauréat ». Les formules ou phrases entières apprises par cœur et « recasées » dans un contexte inapproprié sont bien sûr du plus mauvais effet…
  - *« Les correcteurs ont l'impression que les candidats ne se soucient que de "faire du mot" […]. Ils se plaisent souvent à répéter ce qu'ils ont déjà écrit, […] à utiliser toute une panoplie de formules toutes faites. Mais, de structure, de sens, et d'idées personnelles il n'y a guère ».* (Rapport HEC 2008)
  - *« L'essai ne doit pas servir de prétexte pour "caser" à tout prix des mots ou des expressions appris par cœur pour être "recyclés" par la suite, le plus souvent à mauvais escient ».* (Rapport ECRICOME 2008)

## 2. Comment bâtir l'introduction ?

- Trois écueils à éviter :
  - Les accroches insipides du type "**From time immemorial / Since the beginning of times / In our modern society / In our globalised world...**"
  - Recopier le sujet. Le poser en le reformulant et en mettant à jour ses éventuels présupposés sera davantage valorisé.
  - Annoncer le plan comme dans une dissertation à la française : impossible dans un espace aussi court que celui de l'essai !
  - « *L'essai doit comporter une introduction qui sera à la fois courte et pertinente, qui va poser une problématique mais qui, en aucun cas, ne servira à annoncer un plan.* » (Rapport ECRICOME 2008)
- Il sera possible de privilégier une démarche en trois temps, étant entendu que l'espace occupé par l'introduction ne peut raisonnablement excéder quelques lignes :
  - **Contextualisation** qui, d'une certaine manière, justifie l'existence même du sujet, sa pertinence.
  - **Problématique** : en quoi le sujet posé fait problème, égratigne quelques idées reçues, invite au questionnement.
  - **Positionnement personnel**, qui doit être perceptible d'emblée.

## 3. Quel type de plan ?

Il n'y a pas de figure imposée, même s'il faut rappeler quelques remarques de bon sens.

- Certains sujets semblent, de prime abord, se prêter assez bien à une organisation binaire « thèse/antithèse », mais avec plusieurs réserves :
  - le côté caricatural « oui/non », « blanc/noir » doit absolument être nuancé. Si le premier paragraphe de l'essai valide la proposition qui est celle de l'énoncé, le second ne peut que nuancer cette validation, en montrer les limites, mais il serait absurde de nier en bloc ce qui a d'abord été accepté tout aussi franchement.
  - si deux séries d'arguments s'opposent, il n'en reste pas moins que le positionnement personnel de l'étudiant doit apparaître clairement.
  - les jalons rhétoriques du discours doivent eux aussi mettre en évidence votre volonté de nuance : il faudra donc éviter des formules abruptes (***There's no denying that the answer is "yes" / *Eventually "no" seems to be the only possible answer**), et préférer des articulations qui montreront votre pleine conscience du caractère artificiel d'une opposition terme à terme : **However, one cannot disregard the fact that... / Such a standpoint needs to be**

**qualified, considering that… / The issue does not boil down to a simplistic dichotomy between… and…**

- Dans la mesure où l'essai a une vocation de **démonstration**, il convient de présenter vos idées dans l'ordre qui les mettra le plus en valeur : de l'évident au complexe, des raisons superficielles aux raisons implicites, de l'éphémère au durable, du sens commun à la conceptualisation, etc.
- Surtout, il ne faut pas perdre de vue que l'organisation la plus naturelle pour un locuteur anglophone ne passe pas par la progression dialectique qu'on associe souvent à la dissertation « à la française ». Bien au contraire, il s'agit dans les *essays* à l'anglo-saxonne d'exposer **une prise de position**, de s'y tenir tout en en explorant diverses facettes. Précisons que si le plan choisi présente un point de vue unique plutôt que d'en mettre en concurrence plusieurs, encore faut-il ne pas paraître obtus. À vous là encore de faire en sorte de montrer que si vous souhaitez mettre votre point de vue en exergue, vous reconnaissez tout de même aux autres sinon une part de validité, du moins le droit à l'existence… Les structures concessives seront par conséquent les plus à même de traduire cette volonté de nuance et d'intégrer l'objection à votre raisonnement : **However relevant the idea of… might seem, I wish to show that**…

## 4. Comment structurer un paragraphe ?

Chaque paragraphe correspond à un argument majeur, qui doit être exprimé avec clarté dans la phrase-clé (**topic sentence**), placée en tête de paragraphe ou éventuellement en deuxième position, après une transition. Elle doit être écrite de manière suffisamment concise, à la manière des sous-titres fréquemment utilisés dans la presse britannique, qui ont une vertu à la fois apéritive et explicative, tout en posant les prémisses d'un point de vue.

L'argument qu'elle contient doit ensuite être étayé, nuancé, illustré par un ou deux exemples tirés, autant que faire se peut, de votre connaissance du monde anglo-saxon, lorsque le sujet s'y prête. Certes, en 200 ou 250 mots, les exemples ne peuvent guère être développés, mais leur présence n'en est pas moins cruciale. Les candidats ont parfois tendance à s'abriter derrière un excès d'abstraction qui peine à convaincre, là où l'essai devrait démontrer, outre une affinité linguistique, une proximité culturelle avec l'aire anglophone ou, à tout le moins, une ouverture sur l'actualité récente.

Enfin, ne perdez pas de vue la vocation démonstrative de l'essai : à l'échelle de l'exercice tout entier, on doit aller d'un point A à un point B, mais aussi à l'échelle du paragraphe.

## 5. Comment exprimer son opinion personnelle ?

Gardez surtout à l'esprit que la première personne du singulier n'a rien d'obscène ou d'inconvenant ! Si le « je » est en général proscrit des dissertations à la française, le « **I** » est utilisé constamment par les étudiants anglo-saxons dans leurs productions écrites. Faites preuve cependant de bon sens, et évitez d'étaler un moi hypertrophié à chaque ligne…

Notez par ailleurs que le conditionnel (**I would tend to agree with…**) ou la généralisation dans laquelle vous vous incluez par le biais d'un passif (**It is commonly acknowledged that**…) sont des manières classiques d'atténuer l'impact du « *I* ». En revanche, le « **we** » royal (**In conclusion, we think that**…) est à bannir.

Le ton que vous employez peut enfin être le vecteur le plus élégant de votre point de vue propre. Le maniement de l'humour, de l'ironie ou de la litote peut s'avérer efficace, à condition bien sûr que votre anglais vous le permette, et que vous ne créiez pas d'énoncé ambigu. Méfiez-vous par ailleurs des exclamatives destinées à rendre votre indignation ou votre enthousiasme : un argument dûment démontré convaincra toujours plus que l'expression d'un sentiment intuitif qui pourrait passer pour naïf.

## 6. Comment bâtir la conclusion ?

Traditionnellement, elle fait le **bilan** de l'argumentation et peut proposer une forme d'**ouverture** vers une problématique connexe. Attention toutefois à plusieurs écueils :

- Entreprendre un résumé laborieux de l'argumentation qui précède. La conclusion doit au contraire revenir aux termes du sujet et répondre de manière incisive à la question posée.
- Donner le sentiment qu'au final vous auriez nettement préféré traiter un autre sujet de votre cru, et donc bien plus intéressant (***At the end of the day, this question proves rather hollow and should lead us to a much more important one**…).
- Finir votre essai par une « question-fiction », du type **What would have happened if…?** La conclusion n'est pas le lieu pour poser une alternative à l'Histoire. En revanche, souligner ultimement la pertinence de la question posée au regard d'évènements récents pourra bien sûr être valorisé.

## 7. Typologie (non exhaustive) des libellés de sujets

NB : Les sujets donnés ici à titre d'exemples sont effectivement « tombés » en concours, aux écoles de commerce (la référence précise est alors indiquée entre parenthèses), mais aussi aux écoles scientifiques ou encore à Sciences-Po.

## ➠ Sujets prospectifs

### ◆ Sujets de concours

"Can online editions of newspapers save a dying industry?" (ECRICOME LV1, 2009)
"How do you see the future of the United Nations?" (CCIP LV1, 2005)
"How likely is interactive TV to affect our lives in the future?"
*« Le XXIe siècle sera-t-il le siècle de la peur ? »*
*« À votre avis, quelle place tiendra le livre dans le monde du XXIe siècle ? »*

### ◆ Autres exemples de sujets possibles

How do you see the future of the EU?
Will there come a day when the OPEC rules the world?
Is there room for optimism regarding the Middle East peace process?
Should we be afraid of China?

### ◆ Remarque

L'une des difficultés de ce genre de sujets consiste à donner au pronostic des fondements argumentés, à ne pas céder au registre purement intuitif sous prétexte que le sujet convoque l'opinion personnelle du candidat.

## ➠ Sujets invitant à évaluer la pertinence d'une définition

### ◆ Sujet de concours

"The monarchy: useful or useless in 21st-century Britain?" (ECRICOME LV1, 2009)
"The 'glass ceiling': a feminist myth?" (ECRICOME LV2, 2009)
"Eco-tourism: a way of buying oneself a clear conscience?" (ECRICOME LV1, 2008)
"The education business: a contradiction in terms?" (ECRICOME LV1, 2002)

### ◆ Autres exemples de sujets possibles

"Sport: the opium of the people?"
"Business ethics: a contradiction in terms?"
"Education reform: a matter of politics?"

### ◆ Remarque

La formulation est ici suffisamment ouverte pour permettre d'explorer plusieurs interprétations. C'est l'absence de verbe qui fonde cette liberté, et pour former des hypothèses spécifiques, il sera important de penser à diverses questions possibles :

"Education reform: a matter of politics?" = Is education reform a matter of politics? ⇨ Historically, was education reform a matter of politics? / Should education reform be a matter of politics? / Is it bound to be a matter of politics?

On estime souvent que cette catégorie de sujets est celle qui se prête le mieux à une organisation dialectique, à condition bien sûr que le candidat soit capable de mobiliser un double argumentaire convaincant.

## ➠ Sujets reposant sur un contraste apparent ou une antithèse

### ◆ Sujets de concours

"Public help, individual generosity or both? Which approach would you support to help those in need?" (IENA LV2, 2011)
"Which do you think will be more effective in combating climate change, lower consumption or new technology?" (HEC/ESCP admission directe 1re session, 2008)
"Is is possible to take into account environmental problems while safeguarding economic interests?"
"Should public scrutiny and control have priority over the freedom of the individual?"

### ◆ Autre exemple de sujet possible

"Do public people have a right to private life?"

### ◆ Remarque

Face à une opposition notionnelle terme à terme, supposée communément admise (**the enrironment / the economy, control / freedom, public sphere / privacy**), mais qui reste fatalement abstraite, il sera crucial d'incarner les pôles de la réflexion dans quelques exemples. N'oubliez pas que les jurys cherchent aussi à savoir si le candidat a pris le temps de s'ouvrir à l'actualité au cours de ses deux années de préparation.

## ➠ Sujets invitant explicitement à une réflexion d'ordre éthique et/ou pragmatique sur un sujet de société

### ◆ Sujets de concours

"Do wealthy firms have social responsibilities?" (ECRICOME LV1, 2013)
"In your opinion, should political correctness limit freedom of speech?" (CCIP LV1, 2013)
"In your opinion, is the digitization of all written material desirable?" (IENA LV2, 2009)
"Gordon Brown is very much in favour of teaching traditional British values in schools. How do you feel about this?" (ECRICOME LV1, 2008)
"In your opinion, should the US play a leading role in the fight against global warming?" (CCIP LV2, 2007)
"Is culture a commodity to be bought and sold like any other?" (ECRICOME LV1, 2007)
"Do you think that there should be specific policies of recruitment for ethnic minorities in academic institutions and in firms?" (HEC-ad, 1re session, 2007)
"Do you think technology can sometimes have negative effects?" (CCIP LV2, 2005)
"In your opinion, should juveniles be sentenced as harshly as adults?" (CCIP LV2, 2000)
"Do you think there should be any restrictions on what can be circulated on the Internet?" (CCIP LV2, 1999)
« Selon vous, la science peut-elle contribuer à maîtriser les risques inhérents au progrès ? »
"Is solidarity an option or an obligation?"
« La science doit-elle être le domaine réservé des scientifiques et peut-elle se passer de l'opinion publique ? »

- **Autre exemple de sujet possible**

> "Should the welfare state be rolled back?"

- **Remarque**

Il faut prendre toute la mesure de la question posée par le jury, qui s'adresse bien ici directement au candidat, notamment par l'utilisation directe du pronom **you**, ou par le modal de l'obligation conditionnelle : **should**. Cette invitation à exposer son propre système de valeurs et de priorités s'accommodera mal des stratégies d'évitement (***People* think that… / *Some* tend to think that**…). Plus que jamais, le positionnement *personnel* du candidat devra apparaître clairement.

## ➠ Sujets invitant explicitement à nuancer une idée reçue

- **Sujets de concours**

> "To what extent do you think people should disclose information about themselves?" (IENA LV1, 2008)
> "How far do you expect the state to eliminate risks of all kinds for its citizens?" (IENA LV2, 2006)
> "To what extent is the English language a necessary instrument of globalisation?" (ECRICOME LV2, 2000)
> "Can one say that Britain is the worst obstacle to the construction of a political Europe?" (ECRICOME LV1, 1999)
> "In your opinion, how far can a variety of cultures and languages be considered as an asset for a nation?" (CCIP LV1, 1999)
> "Do you think that modern technology really facilitates communication?"
> "To what extent has the Internet changed the way we live today?"
> "To what extent can technology help us fight natural disasters?"

- **Autre exemple de sujet possible**

> "To what extent can the war on terror justify liberty-restricting laws?"

- **Remarque**

Le lexique de la nuance et de la mesure sera ici opposé à celui de l'assertion expéditive et du cliché. L'organisation de l'essai pourra commencer par mettre en scène l'opinion reçue, pour mieux mettre en valeur ensuite la position raisonnée du candidat.

## ➠ Sujets invitant le candidat à choisir et développer *un* exemple

- **Sujets de concours**

> "What entrepreneur do you consider outstanding in his/her field and why?" (ECRICOME LV2, 2005)

- **Autre exemple de sujet possible**

> "In your opinion, what scientist managed to reconcile progress and ethics?"

- **Remarque**

Plutôt rare au niveau des concours, cette catégorie de sujets présente l'intérêt de forcer le candidat à prendre parti. Expliquer d'emblée qu'il est trop difficile, voire déchirant, de choisir, et qu'il faut par conséquent envisager plusieurs possibilités signifierait un refus de toute prise de risque et donc une méconnaissance de l'exercice. Une variante possible de ce type de libellés inviterait le candidat à se mettre lui-même en situation, au lieu de projeter sur une figure extérieure son propre fantasme professionnel ! Les sujets précédents pourraient alors devenir :

> "In what field would you choose to invest, were you given a chance to?"
> "As a scientist, would you try to reconcile progress and ethics?"

### Sujet invitant explicitement à mobiliser un contenu civilisationnel

- **Sujets de concours**

> "Has the American dream become a myth?" (ECRICOME LV2, 2012)
> "According to you, why is there such a special connection between religion and politics in the US?" (CCIP LV2, 2008)
> "Do you believe it is the pursuit of happiness that sets the American people apart from other nations in the world?" (CCIP LV1, 2007).
> "Could the U.K. manage without its monarchy?" (ECRICOME LV2, 2007)
> "In the light of your knowledge of contemporary British society, to what extent would you agree with the author's arguments in favour of Tony Blair's politics?" (CCIP LV1, 2004).

- **Autre exemple de sujet possible**

> "Would you say that it is America's 'manifest destiny' to lead the war on terror?"
> "How can you account for Britain's special relationship with the US?"

- **Remarque**

À l'évidence, il s'agit là de sujets exigeants qui, pour être traités de manière ambitieuse, supposent que la référence culturelle soit élucidée, et exploitée. Toutefois, l'écueil qui consisterait à « caser » un morceau de cours sur telle ou telle notion au prétexte qu'elle aurait été identifiée dans l'enthousiasme et sans prendre la peine de considérer son utilisation spécifique au sein de l'énoncé, risquerait d'être lourdement sanctionné.

## 8. Exemples corrigés et commentés

### ➠ Can the right to intervene in the domestic affairs of a country be justified?

- *Cette question directe sollicite le système de valeurs du candidat et l'idée qu'il se fait des relations internationales. Face au principe théoriquement respectable, voire intangible, de la souveraineté des États, certaines circonstances peuvent-elles exiger l'ingérence et nécessiter l'intervention ? Les exemples, y compris fondés sur l'histoire récente, sont facilement mobilisables. Les jalons signalés entre crochets sont destinés à vous faire aisément repérer la structure de l'argumentation. Dans le même esprit, la* **topic sentence** *de chaque paragraphe est soulignée.*

***[Introduction]***

***[Contextualisation]*** The principle of non-intervention was incorporated into international law as early as 1648 in the Treaty of Westphalia, and then again much later in 1945, when the UN Charter underlined the "inadmissibility of intervention" in states' domestic affairs. ***[Problématique et positionnement]*** Yet this principle, however sound in theory[1], has been constantly thwarted[2] by harsh political and military realities. So, shouldn't[3] the UN at least try and limit the legitimacy of intervention to the humanitarian field?

***[1re partie du développement]***

Intervention can be justified only when it serves to ensure that victims of armed conflicts receive assistance. Even if it is never more than the lesser of two evils[4], the necessity of armed intervention should override sovereignty, to enforce humanitarian rules in some extreme circumstances like ongoing genocides or ethnic cleansing. If some governments are blatantly[5] flouting[6] them, as Saddam Hussein's regime used to in the Kurdish areas of Iraq, the international community has a "responsibility to protect" civilian populations.

***[2e partie du développement]***

Consequently, the main issue is not so much whether vigorous action at times needs to be taken as[7] who should take it. World leaders sometimes pay lip-service to[8] altruistic purposes when in fact all they[9] believe in is their own interests, potentially at the expense of[10] international stability. In 2003, critics[11] of Bush's missionary zeal rightly[12] argued against the so-called[13] "coalition of the willing[14]" which arrogated to itself the right to wage war in the name of some[15] freedom crusade.

***[Conclusion]***

In order to avoid such a situation, in which Western[16] powers use intervention as a pretext to install new regimes friendly to their own agendas, I feel the prevailing role of the UN should constantly be upheld to pursue the ideal of multipolarity.

(275 words)

#### ♦ Notes

**1.** Structure concessive elliptique, permettant de poser la problématique : un principe théoriquement juste, mais que l'urgence de certaines situations rend caduc ? **2.** *To thwart* : contrecarrer, contrarier, battre en brèche. **3**. La forme interro-négative permet ici d'introduire le point de vue personnel qui sera développé. **4**. Notez la forme « *the* + comparatif » (et non superlatif) dans cette expression idiomatique (comparaison limitée à deux éléments). **5**. Variante : *overtly*. **6**. *To flout* : faire fi de, passer outre. **7**. Notez la structure comparative permettant une mise en relief : *not so much… as…* **8**. *If you pay lip-service to sth, you say that you agree with something but do nothing to support it.* **9**. Attention à une lourde faute de syntaxe souvent commise : Tout ce que… : *All (that)* (~~*all what*~~). **10**. Variante : *to the detriment of*. **11**. Attention à une confusion fréquente entre *critics* (les détracteurs) et *criticism(s)* (l'argumentaire critique). **12**. L'adverbe de jugement rappelle ici la prise de position assumée. **13**. L'adjectif *so-called* (soi-disant, prétendu) confirme le positionnement. **14**. L'expression fut utilisée par Colin Powell en mars 2003 pour décrire le soutien d'une trentaine de nations dont les États-Unis pouvaient se targuer avant l'invasion de l'Irak. **15**. L'utilisation de *some* plutôt que de l'article indéfini renforce ici la prise de distance face à l'argumentaire développé à l'époque. **16**. Utilisez *Western* plutôt que *occidental*, bien moins employé.

## ➠ In your opinion, should journalists agree to cover up stories in the name of state security?

▫ *La proposition de corrigé ci-dessous vise à illustrer un plan « thèse-antithèse » qui ne tomberait pas dans le piège de la contradiction caricaturale. Il ne s'agit, dans la seconde partie, que de nuancer la prise de position spontanée exposée dans la première, avant de conclure sur la difficulté à clore un débat aussi complexe : la notion de* **self-censorship** *avancée pour répondre à la question peut elle-même être nuancée, au vu de l'actualité récente, sur laquelle on choisit d'« ouvrir » en conclusion. En somme, l'argumentaire mobilisé ici, s'il ne permet pas de trancher dans le vif, propose malgré tout une démarche dynamique et « auto-corrective ».*

In the name of the war on terrorism, liberty-restricting measures were recently introduced in several Western democracies. Against that background, the press has sometimes suffered increasing pressure to hush up[1] sensitive information, which[2] contradicts its very freedom. Shouldn't the Fourth Estate[3] remain independent from the executive, to guarantee democracy?

At first glance[4], investigative journalists should systematically ignore unconstitutional gagging[5] orders, even in wartime. Recent history indeed abounds with eloquent examples. In the US, state security was once invoked to prevent journalists from releasing the "Pentagon Papers" which showed that the Johnson administration had tried to manipulate public opinion into supporting[6] its stance on the Vietnam War. That[7] editors chose to hold firm to principles helped bring the war to an end. More recently, Bush's decision to extend State secret privilege has been resented by fervent advocates[8] of press freedom as an attempt at controlling the press.

This does not, however[9], mean that CIA or MI6 material should greedily[10] be exposed each time classified reports are leaked to the press. Journalists should always be on the lookout for[11] ulterior motives[12] when asked to sit on a story, but I feel they at times must resort to[13] *self*-censorship, to prevent an undue surge of public panic or the indirect release of vital information[14] to some rogue[15] enemy.

Whether or not reporters should at times agree to hide the truth from the public proves to be very much of a Catch-22[16] question. Self-censorship could be the answer but what if[17] it is motivated by fears of retaliation[18]? After all, some American journalists recently admitted that they toed the neo-con line[19] over Iraq under the Republican administration, just for fear of being intimidated…

(279 words)

- **Notes**

**1**. *To hush up information ≠ to [unveil / disclose] information*. **2**. Ici, *which* = ce qui. **3**. *The term "Fourth Estate" refers to the press, especially in its ability to influence political issues*. **4**. Connecteur utile pour signaler l'opinion commune, avant de la nuancer. **5**. *To gag* : bâillonner (sens propre et figuré). **6**. Notez la structure résultative : *to manipulate sb into doing sth*. **7**. La nominalisation en *that* en tête de phrase permet ici de varier la syntaxe tout en donnant du relief et de la solennité à l'énoncé. **8**. Notez la collocation adj + nom. **9**. Notez la place du connecteur *however*. **10**. *Greedily* : avidement (allusion aux profits réalisables par les journaux qui « sortent » un scoop). **11**. *To be on the lookout for* : être à l'affût de. **12**. *Ulterior motives* : arrière-pensées. **13**. *To resort to sth* : avoir recours à qqch, généralement à contrecœur. **14**. N'oubliez pas que *information* est indénombrable… **15**. Notez cette autre collocation fréquente : *a rogue state* (un état voyou). **16**. Titre d'un roman publié en 1961 par l'Américain Joseph Heller qui propose une satire des raisonnements bureaucratiques, l'expression est désormais utilisée pour désigner une situation inextricable dans laquelle on ne peut guère argumenter sans être pris au piège de ses propres contradictions. **17**. *What if…?* : Et si… ? **18**. *Retaliation* : les représailles. **19**. *To toe the line* : obéir.

## ➡ In your opinion, should juveniles be sentenced as harshly as adults?

In an attempt to crack down[1] on pockets of violence, most Western democracies have made tackling youth crime a priority. Whether young offenders should be sentenced as harshly as adults, however, remains a vexed[2] question, especially among liberals[3] who denounce a shift towards an excessively repressive society. Is it possible to prevent juveniles from "getting away with murder[4]" while helping them grow out of crime[5]?

There is no point in blaming[6] violent movies, video games and the social environment for rampant[7] juvenile crime if stringent measures are not taken to address[8] the issue. How can children be expected to behave like adults if they cannot be held accountable for their acts? The crisis of gun and knife[9] crime among inner-city[10] youths[11] and the widespread outburst of anti-social behavior are often thought to derive from excessive leniency.

The age of criminals, however, should remain a mitigating factor[12] – at least when it comes to deciding[13] over[14] the sentence. Indeed, the younger the detainee, the harsher the psychological trauma. Young offenders should certainly not be lumped together with irretrievable[15] criminals. In particular, children's right to be educated should never be lost to sight, if society wants to put them back on the straight and narrow[16]. Moreover, alternatives to prison do exist. In Britain, ASBOs[17] enable local councils to impose a curfew on unsupervised young children.

At a time when tough action is often thought to be urgently needed, the underlying causes of youth crime still need to be tackled. But what is for sure is that as long as juvenile offenders feel they are too young to be prosecuted, they cannot be expected to tell right from wrong[18].

(275 words)

◆ **Notes**

**1.** *crack down on = clamp down on.* **2.** Variantes : *controversial / contentious.* **3.** Attention au sens de *liberal* ici (progressiste, « de gauche »). **4.** Expression figée (se permettre tout et n'importe quoi), bienvenue ici étant donné le contexte. **5.** Notez la concision de la structure résultative en anglais. **6.** Notez la structure : *There is no point in* + –ING. **7.** *Rampant* se dit d'un phénomène négatif qui semble progresser inexorablement. **8.** Faux-ami doublement trompeur, puisque la structure du verbe est transitive en anglais. **9.** Expression figée. **10.** Attention au sens de *inner-city* (quartiers défavorisés des centres-villes, par opposition aux banlieues résidentielles). **11.** *Youths* : des « jeunes » (en particulier qui posent des problèmes). **12.** Dans le même champ lexical, retenez l'expression *extenuating circumstances.* **13.** Notez la structure : *when it comes to* + nom / –ING. **14.** Le verbe *decide* est intransitif (*decide on/upon sth*). **15.** *Irretrievable* : irrécupérable. **16.** Expression figée (être remis sur le droit chemin). **17.** *ASBOs = anti-social behaviour orders.* **18.** *To tell sth from sth else* : distinguer deux éléments.

## ➠ Do you agree with the idea that, in bioethics, regulating is better than banning?

Thanks to scientific advances, men can now virtually[1] control the development processes of living species[2]. The word "bioethics" was coined[3] to encompass[4] the growing concerns about the ethical implications of such progress[5]. Does bioethics dictate that some experiments must be banned indiscriminately, or is regulating a sufficient compromise?

Fierce debates on biotechnology, stem cell[6] research, artificial intelligence and cloning[7] have shown that there is a need for open public dialogue on the ethics of science. The cliché of the odd, mad scientist, which is deeply embedded in the collective mind[8], serves to demonstrate that experiments can be taken to lunatic extremes[9], which could justify resorting to systematic banning. Besides, literature abounds with nightmarish stories that shed light on the potential evils of tomorrow's society. Huxley's *Brave New World*, just as well as modern thrillers centering on grey goo[10] catastrophes, could easily send shivers down anyone's spine[11].

But one should remain wary of hasty yuk reactions[12] when potentially earth-shattering[13] breakthroughs are at stake. Such reactions are often fuelled by religious condemnation. In Britain, the Christian Medical Fellowship has persistently opposed research on stem cells, arguing that a line should be drawn between legitimate experimentation and scientific tampering[14] with the laws of nature. As scientists rightly[15] argue, however, banning is nothing but an easy way out[16], which is likely to fuel people's wildest fantasies and to foster an environment hostile to scientific innovation.

For sure, scientists must operate within ethical boundaries and responsible science needs to be promoted globally through mandatory peer review[17] and best practices[18] programmes. But let us not forget that, when it comes to scientific progress, there is but a short step from[19] scepticism to obscurantism.

(277 words)

- **Notes**

**1.** *Virtually* : presque. **2.** La forme *species* s'emploie à la fois au singulier et au pluriel. **3.** *To coin an expression* : inventer une expression. **4.** *To encompass* : englober, comprendre. **5.** Attention, *progress* est indénombrable. En revanche, *advance* et *breakthrough* peuvent se mettre au pluriel. **6.** *Stem cells* : les cellules souches. **7.** *Cloning* : clonage. Attention, le barbarisme *clonage est une erreur fréquente chez les étudiants francophones. **8.** Équivalent du cliché journalistique français « profondément ancré dans la conscience collective ». **9.** *To be taken to lunatic extremes* : prendre des proportions délirantes. **10.** Grey goo *is a science fiction end-of-the-world scenario in which out-of-control self-replicating robots consume all matter on Earth.* **11.** *To send shivers down sb's spine* : faire frémir. **12.** *A yuk reaction* : une réaction spontanée de dégoût. **13.** *Earth-shattering = ground-breaking.* **14.** *To tamper with* : manipuler, falsifier. **15.** *Rightly* : à juste titre. **16.** *An easy way out* : une solution de facilité. **17.** *A peer review programme* : programme d'observation et d'évaluation menée par ses pairs. **18.** *A best practices programme* : programme d'échange sur les « pratiques d'excellence ». **19.** *There is but a short step from … to …* : de … à … il n'y a qu'un pas.

## C. Enrichir l'expression

De rapport en rapport, les jurys des concours dénoncent la tendance qu'ont de nombreux candidats à saturer leur discours de mots de liaison, d'expressions idiomatiques et de clichés journalistiques utilisés à mauvais escient. Le reproche est ambigu, dans la mesure où tous ces outils sont nécessaires et peuvent, ponctuellement, être utilisés de façon convaincante. Le problème est donc bien l'accumulation artificielle de ces procédés dans un texte nécessairement court. Parmi ces réflexes scolaires, l'utilisation de proverbes, souvent assénés à la fin d'un essai en guise d'argument ultime, a souvent le don d'agacer le correcteur. Terminerait-on une dissertation de culture générale par « Après tout, il faut que jeunesse se passe » (**After all, boys will be boys**) ou « À quelque chose malheur est bon » (**Each cloud has a silver lining**) ? La « sagesse populaire », s'il faut y avoir recours (avec parcimonie…), a plutôt sa place en introduction pour être ensuite mieux nuancée.

Pour enrichir vraiment l'expression, il convient donc plutôt de se familiariser avec ces mots, associations de mots et tournures syntaxiques dont l'utilisation est si spontanée pour un anglophone et souvent peu naturelle pour un francophone : **phrasal verbs**, collocations, tournures résultatives, utilisés à bon escient, rendront la langue « idiomatique », au même titre que les « faux-amis » qui, par définition, ne posent de problème qu'au locuteur étranger qui croit déceler en eux une ressemblance sémantique avec un terme morphologiquement proche dans sa propre langue.

## 1. Les *phrasal verbs* utiles dans un contexte argumentatif

Le fait d'associer une particule adverbiale, parfois aussi appelée postposition, à un verbe peut en modifier largement le sens. Si, en traduction, il est souvent facile d'identifier la nuance ainsi apportée en l'inférant du contexte, il faut aussi savoir utiliser spontanément ces structures, dont l'emploi est si naturel pour des anglophones.

De nombreux **phrasal verbs** ont pour équivalents des verbes à racine latine dont l'usage est souvent plus formel. Dans le cadre de la traduction, il faut donc commencer par évaluer le registre qui caractérise le texte-source avant d'opter pour le **phrasal verb** ou le mot latin. Pour autant, les verbes à particules présentés ici n'ont rien de familier et leur emploi est fréquent dans la presse de qualité, comme en attestent les citations données en exemples.

Sur le plan grammatical, il faut distinguer les simples verbes intransitifs dont les compléments sont nécessairement introduits par une préposition (verbes dits « prépositionnels » comme **approve of sth**, **look for sth**, **wait for sb**…) et les verbes dont la particule nuance ou modifie le sens (**phrasal verbs** comme **take in sb** qui, en fonction du contexte, pourra signifier « héberger qqun » ou « tromper, induire qqun en erreur »). Certains verbes enfin, nuancés par une particule adverbiale *et* suivi d'une préposition, appartiennent à la catégorie des « verbes à particule prépositionnels », comme **put up with sth** (tolérer, supporter qqch). Si les ouvrages de grammaire insistent sur la distinction entre ces différentes catégories, il n'est pas rare que les dictionnaires unilingues les regroupent (*The Oxford Dictionary of Current Idiomatic English: Vol. 1: Verbs with prepositions and particles*) ou les confondent (*Cambridge International Dictionary of Phrasal Verbs*), comme nous le ferons ici également, dans un souci de simplification.

La liste proposée n'est naturellement pas exhaustive. En outre, les sens retenus sont ceux qui semblent les plus propices à un contexte d'argumentation, ce qui n'exclut en rien par ailleurs l'existence d'un (ou plusieurs) autre(s) sens. À titre d'exemple, on retiendra de **blow up** son sens imagé (ex. : **A scandal blew up**) plus que sa signification littérale (ex. : **The children blew up balloons**). Cependant, avant de se concentrer sur les significations souvent les plus figurées des verbes à particules récurrents dans le **journalese**, il est utile de rappeler les acceptions les plus évidentes des principales postpositions, à commencer par leur sens spatial.

## Sens général des principales particules

**◆ about**

▷ mouvement en tous sens, sans but

> They enjoy travelling about. ➝ *Ils aiment voyager sans but précis.*

▷ éparpillement

> The newspaper pages were scattered about on the floor of the bedroom. ➝ *Les pages du journal étaient éparpillées sur le sol de la chambre.*

**◆ across**

▷ à travers, passage d'un endroit à un autre

> They strode across the field. ➝ *Ils traversèrent le champ à grandes enjambées.*

**◆ along**

▷ avancer le long de

> They decided to walk along the river. ➝ *Ils décidèrent de marcher le long de la rivière.*

▷ suivre, accompagner

> Feel free to come along! ➝ *N'hésite pas, si tu veux nous accompagner !*

**◆ around *ou* round**

▷ circularité

> They turned round and got a glimpse of the cathedral. ➝ *Ils se sont retournés et ont aperçu la cathédrale.*

▷ changement radical

> She managed to turn the trend around in just two weeks. ➝ *Elle a réussi à inverser la tendance en seulement deux semaines.*

**◆ aside**

▷ éloigner, mettre de côté

> He pushed the plate aside untasted. ➝ *Il éloigna son assiette, sans avoir goûté à ce qu'elle contenait.*

**◆ away**

▷ éloignement

> We walked away from the church. ➝ *Nous nous sommes éloignés de l'église.*

▷ disparition complète

> He gave away all his money to charities. ➝ *Il a distribué tout son argent à des œuvres caritatives.*

**◆ back**

▷ mouvement en sens inverse, idée de retour

> I need to get my money back right now. ➝ *J'ai besoin de récupérer mon argent tout de suite.*

**◆ by**

▷ proximité, rapprochement

> She walked by, without a word. ➝ *Elle passa près de nous, sans dire un mot.*

**◆ down**

▷ mouvement vers le bas

> He bent down to look under the furniture. ➝ *Il s'est baissé pour regarder sous les meubles.*

▷ diminution

> I'm waiting for real estate prices to go down. ➝ *J'attends que les prix de l'immobilier baissent.*

◆ **in**

▻ mouvement vers l'intérieur

> After much hesitation, they came in. ➞ *Après de nombreuses hésitations, ils entrèrent.*

◆ **off**

▻ éloignement

> We'll try to get off early tomorrow morning. ➞ *Nous essaierons de partir tôt demain matin.*

▻ séparation

> You'll need to get off the train at Egham station. ➞ *Tu devras descendre du train à Egham.*

▻ interruption

> Make sure you turn your computer off! ➞ *N'oubliez pas d'éteindre votre ordinateur !*

◆ **on**

▻ contact, mettre ou prendre qqch

> Put your coat on, it's freezing outside! ➞ *Mets ton manteau ; on gèle dehors !*

▻ continuité

> Stop talking and get on with what you have to do! ➞ *Arrête de parler et continue ce que tu dois faire !*

◆ **out**

▻ mouvement vers l'extérieur

> He ran out. ➞ *Il est sorti en courant.*

▻ accomplissement, achèvement

> As things turned out, she was wong. ➞ *Il s'avéra qu'elle avait tort.*

▻ disparition, usure

> Hurry! Time is running out! ➞ *Dépêche-toi ! Il nous reste peu de temps !*

◆ **over**

▻ recouvrir, passer au-dessus de

> Put a second layer of cream over the first one. ➞ *Recouvrez la première couche de crème d'une seconde.*

▻ passer d'un endroit à un autre

> Could you pass the bread over, please? ➞ *Pouvez-vous faire passer le pain, s'il-vous-plaît ?*

▻ répétition

> I'm afraid you'll have to start over from scratch. ➞ *J'ai peur qu'il te faille recommencer du début.*

◆ **through**

▻ passer à travers, lier

> We eventually managed to get through. ➞ *Nous sommes finalement parvenus à destination.*

▻ entièrement

> She sat through the concert. ➞ *Elle est restée au concert jusqu'au bout.*

◆ **up**

▻ mouvement vers le haut

> They were trudging up the hill. ➞ *Ils montaient la colline avec difficulté.*

▻ rapprochement

> He walked up to us. ➞ *Il s'approcha de nous.*

▻ augmentation

> As long as prices go up, it will be impossible. ➞ *Tant que les prix augmenteront, ce sera impossible.*

▻ achèvement

> Eat up your vegetables! ➞ *Finis tes légumes !*

## ➨ Liste des **phrasal verbs** et verbes prépositionnels fréquents dans la langue journalistique

◆ **to abide**

▻ abide by: *respecter, se soumettre à qqch*

> As signatories to the UN charter, Americans have agreed to abide by a body of international law that explicitly governs the conditions under which nations may go to war. *The Guardian*

◆ **to account**

▻ account for:

- *expliquer, rendre compte de*

> The United Nations concluded in 1999 that Saddam Hussein had biological weapons sufficient to produce over 25,000 liters of anthrax – enough doses to kill several million people. He hasn't accounted for that material. *George W. Bush's State of the Union Address, 2003*

- *représenter*

> Recent research by the firm Grant Thornton showed that adultery accounted for 27 per cent of all divorces, down from 29 per cent 12 months before. *The Daily Telegraph*

◆ **to act**

▻ act on: *prendre des mesures utiles pour*

> The constitutional treaty was a dog's dinner, and its rejection created a precious second chance to go back and get it right. The time to act on that chance has now arrived, with the start of the German EU presidency. *The Economist*

▻ act up:

- *mal se comporter*

> Tennis players who act up on the court are behaving more like spoiled brats than intense competitors, according to a New York Times/CBS News poll. *The New York Times*

- *en faire davantage, remplacer temporairement un supérieur*

> Sir Ronnie's deputy Colin Cramphorn has been asked to act up until a new chief constable is chosen, probably in June. *BBC News*

◆ **to add**

▻ add up to: *avoir pour résultat cumulé*

> Considering the millions of people having cardiac procedures each year, better quality quickly added up to 100,000 lives saved in this area alone. *US News and World Report*

◆ **to adhere**

▻ adhere to: *se conformer à*

> Throughout the ups and downs, Sir Alan Sugar adhered to his basic rules of business life: "I don't like liars, I don't like cheats, I don't like schmoozers, I don't like arse-lickers." *The Daily Telegraph*

◆ **to agree**

▻ agree on: *se mettre d'accord sur*

> This was a complex trial that lasted nearly four months. Jurors took 12 days to reach a verdict and struggled to reach a unanimous judgement. The verdict that they eventually agreed on is a subtle and credible one. *The Guardian*

➯ agree to: *donner son consentement*

> But at the behest of the city and with the concurrence of civil liberties lawyers representing plaintiffs swept up in mass arrests during the convention, the judge agreed to the deletion of sensitive information in the documents to protect the privacy of individuals caught up in investigations. *The New York Times*

➯ agree with: *être d'accord (avec qqun ou qqch)*

> Whether they agreed with him or not, everyone knew where Reagan stood, from the very earliest days when he broke the back of the air-traffic controllers' union and sent a strong signal that government would no longer be a party to blackmail by illegal strikers. *US News and World Report*

◆ **to aim**

➯ aim at sth / doing: *avoir pour objectif de faire qqch*

> Maliki's visit comes two days after Iraqi, Iranian and US officials held the first meeting of a committee aimed at improving cooperation on stabilizing Iraq. *The Washington Post*

◆ **to allow**

➯ allow for:

- *prendre en considération*

> Project officer Lorraine Lowe said the alcohol screening scheme allowed for earlier intervention to tackle potential problems. *BBC News*

- *permettre*

> Jason Burnam, 24, pleaded guilty to four counts of aggravated battery last month in a plea agreement that allowed for a maximum sentence of 60 years. *The Washington Post*

◆ **to amount**

➯ amount to: *revenir à, équivaloir à*

> With gas well over $3 a gallon, many drivers complained that the congestion fees amounted to an assault on the middle class. *The New York Times*

◆ **to answer**

➯ answer for: *répondre de*

> Margaret O'Kane, president of the National Committee for Quality Assurance, which certifies health plans, said the hospitals had a lot to answer for. "There are huge issues out there in the number of people being harmed by hospitals," she said. *The New York Times*

➯ answer to: *répondre de qqch devant qqun, être sous l'autorité de*

> The council's president, Bill Kane, called Mr Corzine a man who "answers to no one but himself" and praised him for his willingness to help working-class families. *The New York Times*

◆ **to apply**

➯ apply for: *être candidat à*

> Mr Seddon was one of more than 40 people who had applied for the nomination to succeed the late Sir Ray Powell as MP for the safe Labour seat. *BBC News*

◆ **to argue**

➯ argue for / against: *fournir des arguments pour / contre*

> Officials have acknowledged that they do not know how close Mr Hussein is to acquiring nuclear weapons, but have argued for urgent action. *The Economist*

- **to ascribe**

- ascribe sth to sth: *attribuer/imputer qqch à qqch*

  In a thoughtful recent study David Miles, of Morgan Stanley, tries to explain the doubling of real British house prices in the past decade. Some of the increase, he says, can be ascribed to rising real incomes. *The Economist*

- **to back**

- back away from: *prendre ses distances avec*

  Aides to Ashcroft, a longtime NRA member, said he has not backed away from his pledges to uphold current laws without regard to his personal views. *The Los Angeles Times*

- back down: *céder, renoncer à*

  The Home Secretary yesterday backed down on enforcing wide-ranging powers for snooping on internet traffic. *The Daily Telegraph*

- back off from: *renoncer à*

  The government has already backed off from a plan to build a new São Paulo airport in favor of a new runway instead. *The New York Times*

- back out of: *se retirer de*

  The Boston archdiocese had previously settled with some 50 other victims for an undisclosed sum. An earlier settlement worth up to $30m had been announced in March, but the Boston archdiocese backed out of that deal in May. *The Times*

- back up: *soutenir (qqch ou qqch)*

  The Iraqi military is "going to need aviation support, tanks – and be backed up by US military units," says retired Gen. Joseph Hoar, former head of Central Command, which oversees military operations in the Middle East. *US News and World Report*

- **to bail**

- bail out: *renflouer*

  "President Bush defends Fed's decision to bail out AIG." *The Guardian*

- bail out of: *se retirer de, renoncer à*

  A congressional report criticized the FBI for refusing to bail out of a failing and costly computerized case-management system. *US News and World Report*

- **to ba(u)lk**

- ba(u)lk at: *rechigner à*

  Countries such as France and Germany have baulked at the idea of contributing directly in the absence of a greater UN role in reconstruction. *The Economist*

- **to bank**

- bank on: *compter/parier sur*

  Raul Castro said it has been a difficult year since his brother fell ill because Cuba's enemies in the United States had banked on the collapse of its socialist system. *The Washington Post*

- **to bear**

- bear out: *confirmer*

  Jupiter Research, another market research firm, says the growth rate has peaked. It projects that overall online sales growth will slow to 9 percent a year by the end of the decade from as much as 25 percent in 2004. Early financial results from e-commerce companies bear out the trend. *The New York Times*

- bear with: *se montrer patient avec*

  Mr Madoka asked them to bear with the government and understand its predicament at a time of increased security concerns in Kenya. *BBC News*

◆ **to bill**

▷ bill sth as: *présenter qqch comme*

> Mr Chávez has billed the accords as an "axis of unity" against the US, which he terms the "empire", and has encouraged allies such as Mr Ortega to follow suit. *The Guardian*

◆ **to blow**

▷ blow over: *passer, être oublié*

> The Vatican believes that over time (the Vatican does tend to take a very long-term view of things) this whole scandal will blow over. *The Times*

▷ blow up: *éclater, exploser*

> The controversy blew up last autumn when an American team at the National Institutes of Health in Bethesda, Maryland, applied for patents on 347 segments of DNA from the human genome. *New Scientist*

◆ **to be bogged**

▷ be / get bogged down in / into: *être enlisé / s'enliser dans*

> Tillman was killed just as the US military was becoming increasingly bogged down in Iraq and as horrific allegations of abuse at Abu Ghraib prison were emerging. *The Washington Post*

◆ **to boil**

▷ boil down to: *se résumer à*

> As always, it boils down to a question of land: Israel taking Palestinian land to ensure its security. *BBC News*

◆ **to border**

▷ border on: *friser*

> In the face of political and economic turmoil at home and a situation bordering on chaos in several of Portugal's remaining colonies, President Francisco da Costa Gomes was finally forced to a decision that he had hoped to avoid. *Time*

◆ **to bow**

▷ bow out of: *se retirer de*

> The French socialist leader, Lionel Jospin, bowed out of politics after losing his place in the race for the presidency. *BBC News*

▷ bow to: *s'incliner devant*

> The chain-smoking Queen Margrethe of Denmark, who has been cruelly dubbed the "Ashtray Queen", has bowed to public opinion and decided to stop smoking in public. *The Times*

◆ **to bounce**

▷ bounce back: *rebondir*

> After enduring more than an hour of various jabs at his moderate-to-liberal social views, Giuliani bounced back as the debate turned to his strongest topic: the Sept. 11, 2001 terrorist attacks, which were aimed most catastrophically at his home city. *Congressional Quaterly*

◆ **to branch**

▷ branch out into: *étendre ses activités dans*

> The company, which is branching out into new areas following its flotation last year, has launched a test version of Google Video that will allow users to search US programming from ABC, PBS, Fox News and others. *The Guardian*

◆ **to break**

▷ break down: *échouer*

> As talks broke down, Democrats were cautiously optimistic that they might beat the rule change outright by attracting at least six Republicans to vote against it. *The Washington Post*

- break in: *percer*

> Disney is one of the few new figurine makers that has managed to break into the market in a big way and that may be due to its well-known name. *The International Herald Tribune*

- break off: *rompre*

> Russia is threatening to break off diplomatic relations with Estonia in the escalating row over the "blasphemous" removal of the Red Army memorial in the centre of Tallinn. *The Times*

- break out: *éclater, se déclarer*

> Ever since the diphteria epidemic broke out in 1990, aid organisations have concentrated their efforts on providing mass vaccination. *New Scientist*

- break through: *surmonter*

> Curie, then 40 and a widow, decided to break through prejudices that did not allow girls to take the baccalauréat. *The Guardian*

- break up: *prendre fin*

> The fiercest fighting since the Rwandan civil war began was reported today in the capital, Kigali, as the beleaguered Government called on its supporters to help fight invading rebels after peace talks broke up in confusion. *The New York Times*

- break up into: *se diviser*

> The internet could one day be broken up into separate networks around the world, a leading light in the development of the net has warned. *BBC News*

◆ **to bring**

- bring about: *apporter, produire*

> Calvert Alternative Energy Fund cited a survey that said more than three quarters of investors are concerned that global warming will bring about major changes in their lifetime or the lifetime of their children. *CNN*

- bring (a)round to: *convaincre*

> Eventually, the oil companies, led by BP, were brought around to the idea of the pipeline, helped crucially by the announcement by Turkey (America's ally) that it would give a large subsidy to the $3bn project. *New Statesman*

- bring back: *réinstaurer*

> The death penalty should be brought back for some pre-meditated and cold-blooded murders, new Tory shadow home secretary says. *BBC News*

- bring down: *faire baisser*

> The poor market performance belies an economy that is growing at more than 10 percent per year, even after monetary restraint was imposed in a successful effort to bring down inflation from 22 percent last year to 16 percent in June. *The International Herald Tribune*

- bring forth: *provoquer, donner naissance à*

> For avid adventurers, the name Myst may well bring forth some wonderful memories. *BBC News*

- bring forward: *proposer, avancer*

> The Home Office admitted that developing a network of short-term jails raised significant public concern. It is to bring forward more formal proposals early next year and hold a three-month consultation on reforms. *The Times*

- bring in:
  - *rapporter*

> Honda faces a challenge in maintaining its momentum for growth in the months ahead, as rising gas prices hurt sales of trucks and other models in the United States that tend to bring in more profits but also use more gasoline. *International Herald Tribune*

- *introduire, faire intervenir*

> There's an emergency meeting of the football club's board later today, which will be asked to agree that an insolvency expert should be brought in to advise. *BBC News*

▷ bring on: *déclencher*

> Stress brought on by economic growth blamed for South Korea's suicide surge. *USA Today*

▷ bring up: *mentionner, évoquer*

> Any important new plans were taken up with the President privately. If a Cabinet officer brought them up at the Cabinet meeting, the idea would probably be scotched by someone else at the table. *Time*

◆ **to broaden**

▷ broaden out: *élargir / s'élargir*

> Martin Stephen, high master of St Paul's school in London, said that in principle he would be willing to take teenagers at risk of being expelled. But, he added, he would like the scheme broadened out to include, for instance, bright children who were not learning because their parents were ill or going through a traumatic divorce. *The Times*

◆ **to brush**

▷ brush aside: *écarter*

> Such contacts were strongly urged by the bipartisan Iraq Study Group in its report last December, but at the time were brushed aside by Mr Bush. *The Independent*

◆ **to build**

▷ build on: *tirer parti de, s'appuyer sur*

> The Hours has built on the success of The Others and Moulin Rouge, which earned Nicole Kidman a string of award nominations, signalling that Hollywood took her seriously in her own right. *BBC News*

◆ **to buoy**

▷ buoy up: *stimuler*

> President Putin's move will be taken as yet another sign of a more assertive foreign policy – a policy buoyed up by Moscow's rising income from oil and natural gas. *BBC News*

◆ **to call**

▷ call for:

- *nécessiter*

> Building a molecular computer is a challenge that calls for expertise in a variety of different disciplines. *Nature*

- *réclamer, appeler de ses vœux*

> Writing in Sunday's News of the World, Metropolitan Police Commissioner Sir John Stevens called for "drastic measures" to curb the gun culture. *BBC News*

▷ call off: *annuler*

> But the meeting was called off at the last minute by Surrey Police after the force said it was concerned that the contents could emerge in the media before officers had been given chance to brief the families of the other recruits. *BBC News*

▷ call on / upon sb to do sth: *enjoindre qqun de faire qqch*

> They also called on the government to speed up the process of privatization and of making cuts in government subsidies to industry. *International Herald Tribune*

◆ **to care**

▷ care for: *s'occuper de, prendre soin de*

> We asked readers how the Government should care for wounded servicemen following fury at the closure of military hospitals. 150 readers responded to the debate. *The Daily Telegraph*

◆ **to carry**

▷ get carried away: *s'emballer*

> The thrust of government policy has been to create incentives for schools to improve. To this end it is concentrating certain schools achieving specialist status. But it seems to have got carried away. *The Guardian*

▷ carry on: *continuer*

> In 1956 the governmental vacuum lasted for 122 days, while the old Cabinet carried on as caretaker. *Time*

▷ carry out: *effectuer, mener à bien*

> The connection between aggression and brain chemistry was strengthened last November when Rene Hen and colleagues at the Institute of Biological Chemistry in Strasbourg carried out experiments on mice in which they removed a gene encoding a receptor to which serotonin binds in the brain. *New Scientist*

▷ carry over into: *avoir des répercussions sur*

> The chairman, said the last 12 months of ad revenue declines had carried over into the new financial year, "with no sign of any recovery into the autumn". *The Times*

▷ carry through: *mener à bien, rendre effectif*

> A new health bill was also announced, which will carry through a ban on smoking in public places. *BBC News*

◆ **to cast**

▷ cast aside: *se débarrasser de, rejeter*

> Yesterday Mr Duncan Smith cast these doubts aside and rowed back behind the Government's strategy, endorsing Mr Blair's confidence that things in Iraq were improving despite attacks on coalition forces. *The Times*

◆ **to catch**

▷ catch up with: *rattraper*

> Mobile phone manufacturers such as Nokia, Motorola and Ericsson see the Chinese market as ripe for expansion, as the country strives to catch up with the developed world. *BBC News*

◆ **to cave**

▷ cave in to: *céder à*

> The flame was lit fortnight ago when the powerful Working Committee of the Congress Party caved in to the demands of India's 7,000,000 Sikhs for the creation of a Punjabi-speaking state in the western half of the present state of Punjab. *Time*

◆ **to check**

▷ check up on: *surveiller, enquêter sur*

> Senior police officers claim new powers to check up on convicted sex offenders in their homes do not go far enough, particularly in light of the sudden and disturbing growth of child pornography on the internet. *The Scotsman*

◆ **to chip**

▷ chip away at: *affaiblir*

> The awards have also been hugely positive for Restaurant magazine, which currently has a fortnightly circulation of just over 20,000. Joe Warwick, its current editor, has chipped away at

the UK monopoly once held by the invariably dreary trade weekly Caterer & Hotelkeeper. *The Financial Times*

- **to clamp / to crack**

▷ clamp / crack down on: *prendre des mesures drastiques contre*

A Tory MP today called on the justice minister, Jack Straw, to clamp down on internet images and videos of violence and criminal activity. *The Guardian*

- **to close**

▷ close in on: *cerner*

A secretly recorded videotape played to jurors at a mob trial Wednesday showed one of the defendants cursing and fidgeting as he spoke to a brother visiting him in prison, apparently fearful authorities might be closing in on him. *The Chicago Tribune*

- **to come**

▷ come about: *se produire*

Its discovery came about like this: two independent teams of astronomers were using the Hubble Space Telescope and a host of large ground-based telescopes to track down supernovae in the distant universe. *New Scientist*

▷ come (a)round to: *se ranger à*

Mr Campbell initially favoured "going for it" in May but gradually came round to the view that it would be very difficult to call an election with the countryside in turmoil. *The Independent*

▷ come down on: *s'en prendre à, se montrer intraitable envers*

Independents are coming down on the anti-war side, if slightly less vociferously than Democrats. *National Journal*

▷ come down to: *revenir à, se résumer à*

The annual rate of inflation stands at 2.8%. It also stands at 3.6%. And 3.7%. On some measures it is as high as 4.5%. Confused? Well, it all comes down to the way you measure the increase in the cost of living. *The Guardian*

▷ come in for: *être l'objet de, subir*

In the debate, Mr Buchanan's call for high tariffs on Japanese, Chinese and other foreign-made goods came in for sharp criticism from Mr Forbes and Mr Alexander, who said such tariffs would amount to tax increases for American consumers. *International Herald Tribune*

▷ come into (force, effect): *entrer en (vigueur)*

A survey in Scotland in April this year – a month after the ban in that country started – found that 69 per cent of pub-goers agree with the smoking ban and 25 per cent said that they had gone to the pub more often since it came into effect. *The Independent*

▷ come under: *être soumis à*

The Health Minister, yesterday came under increasing pressure to award compensation to hundreds of Scottish haemophiliacs who have been infected with hepatitis C through NHS blood transfusions. *The Daily Telegraph*

▷ come up against: *se heurter à*

Bolton came up against resistance from Fingar's bureau and, later, from the national intelligence officer on Latin America over a speech he gave in May 2002 suggesting that Cuba had a biological weapons program. *The Washington Post*

- come up to: *correspondre à, être à la hauteur de*

> The level of pollution is so high from sewage and farm effluent in popular resorts around the country – including Scarborough, Hastings, Ilfra-combe and Hunstanton – that the water fails to come up to standards of cleanliness recommended by the European Union. *The Times*

- come up with: *proposer*

> She happened to know the Medicaid process inside out, and she came up with an idea – which, it should be noted, shifted costs from the state to Uncle Sam--and eventually saved Massachusetts some $1.4 billion. *Businessweek*

◆ **to conjure**

- conjure up: *évoquer*

> It calls itself the world's local bank, a slogan which conjures up images of kindly cashiers ushering rich and poor alike through the door to deposit their savings. *The Guardian*

◆ **to cry**

- cry out against: *s'opposer avec force à*

> But Mrs Sheehan's is not the only voice crying out against the war. Paul Schroeder and Rosemary Palmer decided to speak publicly about their grief and anger after their son was one of 20 marines from the same area of Ohio killed in Iraq. *BBC news*

◆ **to cut**

- cut across: *toucher, affecter sans distinction*

> A wide north-south divide in the health of the nation persists in Britain, cutting across all social classes, according to research published today. *The Guardian*

- cut back/down (on): *réduire*

> Although car-sharing with friends and colleagues is the time-honoured way of cutting back on emissions, you could also look at purchasing an "eco-friendly" low-emissions car. *The Independent*

- cut off from: *isolé de*

> The Supreme Court, like the Wizard of Oz, augments its authority by working its magic out of sight. Toiling away in their neoclassical palace, the nine Justices are perceived as being above the fray and primly cut off from everyday life. *Time*

- be cut out for: *avoir des prédispositions pour*

> Are men cut out for the job market? James Morrison asks why male graduates are twice as likely to be out of work as their female peers. *The Independent*

◆ **to dabble**

- dabble in/with: *faire un peu de*

> Harry Oppenheimer was a businessman who dabbled in politics. In 1948, he won an opposition seat in Kimberly at the dawn of the apartheid era. *BBC News*

◆ **to date**

- date back to: *remonter à*

> Nobody has tried to change things on Sark for some time. Its arcane system dates back to Elizabethan times, with the head of the feudal government, or seigneur, owning everything, including anything that gets washed up on the island's shores. *The Guardian*

◆ **to dawn**

- dawn on/upon: *apparaître à*

> Mr Blair did not intend to mount such an offensive on European policy until it dawned on him that the forthcoming EU summit would result in accusations that

> he is soft in defending British interests. *The Independent*

- **to deal**

⊳ deal with: *s'occuper de, avoir affaire à*

> The ATP also needs to deal with the problem of what exactly is safe for its players to take after matches. *BBC News*

- **to decide**

⊳ decide on/upon: *se décider pour, choisir*

> Bush has decided on a policy that leaves the Democrats outraged in their disapproval but most unlikely to call a halt to the troop movements. *The Independent*

- **to delve**

⊳ delve into: *fouiller dans*

> Labour claims there is plenty of ammunition from Red Ken's "loony Left" days at the former Greater London Council without delving into his private life. *The Daily Telegraph*

- **to depart**

⊳ depart from: *rompre avec*

> One of the laws of publishing is that publishers produce catalogues of their spring and autumn lists. But Penguin is about to depart from convention. It says that its autumn catalogues will be its last and that it will instead produce sales documents for booksellers as well as an online database of forthcoming titles. *The Guardian*

- **to depend**

⊳ depend on:

• *dépendre de*

> His authority will depend almost entirely on his influence on the president, and the perception of others of that influence. *International Herald Tribune*

• *compter sur*

> Your business will depend on your network; you want to make sure you're dealing with someone you can depend on. *Businessweek*

- **to deprive**

⊳ deprive of: *priver de*

> If Brown succeeds in shifting the emphasis of the "war on terror" to winning hearts and minds, he will deprive them of something to loathe. *The New Statesman*

- **to derive**

⊳ derive from: *dériver de, provenir de*

> The power of Raja Shehadeh's memoir derives from his willingness, rare among Palestinian writers, to probe the emotional and political limits of his own society. *The New York Times*

- **to devote**

⊳ devote to: *consacrer à*

> The Cambodian-born film-maker Rithy Panh, who devotes all his energy to combating oblivion, is deeply concerned about the distress of Franco-Khmer youth. *The Guardian*

◆ **to discriminate**

▻ discriminate against: *discriminer*

> The employment tribunal said John Reaney, 42, was discriminated against "on grounds of sexual orientation" by the Hereford diocesan board of finance. *BBC News*

◆ **to die**

▻ die away: *disparaître*

> The summit ended on the Saturday afternoon and the clashes died away. *BBC News*

▻ die down: *se calmer, s'atténuer*

> Although the controversy died down in the UK, the USA is now becoming a fertile ground for DTC genetic testing, as start-up companies such as DNA Direct and established companies such as HealthCheckUSA enter this new market. *Nature*

▻ die out: *disparaître*

> The necessity for the techniques of producing India pale ale eventually died out, but the taste for it did not. *The New York Times*

◆ **to dispose**

▻ dispose of: *se débarrasser de*

> The government is planning to dispose of nuclear waste in a deep underground repository which it hopes to build between 2030 and 2040. *Nature*

◆ **to dissociate**

▻ dissociate from: *dissocier de*

> The activities of the chatelaine of 10 Downing Street – or No 10 and part of No 11 in the case of this property-hungry woman – cannot be dissociated from the office that puts her there. *The Times*

◆ **to dissolve**

▻ dissolve into: *plonger dans, laisser place à*

> Once we eliminate Hussein's government, we'll have to occupy the entire country for years to make sure it doesn't dissolve into chaos. *The Chicago Tribune*

◆ **to do**

▻ do away with: *supprimer*

> BT argues that Fusion is not designed to do away with the fixed-line phone, but to enhance the mobile phone. *The Economist*

▻ do without: *se passer de*

> The wounds originally opened up by Mr Bush's invasion of Iraq have never entirely healed, and the resentment against the US for believing it was powerful enough to do without international support has never entirely gone away. *BBC News*

◆ **to be doomed**

▻ be doomed to: *être voué à*

> He finally canned the offshore contractors, hired several local programmers and started preaching to industry colleagues that managing such projects across oceans is doomed to failure. *Newsweek*

◆ **to drag**

▻ drag down: *tirer vers le bas*

> America, at a lowly 96th position (only one above Iran), is dragged down by factors such as its involvement in Iraq and heavy military spending. *The Economist*

▻ drag on: *s'éterniser*

> But as the complex negotiations dragged on, with proposals and counterproposals circulating among companies that compete until the day they need

each other, Ericsson and Computer Sciences did something unexpected. *The Washington Post*

◆ **to dream**

▷ dream up: *imaginer*

In the late 1990s, the appliance manufacturer started its quest to improve its ability to create growth through innovation. It asked its 61,000 employees to dream up new ideas. *Forbes*

◆ **to drift**

▷ drift apart: *s'éloigner*

Despite booming bilateral trade, Japan and South Korea have drifted apart in recent months, with tempers flaring in a dispute over how Japan should put its 20th-century history to rest. *International Herald Tribune*

◆ **to drive**

▷ drive down: *faire baisser*

A strong rupee lowers the value of imports to India, and drives down the demand for exports, which should result in more, lower-priced supplies flooding the domestic market, therefore driving down inflation. *International Herald Tribune*

▷ drive out: *faire partir*

The debate won't, of course, convince the angriest voters – the ones who want to seal the border and deport or drive out illegal immigrants. *The Washington Post*

▷ drive up: *faire monter*

"Retiring baby boomers driving up prices of vacation homes". *Los Angeles Business Journal*

◆ **to drop**

▷ drop behind: *se laisser distancer*

Oxford has dropped behind Cambridge – for the first time since 2001. *The Daily Telegraph*

▷ drop out of: *abandonner (ses études)*

Almost half of 17 year olds in some parts of England have dropped out of full-time education or training, government statistics reveal. *BBC News*

◆ **to elaborate**

▷ elaborate on: *donner des détails sur*

Charles Kennedy, the former Liberal Democrat leader, had refused to elaborate on his attempts to give up drinking, only saying he was "in good health". *The Independent*

◆ **to embark**

▷ embark on/upon: *entreprendre, se lancer dans*

Yet when governments begin to legislate what is true and what is false, they embark upon what has historically been a very slippery slope. *International Herald Tribune*

◆ **to encroach**

▷ encroach on/upon: *empiéter sur*

Americans are willing to tolerate eavesdropping without warrants to fight terrorism, but are concerned that the aggressive antiterrorism programs championed by the Bush administration are encroaching on civil liberties, according to the latest New York Times/CBS News poll. *The New York Times*

◆ **to engage**

▷ engage in: *se lancer dans*

> Human rights experts expressed concern yesterday that the language in the new provision would be a precedent-setting endorsement for the indefinite detention of anyone who "has engaged in hostilities against the United States." *The Washington Post*

◆ **to even**

▷ even out: *équilibrer, aplanir*

> Most of the irregularities highlighted in the report involve the Common Agricultural Policy, which gives out subsidies to farmers and Structural Funds, which aim to even out differences between rich and poor regions in the EU. *BBC News*

◆ **to expand**

▷ expand on: *donner des détails sur*

> He expanded on his ideas during a visit to a secondary school in west London, claiming that people felt politicians "feathered their own nests" and cost too much money. *BBC News*

◆ **to face**

▷ face up to: *faire face à, accepter la réalité de*

> China has succeeded in putting the spotlight on Japan's World War II history. But while harping on that distant war, Beijing refuses to face up to its own aggressions and employs revisionist history to rationalize its assertive claims and ambitions. *International Herald Tribune*

◆ **to fade**

▷ fade away: *disparaître, diminuer*

> "Union power is fading away, despite the Democrats' efforts". *The Economist*

▷ fade out: *disparaître progressivement*

> The Cathode Ray Tube technology is fading out of the market. *The New York Times*

◆ **to fall**

▷ fall apart: *s'effondrer, se désagréger*

> "Behind a facade of normality, Zimbabwe is visibly falling apart". *The Guardian*

▷ fall in with:

- *se lier d'amitié avec*

> After falling in with the wrong crowd and stuggling to get to grips with education, he reveals how he now has a brighter future ahead of him. *BBC News*

- *se ranger au point de vue de*

> It's nearly a century since the pioneering modernist architect Adolf Loos declared that "ornament is crime", and now, very belatedly, even the mega-rich are beginning to fall in with the idea. *The Independent*

▷ fall off: *décroître*

> The report notes Russia's continuing arms sales to Iran and also China's efforts to sell arms, especially missiles, abroad, though Chinese arms sales fell off significantly last year. *BBC News*

▷ fall to: *incomber à*

> Mr Yeltsin survived, too, the Soviet experiment that hoped to create a new man and to root out everything human and natural. Moreover, it fell to him to end this experiment and the system that lay behind it. *The Economist*

◆ **to figure**

▷ figure out: *comprendre*

> Over the past 18 months, the CEO of Avon Products Inc. has tried to figure out what went wrong and how to fix it. *Business Week*

◆ **to fit**

▭ fit in with: *concorder avec*

> The study on marijuana fits in with previous work that has shown the illicit substance adversely affects male fertility. *New Scientist*

◆ **to focus**

▭ focus on: *se concentrer sur*

> But the government will hope that Mr Blair's high-profile announcement, on the day that MPs return to Westminster after the jubilee recess, will show that the government is determined to focus on key policy areas after the resignation of Mr Byers. *The Guardian*

◆ **to foist**

▭ foist on: *imposer à*

> Global warming, he says, was "a setup from the beginning," a wrongheaded theory foisted upon the public by unscrupulous scientists. *The New York Times*

◆ **to found**

▭ be founded on: *être fondé sur*

> Although comforting to hold, this belief is founded on a false premise and results in children not receiving the protection they require. *The Guardian*

◆ **to get**

▭ get away with: *commettre un acte en toute impunité*

> "How the UN lets genocidal states get away with murder." *The Guardian*

▭ get around: *contourner*

> Others said there are other ways to get around the problem of immune-system rejection, including genetic manipulations to make stem cells universally compatible. *The Washington Post*

◆ **to give**

▭ give away: *divulguer*

> The museum has a sign warning visitors that the area they are about to enter will give away secrets. *BBC News*

▭ give in to: *céder à*

> "It is essential that governments never give in to blackmail from terrorists or criminals if security is ever to be maintained," the Shadow Defence Secretary said. *The Times*

◆ **to gloss**

▭ gloss over: *dissimuler*

> At least until recently, Japanese history textbooks conveniently glossed over the truth about Imperial Japan's behavior abroad. *International Herald Tribune*

◆ **to go**

▭ go against: *aller à l'encontre de*

> The appeal goes against the decision of council planners who said an increase in child numbers would be "detrimental" to neighbouring residential properties. *The Scotsman*

▭ go ahead [/ through] with: *mettre à exécution*

> It quotes unidentified government sources as saying the prime minister is determined to go ahead with the plan. *BBC News*

▭ go with: *aller de pair avec*

> Cerebral and introspective, he is held in huge regard by his boardroom peers, if eschewing the cult of personality that often goes with the job. *The Times*

- **to hammer**

▷ hammer away at: *revenir inlassablement sur*

> From the end of World War II through the 1970s, various administrations hammered away at America's debt, reducing the burden from the wartime level of more than 100 percent of the economy to about 25 percent. *International Herald Tribune*

- **to hand**

▷ hand in: *remettre*

> Tony Blair has handed in his resignation to the Queen and Gordon Brown has become Britain's 52nd Prime Minister. *BBC News*

- **to hang**

▷ hang back from: *être réticent à*

> The governors of both parties are hanging back from making endorsements. *The Washington Post*

▷ hang on to: *s'accrocher à*

> Oxford's lecturers and researchers disagree, and voted against the plans last year. They said the changes would leave them hanging on to academic independence "by their fingernails". *The Guardian*

- **to hedge**

▷ hedge against: *se prémunir contre*

> Buying commodities is an alternative way of hedging against inflation, but there is the danger of being sucked in at the top of a market. *The Financial Times*

- **to hold**

▷ hold back: *ralentir*

> Weakness in private consumption appeared to be the main factor holding back growth as gross domestic product in the dozen countries sharing the euro grew 0.2 percent in the fourth quarter. *International Herald Tribune*

- **to hunt**

▷ hunt down: *traquer*

> Democratic presidential candidate Barack Obama said Wednesday that he would send troops into Pakistan to hunt down terrorists even without local permission if warranted – an attempt to show strength when his chief rival has described his foreign policy skills as naive. *The Guardian*

- **to impact**

▷ impact on: *avoir un impact sur*

> "The Hutton report will impact on the renewal of the BBC's charter," said Culture Secretary Tessa Jowell. *BBC News*

- **to impinge**

▷ impinge on/upon: *empiéter sur*

> The law was originally passed with bipartisan support, but with time limits built in because many lawmakers were nervous about its broad reach; many critics have said that the legislation impinges on civil liberties. *The International Herald Tribune*

- **to infringe**

▷ infringe on/upon: *empiéter sur*

> Opponents of the city ban have said it infringes on freedom of speech. *The New York Times*

- **to keep**

▷ keep down: *restreindre*

> The investigation has grown so expensive that the state should enlist some lawyers from the attorney general's office to help keep down costs. *The New York Times*

- keep on: *ne pas cesser de*

> CD sales around the world will keep on falling for the next two years, a report has predicted. *BBC News*

- keep up with: *faire face à*

> Expansion in renewable energies is barely keeping up with increasing demand. *BBC News*

**◆ to lag**

- lag behind: *avoir du retard*

> "Since 2000, the US has consolidated its central role as a locus of innovation in pharmaceuticals," the report stated. Europe "is still lagging behind in its ability to generate, organize and sustain innovation processes and productivity growth in pharmaceuticals." *The International Herald Tribune*

**◆ to lay**

- lay aside: *mettre de côté*

> Those of us who hunt have nothing to hide "we never have had" but the refusal of many MPs to lay prejudice aside and learn about the reality of fox control forces us upon an unwilling audience. *The Independent*

- lay off: *licencier*

> Pop.com, the online entertainment site backed by some of the biggest names in Hollywood, has decided to lay off almost all its employees. *The Guardian*

**◆ to live**

- live off: *vivre aux dépens de*

> "Unions have such control over wages there," he said, "that unemployment results and people live off the welfare state," stifling productivity and growth. *Newsweek*

- live up to: *être à la hauteur de*

> Both the team and the individual lived up to expectations on the opening day of a three-match series. *International Herald Tribune*

**◆ to look**

- look back on: *revenir sur, évoquer*

> Last weekend in Arizona, dozens of Republican members of the House class of 1994 looked back on the election that catapulted their party into the majority. *The New York Times*

- look down on: *regarder de haut, mépriser*

> The idea that many Europeans are looking down on Americans has led to a flurry of interest in trying to explain the trend. *The Washington Post*

- look forward to: *attendre avec impatience*

> "Looking forward to a spam-free future". *BBC News*

- look into: *examiner*

> The American State Department says it is looking into reports that the Venezuelan president, Hugo Chavez, has been involved in attempts to destabilise Bolivia and Ecuador. *BBC News*

- look out for: *être à la recherche de*

> The Bank told the City last month that it was looking out for evidence of firms trying to pass on their costs in the form of higher prices. *The Times*

**◆ to lose**

- lose out on: *être perdant*

> The President of Economic Development in Jersey said that while an air price war could be good for customers in the short term, companies must not risk losing out on profits altogether. *BBC News*

- **to make**

▹ make up for: *rattraper*

> This year, salary shortfalls are sure to be especially painful, since most people won't be able to make up for lost ground in the stock market. *Business Week*

- **to measure**

▹ measure up to: *être à la hauteur de*

> Many European cars have failed to measure up to US quality standards. *International Herald Tribune*

- **to move**

▹ move away from: *abandonner*

> "IRA moving away from violence". *BBC News*

- **to muster**

▹ muster up: *rassembler*

> Now New York magazine, the bible for Manhattanites (who have always been embarrassingly proud of their city in a demonstrative way that we Londoners just can't manage), has finally mustered up the courage to state the blindingly obvious: London is the capital of the world. *The Independent on Sunday*

- **to opt**

▹ opt in ≠ opt out of: *contribuer à ≠ ne pas contribuer à, renoncer à*

> The German government confirmed Tuesday that it had decided to opt out of a multimillion-euro research effort to build a European search engine that would compete with Google. *International Herald Tribune*

- **to partake**

▹ partake of: *évoquer*

> The film also partakes of some of the best pulp fiction clichés. *BBC News*

- **to pass**

▹ pass away: *décéder*

> According to reports, the 89-year-old playwright passed away at his home in Roxbury, Connecticut. *The Guardian*

- **to phase**

▹ phase in ≠ phase out: *introduire ≠ supprimer progressivement*

> Under Chancellor Gerhard Schroeder, whose coalition included the Green Party, the government decided to phase out nuclear power by 2020, and to close all reactors when they reached an average of 32 years old. *BBC News*

- **to pick**

▹ pick up: *redémarrer*

> As job growth picked up, wages surged in the second half of last year before falling back this year. *The New York Times*

- **to play**

▹ play down: *minimiser*

> To be sure, several of Germany's largest financial institutions have played down their exposure to the subprime market. *The New York Times*

- **to point**

▹ point out: *faire remarquer*

> The prime minister pointed out that this specific target, on $CO_2$ emissions, would eventually be met and that, in other areas such as the Kyoto deal, Britain led the world. *BBC News*

- **to preside**

▹ preside over: *présider à*

> Pope John Paul II, who had presided over the ceremony, descended from the altar erected on a platform. *The New York Times*

◆ **to pull**

▷ pull ahead of: *devancer*

> Only China, India, and Ireland have pulled ahead of the competition faster. *The Times*

▷ pull out of: *se retirer de*

> His only credible challenger for the nomination, John Edwards, pulled out of the campaign after Mr Kerry continued his run of success in yesterday's "Super Tuesday" ballots. *The Guardian*

◆ **to push**

▷ push back: *faire reculer*

> Although his deeds are well documented, assumptions that he was one of a few who pushed back the boundaries of science for his own pleasure have been shattered. *The Guardian*

▷ push through: *faire adopter*

> Tony Blair pushed through the reform of Clause Four, the Labour Party's commitment to socialism, against union opposition. *BBC News*

◆ **to put**

▷ put across: *faire passer*

> But Charles Clarke says universities haven't succeeded in putting across the message of this greater diversity. *The Guardian*

▷ put aside: *mettre de côté*

> Mr Bush also made a plea for Congress to pass a new airport security bill, and called on politicians to put aside party politics. *BBC News*

▷ put away: *incarcérer*

> While DNA makes headlines by exonerating people of crimes they were convicted of years ago, the same technique is enabling police across the country to track down and put away criminals who might otherwise have gone free. *Time*

▷ put down to: *mettre sur le compte de*

> That a husband and wife tend to have the same body mass index can be put down to the phenomenon of "assortative mating". *The Daily Telegraph*

▷ put forward: *mettre en avant, proposer*

> Sri Lanka's Tamil Tiger rebels say they have put forward new proposals to revive the country's peace process. *BBC News*

▷ put up with: *supporter*

> Ian Thomas told us he was no longer prepared to put up with the situation at Feltham, in west London, which houses more than 800 young offenders. *BBC News*

◆ **to reckon**

▷ reckon with: *compter avec*

> Whether perceived as a limitless market for American goods or as an intimidating rival poised to supplant the United States as the world's dominant industrial nation, China is indeed a force to be reckoned with. *Forbes*

◆ **to reside**

▷ reside in: *résider dans*

> Its glamour resides in the fact that only one specimen of it was ever collected. *The Times*

◆ **to resort**

▷ resort to: *recourir à*

> Countries in the region had all gone through difficult times, but had not resorted to violence. *BBC News*

◆ **to rest**

▷ rest on/upon: *être fondé sur*

> The new policy rests on a perception that early intervention in mental illness is crucial and currently under-resourced. *The Guardian*

◆ **to result**

▷ result in: *avoir pour conséquence*

> Because Iraqi lawyers and judges had been isolated from international criminal law, this decision resulted in a court that lacked the expertise to prosecute crimes against humanity on its own. *BBC News*

◆ **to revert**

▷ revert to: *en revenir à*

> The Tories reverted to their traditional colour when William Hague, the shadow Foreign Secretary, gave a presentation on the iniquities of the European Union treaty. *The Independent*

◆ **to rule**

▷ rule out: *exclure*

> The Government ruled out introducing a privacy law last night despite calls from MPs for greater protection for the public from media intrusion. *The Independent*

◆ **to run**

▷ run out of: *être à court de*

> We're not running out of oil. Not yet. "Shortage" is certainly in the air – and in the price. *The Washington Post*

▷ run up against: *se heurter à*

> A coalition of organizations has been pushing for four years for parenting education legislation, but have run up against resistance among policymakers. *The Washington Post*

◆ **to safeguard**

▷ safeguard against: *se prémunir contre*

> The survey in the pack was meant to safeguard against problems emerging after the sale has gone through. *The Guardian*

◆ **to see**

▷ see through: *mener à terme*

> Brooks says he has made a personal commitment to the organisers to see the project through. *The Daily Telegraph*

▷ see to: *s'occuper de, veiller à*

> "It was a cold-blooded murder, we are pursuing the perpetrators and will see to it that it doesn't happen again," Ethiopia's Prime Minister said. *BBC News*

◆ **to set**

▷ set about: *s'atteler à une tâche*

> "I will set about the tasks of reforming the NHS, making sure that every extra pound that is invested in the NHS delivers better patient care," Health spokeswoman Nicola Sturgeon said. *BBC News*

▷ be set against: *refuser de*

> Yesterday schools minister indicated that the government is set against any fundamental reform of the exams. *The Guardian*

▷ set off: *déclencher*

> He compared the five-day Cuban trip to the one he made to his native Poland in 1979 and hoped it would set off a train of events that would benefit the Cuban people. *BBC News*

▷ set up: *établir, fonder*

> The Americans in their constitutional convention in 1787 were single-mindedly determined to set up a new nation and did so. *BBC News*

- **to settle**

⇨ settle down: *se calmer*

> Just as the Kosovo crisis seems to be settling down, NATO is turning a worried eye to ethnic flare-ups elsewhere in Yugoslavia. *US News and World Report*

- **to sex**

⇨ sex up: *rendre plus attrayant, exagérer*

> Tony Blair's press chief Alastair Campbell has vehemently denied "sexing up" evidence in an important dossier about Iraq's alleged weapons of mass destruction. *BBC News*

- **to shape**

⇨ shape up: *prendre forme*

> With Mr Bush's flagship domestic policy – a partial privatisation of pensions – floundering, law reform is shaping up as the most promising part of his "domestic revolution". *The Daily Telegraph*

- **to single**

⇨ single out: *distinguer, prendre pour cible*

> The Israeli defense force singled out targets associated with Force-17, the personal body guard of Palestinian Authority President Yasser Arafat. *CNN*

- **to slow**

⇨ slow down: *ralentir*

> The private finance initiative and the public-private partnerships are costly and bureaucratic; they are slowing down the pace of improvement in public services. *The Guardian*

- **to sort**

⇨ sort out: *mettre de l'ordre dans, résoudre*

> Ex foreign secretary Robin Cook said sorting out the crisis would give Mr Blair "the best possible curtain call for himself to make a graceful exit." *BBC News*

- **to spring / to stem**

⇨ spring / stem from: *résulter de*

> Major difficulties stem from the detail required to describe the conditions of an experiment, and the relative and imprecise nature of measurements. *Nature*

- **to stand**

⇨ stand out against: *se distinguer de*

> The brand-new brightly painted hospital stands out against the background of an urban wasteland. *The Guardian*

⇨ stand up for: *défendre*

> While such forms of disobedience would never have been tolerated 20 years ago, increased political openness in China means there are a growing number of incidents where people are standing up for their rights, gaining a public profile, and having their voices heard. *The Independent on Sunday*

- **to step**

⇨ step back from: *prendre du recul par rapport à*

> Both sides need to step back from the brink for the sake of Turkey's democracy and its hopes of joining the European Union. *The International Herald Tribune*

▭ step down: *démissionner*

> Mr Blair stepped down as prime minister yesterday. At the same time John Prescott, the deputy prime minister, John Reid, the home secretary, and Patricia Hewitt, health secretary, also resigned from government. *The Guardian*

◆ **to swear**

▭ be sworn in: *prêter serment*

> India's first female president was sworn in Wednesday, vowing to work toward eliminating the widespread practice of aborting female fetuses. *The International Herald Tribune*

◆ **to sweep**

▭ sweep aside: *balayer, écarter*

> Currently, there is a 15 percent limit on foreign control of Australian broadcasters and a 25 percent limit for mass-circulation newspapers, but such restrictions would be swept aside under the government's plans. *The International Herald Tribune*

◆ **to take**

▭ take aback: *déconcerter*

> So does the prime minister fancy a tilt at the post of European Union president, which is expected to be created in any new treaty? The prime minister seems taken aback by the suggestion. "No, no, absolutely not, thank you." *The Financial Times*

▭ be taken in: *être dupé, trompé*

> "Taken in by the dangerous allure of spy dramas". *The Independent*

▭ take off: *décoller*

> "Taste for private jets is taking off". *The Financial Times*

▭ take over (as): *prendre la relève (en tant que)*

> Mr Brown took over as Labour leader on Sunday 24 June, three days before becoming PM. *BBC News*

◆ **to talk**

▭ talk up: *présenter de manière positive*

> Already, two developers are talking up plans to build 55.000 homes in this sand-scoured landscape. *The Washington Post*

◆ **to think**

▭ think ahead: *anticiper, réfléchir à l'avenir*

> He has made piles of money by thinking ahead of many of his competitors. *The New York Times*

▭ think over: *réfléchir*

> He agreed to go home and think the decision over one more time. And to do so, he said, he had to come up with a formula for analyzing the choice before him. *Business Week*

◆ **to tie**

▭ tie in with: *concorder avec*

> All this ties in with Washington's desire for greater energy independence. *The Washington Post*

◆ **to tone / to water**

▭ tone / water down: *atténuer, édulcorer*

> Mr Chirac, who along with the Swedish Prime Minister, Goran Persson, insisted that the text was toned down, was described by one official as the dominant force at the meeting. *The Independent*

◆ **to turn**

▻ turn down: *rejeter*

> Schwarzenegger, a Republican, turned down the proposal because of environmental concerns. *The International Herald Tribune*

▻ turn out (to be): *s'avérer*

> Much of the intelligence on Iran's nuclear facilities provided to UN inspectors by US spy agencies has turned out to be unfounded. *The Guardian*

◆ **to trigger**

▻ trigger off: *déclencher*

> The programme explains the race to solve the mathematical problems of triggering off a chain reaction. *New Scientist*

◆ **to usher**

▻ usher in: *être à l'origine de, introduire*

> Scottish Socialist Party leader Tommy Sheridan said the decision "ushered in a new era of development in socialist politics." *BBC News*

◆ **to verge**

▻ verge on/upon: *friser, frôler*

> "An urge to legislate verging on mania". *The Guardian*

◆ **to vie**

▻ vie for: *rivaliser pour*

> India and Pakistan are vying for the support of China, and over the past month the foreign ministers of both countries have visited Beijing. *BBC News*

◆ **to wear**

▻ wear down: *affaiblir, s'affaiblir*

> "Dose of Tenacity Wears Down a Horrific Disease". *The New York Times*

▻ wear off: *s'amenuiser*

> Every new leader gets a honeymoon: Mr Cameron's is wearing off just as Mr Brown's. *The Daily Telegraph*

◆ **to weigh**

▻ weigh against: *comparer, mettre en balance*

> Mark Walport, director of the Wellcome Trust, the UK's largest research charity said the risks should be weighed against the need for research. *The Guardian*

◆ **to wipe**

▻ wipe out: *éradiquer*

> Three years ago, India almost wiped out the disease after an intense nationwide vaccination campaign, but a combination of factors – including illiteracy and superstitious beliefs – kept many children from receiving immunizations. *The Washington Post*

### ➠ Construction passive de certains verbes prépositionnels

De nombreux verbes prépositionnels peuvent être mis au passif ; la préposition reste alors placée directement après le participe passé du verbe. Il faut donc être particulièrement attentif en traduction, car ces verbes sont souvent transitifs en français. Voici quelques exemples de tournures fréquemment rencontrées dans la presse :

This situation cannot be accounted for. ··➔ *Cette situation ne peut être expliquée.*
The new measures were not adhered to. ··➔ *Les nouvelles mesures n'ont pas été respectées.*
A deal was eventually agreed upon. ··➔ *Un accord a finalement été trouvé.*
The job was applied for by numerous executives. ··➔ *Plusieurs cadres ont été candidats à cet emploi.*
The decision was approved of by everyone. ··➔ *Tout le monde a approuvé la décision.* (*Quand* approve *s'emploie dans un sens officiel pour désigner l'approbation d'une institution, il est transitif:* Congress approved the nomination.)
Changes need to be brought about. ··➔ *Des changements doivent être apportés.*
This situation cannot be coped with. ··➔ *On ne peut faire face à cette situation.*
The problem is currently being dealt with. ··➔ *Le problème est traité en ce moment même.*
They feel they are discriminated against. ··➔ *Ils ont le sentiment d'être victimes de discrimination.*
The problem has to be looked into carefully. ··➔ *Le problème doit être examiné avec attention.*
The uprising was triggered off by the announcement of new taxes. ··➔ *Le soulèvement a été déclenché par l'annonce de nouveaux impôts.*
Collateral damage has to be put up with, for the country's security is at stake ··➔ *On doit admettre l'idée des dommages collatéraux car la sécurité du pays est en jeu.*

## 2. Les collocations

On parle de collocation lorsqu'il existe une association spontanée entre deux mots, par exemple entre un verbe et un nom, un nom et un verbe ou encore un adjectif et un nom. C'est bien sûr en lisant la presse qu'il est le plus facile de rencontrer et d'apprendre des collocations fréquentes dont certaines sont devenues des clichés du *journalese*. En complément, un apprentissage plus systématique peut aussi permettre d'enrichir rapidement la langue et d'en renforcer l'authenticité.

### ➠ verbes + noms

- **to abide by**: *obéir à, respecter*
→ a decision, the law, principles, regulations, rules, traditions…
- **to achieve**: *atteindre, réaliser*
→ one's ambition, a goal (*un objectif*), an objective, progress, a purpose (*un but*), required standards (*le niveau exigé*), success…
- **to acknowledge**: *reconnaître*
→ an error, defeat, the existence of…, the need for…, a possibility, reality, the truth…
- **to advocate**: *préconiser, soutenir*
→ civil liberties, a decision, human rights, a measure, a policy (*une politique*), a step (*une démarche, une mesure*)…
- **to agree on**: *se mettre d'accord sur*
→ an agenda (*un ordre du jour*), the course of action (*la marche à suivre*)…
- **to alleviate**: *apaiser, soulager*
→ a burden (*un fardeau*), pain (*la douleur*), poverty, troubles…
- **to arouse**: *susciter*
→ anger (*la colère*), defiance, hostility, indignation, opposition, public interest, suspicion…

- **to broaden**: *élargir*
→ the choice, a debate, a discussion, knowledge, one's point of view…
- **to carry out**: *mener à bien*
→ an experiment (*une expérience*), an idea, a plan, a policy, a project…
- **to claim**: *prétendre, revendiquer*
→ benefits (*des avantages sociaux*), a bombing (*un attentat à la bombe*), a murder (*un assassinat*), one's rights, the throne, a wage rise (*une augmentation de salaire*)…
- **to come to**: *arriver à, atteindre*
→ an agreement (*un accord*), a conclusion, an end…
- **to come up with**: *imaginer, penser à*
→ an idea, a plan, a scheme (*un plan*), a solution…
- **to commit**: *commettre*
→ adultery, a crime, an offense (*un délit*), suicide…
- **to be committed to**: *être dévoué à, engagé dans*
→ a cause, an ideal, a relationship…
- **to compel**: *imposer, entraîner*
→ admiration, a change in…, trust…
- **to conduct**: *mener, organiser*
→ an enquiry (*une enquête*), an experiment, a meeting, a policy, a poll (*un sondage*), research, a survey (*une étude*), talks (*négociations*)…
- **to create**: *créer*
→ a company, a conflict, a problem, wealth (*de la richesse*)…
- **to curb**: *endiguer, réfréner*
→ expenditures, a habit, taxes, a trend…
- **to deal with**: *s'occuper de, traiter de*
→ a conflict, a crisis, an enquiry (*une demande*), a problem, a situation…
- **to demand**: *exiger, nécessiter*
→ better working conditions, concentration, an explanation, a pay rise (*une augmentation de salaire*)
- **to discard**: *mettre de côté, rejeter*
→ an idea, an objection, a project…
- **to disclose**: *rendre public, révéler*
→ detail, information, a scandal, the truth…
- **to dismiss**: *congédier, écarter, exclure*
→ an allegation, an employee, an idea, a proposal…
- **to dispel**: *chasser, dissiper*
→ doubts, fears (*craintes*), a rumour…
- **to draw up**: *établir, formuler*
→ a plan, a project, a scheme…
- **to encounter**: *être confronté à, rencontrer*
→ difficulties, obstacles, problems, resistance…
- **to encourage**: *encourager, favoriser*
→ the development of…, science, trade (*le commerce*)…
- **to establish**: *établir, instaurer*
→ authority, the facts, peace, relations, the truth…
- **to exercise**: *exercer, faire preuve de*
→ one's authority, control, patience, power, restraint (*retenue*), tact…
- **to exert**: *déployer, exercer*
→ authority, influence, pressure…
- **to experience**: *connaître, éprouver, rencontrer*
→ difficulties, an emotion, hardships (*des épreuves*), a loss (*une perte*), misfortune (*un malheur*), a setback (*un contretemps, un échec*)…
- **to be faced with**: *être confronté à*
→ difficulties, a dilemma, hardships, a problem…

- **to foresee**: *prévoir*
→ difficulties, the future, hardships, a problem…
- **to fulfil**: *accomplir, satisfaire*
→ a desire, one's destiny, one's duty (*son devoir*), expectations (*des attentes*), a function, a plan, a prophecy…
- **to gain**: *acquérir, gagner, obtenir*
→ control of sth, experience, ground (*gagner du terrain*), knowledge, momentum (*prendre de l'importance*), power, respect, support (*le soutien*), the upper hand (*le dessus*), a victory…
- **to generate**: *engendrer, produire*
→ discontent, fear, hope (*espoir*), profits, unemployment…
- **to give rise to**: *donner naissance à*
→ conflict, consequences, extremism, a feeling of…, a phenomenon, violence…
- **to grant**: *octroyer*
→ a favour, money, permission, a scholarship (*une bourse d'études*), social benefits (*avantages sociaux*), subsidies (*des subventions*)…
- **to hold**: *détenir, organiser, tenir*
→ an election, a meeting, an opinion, a position (*un emploi*)…
- **to implement**: *appliquer, exécuter*
→ a decision, an idea, a plan, a policy…
- **to improve**: *améliorer*
→ conditions, one's health, relations, a situation…
- **to introduce**: *introduire, instaurer*
→ an amendment, a range of measures, a reform, a system…
- **to launch**: *lancer*
→ a campaign, a company, a product, a scheme…
- **to lay**: *mettre, porter, poser*
→ accusations, the blame on… (*rejeter la faute, la responsabilité sur*), the emphasis on… (*mettre l'accent sur*), the foundation of…, stress (*mettre l'accent sur*)…
- **to make**: *faire, produire*
→ an accusation, a comparison, a decision…
- **to manage**: *gérer*
→ a company, funds, people, a project, a situation…
- **to meet**: *satisfaire*
→ conditions, demands (*exigences*), expectations (*attentes*), needs, requirements (*exigences*), standards…
- **to obtain**: *obtenir*
→ information, results, votes…
- **to operate**: *diriger, pratiquer*
→ a business (*une entreprise*), a policy, a system…
- **to oppose**: *s'opposer à*
→ a decision, a desire, a policy, a resolution, a suggestion…
- **to perform**: *accomplir, exécuter*
→ a duty (*un devoir*), a rite, a task (*une tâche*)…
- **to pursue**: *poursuivre*
→ a career, a goal, an ideal, a plan, a policy, one's studies…
- **to put forward**: *avancer*
→ an argument, an idea, a proposal…
- **to raise**: *augmenter, soulever*
→ awareness (*prise de conscience*), concern (*préoccupation*), a controversy, a debate, an issue, a question, salaries…
- **to reach**: *atteindre*
→ an agreement, a conclusion, a deal, a settlement (*un accord*)…

- **to regain**: *retrouver*
→ confidence, health, stamina (*énergie*)…
- **to reject**: *rejeter*
→ an accusation, a proposal…
- **to rekindle**: *raviver*
→ a debate, fear, hope, worries…
- **to (re)solve**: *résoudre*
→ a conflict, a crisis, a dispute (*un débat*), a problem…
- **to run**: *diriger*
→ a business, a company, an organisation…
- **to seek**: *poursuivre, rechercher*
→ an answer, happiness, honours, an ideal, a job, a solution…
- **to seize**: *saisir, s'emparer de*
→ control, an opportunity, power…
- **to set**: *établir*
→ an example, a goal, a limit, a precedent, a record, a standard…
- **to set up**: *fonder, instaurer*
→ a fashion (*une mode*), a firm, a project, a school…
- **to stimulate**: *stimuler*
→ consumption, the economy, growth, the industry, production…
- **to stoke**: *attiser*
→ a controversy, fear, hatred (*la haine*), worries…
- **to stress**: *insister sur, souligner*
→ a detail, an element, the fact that…, an idea…
- **to strike**: *conclure, trouver*
→ a balance (*un équilibre*), a bargain (*un marché*), a deal (*un accord*)…
- **to support**: *soutenir*
→ a candidate, a decision, a measure, a policy, a political party, a theory…
- **to tackle**: *s'attaquer à*
→ difficulties, an issue, a problem…
- **to thwart**: *contrarier, contrecarrer*
→ an attempt (*une tentative*), innovation, a plan…
- **to trigger**: *déclencher*
→ consequences, protest, a (chain) reaction, violence…
- **to undergo**: *connaître, éprouver, rencontrer*
→ a change, a crisis, difficulties, hardships, an ordeal (*une rude épreuve*)…
- **to undermine**: *ébranler, miner, saper*
→ authority, chances for success, influence, power, productivity, a theory…
- **to uphold**: *défendre, soutenir*
→ an idea, a principle, a tenet (*un principe*)…
- **to wipe out**: *anéantir, éradiquer*
→ an army, a disease, inequalities, poverty, prejudice(s) (*les préjugés*)…
- **to witness**: *être témoin de*
→ a change, an event, an improvement (*une amélioration*), a period…

### noms + verbes

- to come to, to reach, to work out (*élaborer*)… ≠ to break, to violate… **an agreement**
- to achieve, to fulfil (*remplir*), to pursue, to reach… **an aim**
- **anger** builds up, flares up, mounts, rises [*gagner en intensité*] ≠ abates, dies away, subsides [*perdre en intensité*]

- **anxiety** (*appréhension / désir ardent*) arises, grows, surfaces (*faire surface, se faire jour*)…
- **an argument** (*une dispute*) breaks out, develops, erupts…
- **an argument** (*un argument*) holds water, stands (up) [*tenir*] ≠ collapses (*s'effondrer*)…
- to carry out, to launch, to mount, to spearhead (*mener*)… **an attack**
- **an attitude** exists / persists / prevails (*prévaloir*) ≠ changes, shifts…
- **awareness** increases, spreads ≠ diminishes…
- **a battle / a fight** breaks out, erupts, rages (on) (*faire rage*), takes place…
- to derive, to gain, to obtain, to reap (*récolter*)… **benefit**
- to draft (*élaborer*), to pass (*voter*), to support… ≠ to reject, to shelve (*mettre de côté*), to veto… **a bill** (*un projet de loi*)
- **the blame** falls on sb, lies with sb, rests with sb [*incomber à*]…
- **a bomb** explodes, goes off, rains down on ≠ is defused (*être désarmorcée*)
- to cut, to draw up, to exceed, to reduce… **a budget**
- to alleviate (*soulager*), to share (*partager*), to shoulder (*porter, supporter*)… **a burden** (*un fardeau*)
- **business / production** booms, expands, flourishes, grows, picks up (*reprendre*), prospers, takes off (*décoller*) [*mouvement à la hausse*] ≠ collapses, falls, slackens, slows down… [*mouvement à la baisse*]
- to conduct, to launch, to wage (*mener*)… **a campaign**
- to champion (*être le champion de*), to plead, to serve… **a cause**
- **a company / a firm** expands, grows ≠ goes bankrupt, goes bust [*faire faillite*], shrinks (*diminuer ses effectifs*)…
- **complications** arise (*apparaître*), occur (*avoir lieu*)…
- to fulfil (*remplir*), to set (*établir*), to turn down (*refuser*)… **a condition**
- **a conflict / a disease** afflicts, spreads, strikes…
- **consequences** arise, ensue (*s'ensuivre, résulter*), follow…
- to exert, to take… ≠ to lose, to surrender (*abandonner*)… **control of**…
- **a crisis** arises, deepens (*s'approfondir*), looms large (*menacer*), worsens (*empirer*) ≠ abates…
- to cause, to inflict… **damage**
- **a danger** looms, lurks, threatens [*menacer*]…
- to avert (*éviter*)… ≠ to face (*faire face à*)… **a danger**
- **a debate** rages, takes place…
- **a difficulty** arises, crops up (*surgir*), lies in sth (*résider dans*)…
- to encounter, to experience (*connaître*), to run into… ≠ to overcome, to solve, to surmount… **difficulties**
- **a disaster** happens, looms, occurs, strikes…
- **a discussion** centres on sth, takes place…
- to cure, to eradicate, to stamp out, to wipe out (*éradiquer*)… **a disease**
- to cast (*jeter*), to dispel (*dissiper*), to voice (*exprimer*)… **doubt(s)**
- **the economy** is expanding, is flourishing, is growing, is picking up, is recovering [*mouvement à la hausse*] ≠ is collapsing, is contracting, is slowing [*mouvement à la baisse*]

- **an effect** lasts, spreads ≠ wears off (*s'amenuiser*)…
- **enthusiasm** bubbles up, grows ≠ fades, wanes, wears off [*s'amenuiser*]…
- **events** happen, occur, take place, unfold (*se dérouler*)…
- to pass (*réussir*), to take, to sit (for) (*passer*)… ≠ to fail… **an exam**
- **an example** demonstrates sth, illustrates sth, shows sth ≠ contradicts sth…
- to build up (*créer*), to come/live up to (*être à la hauteur de*), to exceed, to fulfil (*satisfaire*), to meet (*satisfaire*), to shape (*façonner*)… **expectations**
- to carry out, to conduct, to perform… **an experiment**
- **hope** grows, springs (*jaillir*), surges (*monter*) ≠ disappears, fades away…
- **inequalities** increase, persist, remain ≠ decline…
- to collect, to gather (*rassembler*), to leak (*divulguer*), to provide… ≠ to hush up, to withhold (*taire*)… **information**
- to arouse, to generate, to stir up (*susciter, éveiller*)… **interest**
- **(the) law** allows sth, permits sth ≠ forbids sth, prohibits sth…
- **a level / a price** goes up, increases, rises, soars (*augmenter fortement*) ≠ decreases, falls, goes down, nosedives (*être en chute libre*), plummets (*dégringoler*)…
- **the market** booms, picks up, rallies (*reprendre*) ≠ slumps (*s'effondrer*)…
- to feel, to meet (*satisfaire*), to obviate (*parer à*)… **a need**
- **an opportunity** arises, occurs ≠ disappears…
- **a problem** arises, comes up, exists, occurs, persists, remains ≠ is settled, is solved…
- **plans / projects / schemes** succeed ≠ fail, founder (*s'effondrer*)…
- **research / science** advances, demonstrates sth, makes progress, makes strides (*faire un bond en avant*), proves sth, reveals sth, yields sth (*produire qqch*)…
- to assume, to shoulder, to take on (*endosser*)… ≠ to evade, to shirk (*esquiver*)… **responsibility**
- **a revolution** breaks out, spreads, topples sb/sth (*renverser*)…
- to claim (*revendiquer*), to enjoy (*jouir de*), to gain (*conquérir*), to safeguard (*préserver*), to stand up for (*se battre pour*)… ≠ to deny (*dénier*), to relinquish (*renoncer à*)… **a right**
- **a strike** paralyses sth, spreads ≠ ends…
- to carry out, to fulfil, to perform, to undertake (*entreprendre*)… **a task**
- to cause, to spark off, to stir up (*attiser*)… **trouble**
- **violence / war** breaks out, drags on (*s'éterniser*), erupts, escalates (*s'intensifier*), rages, spreads, worsens…

### noms + adjectifs

- a considerable, dramatic (*très important*), far-reaching, significant, substantial, tremendous (*considérable*)… **advance**
- a/an decisive, obvious (*évident*), overwhelming (*écrasant*)… **advantage**

- a/an ardent, enthusiastic, firm, outspoken (*déclaré*), staunch (*résolu*)… **advocate / proponent / supporter**
- a/an in-depth (*profonde*), seminal (*riche*), thorough (*fouillée*)… **analysis**
- a/an alternative, cautious (*prudente*) conventional, fresh, innovative, practical, pragmatic, problem-solving, rational… **approach**
- a/an angry, bitter, heated, silly, stupid… **argument** (*dispute*)
- a basic, compelling (*irrésistible*), consistent (*logique, conséquent*), convincing, persuasive, strong, sweeping (*imbattable*), valid… ≠ lame (*faible*), spurious (*fallacieux*), weak… **argument** (*argument*)
- a/an conciliatory (*conciliante*), friendly, responsible… ≠ belligerent, hostile, irreverent (*irrespecteuse*), laid-back (*désinvolte*), patronising (*condescendante*), uncompromising (*inconciliante*)… **attitude**
- a/an deep, major, primary, likely, root (*fondamentale*), underlying (*sous-jacente*)… **cause**
- a/an dramatic, drastic, far-reaching, irreversible, momentous (*considérable*), profound, sweeping (*radical*)… ≠ marginal, minor, slight… **change**
- a distinctive, key, salient (*saillant*), striking, unique… **characteristic / feature**
- a/an foregone (*prévisible*), hasty (*hâtive*), inescapable (*inévitable*)… **conclusion**
- a/an adverse, beneficial, devastating, dire (*sinistre*), harmful (*néfaste*), inevitable, far-reaching, long-term, profound, short-term… **consequence**
- a/an invaluable (*inestimable*), major, outstanding (*remarquable*), significant… **contribution**
- a/an acute (*aiguë*), grave, growing, major, mounting… **crisis**
- a bitter (*amère*), fierce, harsh, scathing (*acerbe*), strident (*sans détours*)… ≠ constructive, legitimate, valid… **criticism**
- irretrievable (*irréparables*), lasting (*durables*), malicious (*intentionnels*), structural… **damage** (*des dégâts*)
- a/an acrimonious (*amer*), fierce, heated (*houleux*), intense, lively… **debate**
- a/an crucial, fateful (*décisif*), informed, key, major, momentous, sensible (*sensée*), wise (*raisonnable*)… ≠ arbitrary, hasty (*hâtive*), unwise… **decision**
- a/a accurate (*précise*), comprehensive (*exhaustive*), lurid (*saisissante*), vivid (*vivante*)… ≠ basic, simple, vague… **description**
- a/an broad, dramatic, irreconcilable, obvious, radical, sharp (*aiguë*), striking, unbridgeable (*insurmontable*)… ≠ minor, slight, subtle… **difference**
- a/an enormous, grave, insurmountable, severe, intractable… **difficulty**
- a/an acute, appalling (*consternant*), genuine (*véritable*), thorny (*épineux*)… **dllemma**
- a/an decisive, far-reaching, noticeable (*notable*)… ≠ crippling (*écrasant*), damaging, debilitating (*qui fragilise*), deleterious, detrimental (*néfaste*), harmful, undesirable… **effect**
- a historic, key, major, momentous, remarkable… **event**
- a/an blatant (*flagrant*), classic, illuminating, intriguing, much-quoted

(*fréquemment cité*), perfect, telling (*parlant*), typical… **example**

- a/an enjoyable, exhilarating (*grisante*), pleasant, rewarding (*gratifiante*), unforgettable (*inoubliable*)… ≠ hair-raising (*effroyable*), harrowing (*poignante*), nerve-racking (*très éprouvante*), painful (*douloureuse*), traumatic, unnerving (*déconcertante*), unsettling (*destabilisante*)… **experience**
- a/an adequate, credible, plausible, rational… ≠ implausible, unlikely… **explanation**
- a/an considerable, long-term, much-needed, substantial, tangible… ≠ minor, modest, short-term… **improvement**
- a/an burning (*brûlant*), contentious (*litigieux*), controversial, critical, sensitive (*sensible*), thorny (*épineux*), vexed (*controversé*)… **issue**
- a/an appropriate, drastic (*draconienne*), effective, long-term, precautionary, short-term… **measure**
- a/an debilitating (*qui fragilise*), egregious (*énorme*), ghastly (*effroyable*), glaring (*flagrante*)… **mistake**
- a clear-cut (*bien tranchée*), deeply-entrenched, deeply-ingrained, deep-rooted [*profondément enraciné*], definite, firm… ≠ wavering (*hésitante*)… **opinion**
- a bitter (*acharné*), fierce, vigorous… **opponent**
- abject, absolute, dire (*absolue*), grinding (*accablante*), widespread… **poverty**
- a/an acute, intractable (*insurmontable*), knotty (*épineux*), perennial, pressing… **problem**
- encouraging, impressive, significant, substantial… **progress**
- a cogent (*convaincante*), legitimate, plausible, relevant (*pertinente*), sufficient, sound (*judicieuse*)… **reason**
- a/an drastic, effective (*efficace*), overdue (*attendue depuis longtemps*), sweeping (*radicale*), wide-ranging (*profonde*)… **reform**
- a/an blunt (*brutal*), obstinate, outright (*net*), steadfast (*résolu*), wilful (*obstiné*)… **refusal**
- cardinal, considerable, immense, profound… **significance**
- growing, heightened (*exacerbée*), mounting, renewed… **tension**
- a/an accelerating, dominant, prevailing (*dominante*), prevalent (*répandue*)… **trend**
- deep, desperate, endless, teething (*initiaux*)… **troubles**

## 3. Varier les constructions syntaxiques

Au niveau des concours, il importe de savoir de temps en temps s'éloigner du schéma canonique « sujet / verbe / complément » pour éviter un style trop plat et répétitif. S'il est vrai que la syntaxe des phrases anglaises est souvent moins tortueuse que celle des phrases françaises, il ne faut pas pour autant la simplifier à l'extrême. Au contraire, l'alternance de segments courts et incisifs et de phrases plus complexes et construites sera la preuve de votre dextérité dans le maniement de la syntaxe. Vous trouverez ici dans cet esprit quelques suggestions de structures plus ou moins complexes à utiliser, naturellement, à bon escient et avec parcimonie.

### ➠ Les structures de mise en relief

#### ◆ Les clivées

To her, it is Mrs Clinton who is the best Democratic candidate for the 2016 presidential election. ➞ *À son avis, c'est M$^{me}$ Clinton qui est la meilleure candidate démocrate pour l'élection présidentielle de 2016.*

Notez qu'à l'aide de la même structure, un autre élément de la phrase peut être mis en exergue :

In her opinion, it is for the 2016 presidential election that Mrs Clinton is the best Democratic candidate. ➞ *À son avis, c'est pour l'élection présidentielle de 2016 que M$^{me}$ Clinton est la meilleure candidate démocrate.*

#### ◆ Les pseudo-clivées

What was perfectly clear was the fact that Ron Paul was unlikely to defeat Mitt Romney in the Republican primaries. ➞ *Ce qui était parfaitement clair, c'était que Ron Paul avait peu de chances de battre Mitt Romney lors des primaires du Parti Républicain.*

- **Not only** [inversion sujet/verbe ou auxiliaire]… **but also**

Not only is this candidate the most credible in terms of political experience, but he is also the most likely to give a fresh impetus to the Democratic campaign. ➞ *Non seulement ce candidat est le plus crédible s'agissant de l'expérience politique, mais il est également celui qui est le plus susceptible de donner un nouvel élan à la campagne démocrate.*

- Termes négatifs ou semi-négatifs placés en tête de phrase, suivis d'une inversion

Never have there been so many credible threats to our national security. ➞ *Jamais il n'y a eu autant de menaces crédibles contre notre sécurité nationale.*
Hardly ever did he manage to be on time. ➞ *C'est à peine s'il lui est arrivé d'être à l'heure.*
Under no circumstances whatsoever could I change my mind. ➞ *En aucune circonstance je ne pourrais changer d'avis.*
Only lately did she eventually give up the idea. ➞ *Ce n'est que récemment qu'elle a fini par renoncer à cette idée.*

- La nominalisation en **That** en tête de phrase

That employment in manufacturing is in slow decline in the rich world is a familiar notion. ➞ *Que l'emploi industriel connaisse un lent déclin dans les pays riches est une idée répandue.*

## ➠ Les structures concessives

### ◆ No matter what / where / how / when / who / whether...

No matter whether George Bush was right or not, the Republicans had to follow his strategy. ➝ *Peu importe que George Bush ait eu raison ou tort, les Républicains devaient suivre sa stratégie.*

Notez que la subordonnée introduite par **no matter** peut ne pas comporter de verbe conjugué :

No matter what state, he is likely to win the primaries by a landslide. ➝ *Quel que soit l'état, il a des chances de remporter les primaires très largement.*

### ◆ Les subordonnants en -ever : whoever, whatever, wherever, however...

Whoever did that obviously had evil intentions. ➝ *Qui que soit celui qui a fait cela, il était manifestement mal intentionné.*
Whatever new proposals may be put forward, the talks will stumble over the status of the Gaza Strip. ➝ *Quelles que soient les nouvelles propositions avancées, les négociations achopperont sur la question du statut de la Bande de Gaza.*
Wherever you hide, you will eventually get caught. ➝ *Où que tu te caches, ils finiront par t'attraper.*
However dreadful the weather is, they have to carry on with their journey. ➝ *Aussi exécrable que soit le temps, ils doivent poursuivre leur trajet.*

### ◆ Adjectif + **as** + sujet + **may** + verbe

Paradoxical as it may seem, they agree. ➝ *Aussi paradoxal que celui puisse paraître, ils sont d'accord.*

### ◆ Adjectif + **though** + sujet + **may** + verbe

Unexpected though they may be, these encouraging figures are more than welcome. ➝ *Aussi inattendus qu'ils soient, ces chiffres encourageants sont plus que bienvenus.*

## ➠ Les structures comparatives

### ◆ **All the more** + adjectif long + ... **as** / **All the** + [adjectif court + **-er**] + ... **as**

His attitude is all the more surprising as the campaign is not over yet. ➝ *Son attitude est d'autant plus surprenante que la campagne n'est pas encore terminée.*
Keeping him posted will be all the harder as he is nowhere to be found! ➝ *Le tenir au courant sera d'autant plus difficile que personne ne sait où il se trouve.*

### ◆ Le comparatif progressif

The harder the situation gets, the more you will learn. ➝ *Plus la situation devient difficile, plus tu apprendras.*
The longer you wait, the less you will feel like calling her. ➝ *Plus tu attends et moins tu auras envie de l'appeler.*
The more demanding you are, the less you will obtain. ➝ *Plus tu seras exigeant et moins tu obtiendras.*

Notez que ces structures sont fréquemment utilisées dans les proverbes, dictons ou expressions figées, souvent sous une forme elliptique :

> The sooner, the better. ··➔ *Le plus tôt sera le mieux.*

- **Adjectif attribut au comparatif ou au superlatif + be + sujet**

> Less obvious was the difference between the two solutions. ··➔ *Moins évidente était la différence entre les deux solutions.*
> Still harder to grasp was his second proposal. ··➔ *Encore plus difficile à saisir fut sa seconde proposition.*
> Most surprising of all was his decision not to run for a second term. ··➔ *La plus surprenante de toutes ses décisions fut de ne pas se présenter à un second mandat.*

Notez également l'expression figée (registre soutenu) :

> Foremost among these [ideas / arguments / values / principles…] is … ··➔ *[L'idée / l'argument / la valeur / le principe] cardinal(e) est…*

- **Not so much (to)... as (to)...**

> The aim was not so much to contradict them as to re-establish the truth. ··➔ *Le but n'était pas tant de les contredire que de rétablir la vérité.*

## Les structures temporelles

- **No sooner... than**

> No sooner had the press disclosed the scandal than she was forced to resign. ··➔ *À peine la presse avait-elle révélé le scandale qu'elle fut forcée de démissionner.*

- **Hardly... when**

> Hardly had the party begun when it was ruined by a few drunk gate-crashers. ··➔ *À peine la fête avait-elle commencé qu'elle fut gâchée par quelques intrus ivres.*

## Les structures hypothétiques

- **Should en tête de phrase : supposition peu vraisemblable**

> Should this happen again, please let us know immediately. ··➔ *Si d'aventure cela se reproduisait, avertissez-nous sans tarder.*

- **Had ou were en tête de phrase : style recherché**

> Had I known this yesterday, I would never have come over. ··➔ *Si j'avais su cela hier, je ne serais jamais venu.*
> Were you older, you would understand the present situation much better. ··➔ *Si tu étais plus vieux, tu comprendrais bien mieux la situation actuelle.*

## 4. Déjouer les pièges lexicaux

### ➠ able / capable

**◆ able**

- *capacité physique ou intellectuelle avérée* : He's perfectly able to run for two hours in a row.
- *compétence acquise* : As a teacher, she is very able.

**◆ capable**

- *potentiel* : She's capable of being very stubborn.
- *compétence acquise* : As a teacher, she is very capable.

### ➠ academy / academe, academia

**◆ academy**

- *établissement d'enseignement (domaine militaire, artistique…)* : He studied at the Royal Academy of Music for five years.
- *pensionnat privé (US)* : The story of Dead Poets' Society is set in the fictitious Welton Academy.
- *académie, société savante* : He's a member of the National Academy of Sciences.

**◆ academe / academia**

- *le monde universitaire* : He spent his life in academia.

### ➠ acceptance / acceptation

**◆ acceptance**

- *approbation* : The decision was met with general acceptance.
- *acceptation, consentement* : He gave his acceptance speech before thousands of people.

**◆ acceptation**

- *signification, acception* : The dictionary gives several acceptations of the word.
- *approbation* : The decision found wide acceptation across the whole political spectrum.

### ➠ accord / agreement

**◆ accord**

- *traité, pacte* : The two leaders unexpectedly signed a peace accord.
- *(registre soutenu) accord, consentement* : Nobody pressured him. He did it on his own accord.

**◆ agreement**

- *accord* : They easily reached an agreement.

### ➠ act / action

**◆ act**

- *acte, résultat d'une action* : The move was interpreted as an act of aggression.
- *une loi* : Several Terrorism Acts were passed in the wake of the bombings.
- *un numéro, de la comédie* : "Is he really upset?" "No, he's just putting on an act."

- **action**
  - *action* : We need to take immediate action.
  - *intrigue, histoire* : The action of the play takes place in France.
  - *action en justice* : I intend to bring an action against them.
  - *combat* : They were killed in action.

## adherence / adhesion

- **adherence**
  - *soutien à, respect de* : His adherence to communism never faltered.
- **adhesion**
  - *adhérence* : This new material will provide a high level of adhesion.

## admission / admittance

- **admission**
  - *aveu* : By her own admission, she has failed.
  - *accès* : The admission charge is £3.
- **admittance**
  - *accès* : The sign read "No admittance".

## adverse / averse

- **adverse**
  - *négatif, défavorable* : The meeting was cancelled due to adverse weather conditions.
- **averse**
  - *peu disposé à* : He is averse to working long hours.

## advertisement / advertising [/ commercial / publicity]

- **an advertisement (an ad)**
  - *une annonce, une publicité (texte, affiche, télévision…)* : She read through the job advertisements in the local paper.
  - *image, vitrine* : He's not a good advertisement for his school.
- **advertising**
  - *la publicité (domaine d'activité)* : He's looking for a job in advertising.
- **a commercial**
  - *un spot publicitaire (cinéma, radio, télévision)* : The movie was interrupted by three commercial breaks.
- **publicity**
  - *le fait d'attirer l'attention* : There's no such thing as bad publicity.
  - *la publicité (domaine d'activité)* : They launched a new publicity campaign.

## aid / aide [/ help / relief]

- **aid**
  - *aide humanitaire* : The victims are desperately waiting for humanitarian aid.
  - *(registre soutenu) aide* : She spontaneously went to his aide.
- **aide**
  - *assistant, conseiller* : He's said to be one of the President's closest aides.
- **help**
  - *aide* : I really need your help.

- **relief**
  - *aide humanitaire* : They have raised millions of pounds for famine relief.
  - *soulagement* : It was a relief to hear your voice.

## akin / alike / likely

- **akin**
  - *similaire, comparable* : What happened was akin to an act of war.
- **alike**
  - *très semblable* : They look very much alike.
- **likely**
  - *probable* : His success is not very likely.

## alive / living / lively

- **alive**
  - *(bien) vivant* : I assure you he's still alive. / We need to keep traditions alive. *NB : en fonction épithète (et non attribut) il faut employer live :* The show will feature several live animals.
  - *(registre soutenu) conscient de, sensible à* : I am alive to the risks.
- **living**
  - *toujours en vie* : He's the greatest living pianist.
- **lively**
  - *plein d'énergie ou d'animation* : This is a very lively city.

## alone / lone / lonely, lonesome [/ solitary]

- **alone**
  - *seul* : She likes being alone with her thoughts.
- **lone**
  - *solitaire, unique* : There was a lone figure in the distance.
  - *célibataire* : Lone-parent families are more and more numerous.
- **lonely (UK), lonesome (US)**
  - *esseulé, qui vit mal la solitude* : He tends to feel increasingly lonely.
  - *isolé :* There was one lonely village upon the hill.
- **solitary**
  - *solitaire, qui recherche la solitude* : He was a solitary child.
  - *isolé :* There was one solitary building in the distance.

## alternate / alternative

- **alternate**
  - *successif, alterné* : We had a week of alternate rain and sunshine.
  - *un sur deux :* Please write on alternate lines.
- **alternative (adj)**
  - *alternatif, de rechange* : Is there an alternative method?
  - *alternatif, original :* We need to find alternative sources of energy.

**antics / antique / ancient / antiquated / antiqued**

- **antics**
  - *manies, singeries, extravagances*: This actor is notorious for his stage antics.
- **antique**
  - *ancien, antique, d'époque*: He sells antique furniture.
  - *démodé, archaïque, antédiluvien*: What an antique way of running a business!
- **ancient**
  - *qui a trait à l'Antiquité*: The Olympics were born in ancient Greece.
  - *démodé, archaïque, antédiluvien*: Don't you want to get rid of your ancient computer?
- **antiquated**
  - *vétuste*: I'm doing the best I can with such antiquated equipment.
  - *archaïque*: Such antiquated ideas will not help him win the election.
- **antiqued**
  - *vieilli, patiné*: They bought an antiqued chest of drawers.

**appearance / apparition**

- **appearance**
  - *apparition*: He made a public appearance yesterday.
  - *apparence*: There was something unusual about her appearance.
- **apparition**
  - *apparition surnaturelle*: Horatio told Hamlet about the ghostly apparition of his father.

**appraise / apprise**

- **appraise**
  - *évaluer, estimer*: Take a step back and appraise the situation.
- **apprise**
  - *informer*: You will be apprised of the situation in due time.

**assure / ensure / insure**

- **assure**
  - *affirmer, garantir*: We did our very best, I can assure you.
- **ensure**
  - *s'assurer que*: I just want to ensure that you are still happy with your decision.
  - *garantir*: These precautions will ensure our safety.
- **insure**
  - *contracter une assurance*: The car is insured against accidental damage.

**autarchy / autarky**

- **autarchy**
  - *autocratie*: He gradually came to embody bloody autarchy.
- **autarky**
  - *autarcie*: Members of the sect lived in complete autarky for years.

## authoritarian / authoritative

### authoritarian

- *autoritaire* : They've had enough with his authoritarian manner.
- *dictatorial* : They're hoping to undermine the stability of his authoritarian regime.

### authoritative

- *qui fait autorité* : He's written several authoritative articles on the issue.
- *qui impose le respect* : He spoke in an authoritative tone.

## base / basics / basis / basement

### base

- *base militaire* : The first thing they'll have to do is seize the enemy's base.
- *point d'appui, base* : At the base of the mountain was a small village.
- *élément essentiel* : This is the true base of our resarch.

### basics

- *fondamentaux, rudiments* : You have to learn the basics of first aid.

### basis (two bases)

- *base, données initiales* : This will form the basis of our discussion.
- *méthode, critère* : This will be done on a voluntary basis.

### basement

- *le sous-sol* : We stored them in the basement.

## capability / capacity

### capability

- *potentiel* : His capability as a manager is yet to be seen.
- *compétence* : These tests are beyond the capability of average students.
- *arsenal* : It is feared that the country is just about to develop a nuclear capability.

### capacity

- *don, compétence innée* : My capacity in mathematics should not be overestimated.
- *contenance* : The stadium has a seating capacity of 50,000.
- *rendement* : The factory is working at full capacity.
- *fonction, emploi* : I dismissed him in my capacity of Head of Personnel.

## childish / childlike

### childish

- *puéril* : Stop sulking! How childish of you!

### childlike

- *enfantin* : At 40, she kept a childkike innocence / face…

## classic / classical

### classic

- *classique, de grande qualité* : He played in many classic westerns.
- *typique* : Those are the classic symptoms of a nervous breakdown.
- *traditionnel* : They were wearing classic uniforms.

- **classical**
  - *qui appartient à la tradition littéraire, musicale, picturale…* : She has studied classical music for ten years.
  - *qui a trait à l'Antiquité* : Homer was a major classical writer.

### clean / cleanse

- **clean**
  - *nettoyer* : I have to clean the car.
- **cleanse**
  - *purifier* : The newly-elected mayor promised to cleanse the city of drugs.

### climactic / climatic

- **climactic**
  - *décisif, exacerbé* : The talks reached a climactic tension when they threatened to leave the negotiating table.
- **climatic**
  - *climatique* : Global warming could result in a catastrophic change in climatic conditions.

### comic / comical

- **comic**
  - *drôle (de manière intentionnelle)* : He gave a comic performance.
- **comical**
  - *ridicule (involontairement)* : He looked comical in this silly hat.

### conscience / consciousness

- **conscience**
  - *sentiment du bien et du mal* : I have no time to appease your guilty conscience.
- **consciousness**
  - *fait d'être conscient (sens médical)* : He regained consciousness a few minutes after the accident.

### content / contents

- **content**
  - *portée des idées, des jugements de valeur* : This script lacks content.
  - *la teneur d'une substance* : Chocolate has a high fat content.
- **contents**
  - *éléments contenus* : Let's have a look at the contents of your bag.
  - *la table des matières* : Let's have a look at the (table of) contents.

### continual / continuous

- **continual**
  - *continuel, répété* : I've had continual problems with this car; it's time I bought a new one.
- **continuous**
  - *continu, sans interruption* : Congratulations on your continuous effort.

### council / counsel / counselling

- **council**
  - *comité, conseil, organisation* : Five permanent members sit on the UN Security Council.

- **counsel**
  - *conseils avisés (d'un aîné ou d'un professionnel)* : You should have listened to your father's counsel.
  - *un conseil, un avocat* : A counsel for the defence was interviewed after the verdict was returned.
- **counselling**
  - *conseil, soutien (social, psychologique…)* : He was advised to enter a counselling programme.

## critic / criticism / critique

- **critic**
  - *détracteur, opposant* : He is a fierce critic of globalisation.
  - *critique d'art (littérature, cinéma…)* : His latest movie was praised by many critics in their reviews.
- **criticism**
  - *critique, jugement négatif* : His decision came under scathing criticism(s).
- **critique**
  - *analyse négative* : His latest book is a critique of globalisation.

## deceitful / deceptive

- **deceitful**
  - *trompeur (qui trompe volontairement)* : She eventually divorced her deceitful husband.
- **deceptive**
  - *trompeur (qui induit en erreur)* : Appearances can prove deceptive.

## definite / definitive

- **definite**
  - *certain, ferme, catégorique* : His answer was quite definite.
- **definitive**
  - *définitif, final* : Such was her definitive decision.
  - *qui fait autorité* : She has written a definitive book on Reaganomics.

## discreet / discrete

- **discreet**
  - *discret* : Don't worry, I'll be very discreet.
- **discrete**
  - *séparé, autonome* : Once they are merged, these companies will lose their discrete identity.

## discriminating / discriminatory

- **discriminating**
  - *qui sait faire preuve de discernement* : Yours is a very discriminating approach.
- **discriminatory**
  - *discriminatoire* : The Civil Rights movement put an end to discriminatory practises.

## disinterested / uninterested

- **disinterested**
  - *désintéressé, généreux* : Let me give you a disinterested piece of advice.

- **uninterested**
    - *qui manque d'intérêt pour*: Over the years, they've become uninterested in sports.

### distinct / distinctive / distinguished

- **distinct**
    - *net, remarquable*: There was a distinct lack of optimism in his speech.
    - *différent*: Among this larger group, there are at least four distinct categories.
- **distinctive**
    - *caractéristique, typique*: Hers is a very distinctive voice.
- **distinguished**
    - *respecté*: It's an honour to speak before such a distinguished crowd.
    - *élégant, distingué*: She looks very distinguished in this dress.

### doubtful / dubious

- **doubtful**
    - *sujet à caution*: The outcome of the election remains doubtful.
- **dubious**
    - *douteux, potentiellement malhonnête*: He posted some dubious comments on the forum.

### economic / economical

- **economic**
    - *qui a trait à l'économie*: The President unveiled his new economic policy.
- **economical**
    - *peu onéreux*: Couch-surfing is an economical way of travelling.

### economics / economies / economy

- **economics**
    - *les sciences économiques*: He teaches economics at Royal Holloway.
- **economies**
    - *épargne, économies*: We have to make substantial economies.
- **the economy**
    - *l'activité économique*: The credit crunch has hit the "real" economy.
    - *économie, parcimonie*: The economy of his style is quite striking.

### effective / efficient / effectual

- **effective**
    - *efficace*: The measures soon proved effective.
    - *effectif, véritable*: Whether the state has effective control on the economy is doubtful.
- **efficient**
    - *efficace, d'un bon rendement*: We have to find a more efficient method.
- **effectual**
    - *(registre soutenu) efficace*: The measures soon proved effectual.

### electric / electrical

- **electric**
    - *qui a trait à l'électricité*: Electric cars are still far too expensive.

▹ *électrique, surchauffé* : The announcement was made in an electric atmosphere.

◆ **electrical**

▹ *qui a trait à l'électricité* : There are far too many electrical appliances in the kitchen.

## ➡ enquiry / inquiry

◆ **enquiry**

▹ *demande, renseignement* : She's been making enquiries on a possible internship in the company.

◆ **inquiry**

▹ *enquête approfondie sur* : The Senate intends to lead an inquiry into the methods of the CIA.

NB : la différence entre les deux termes tend à s'estomper en anglais britannique, sous l'influence de l'anglais américain qui n'accepte qu'une orthographe : inquiry.

## ➡ ethics / ethic / ethos

◆ **ethic**

▹ *éthique, ensemble de valeurs, déontologie* : They strongly believe in the Protestant work ethic.

◆ **ethics**

▹ *ensemble de valeurs* : The ethics of scientific research are much debated.

▹ *étude de l'éthique* : Ethics is part of my philosophy degree.

◆ **ethos**

▹ *ensemble de valeurs caractéristique d'un groupe donné* : The ethos of our company is really client-focused.

## ➡ experience / experiment

◆ **experience**

▹ *expérience, vécu* : I have no experience in this field.

◆ **experiment**

▹ *expérimentation scientifique* : The experiment they carried out was met with fierce criticisms by ethics watchdogs.

## ➡ farther / further

◆ **farther**

▹ *plus loin* : The shop was farther than I had expected.

◆ **further**

▹ *plus loin* : I'm tired! How much further is it?

▹ *supplémentaire* : Should you encounter further difficulties, please let me know.

▹ *de manière plus approfondie* : You need to think further about this.

## ➡ fatal / fateful

◆ **fatal**

▹ *fatal, qui entraîne la mort* : There was a fatal accident down the road this morning.

▹ *très grave* : This could be a fatal mistake.

◆ **fateful**

▹ *fatidique* : He made the fateful decision in a chorus of protests.

### ➡ foresee / forecast

- **foresee**
  - *prévoir, envisager* : I don't foresee any major difficulty. Do you?
- **forecast**
  - *faire une prévision fondée sur une étude précise* : Pundits forecast an increase in unemployment.

### ➡ genteel / gentle

- **genteel**
  - *digne, raffiné, respectable* : Despite his efforts, his manner has not got more genteel.
- **gentle**
  - *doux* : She a very gentle woman.

### ➡ heritage / inheritance [/ legacy]

- **heritage**
  - *patrimoine* : This building is part of the national heritage.
- **inheritance**
  - *héritage (dans le cadre d'une succession)* : She feared losing her inheritance to her stepmother.
- **legacy**
  - *héritage (dans le cadre d'une succession)* : Her father left her a substantial legacy.
  - *héritage, trace du passé* : Obama promised to overcome the legacy of Bush's presidency.

### ➡ historic /historical

- **historic**
  - *qui fera date* : In a historic vote, Barack Obama was elected President of the United States.
- **historical**
  - *qui concerne le passé* : He needs to gain access to several historical documents so as to pursue his research.

### ➡ human / humane

- **human**
  - *qui a trait à l'être humain* : She is a human rights activist.
  - *qui a certaines qualités ou certains défauts de l'être humain* : Sure I can be wrong! I'm only human.
- **humane**
  - *qui fait preuve de compassion envers autrui* : There is no such thing as a humane way of executing someone.

### ➡ inequality / inequity / iniquity

- **inequality**
  - *inégalité* : At last, inequalities and prejudices are on the wane.
- **inequity**
  - *manqué d'équité* : There is definite inequity in the way the problem is being handled.
- **iniquity**
  - *profonde injustice* : There is definite iniquity in the way the problem is being handled.

▻ *dépravation*: His revealed iniquity deeply shocked his friends and relatives.

### ➠ ingenious / ingenuous

◆ **ingenious**

▻ *ingénieux, inventif*: Now, there's an ingenious idea!

◆ **ingenuous**

▻ *ingénu, candide*: That was rather ingenuous of you.

### ➠ interfere / intervene

◆ **interfere**

▻ *intervenir (à tort), se mêler de ce qui ne nous regarde pas*: Now that he's been promoted to senior aide, he's always interfering

◆ **intervene**

▻ *intervenir (à raison)*: Fortunately, Europe intervened to resolve the crisis.

▻ *survenir, se dérouler*: If nothing intervenes, I see no reason why we should decide to move out.

### ➠ lay (laid, laid) / lie (lay, lain)

◆ **lay**

▻ *poser, étendre qqch*: He laid his head on the pillow.

▻ *préparer qqch*: In his speech, he laid the groundwork for a potential strike against Iran.

▻ *porter, exposer*: I will lay the facts before you.

◆ **lie**

▻ *s'allonger, s'étendre, être étendu*: He lay on the bed.

▻ *résider*: The difference lies in education.

### ➠ leave / let

◆ **leave**

▻ *laisser, abandonner, ne pas emporter avec soi*: I left my wallet at home.

◆ **let**

▻ *autoriser*: I won't let you ruin your life.

### ➠ lighten / enlighten

◆ **lighten**

▻ *(s')éclairer, (s')éclaircir, (s')illuminer*: The sky lad lightened after hours of continuous rain.

▻ *rendre moins pesant*: He tried to lighten the mood with a joke.

◆ **enlighten**

▻ *éclairer, informer*: I don't understand this. Can you enlighten me?

### ➠ momentary / momentous

◆ **momentary**

▻ *momentané*: I've had a momentary lapse of concentration.

◆ **momentous**

▻ *majeur, capital*: He's expected to announce a momentous decision soon.

## moral / morale / morals / morality

**◆ moral**

- *la morale, la leçon à tirer d'un évènement*: What's the moral of the story?

**◆ morale**

- *moral, disposition d'esprit d'un groupe*: The troops suffer from low morale.

**◆ morals / morality**

- *la morale*: Their morals are highly questionable.

## perspective / prospect

**◆ perspective**

- *perspective (art, architecture)*: understanding the rules of perspective is essential if you want to achieve a realistic effect.
- *point de vue, perspective*: You really need to see things from a different perspective.

**◆ prospect**

- *perspective d'avenir*: The prospects for next year's industrial activity are rather poor.

## physician / physicist

**◆ physician**

- *médecin généraliste (US)*: I don't feel very well, I need to go and see my physician.

**◆ physicist**

- *physicien*: She's a leading physicist in the field of magnetic resonance.

## politic / political

**◆ politic**

- *avisé, judicieux, diplomatique*: It would be politic of you to come and talk to them.

**◆ political**

- *qui a trait à la politique*: Can the two main political parties reach a consensus on this major issue?

## politics / policy / politicking / polity

**◆ politics**

- *la vie politique*: She is said to dabble in politics.
- *les sciences politiques*: Politics is one of the subjects I would like to study.
- *les opinions politiques*: His politics have become more and more liberal over the years.

**◆ policy**

- *une politique (ensemble de mesures)*: He outlined what his foreign policy might be.

**◆ politicking**

- *politique politicienne*: Voters are fed up with petty politicking.

**◆ polity**

- *régime / constitution politique*: Despite growing criticisms against the monarchy, a change in polity is unlikely.

## ➨ proposal / proposition

◆ **proposal**

- *suggestion*: He made a number of useful proposals.
- *une demande en mariage*: What a romantic proposal!

◆ **proposition**

- *une offre (dans une négociation)*: I've put my proposition to the director. Now, it's up to him!
- *une idée*: The proposition will be debated shortly.

## ➨ raise / rise [/ arise / arouse / rouse]

◆ **raise**

- *augmenter qqch*: The promise to raise taxes is not exactly a vote-winner.
- *lever*: Raise your hand if you wish to answer the question.
- *soulever, révéler*: His decision has raised many questions.

◆ **rise (rose, risen)**

- *connaître une augmentation*: Inflation has been rising for months.
- *se lever*: He rises at 6 every morning.
- *s'élever*: A murmur rose from the crowd.

◆ **arise (arose, arisen)**

- *se produire, survenir*: Should a problem arise, feel free to contact me.

◆ **arouse**

- *susciter un sentiment*: His proposal has aroused a lot of suspicion / interest.

◆ **rouse**

- *réveiller, stimuler*: They tried to rouse the audience.
- *susciter un sentiment violent*: His proposal has roused anger / indignation.

## ➨ revenge / vengeance

◆ **revenge**

- *vengeance*: Revenge is sweet.

◆ **vengeance**

- *vengeance*: He swore to take vengeance on them.
- *retour en force*: After months of disappointing results, he's back with a vengeance.

## ➨ sensible / sensitive

◆ **sensible**

- *sensé, raisonnable*: That was sensible of you.
- *conscient*: I am sensible of the risks that lie ahead.

◆ **sensitive**

- *sensible, facilement touché par*: They are highly sensitive to cold.
- *susceptible*: She's very sensitive about her job.
- *délicat*: That is a very sensitive issue.

## ➨ shade / shadow

◆ **shade**

- *ombre portée*: The children were playing under the shade of a tree.
- *nuance, variation*: He's popular among all shades of opinion.

- **shadow**
  - *ombre* : He seems to be afraid of his own shadow.
  - *obscurité* : He remained in the shadows so as not to be seen.
  - *once, soupçon* : There isn't a shadow of doubt as to whether you made the right decision.

**terrible / terrific**

- **terrible**
  - *terrible, horrible* : I'm afraid I've got some terrible news.
- **terrific**
  - *génial, super* : This is a terrific opportunity!

# 2 Épreuves orales

# I. Descriptifs

## A. Concours « classes préparatoires » – LV1

| École | Support | Épreuve | Durée |
|---|---|---|---|
| HEC | Extrait audio authentique (portant sur un thème d'actualité ou un thème culturel relevant d'un contexte anglophone) | • Synthèse<br>• Commentaire<br>• Entretien « qui pourra s'évader » du support | • Préparation : 20 min (dont deux écoutes du document sans arrêt ni retour en arrière)<br>• Passage : 15 min |
| ESSEC | Article de presse en français | • Synthèse<br>• Commentaire<br>• Entretien « libre » | • Préparation : 30 min<br>• Passage : 30 min |
| ESCP | Article de presse en anglais | • Synthèse<br>• Commentaire<br>• Entretien | • Préparation : 20 min<br>• Passage : 15 min |
| EM LYON | Article de presse en anglais | • Lecture de quelques lignes<br>• Synthèse<br>• Commentaire<br>• Entretien « qui doit cerner les capacités de communication spontanée des candidats » | • Préparation : 20 min<br>• Passage : 20 min |
| EDHEC | Article de presse ou extrait de roman contemporain en anglais | • Lecture de quelques lignes<br>• Synthèse<br>• Commentaire<br>• Entretien (« questions ou discussion libre ») | • Préparation : 20 min<br>• Passage : 20 min |
| AUDENCIA | Article de presse en anglais | • Synthèse<br>• Commentaire<br>• Entretien (« sur le sujet du texte ou des thèmes plus larges ») | • Préparation : 20 min<br>• Passage : 20 min |
| ESC Grenoble | Article de presse en anglais | • Synthèse<br>• Commentaire<br>• Entretien | • Préparation : 20 min<br>• Passage : 20 min |

| École | Support | Épreuve | Durée |
|---|---|---|---|
| SKEMA | Article de presse en français | • Synthèse<br>• Commentaire<br>• Entretien pendant lequel le candidat « se présentera à l'examinateur » | • Préparation : 20 min<br>• Passage : 20 min |
| ECRICOME | Extrait audio (article de presse lu par un anglophone « à vitesse normale d'élocution ») (4 min environ) | • Restitution synthétique<br>• Commentaire<br>• Entretien (« questions sur le document ou conversation libre ») | • Préparation : 20 min (comprenant écoutes et préparation)<br>• Passage : 20 min |
| IENA | Extrait audio (dialogue enregistré) (4 min environ) | • Restitution synthétique<br>• Analyse<br>• Réaction personnelle<br>• Entretien (« conversation libre dont l'enregistrement est le point de départ ») | • Préparation : 20 min (comprenant écoutes et préparation ; le candidat disposant de la maîtrise de l'appareil d'écoute)<br>• Passage : 20 min |

## B. Concours « classes préparatoires » – LV2

| École | Support | Épreuve | Durée |
|---|---|---|---|
| HEC | Article de presse en anglais | • Synthèse<br>• Commentaire<br>• Éventuellement, lecture d'un court passage et traduction de quelques lignes<br>• Entretien « qui pourra s'évader » du support | • Préparation : 20 min<br>• Passage : 15 min |
| ESSEC | Article de presse en anglais | • Synthèse<br>• Commentaire<br>• Entretien « libre » | • Préparation : 20 min<br>• Passage : 20 min |
| ESCP | Article de presse en anglais | • Synthèse<br>• Commentaire<br>• Entretien | • Préparation : 20 min<br>• Passage : 15 min |
| EM LYON | Article de presse en anglais | • Lecture de quelques lignes<br>• Synthèse<br>• Commentaire<br>• Entretien « qui doit cerner les capacités de communication spontanée des candidats » | • Préparation : 20 min<br>• Passage : 20 min |

| École | Support | Épreuve | Durée |
|---|---|---|---|
| EDHEC | Article de presse ou extrait de roman contemporain en anglais | • Lecture de quelques lignes<br>• Synthèse<br>• Commentaire<br>• Entretien (« questions ou discussion libre ») | • Préparation : 20 min<br>• Passage : 20 min |
| AUDENCIA | Article de presse en anglais | • Synthèse d'un texte<br>• Commentaire<br>• Entretien (« sur le sujet du texte ou des thèmes plus larges ») | • Préparation : 20 min<br>• Passage : 20 min |
| ESC GRENOBLE | Article de presse en anglais | • Synthèse d'un texte<br>• Commentaire<br>• Entretien | • Préparation : 20 min<br>• Passage : 20 min |
| SKEMA | Article de presse en français | • Synthèse<br>• Commentaire<br>• Entretien pendant lequel le candidat « se présentera à l'examinateur » | • Préparation : 20 min<br>• Passage : 20 min |
| ECRICOME | Extrait audio (article de presse lu par un anglophone « à vitesse normale d'élocution ») (4 min environ) | • Restitution synthétique<br>• Commentaire<br>• Entretien (« questions sur le document ou conversation libre ») | • Préparation : 20 min (comprenant écoutes et préparation)<br>• Passage : 20 min |
| IENA | Extrait audio (dialogue créé pour l'occasion) (4 min environ) | • Restitution synthétique<br>• Analyse<br>• Réaction personnelle<br>• Entretien (« conversation libre dont l'enregistrement est le point de départ ») | • Préparation : 20 min (comprenant écoutes et préparation ; le candidat disposant de la maîtrise de l'appareil d'écoute)<br>• Passage : 20 min |

## C. Concours « admission sur titres » ou « admission parallèle » (HEC/ESCP, EM Lyon, EDHEC, AUDENCIA)

| École | Support | Épreuve | Durée |
|---|---|---|---|
| HEC / ESCP | Article de presse en anglais | • Synthèse<br>• Commentaire<br>• Entretien « qui pourra s'évader » du support | • Préparation : 15 min<br>• Passage : 15 min |
| EM LYON | Article de presse en anglais | • Synthèse<br>• Commentaire<br>• Entretien « qui pourra s'évader » du support | • Préparation : 15 min<br>• Passage : 15 min |
| EDHEC AST1 | Article de presse ou extrait de roman contemporain en anglais | • Lecture<br>• Commentaire<br>• Entretien « qui pourra s'évader » du support | • Préparation : 20 min<br>• Passage : 20 min |
| EDHEC AST2 | Article de presse ou extrait de roman contemporain en anglais | • Lecture<br>• Commentaire<br>• Entretien « qui pourra s'évader » du support | • Préparation : 20 min<br>• Passage : 20 min |
| AUDENCIA | Article de presse en anglais | • Synthèse<br>• Commentaire<br>• Entretien « qui pourra s'évader » du support | • Préparation : 20 min<br>• Passage : 20 min |

# II. Méthode

## Avertissement

**Les « expressions utiles » proposées ici ne doivent surtout pas être considérées comme des formules passe-partout à apprendre par cœur.** Utilisées à mauvais escient et plaquées artificiellement, elles produiront l'effet inverse de celui escompté. Par ailleurs, elles ne remplacent pas un apprentissage plus large du vocabulaire de l'argumentation.

Enfin, il faut bien prendre la mesure du **registre de langue** attendu à l'oral. Certes, il ne faut à aucun moment verser dans la familiarité, mais tenter de maintenir un niveau de langue équivalent à celui souhaité à l'écrit tout au long de l'exposé peut sembler illusoire et, surtout, déplacé. C'est aussi pour cette raison que le « formulaire » donné ci-dessous doit être utilisé avec parcimonie : si le candidat multiplie les formules toutes faites, il donnera l'impression de produire un « écrit oralisé », bien plus que de participer à un échange authentique.

- *« La forme prime sur le fond. Les candidats ont appris par cœur des phrases d'introduction, de transition et de conclusion. Leur utilisation semble les rassurer sur la structuration de leur prestation. Pourtant, cela ne suffit pas. Encore faut-il que, derrière cette structure apparente, la construction d'une argumentation soit solide ».* (Rapport ESCP 2008)

- *« La volonté de reproduire des expressions trouvées dans des documents écrits donne lieu à des fautes de registre à l'oral. Il est plutôt pompeux de dire à l'oral* There is no denying that… All things considered…, I shall shed light on… ». (Rapport HEC 2006)

## A. Présentation par le candidat

### 1. Introduction

- Commencez par une phrase qui pose **le contexte** dans lequel s'inscrit la publication du texte ou la diffusion de l'enregistrement. Il peut s'agir :
  - d'un **phénomène sociologique, politique, scientifique**… aisément identifiable.

    Expressions utiles
    - With the growing [gap / tension / difficulties…] between… and…
    - With the advent of [computer-based publishing / hybrid vehicles…]… (*Avec l'apparition de…*)
    - Following the [recent / striking / unexpected / dramatic…] development of…
    - With the [considerable /significant…] progress of…

- Against a [background / backdrop] of... / In a context of... (*Avec pour toile de fond...*)
- At a time when the issue of... is increasingly debated... (*À un moment où le sujet de... nourrit de plus en plus de débats...*)
- Common wisdom has it that... / It is generally acknowledged that... (*On s'accorde généralement à dire que...*)
- It is often [claimed / asserted] that... (*On prétend souvent que...*)
- It is sometimes forgotten that... (*On oublie parfois que...*)
- In the recent [years / months / weeks]... became a matter of [prime importance / common concern...]. (*... est devenu un sujet de première importance / qui suscite l'inquiétude générale*)

- d'un **évènement de l'actualité récente** :

**Expressions utiles**

- Following what happened in... / In the wake of what happened in... (*Dans le sillage de...*)
- The events that took place in... [raised a controversy / were widely covered by the media...]
- The problem of... has stemmed from... (*Le problème de... a résulté de...*)

⇨ Puis, il faut **situer** le document à analyser, de la façon la moins lourde possible, et **annoncer le thème** principal dont il traite. La mention liminaire de la **provenance** de l'article et de sa **date** de publication fait débat : certains semblent la juger systématiquement inutile, tandis que d'autres la considèrent pertinente... À bien lire les rapports, il apparaît que ce qui exaspère les examinateurs n'est pas tant le fait de mentionner ces éléments que la lourdeur rhétorique de l'opération, et l'absence de conclusion tirée par le candidat à partir de ces indications. Il faut donc éviter à tout prix les phrases introductives lourdes du type ~~**The article we are going to study is extracted from a newspaper, which was published on...**~~ Au passage, si l'on emploie bien parfois **an extract** pour parler d'un extrait de roman par exemple, le verbe **to extract** suppose une résistance, et s'emploie essentiellement pour une dent que l'on arrache, du minerai que l'on extrait, ou des informations que l'on obtient de quelqu'un sous la menace...

Préférez donc des accroches plus légères qui ont le mérite de mentionner dès la première prise de parole le thème dont il est question et de ne pas dire au jury ce qu'il sait déjà. En d'autres termes, **ne mentionnez à ce stade que les éléments dont vous pouvez tirer une leçon** :

- la **date**, seulement si elle a une importance précise par rapport à un évènement historique,
- le **journal** ou magazine, seulement si sa ligne éditoriale, sa nationalité ou son lectorat sont, en l'espèce, significatifs,
- son **auteur**, seulement s'il s'agit d'un personnage public ou si sa fonction éclaire la lecture du texte.

▫ *« Certains candidats font un exposé trop formel. Il n'est généralement pas nécessaire de lire le titre de l'article, le journal, la date de publication et l'auteur. »* (Rapport HEC/ESCP admission directe, 2003)

Prenez garde par ailleurs à bien définir la **nature** du texte :

- A news article / a news report (*article « neutre », factuel*)
- A leader / an editorial (*article généralement non signé, qui représente le point de vue collectif du journal*)
- An opinion column (*un article d'opinion, qu'il s'agisse d'une chronique écrite par un journaliste salarié de la publication, ou d'une tribune libre, rédigée par une personnalité extérieure au journal. Dans les journaux américains, une tribune est souvent disposée face à l'édito, on parle alors de* op-ed (page) *pour* opposite editorial)
- An obituary (*une nécrologie*)
- The transcript of a speech
- The transcript of an interview
- A manifesto
- A survey (*une étude*)
- The analysis of an opinion poll (*l'analyse d'un sondage*)
- A [film / book] review (*une critique de [film / livre]*)

**L'auteur du texte** sera désigné par le terme générique **journalist**, ou par **columnist** s'il s'agit d'un chroniqueur ou de l'auteur d'une tribune. Évitez **author** (et *a fortiori* **writer**), sauf si ce n'est pas un journaliste qui a produit le texte, mais par exemple un expert (**expert**, **pundit**…), qui peut être invité à s'exprimer dans les colonnes du journal. D'une manière générale, tirez le meilleur parti du titre et de la fonction de l'auteur s'ils sont précisés : ils ont forcément une influence sur le parti-pris (**bias**) adopté, le lectorat (**readership**) visé ou encore la rhétorique (**rhetoric**) utilisée.

**Expressions utiles**

- This article, taken from…, [deals with / considers / addresses] the issue of… (*Cet article, tiré de…, traite du problème de…*)
- This article is taken from a recent edition of…
- The article under scrutiny reports on… (*L'article soumis à notre analyse se penche sur…*)
- The article's main theme is…
- The article under study provides the reader with [an analysis of… / a debate over…] (*L'article qu'il s'agit d'étudier fournit au lecteur…*)
- The newspaper the article is taken from is well-known for its [left-wing / right-wing / liberal / conservative…] leaning. *(Le journal dont est tiré l'article est connu pour sa ligne éditoriale…)*
- The [title / subtitle] of the article is based on a [play on words / pun]. *(Le titre / sous-titre est construit sur un jeu de mots.)*
- The eye-catching [title / subtitle] of the article arouses the reader's interest at once. *(Le titre accrocheur éveille l'intérêt du lecteur d'emblée.)*
- The subtitle gives us a clear idea of what the article is about.
- The article was published right after…, which cast new light on the issue of… (*qui / ce qui a donné un nouvel éclairage sur…*)
- The author is not just any journalist (*pas n'importe quel journaliste*). He/she is [a leading figure (*une personnalité de premier plan*) / an expert…] in the field of…
- As the text is written by a politician, its aim is obviously not purely informative. It is actually meant to… (*Puisque le texte est écrit par un responsable politique, il va de soi que sa visée n'est pas seulement informative. Il est en fait destiné à…*)

- We can gather from the fact that (*on peut déduire du fait que*) this article is not signed that it is an editorial.
  [N'oubliez pas, par ailleurs, que les articles dans *The Economist* ne sont jamais signés. Cette politique est destinée à mettre en avant la cohésion et la cohérence de l'équipe éditoriale.]

✗ À ÉVITER
- ~~The article speaks about~~...
- ~~The article is a reflection on~~...

▷ **Énoncez ensuite la « problématique » du document** : en quoi le problème soulevé mérite effectivement débat, pourquoi le traitement réservé à l'évènement dans l'article mérite commentaire, en quoi le débat présenté dans l'enregistrement révèle un certain nombre de présupposés idéologiques de la part des intervenants, etc. Notez que l'énoncé de la « problématique » est parfois indissociable de la tonalité du texte. En ce cas, posez d'emblée la dimension humoristique, ironique, polémique, critique ou autres. À l'inverse, si le ton vous semble à ce stade purement informatif, et neutre, inutile d'en faire grand cas.

EXPRESSIONS UTILES
- The article raises the following question: ...? *(L'article soulève la question suivante : ... ?)*
- The main question that arises from the text is... (*La question essentielle qui émerge du texte est...*)
- The issue raised by the article is a [thorny / highly sensitive / highly controversial / much debated] one. (*Le sujet soulevé par l'article est [épineux / hautement sensible / très controversé / très débattu]*)
- The question that comes readily to mind is... (*La question qui vient spontanément à l'esprit est...*)
- This question has ignited a fiery debate. (*Cette question a suscité un débat houleux*)
- It all boils down to the question whether... *(Tout cela revient à la question de savoir si...)*
- What is at stake in the article is... *(Ce qui est en jeu dans cet article, c'est...)*
- The gist of the text is... *(L'essentiel dans ce texte, c'est...)*
- The [crux / heart] of the matter is... *(Le cœur du problème, c'est...)*
- It all hinges on the question whether... (*Tout le problème est de savoir si...*)

Inutile aussi de préciser au jury, qui est bien placé pour connaître le format de l'épreuve, l'ordre dans lequel vous allez traiter les choses... **: ~~First I will summarise the text and then I will comment upon it.~~** D'une manière générale, évitez tout métalangage.

## 2. La synthèse

▷ Il s'agit de **restituer le « squelette logique » du texte, qui ne se confond pas nécessairement avec son développement linéaire**. Au contraire, les jurys préfèrent souvent vous voir, à force de reformulations et d'efforts de synthèse, mettre en exergue le raisonnement du journaliste, tel qu'il serait le plus directement intelligible à un interlocuteur qui n'aurait pas eu connaissance du support. L'écueil à éviter absolument est donc le résumé linéaire et laborieux paragraphe par paragraphe. Il ne faut pas davantage plaquer un plan ou donner l'impression de tenir absolument à « découper » le texte. Par ailleurs, le candidat doit épouser le point de vue du journaliste, ce qui revient à résumer le texte comme s'il en était lui-même l'auteur. Il est donc conseillé de renoncer, le temps de la synthèse, aux tournures déclaratives du type ~~**The journalist [says / points out / argues that**…]~~ afin de ne pas alourdir inutilement le propos.

- S'il vous semble nécessaire ou pertinent de réorganiser les éléments présents dans le texte pour en faire une synthèse plus claire, il est souvent possible de recourir au plan : **1/ Facts, 2/ Causes, 3/ Consequences**. Les deux dernières parties peuvent éventuellement être inversées, mais posez toujours le plus évident d'emblée (souvent, l'évènement ou l'anecdote qui motive la rédaction de l'article ou encore la publication d'un rapport ou d'un communiqué), avant de vous intéresser aux éléments plus analytiques du texte.
- Le **statut des exemples** mérite que l'on s'y arrête. *A priori*, il est toujours suspect d'utiliser dans la synthèse **For example** ou **For instance**… puisque l'objet de l'exercice est précisément de faire le tri entre l'essentiel et l'accessoire. Quelques exemples pourront cependant être éventuellement conservés si leur mention semble de nature à éclairer un élément trop abstrait.
- Ne perdez pas de vue que la synthèse est **un exercice de reformulation**. Il s'agit notamment de juger de la richesse de votre lexique, pour parvenir à exprimer « dans vos propres mots » des idées déjà contenues dans le texte. Pour cette raison, toute **citation**, signalée ou déguisée, du texte sera suspecte. Ne citez donc que des expressions courtes, très marquantes au plan du style, et qu'une tentative de reformulation risquerait de dénaturer.
- Une **utilisation judicieuse de mots de liaison** permettra de présenter les éléments sous une forme structurée, en évitant à la fois une reformulation ligne à ligne, et un survol thématique de l'ensemble. La synthèse doit restituer la cohérence de l'argumentation, sans se perdre dans tous les détails et exemples cités, **en rendant, si nécessaire, explicites les liens logiques que le journaliste aura, lui, choisi de gommer** par souci stylistique.

  Comme toujours, tout est cependant affaire de dosage. Il ne suffit pas de saturer son discours de **furthermore** et autres **besides** pour considérer que l'on a démontré la structure interne du texte. Préférez d'une manière générale les connecteurs qui vont mettre à jour un lien logique véritable – implicite ou explicite – aux simples marqueurs d'énumération.
- **Il n'est pas nécessaire d'annoncer le détail du plan de la synthèse**. Celle-ci a déjà vocation à être concise, si bien qu'une annonce de plan « à la française » risquerait fort de sonner comme un résumé du résumé. Optez pour une formulation rapide qui posera simplement le nombre d'étapes que vous avez identifiées dans le raisonnement, et montrera ainsi que vous avez dominé le support.

- *« Pour faire un bon le résumé, il faut savoir répondre aux questions de base : Pourquoi le texte a-t-il été écrit ? Quel évènement en a provoqué l'écriture ? Comment cet évènement s'inscrit-il dans un processus plus long ? Quelles idées principales sont agitées par l'auteur ? Quelles contradictions souligne-t-il ? Quelle thèse est défendue ? Quels arguments sont utilisés pour l'étayer ? »*. (Rapport ESCP 2007)
- *« On déplore la tendance à annoncer un plan beaucoup trop détaillé de la présentation (*In a first part, I will… etc.). Si le candidat passe deux minutes sur l'articulation de son plan, il n'aura pas le temps de terminer… »* (Rapport HEC 2006)
- *« Les examinateurs s'étonnent des candidats obsédés par la division du texte en trois parties… »* (Rapport HEC/ESCP admission directe, 2003)

**Expressions utiles**
- There are [two / three / four…] main points in the article: …
- Several points of interest arise from the article: …
- [Two / three / four…] points can be identified in the article: …

**À éviter**
- ~~The text can be [split up / divided] into~~…
- ~~The journalist says that… and then the journalist says that~~…

## 3. La transition synthèse / commentaire

- Il faut éviter les transitions trop lourdes, rappelant au jury le format de sa propre épreuve à l'aide d'un métalangage bien maladroit. Ménagez plutôt une très courte pause dans le flot de votre discours, avant de rebondir par une phrase qui indiquera sans équivoque que vous passez de la synthèse, purement analytique, au commentaire, réflexif, et engageant forcément *votre* point de vue :

**Expressions utiles**
- I would now like to comment on… *(Je souhaiterais maintenant commenter…)*
- What ***I*** found most significant in the text was… *(Ce que, pour ma part, j'ai trouvé le plus intéressant dans le texte, c'est…)*
- What struck me most in this article was… *(Ce qui m'a le plus frappé dans cet article, c'est…)*
- At this stage, I'd like to focus on a few points that I found particularly [relevant / challenging / thought-provoking…]: … *(À ce stade des choses, je voudrais parler de quelques aspects que j'ai trouvés particulièrement [pertinents / stimulants] : …)*

**À éviter**
- ~~I have finished my synthesis, and I now wish to move on to my commentary~~.
- ~~So much for my summary; I will now present my commentary~~.

## 4. Le commentaire

- Le commentaire ainsi lancé, il faut encore le **structurer** et annoncer les différents points que vous aborderez (probablement deux ou trois). Difficile d'éviter le recours à des formules rhétoriques, mais il ne faut pas produire des énoncés trop lourds et calqués du français.

  Expressions utiles
  - First, I wish to argue that… And my second point will be…
  - I wish to raise the following points: …
  - I'd like to make the following points: …
  - So, now, I'd like to develop a couple of ideas…
  - There are a few points that I wish to [expand on / to discuss further…]: … *(Il y a quelques points que je souhaiterais développer : …)*
  - There are some points I would like to develop further: …

  À éviter
  - ~~I will endeavour to demonstrate that~~…
  - ~~In a first part, I will try to show that~~… ~~before focusing on~~…
  - ~~In a first part, we will show that… and then we will moderate this statement~~.

- N'oubliez pas que si, idéalement, **le commentaire part du texte**, pour s'en éloigner quelque peu, élargir le « débat » et vous permettre de **vous positionner**, il n'en reste pas moins que les jurys mettent en garde contre la tentation de proposer d'emblée une discussion générale au sein de laquelle le texte ne serait plus qu'un vague prétexte à recaser un morceau de cours. Si la synthèse est un simple exercice de reformulation et, le cas échéant, de réagencement, **le commentaire est le lieu de la valeur ajoutée du candidat**, invité à mobiliser ses connaissances, sa culture générale, son propre système de valeurs, son esprit critique, son opinion (dès lors qu'elle est argumentée !).

  *« Dans le commentaire, les candidats se précipitent un peu vite vers des thèmes connus, car vus en classe. Ils n'hésitent pas à tenter un grand écart pour rattacher ce qu'ils savent au thème général du texte étudié. Encore une fois, il vaut mieux que les candidats se concentrent véritablement sur les thèmes directement évoqués par le texte »*. (Rapport ESCP 2008)

- C'est donc bien du texte et de lui seul que tout le commentaire procède. Pour cette raison, toute **analyse du ton, du point de vue implicite, du style, du parti-pris idéologique** qui motive la prise de position du journaliste, mais aussi de **l'« horizon d'attente »** du texte sera la bienvenue. Il peut ainsi *parfois* être utile de consacrer une première partie de commentaire à une analyse détaillée du ton/registre/point de vue implicite… mis en œuvre par l'auteur du texte, à condition :
  - de toujours relier cette analyse à une intention plus ou moins manifeste de l'auteur (inutile de relever que telle figure de style est présente dans un titre, par exemple, si vous ne parvenez pas à l'interpréter) ;

- de ne le faire que s'il y a quelque chose de particulièrement marquant en la matière. Donc, consacrez, par exemple, une partie au ton humoristique d'un texte s'il est une marque de distanciation de l'auteur par rapport au sujet traité, mais ne perdez pas de précieuses minutes à constater que le ton du texte est neutre, plat et didactique, s'il n'y a rien d'autre à en dire.

- Les rapports indiquent que **le candidat est libre d'adopter tout point de vue personnel, dès lors qu'il est argumenté.** Évitez à tout prix la naïveté dans la présentation de votre point de vue : celui-ci n'est valable que s'il est démontré… Faute d'utiliser un vocabulaire suffisamment précis, ce que vous présentez comme jugement *personnel*, et donc à vos yeux forcément justifié, peut sembler aux yeux du jury tout à fait péremptoire…

- Vous pouvez souhaiter avancer une idée en lien direct avec le sujet, développer un argument qui n'est qu'effleuré par l'auteur ou encore lui porter la contradiction. Encore faut-il là aussi faire preuve de mesure et de discernement. Les jurys apprécient souvent que le candidat fasse montre de son esprit critique envers la façon dont l'auteur défend sa propre thèse, mais attention à ne pas céder à la tentation de « critiquer pour le plaisir de critiquer » :
  - Certains textes pourront légitimement être qualifiés de **biased** (*partiaux, subjectifs*), mais il ne faut pas voir de la partialité maligne partout. Par ailleurs, il est bien légitime qu'un journaliste s'exprime en son nom propre, et que son propos soit nourri de ses opinions politiques et citoyennes…
  - Il ne faut pas davantage systématiquement « accuser » le journaliste d'avoir négligé tel ou tel aspect, sous prétexte que vous souhaiteriez l'ajouter. En revanche, il peut être intéressant de montrer que celui-ci a spontanément joué sur l'implicite avec son lectorat, là où vous souhaitez au contraire **mettre à jour les présupposés**, pour peut-être mieux les nuancer.

- Exprimez-vous en votre nom propre avec le pronom **I** et évitez à tout prix le **We** royal. Pour cette raison, bannissez de votre présentation les ~~**We can say**~~ et autres ~~**We can see**~~.

- Il peut être pertinent de commencer par un commentaire plus proche du texte pour, dans un second temps, souhaiter « **élargir** » le débat, mais **dans des proportions raisonnables**. Par exemple, un texte sur les mesures prises par Gordon Brown dans la lutte contre les incivilités pourra naturellement mener à une réflexion personnelle sur l'encadrement nécessaire de jeunes laissés à eux-mêmes et les enjeux électoralistes d'une telle mesure, ou encore sur « le tout sécuritaire » et le danger de multiplier les lois liberticides, mais ne pourra justifier une partie entière de commentaire sur le bilan de Brown ou la violence dans le monde.

- Si vous peinez à bâtir votre commentaire, posez-vous, pendant votre temps de préparation, les questions suivantes qui pourraient vous aider à nourrir votre réflexion :
  - Can the example(s) given in the text be generalised?
  - Can the situation be compared with that of another country?
  - Is the theme developed convincingly illustrated?

- Are there conflicting views over the issue at stake? (*Y a-t-il des des avis divergents sur le sujet en question* ?) Why is it so [contentious / polemical / controversial]?
- Is there one striking sentence or phrase that could be worth commenting on?
- Can a [political / moral / ethical / sociological…] standpoint be read between the lines? (*Peut-on déceler un point de vue [politique / moral / éthique / sociologique…] implicite ?*)

En somme, il s'agit bien dans le commentaire de **débattre, comparer, illustrer,** parfois de **généraliser** dans une certaine limite, et toujours de **prendre parti** en justifiant sa position.

- « *Il ne faut pas s'éterniser sur le résumé et il faut accorder un temps au moins égal au commentaire. C'est en effet dans le commentaire que les candidats donnent en général la mesure de leurs connaissances linguistiques, en particulier leurs capacités pour l'expression spontanée, révélant leur culture et leur originalité* ». (Rapport HEC 2006)

- « *À l'oral, les notes situées entre 14 et 17 ont récompensé de très bonnes prestations de candidats visiblement amoureux de la langue qui avaient profité au maximum de leurs années de prépa. Nous évoquons ici des étudiants qui ne sont pas "tombés dedans tout petits". […] Nous implorons ceux qui sont tombés dedans tout petits de ne pas se reposer sur leurs lauriers. L'admiration de leurs condisciples (?) ne doit pas occulter la nécessité d'exploiter correctement le texte et de faire un commentaire construit et intelligent.* » (Rapport ESCP 2008)

**Expressions utiles pour développer une idée déjà présente dans le texte**

- I wish to [elaborate / expand] on a point the journalist [already mentioned / merely hinted at]. (*Je souhaite développer un aspect que le journaliste [a déjà mentionné / n'a abordé qu'allusivement]*).

**Expressions utiles pour analyser les arguments développés, la manière dont ils sont développés, et les intentions de l'auteur**

- According to the journalist… *(Selon le journaliste…)*
- The journalist makes it quite clear right from the outset that… *(Le journaliste dit clairement d'emblée que…)*
- The journalist's main concern seems to be to… (*La préoccupation principale du journaliste semble être de…*)
- By maintaining that…, the journalist wants to make us aware that… *(En soutenant que…, le journaliste veut nous faire prendre conscience que…)*
- The author is [well-known / notorious] for his views on… (*L'auteur est [célèbre / tristement célèbre] pour ses idées sur…*)
- Unfortunately, the journalist makes no reference to… (*Malheureusement, le journaliste ne fait aucune référence à…*)
- I think the journalist fails to consider a crucial point. (*Il me semble que le journaliste oublie un élément crucial.*)
- The implicit stance that lies behind this text is… (*Le point de vue implicite que l'on devine dans ce texte est…*)
- It seems that the journalist makes a point of not taking sides. (*Il semble que le journaliste mette un point d'honneur à ne pas prendre parti*)
- The journalist's ideas are strongly reminiscent of… (*Les idées défendues par le journaliste font fortement penser à…*)
- The ideas developed here are [consistent / inconsistent] with the political stance of the newspaper. *(Les idées développées ici sont cohérentes / incohérentes avec le positionnement politique du journal.)*

- As the journalist strikingly puts it, quote: "..." unquote. (*Comme le dit le journaliste de manière frappante, je cite : « ... » – fin de citation*)
- Surprisingly enough, the article's headline does not match its content. (*Aussi surprenant que cela puisse paraître, le titre de l'article ne correspond pas au contenu.*)
- There's a sharp contrast between the playful title and the rather serious content. (*Il y a un contraste frappant entre le titre ludique et le contenu plutôt austère.*)
- Through the headline, the reader is made to feel that... (*À travers le titre, on donne à penser au lecteur que...*)
- The caption below the cartoon reads: "...", which perfectly illustrates... (*La légende sous le dessin indique : « ... », ce qui illustre parfaitement...*)
- The underlying stance we feel throughout the article is that... (*Le point de vue sous-jacent que l'on sent dans tout l'article est que...*)
- The interest of the text lies in... (*L'intérêt du texte reside dans...*)
- It's relatively easy to see which side of the political spectrum he is on. (*Il est assez facile de voir de quel côté de l'échiquier politique il penche.*)
- This argument [is the epitome of / perfectly exemplifies]... (*Cet argument est l'exemple parfait de...*)

**Expressions utiles pour exprimer votre accord avec ce qui est dit**

- I entirely agree with the analysis developed by the journalist.
- I strongly support the journalist in his view that... (*Je soutiens tout à fait l'idée défendue par le journaliste, selon laquelle...*)
- The examples quoted by the journalist indeed bear out that... (*Les exemples cités par le journaliste confirment en effet que...*)
- The columnist drives home his point that... (*Le chroniqueur nous fait bien comprendre que...*)
- The journalist is perfectly right in saying that... (*Le journaliste a tout à fait raison de dire que...*)
- As the journalist says, it is indeed reasonable to assume that... (*Comme le dit le journaliste, il est en effet raisonnable de supposer que...*)

**Expressions utiles pour nuancer ce qui est dit**

- The journalist forcefully showed that... But I wish to qualify one of the assertions he makes. (*Le journaliste a démontré avec force que... Je souhaite cependant nuancer une de ses affirmations...*)
- I have a few reservations about the journalist's approach. (*J'ai quelques réserves à l'égard de l'approche adoptée par le journaliste.*)
- To my mind, the problem needs to be seen through a different [angle / lense / prism]. (*À mon avis, le problème doit être vu sous un angle différent*)
- The journalist has every right to think that... but I'm afraid I cannot be as positive. (*Le journaliste a parfaitement le droit de penser que... mais je crains de ne pas pouvoir être aussi affirmatif.*)
- The article seems to me too harsh a criticism of... (*L'article me semble être une critique trop sévère de...*)
- The parallel the journalist draws seems slightly far-fetched. (*Le parallèle dressé par le journaliste semble quelque peu tiré par les cheveux.*)
- The criticism the journalist levels at... seems to me slightly overblown. (*La critique que le journaliste fait de... me semble quelque peu exagérée.*)
- I must say I'm somewhat surprised by this argument. (*Je dois avouer que je suis quelque peu surpris par cet argument.*)

- Although there can be no doubt that…, I think it would be going too far to say that… *(Bien qu'il ne fasse guère de doute que…, je pense qu'il serait exagéré de dire que…)*
- The argument sounds rather convincing at first sight, but on further examination… *(À première vue, cet argument est plutôt séduisant mais, à y regarder de plus près…)*
- The political crisis may well last, or so the journalist argues. *(…, c'est du moins ce que le journaliste avance.)*
- The [alleged/so-called] progress the journalist refers to seems to me… (*Le soi-disant progrès auquel le journaliste fait référence me semble…)*
- Such arguments should not be taken [for granted / at face value]. *(De tels arguments ne devraient pas être pris pour argent comptant.)*
- Isn't it rather paradoxical to maintain that…? *(N'est-il pas assez paradoxal de soutenir que… ?)*
- I see what the journalist is driving at, but I think one should remain wary of hasty generalisations. *(Je vois où le journaliste veut en venir, mais j'estime qu'il faut se garder des généralisations hâtives.)*
- Let's not jump to conclusions. *(Ne tirons pas de conclusions hâtives.)*
- This is true only [up to a certain point / to a certain extent]. (*Ce n'est vrai que jusqu'à un certain point.*)
- Can these two elements really [be put on an equal footing / be equated]? *(Peut-on vraiment mettre ces deux éléments sur le même plan ?)*

**Expressions utiles pour vous opposer à ce qui est dit**

- I completely disagree with…
- Contrary to what the journalist claims, I wish to contend that… *(Contrairement à ce que le journaliste prétend, je souhaite avancer l'argument selon lequel…)*
- The journalist voices an opinion I disagree with. (*Le journalist exprime une opinion avec laquelle je suis en désaccord.*)
- I don't share his views on the subject.
- I am afraid I cannot agree with such a statement. (*Je ne peux être d'accord avec une telle affirmation*)
- I strongly disagree with this argument. (*Je suis en parfait désaccord avec cet argument*)
- I wish to take issue with the journalist on this point. (*Je souhaite porter la contradiction au journaliste sur ce point*)
- The arguments used here seem to be rather [objectionable / far-fetched / contentious / dubious…] (*Les arguments utilisés ici me semblent plutôt* [*contestables / tirés par les cheveux / polémiques / douteux…*])
- There's no point in trying to shame people into action. (*Il est inutile de tenter de nous faire culpabiliser pour nous pousser à agir.*)
- The only result of such scathing criticism is to undermine the credibility of… (*Une critique aussi acerbe ne fait rien d'autre que miner la crédibilité de…*)
- The columnist goes to great lengths to explain that… but I'm afraid I'm far from being convinced. (*Le chroniqueur se donne beaucoup de mal pour expliquer que… mais j'ai peur de ne pas être du tout convaincu.*)
- The argument he uses does not stand. *(L'argument qu'il utilise ne tient pas.)*

**Expressions utiles pour introduire et mettre en valeur votre propre point de vue**

- In my opinion / In my view / To my mind…
- As far as I'm concerned, I tend to think that… (*Pour ma part, j'ai tendance à penser que…*)
- I, for one, feel that… (*En ce qui me concerne, j'estime que…*)
- My [personal point of view / own opinion] on this topic is that…

- I do believe that… / It is my strong belief that… *(Je suis persuadé que…)*
- I would contend for my part that… *(Pour ma part, j'avancerais l'argument suivant : …)*
- I cannot help but think that… *(Je ne peux pas m'empêcher de penser que…)*
- From my point of view / Speaking for myself *(De mon point de vue)*
- I personally feel that… *(Personnellement, j'ai le sentiment que…)*
- I would tend to advocate… [nom / –ING] *(J'aurais tendance à préconiser (de)…)*
- I know that public opinion is deeply divided over this issue, but I tend to side with those who… *(Je sais que l'opinion publique est profondément divisée sur ce sujet, mais je suis de ceux qui…)*
- When faced with such an ethical dilemma, I think you have to take sides. *(Je pense que quand on est confronté à ce genre de dilemmes d'ordre éthique, il faut prendre parti.)*
- I really feel there's a line here that mustn't be crossed. *(Je pense vraiment qu'il y a là une limite qu'il ne faut pas franchir.)*
- I think we all need to take a step back and gain a broader perspective. *(Je pense que nous avons tous besoin de prendre du recul et d'adopter une perspective plus large.)*
- You cannot just brush these objections aside and carry on regardless. *(On ne peut pas se contenter d'écarter ces objections d'un revers de main pour continuer comme si de rien n'était.)*
- Let me give you a particularly telling example to illustrate my point: … *(Permettez-moi de vous donner un exemple particulièrement parlant pour illustrer mon idée : …)*

## 5. La conclusion

- Elle doit être formulée de manière « ferme », ce qui n'exclut pas d'« ouvrir » le sujet… Évitez le résumé stérile de ce que vous venez tout juste de développer : en quelques minutes de présentation, le jury a toutes les chances d'avoir retenu l'essentiel de votre propos. Proposez plutôt une ouverture à un débat connexe, à une expérience personnelle en lien avec le thème du texte, ou encore nuancez son contenu à la lumière d'un évènement qui se serait produit depuis le moment de la publication…
- C'est souvent dans la conclusion que les propos les plus maladroitement familiers se font entendre. Si on a voulu bien montrer ici qu'un excès de formalisme est à proscrire de l'oral, il ne faut bien sûr pas tomber dans l'excès inverse. Remercier le jury pour son attention est encore la meilleure manière de conclure.

**Expressions utiles**

- In conclusion…
- To conclude…
- I'd like to conclude this presentation [with one observation / by saying that…].
- It would have been beyond the scope of the presentation to discuss… although I think the two issues are closely intertwined. *(Cela aurait été excéder les limites de cet exposé que de discuter de… mais je pense que les deux problèmes sont intimement liés.)*

**À éviter**

- ~~As a conclusion~~… ~~By way of conclusion~~… *(≈ à défaut de mieux, voilà ma conclusion…)*
- ~~That's all!~~ / ~~I'm finished!~~ / ~~I'm done!~~ / ~~That's pretty much all I had to say~~…

## B. L'entretien

- L'entretien constitue une part essentielle, peut-être la plus importante, de la prestation. Il n'est pas rare qu'un jury interrompe un candidat au milieu de son commentaire s'il dépasse le temps imparti, pour ne pas se laisser « voler » ce moment d'échange qui motivera largement l'évaluation.
  Il s'agit en effet dans l'entretien de tester la spontanéité du candidat et son aisance, une fois sorti des sentiers très balisés de l'explication de texte.
  - « *Lors de l'entretien, le candidat doit réagir/donner son opinion sur des sujets variés qui sont proposés en guise de questions ou d'affirmations. Les thèmes varient et incluent notamment des questions d'éthique, des thèmes d'actualité, des situations de la vie courante.* » (Rapport ESSEC 2013)
  - « *Le candidat doit parler seulement pendant 5/6 minutes environ. Il faut surtout laisser assez de temps pour permettre aux examinateurs de poser des questions et instaurer un dialogue avec le candidat.* » (Rapport HEC / ESCP admission directe, 2007)
- Les questions posées peuvent avoir pour but d'aider le candidat à corriger une erreur, nuancer une affirmation, réparer un oubli ou développer un point passé sous silence. Dans tous les cas, le candidat doit se montrer le plus ouvert possible à l'échange. Pour cette raison, les réponses monosyllabiques sont à éviter. Il est peu stratégique de commencer sa réponse par une remarque pincée du type ~~**As I've already told you in my presentation**~~**,…** Si le jury vous fait revenir sur un point que vous avez effectivement abordé, c'est sans doute qu'il souhaite que vous infléchissiez votre discours, ou que vous clarifiez votre position.
- Les jurys des écoles de commerce ont souvent tendance à poser des questions « de motivation », au-delà des questions sur le texte et sur la présentation elle-même. Voici une liste, loin d'être exhaustive, de questions « classiques ». Il peut être intéressant de penser à des éléments de réponse éventuels, mais gardez bien à l'esprit que si vous apprenez par cœur une réponse formatée, vous risquez fort de produire l'inverse du but recherché…
  - What would you like to do for a living? (*Quel métier souhaitez-vous exercer ?*)
  - In what field would you like to work?
  - What do you expect from [a / our] business school?
  - Could you tell us about an achievement you're particularly proud of?
  - Do you have some work experience?
  - Do you practise sports?
  - What are your hobbies?
  - What is the last book you've read?
  - Have you ever travelled to an English-speaking country?
  - What are your plans for the holiday?
  - Are you happy? What makes you happy?
  - What keeps you going? / What makes you tick? (*Qu'est-ce qui vous fait avancer ? / Vous marchez à quoi ?*)

**Expressions utiles**

- I was probably not clear enough earlier on. What I actually meant was… (*Je n'ai probablement pas été assez clair précédemment. Ce que j'ai voulu dire, c'est que…*)
- Could you please repeat your question? *(Pourriez-vous, s'il vous plaît, répéter la question ?)*
- I'm afraid I haven't understood your question. *(J'ai peur de ne pas avoir saisi votre question.)*
- I'm afraid I don't see what you are driving at. *(J'ai peur de ne pas voir où vous voulez en venir.)*

# III. Sur quelques formats spécifiques

## A. Le format ESSEC LV1 / SKEMA (article en français)

Les mêmes principes que ci-dessus s'appliquent bien sûr pour le format ESSEC LV1, mais le choix d'un texte français comme support désarçonne souvent les candidats. Certes, la difficulté de l'exercice s'en trouve d'une certaine manière accrue, puisque le candidat ne peut pas « s'appuyer » sur le lexique du texte-source. Toutefois, le format a l'avantage d'éviter tout risque de paraphrase ou de citation déguisée. C'est d'ailleurs cet avantage qui semble avoir motivé le passage à un support en français au concours d'entrée à Skema : « Les candidats ne pourront plus réutiliser le contenu du texte d'origine pour essayer de palier des lacunes lexicales ».

Notez par ailleurs que, de la même manière qu'un article tiré de la presse anglophone qui tombe au concours concerne souvent, mais pas systématiquement, l'aire culturelle anglophone, les textes de la presse *française* utilisés aux concours ne proposent pas forcément un regard hexagonal sur un problème américain ou britannique.

## B. L'analyse de documents audio (HEC LV1, ECRICOME, IENA)

Les enregistrements de la banque ECRICOME constituent un cas à part, dans la mesure où ils consistent en la simple oralisation d'un article de presse, lu à vitesse normale l'élocution par un anglophone. En l'absence de support écrit, la première compétence évaluée est donc bien la compréhension auditive, mais la présentation du candidat doit suivre les mêmes étapes qu'énoncées précédemment.

Qu'il s'agisse d'un enregistrement authentique (HEC LV1), ou fabriqué à dessein (IENA), le document audio requiert un vocabulaire d'analyse spécifique. Régulièrement, les rapports de jury critiquent les candidats qui débutent leur oral par ~~**The text deals with**~~…, là où il faut parler de **recording** (et non de ~~**record**~~), de **radio programme** (et non de ~~**emission**~~), éventuellement de **podcast**, pour les enregistrements HEC, et de **dialogue**, **discussion** ou, le cas échéant, de **debate**, pour les enregistrements joués par les lecteurs/acteurs de la banque IENA.

On vous pardonnera aisément de ne pas avoir saisi le nom d'un intervenant du programme audio si celui-ci est peu commun, mais soyez très attentif à bien comprendre **le titre et la fonction** des invités (**guests**). Si le présentateur (**host**) commence par donner ces indications, la tâche du candidat est grandement facilitée, mais il arrive que les enregistrements débutent au beau milieu d'un débat. Charge au candidat d'inférer de la discussion la fonction précise des différents locuteurs ou, au moins, la corporation (**politicians, scientists, pundits, sociologists**…) à laquelle ils appartiennent.

Il est très important de **s'habituer à écouter et à reconnaître différents accents**. L'épreuve sur support audio authentique, utilisée à HEC, est particulièrement exigeante et nécessite un entraînement très régulier pour tous les candidats, et ils sont nombreux, qui n'ont pas eu la chance de multiplier les séjours d'immersion linguistique. Voici quelques ressources en ligne utiles :

- **Textes lus, avec scripts**

- **BBC Learning English Words in the News** (articles simplifiés à des fins pédagogiques, avec des aides lexicales)
  http://www.bbc.co.uk/worldservice/learningenglish
- **Voice of America** (radio financée par le gouvernement fédéral)
  http://www.voanews.com
- **The Economist** audio edition (sur abonnement)
  http://www.economist.com

- **Débats / interviews, sans scripts**

- **BBC Radio 4** (en particulier *Today Programme*)
  http://www.bbc.co.uk/radio4

- **Débats / interviews, avec scripts**

- **National Public Radio** (en particulier *All Things Considered, Talk of the Nation, Tell Me More*…) : scripts en accès libre.
  http://www.npr.org
- **ABC (Australian Broadcasting Corporation) Radio National** (en particulier *Counterpoint, Hindsight, The Science Show*…) : certains scripts en accès libre.
  http://www.abc.net.au/rn

  - *« Le candidat écoute l'enregistrement deux fois avec une courte pause entre les deux écoutes. Le candidat ne contrôle pas l'enregistrement et ne peut donc en aucune manière revenir en arrière pour réentendre une section mal comprise. Nous essayons de trouver un équilibre entre les sources britanniques et américaines, mais des sujets sur l'Irlande, sur l'Australie ou sur l'Inde sont également possibles. Sont rejetés systématiquement les sujets qui pourraient offenser les candidats ainsi que des enregistrements contenant des accents difficiles à comprendre. Il est toutefois impératif que les candidats soient préparés à reconnaître la plus large gamme d'accents possibles ».* (Rapport HEC 2008)

  - *« Modalités de l'épreuve : 1/ Synthèse : 5', 2/ Commentaire du support : 2'30, 3/ Commentaire plus large sur le problème évoqué : 2'30. Il s'agit là de données moyennes ; il est tout à fait concevable que la nature du document écouté impose une synthèse plus courte, un commentaire plus documenté, une prise de position personnelle plus détaillée ; l'essentiel est de préserver un équilibre qui permette au jury d'apprécier les qualités linguistiques et la maîtrise de l'exercice par le candidat. Le non-respect de ces consignes entraîne des conséquences parfois désastreuses pour les candidats et l'irritation des jurys ».* (Rapport IENA 2006)

# IV. Critères de notation

Pour finir, on pourrait résumer comme suit les **critères** qu'un jury utilisera légitimement pour évaluer votre prestation.

## A. Compétence linguistique

- Richesse lexicale
  - *« Une des principales fautes constatées est la présence de clichés répétitifs : a burning issue, burning stakes, a bone of contention, a hot potato, to be in dire straits... ». (Rapport HEC 2006)*
- Correction grammaticale et syntaxique
  - *« C'est surtout la forme et la précision de l'expression qui laissent le plus à désirer. En effet, comme chaque année, on remarque que de nombreux candidats éprouvent souvent les mêmes types de problèmes : le système verbal et l'emploi des temps (le présent utilisé au détriment du passé du futur, du conditionnel...), l'utilisation inappropriée de l'article défini, les prépositions, les accords, les faux-amis, des mots inventés (*evolute, *confrontated, *revolutionarian...)... »* (Rapport ESSEC 2008)
- Qualité phonologique et intonative : réalisation des phonèmes, accents de mot, accents de phrase
  - *« Les examinateurs soulignent que les faiblesses liées à la prononciation, l'accent tonique et l'intonation sont des handicaps majeurs pour bon nombre de candidats. On ne peut insister assez sur la nécessité de bien maîtriser ces aspects de l'oral. Ils devraient faire l'objet d'une attention particulière tout au long des années de préparation. »* (Rapport ESSEC 2013)
  - *« Sur le plan linguistique, des fautes d'accent de mot (*government au lien de government, *economics au lieu de economics) et de phonétique ("I'm studying law", pas "low") rendent parfois la compréhension difficile ».* (Rapport HEC / ESCP admission directe, 2003)

## B. Richesse de l'analyse

- Compréhension du texte
- Présentation intelligente et rigoureuse des arguments
- Capacité à dégager l'essentiel de l'accessoire
- Capacité à justifier son point de vue
- Connaissances culturelles sur les pays anglo-saxons

Notez que les supports utilisés à l'oral sont loin de tous nécessiter le même bagage culturel. Entre un article sur les débats politiques provoqués par l'introduction des **top-up fees** dans les universités britanniques et l'éternel texte sur l'obésité ou le développement durable, il semble y avoir un monde. Dans un cas, des connaissances précises sur le système éducatif et les doctrines des différents partis sont nécessaires pour élaborer un commentaire tant soit peu informé là où, dans l'autre cas, un certain bon sens citoyen sera suffisant. C'est du moins ce qu'on pourrait penser de prime abord, mais il faut ici apporter deux nuances :

- d'une part, même les sujets d'actualité les plus rebattus peuvent donner au candidat l'occasion de faire la différence sur le plan culturel. Le candidat qui se bornera à dire que le réchauffement climatique est bien inquiétant et le développement durable bien nécessaire fera pâle figure face à celui qui saura, (**si besoin et en fonction du texte**), rappeler dans le commentaire avec précision les mesures proposées par tel pays, voire par tel état aux États-Unis, ou qui convoquera ses connaissances sur l'ère Bush et la doctrine des partis américains sur l'environnement pour redonner un peu de champ à la réflexion et faire montre de « **cultural awareness** ».
- d'autre part, le danger symétrique d'un texte riche en références culturelles, qui déclencherait chez le candidat bien préparé un certain nombre de réflexes pavloviens, ne peut être ignoré. Le plaquage des connaissances à mauvais escient visant, dans certains cas, à masquer un manque d'implication personnelle dans la discussion, est souvent sanctionné, et à juste titre.

  - *« Il faut connaître les sujets proposés ! Le manque de connaissances sur l'actualité des pays en question depuis un an peut s'avérer un handicap majeur pour aborder certains sujets ».* (Rapport ESSEC 2007)
  - *« Les lacunes constatées renvoient non seulement aux limites de la langue mais également à un manque de connaissances des pays et des sociétés anglophones. À ce sujet, des examinateurs constatent que peu de candidats ont réellement mis à profit leurs séjours dans des pays anglophones ».* (Rapport ESSEC 2006)

## C. Interaction avec le jury

- Contrôle de l'émotivité
- Capacité à emporter la conviction
- Goût pour l'échange

  - *« Certains candidats paraissent étonnés lorsque l'examinateur quitte le sujet du texte pour poser des questions sur leur carrière future ou leurs centres d'intérêt. Ce genre de dialogue, qui teste la capacité des candidats à s'exprimer de façon spontanée et sans hésitation, constitue un élément essentiel de l'épreuve ».* (Rapport HEC 2006)
  - *« [Il faut] un meilleur entraînement à la troisième phase de l'oral où l'expression est plus libre et ouverte. On note toujours une transition difficile entre la première partie (qui est préparée, où des candidats se tiennent trop à une lecture à peine cachée de leur préparation) et la suite de l'oral ».* (Rapport ESSEC 2008)
  - *« Il faudrait que les candidats comprennent qu'aucun sujet n'est tabou et que les examinateurs peuvent leur demander de s'exprimer sur tous les sujets, y compris sur la politique ou la religion. Certains candidats semblent avoir peur de prendre une position claire par crainte d'offusquer les examinateurs. Il faut souligner que c'est la qualité de l'anglais et la clarté de l'argumentation qui sont notées et non l'avis personnel du candidat ».* (Rapport HEC / ESCP admission directe 2004)

PARTIE II

# Maîtriser les notions de civilisation

# 1 Politics and institutions

# I. The UK political system

## A. A Parliamentary Monarchy

The United Kingdom is **a parliamentary monarchy**. Since the 1688 Glorious Revolution, the powers of the sovereign have been limited by Parliament. Because Britain has no such thing as a unique and founding text comparable to other nations' Constitutions, the relationships between the Crown, Members of Parliament and the people are governed by a whole series of statutes, court judgments, traditions and conventions that make up the country's "unwritten" or "uncodified" constitution.

The monarch has gradually come to have an essentially **symbolic function** as head of State of the United Kingdom and of the British overseas territories. The sovereign embodies the cohesion of the nation, which accounts for the fact that he / she must remain politically impartial and cannot vote.

The powers of the monarch, known as **the Royal Prerogative**, are, however, still extensive, but most of them are exercised not by the monarch personally, but by ministers acting on his / her behalf. Although the monarch's role is limited to non-partisan functions, he / she has a close relationship with the Prime Minister, retaining the right to appoint and meet with him / her on a regular basis. In 1867, essayist Walter Bagehot wrote that the sovereign, who stands for the "dignified" rather than the "efficient" part of government, has "the right to be consulted, the right to encourage, the right to warn". In theory, the monarch decides whom to call to form a government after a general election but, in practice, he / she has no influence on the choice of the head of government, unless there is a hung Parliament.

The monarch's duties include opening each new session of Parliament, by delivering the **Crown Speech** (also known as the "Gracious Address" and the "Speech from the Throne"), actually written by the Prime Minister. This precise example very well shows that the monarch performs almost all his / her formal roles under the Prime Minister's guidance; **he / she "reigns but does not rule"**. Parliament can be dissolved by the sovereign at the request of the Prime Minister. The sovereign grants Royal Assent to bills passed in Parliament, thereby turning them into acts. He / she can also create new peers, grant honours or give the Royal Pardon, although such decisions are mostly the result of recommendations.

In addition to playing a formal role in the UK Parliament, the monarch is **Head of the Armed Forces**. Only he / she can declare war or peace, even though these powers cannot be exercised on the monarch's own initiative but only on the advice of the Prime Minister.

Besides, the British monarch has the title of "**Supreme Governor of the Church of England**" and appoints archbishops and bishops.

The monarch is also Head of the Commonwealth, a free association of independent states which had formerly been part of the British Empire. Some of these states – among which Australia, New Zealand and Canada – recognise the British sovereign as head of State.

The pageantry surrounding royal ceremonies increasingly draws criticism at a time when critics of the monarchy get more and more vocal. Republicans argue that the monarchy is an expensive, unrepresentative and redundant office of state. Despite the involvement of the royals in a number of charities, critics argue that they can hardly be taken as role models these days. Tabloids have eagerly drawn the public's attention to marital scandals, Prince Charles's second marriage and Prince Harry's occasionally undignified behaviour for which Buckingham had to apologise repeatedly. Queen Elizabeth II herself has been subject to various degrees of criticism from the media on a number of occasions. As a reaction to public criticism, she decided to cut her Civil List and started paying taxes on her income in 1993. In 1997, her aloofness and apparent lack of grief following the death of Diana, Princess of Wales, was resented by part of the population who probably wished for a more compassionate attitude.

However, the outpouring of public emotion following the death of the Queen Mother in 2002 showed that at least part of the British population still respects the monarchy and what it stands for. Though the throne has long been emptied of any political function, some argue that its symbolic value remains an integral part of British identity.

#### ➡ Vocabulary

**a Member of Parliament (an MP):** *un parlementaire*; **a statute:** *une loi écrite*; **overseas (adj):** *d'outre-mer / à l'étranger*; **to act on sb's behalf:** *agir au nom de qqun*; **to appoint sb (as)… :** *nommer qqun (au poste de)…* ; **a general election:** *des élections législatives*; **a hung Parliament:** *un Parlement nouvellement élu dont aucune majorité ne se dégage*; **Royal Assent:** *l'assentiment royal*; **a bill:** *une proposition de loi*; **to pass a bill:** *voter un projet de loi*; **thereby:** *de cette façon, par ce moyen*; **an act:** *une loi*; **a peer:** *un pair du royaume*; **to grant honours:** *accorder des distinctions honorifiques*; **the Royal Pardon:** *la grâce royale*; **an archbishop:** *un archevêque*; **a bishop:** *un évêque*; **pageantry:** *la pompe*; **a critic:** *un opposant, un détracteur*; **to be vocal:** *se faire entendre*; **redundant:** *inutile*; **involvement:** *implication*; **the royals:** *les membres de la famille royale*; **a charity:** *une organisation caritative, une œuvre de bienfaisance*; **tabloids:** *la presse populaire*; **to cut:** *couper / réduire*; **the Civil List:** *la liste civile (somme allouée au chef de l'État pour les dépenses qu'occasionne sa fonction)*; **the income tax:** *l'impôt sur le revenu*; **aloofness:** *attitude distante*; **grief:** *le chagrin*; **to resent sth:** *être contrarié par / indigné de*; **an outpouring of emotion:** *un déferlement d'émotion*; **to stand for sth:** *représenter qqch*; **to form an integral part of:** *faire partie intégrante de*

## B. Parliament

The United Kingdom has **a bicameral Parliament**, which is composed of the House of Commons and the House of Lords.

- **The House of Commons** is traditionally regarded as **the Lower House**, although it is the main parliamentary arena for political battle. As the elected Chamber of

Parliament, its main purpose is to discuss and decide upon government policy. A Government can only remain in office for as long as it has the support of a majority in the House of Commons. The House of Commons is elected for a maximum of five years. Along with the House of Lords, the House of Commons is part of **the law-making process**, but the Commons has precedence over the non-elected House of Lords. "Money bills", concerned solely with taxation and public expenditure, are always introduced in the Commons and must be passed by the Lords without amendment. When the two houses disagree on a non-money bill, the will of the elected chamber prevails. The House also scrutinises the work of the Government by questioning the government during **Question Time**.

The seating arrangements in the House of Commons emphasise the two-party system: MPs who hold office in the government sit on the government front bench, to the right of the **Speaker**, and are called **frontbenchers**. Opposition MPs who belong to **the Shadow Cabinet** sit on the opposite front bench, to the left of the Speaker. Other MPs sit on the benches behind and are called **backbenchers**.

Backbenchers have more freedom to speak as they are not as constrained by loyalty to the government. On 18 March 2003, in protest against Tony Blair's decision to go to war in Iraq, the late Robin Cook addressed the House to explain why he had decided to resign from **the Cabinet**: "*This is the first time for 20 years that I have addressed the House from the back benches. I must confess that I had forgotten how much better the view is from here*," he said, using some obvious double-entendre. "Back benches" indeed physically overhang the front benches, therefore effectively providing a better view, but they also symbolise the regained freedom that can endow policymakers with a fresher perspective on events.

**Whips** are responsible for party discipline. They notably have to make sure that MPs are present for important votes and debates.

- **The Upper House** of Parliament is **the House of Lords**. It is made up of non-elected members, called peers or peeresses. The main powers of the Lords include legislative delay and the revision of bills.

  The House is composed of **Lords Temporal** (hereditary peers, life peers, high judicial officers) and **Lords Spiritual** (archbishops and bishops of the Church of England). In 1997, the Labour Party made it clear in its manifesto that it would complete the long-awaited reform of the House of Lords: "*We are committed to completing House of Lords reform, including removal of the remaining hereditary peers, to make it more representative and democratic.*" For centuries, the House of Lords had included several hundred members who inherited their seats but the **1999 House of Lords Act** removed such a right. Nevertheless, as part of a compromise, the Act did permit ninety-two hereditaries to remain in the House on an interim basis. In March 2007, the House of Commons voted by a large majority for **an all-elected Upper House**, but the House of Lords retorted by voting for an all-appointed House. How the reform of the House of Lords will be completed remains to be settled.

➠ **Vocabulary**

**bicameral:** *bicaméral, composé de deux chambres*; **the House of Commons:** *la Chambre des Communes*; **the Lower House:** *la Chambre basse du Parlement*; **a policy:** *une politique (ensemble de mesures)*; **to be in office:** *être au pouvoir / en fonction*; **the law-making process:** *le processus législatif*; **to have precedence over:** *avoir préséance sur*; **to prevail over:** *l'emporter sur*; **to scrutinise:** *examiner minutieusement*; **Question Time:** *la séance de questions au gouvernement*; **to emphasise:** *souligner, mettre en évidence*; **the Speaker (UK):** *le Président de la Chambre des Communes*; **a frontbencher:** *un ministre (ou un membre du cabinet fantôme)*; **the Shadow Cabinet:** *le cabinet fantôme (gouvernement virtuel formé par le principal parti d'opposition)*; **a backbencher:** *un député sans portefeuille ministériel*; **the late (+ first and family names):** *feu (+ prénom et nom)*; **to resign:** *démissionner*; **the Cabinet:** *le Cabinet (ensemble des membres du gouvernement en charge des principaux portefeuilles ministériels)*; **double-entendre:** *ambiguïté sémantique*; **to overhang:** *surplomber*; **to endow sb with sth:** *doter qqun de*; **a whip:** *un député chargé de veiller à la discipline de vote de son groupe*; **the Upper House:** *la Chambre haute du Parlement*; **the House of Lords:** *la Chambre des Lords*; **Lords Temporal:** *les Lords temporels [/ pairs laïcs]*; **Lords Spiritual:** *les Lords spirituels [/ Lords ecclésiastiques]*; **long-awaited:** *qui n'a que trop tarder*; **to settle sth:** *régler, résoudre*

## C. The executive

Political power is supposed to be ultimately exercised by the bicameral Parliament. In practice, however, political power is exercised by the Prime Minister *through* Parliament. Indeed, **the government**, which has the main **executive** role, **often encroaches upon the legislative** through the pressure it exerts on its own MPs, who can be asked to respect party discipline.

**The Prime Minister** wields considerable power. He appoints high officials, decides on the government's policy, including foreign policy, and presides over the Cabinet. The Cabinet lies at the heart of the British political system. It is **the highest decision-making body** in government. The Prime Minister is the one who decides who the members of the Cabinet will be – usually around 20 ministers, including the **Secretaries of State** from all departments. All senior ministers, including the Home Secretary, the Lord Chancellor, the Chancellor of the Exchequer and the Foreign Secretary automatically belong to the Cabinet. All of them meet in **Downing Street** every Thursday to discuss the big issues of the moment.

**A Shadow Cabinet**, is the Cabinet of an opposition party. Its members specialise in the portfolios of the ministers they are supposed to criticise, questioning their decisions and proposing policy alternatives. The Shadow Cabinet is an institution of British political life and is a means of involving the whole political spectrum, and therefore the whole population, in the country's problems. The members of the main opposition party's Shadow Cabinet are also meant to become actual ministers, in case the incumbent majority should be overturned in a general election.

Although the Cabinet has no legal powers as such, since they are held by Secretaries of State, it has **collective responsibility** before Parliament. More often than not, the Cabinet does nothing but ratify the decisions that have already been made by the Prime Minister. All members are bound to support Cabinet decisions regardless of any private reservations on the agreed upon policy in the name of the principle of collective responsibility.

Theoretically, the Prime Minister is **"first among equals"** but in practice the use he makes of the Royal Prerogative including the power to expel ministers from the Cabinet and determine their portfolios in **a cabinet reshuffle** means that the Prime Minister has a high degree of control over the ministers. As early as 1976, Lord Hailsham, who was soon to become Lord Chancellor in Mrs Thatcher's government, coined the expression **"elective dictatorship"** to expose what he saw as the increasing imbalance between authority and accountability. The excessive concentration of power (nothing can limit the power of a government supported by an overwhelming majority) has recently fuelled increasing criticism. This led Gordon Brown, in his first statement before the House of Commons as Prime Minister, to outline a number of constitutional changes to make the British Government "a better servant of the people". In his address, Mr Brown said he would "surrender or limit" powers in twelve areas, including royal prerogatives such as declaring war. MPs would also be given the final say on international treaties and would hold US-style confirmation hearings for appointees to important public posts – such as the chief inspector of prisons and the local government ombudsman.

Another controversial point in British politics is the growing importance of spin doctors. The term can be used somewhat loosely but it generally refers to party officials, government press officers and special advisers. The role of the spin doctor is to put the best possible gloss on governmental policies, so that the desired interpretation is conveyed to the public. Spin doctors are conversant with such devices as soundbites, understatements, hyperboles and bombastic rhetoric. The way they work is sarcastically described by Nicholas Jones, a BBC political correspondent, in *Soundbites and Spin Doctors* (1996):

> *"Their natural habitat is around Westminster and at party conferences. They give advice on the content of speeches and the likely implication of votes and decisions. Their busiest times are immediately after major political developments, when journalists are often desperate to speak to authoritative sources capable of giving them an instant interpretation of what has happened and also background guidance on the likely consequences... The most manipulative conversations tend to take place in private."*

During the 80s, two leading political figures, Peter Mandelson (Labour's campaigns director from 1985 to 1990 and subsequently a Labour minister) and Bernard Ingham (Margaret Thatcher's press secretary) earned quite a reputation for their spinning skills. In recent years, Alastair Campbell, Tony Blair's Director of Communications, earned a similar reputation, especially when he was supposedly in charge of exaggerating the threat posed by Saddam Hussein's alleged weapons of mass destruction (WMDs) in the run-up to the Iraq War. In the wake of the Hutton inquiry into the circumstances surrounding the death of David Kelly, an MoD employee and an expert in biological warfare who had discussed the government's dossier on WMDs with the BBC, Alastair Campbell resigned, which led some commentators to say that he had served as Tony Blair's fall guy at a time the Labour government was facing a severe credibility crisis.

### ➠ Vocabulary

**to encroach upon:** *empiéter sur*; **to wield power:** *exercer un pouvoir*; **a Secretary of State:** *un ministre*; **a senior minister:** *un ministre de haut rang*; **the Home Secretary:** *le ministre de l'Intérieur*; **the Lord Chancellor:** *le Garde des Sceaux*; **the Chancellor of the Exchequer:** *le ministre des Finances*; **a portfolio:** *un portefeuille ministériel*; **the whole political spectrum:** *l'ensemble de la classe politique*; **the incumbent majority:** *la majorité sortante*; **more often than not:** *la plupart du temps*; **to overturn a majority:** *renverser une majorité*; **regardless of:** *sans tenir compte de*; **a Cabinet reshuffle:** *un remaniement gouvernemental*; **to coin an expression:** *inventer une expression*; **to expose:** *mettre à jour, dénoncer*; **accountability:** *responsabilité*; **an overwhelming majority:** *une majorité écrasante*; **to outline:** *dessiner les contours de*; **to have the final say:** *avoir le dernier mot*; **a hearing:** *une audition*; **an appointee:** *un candidat retenu*; **an ombudsman:** *un médiateur*; **politics (+ singular verb):** *1 / la politique, la vie politique 2 / les sciences politiques*; **politics (+ plural verb):** *les opinions politiques*; **a spin doctor:** *un conseiller en communication*; **gloss:** *le vernis*; **to be conversant with sth:** *bien maîtriser qqch*; **a device:** *un procédé*; **a soundbite:** *une « petite phrase » (lâchée dans les médias pour retenir l'attention du public)*; **an understatement:** *une litote*; **bombastic:** *ampoulé, grandiloquent*; **authoritative:** *digne de foi, qui fait autorité*; **alleged:** *allégué, soi-disant*; **weapons of mass desctruction:** *les armes de destruction massive*; **the run-up to war:** *l'escalade vers la guerre*; **in the wake of:** *suite à, dans le sillage de*; **an inquiry into sth:** *une enquête au sujet de qqch*; **MoD = Ministry of Defense; warfare:** *la guerre, l'art de la guerre*; **a fall guy:** *un fusible*

## D. Political parties

**The Conservative Party** (also called the Tory Party) traditionally advocates right-wing policies (tax cuts, free enterprise, freedom of choice in education, individual responsibility…), strong government and liberal economic policies deriving from the 19th-century "laissez-faire" ideology. Although the party is still influenced by Thatcherism which, back in the 1980s, translated into a drastic reduction of public spending and the privatisation of national industries, it has recently moved to a philosophy known as centre-right "compassionate conservatism" at its current leader **David Cameron**'s behest. That is why issues such as environmentalism and social justice, which had so far been associated with social democratic movements, are now said to be high on the party's agenda.

**The Labour Party** has traditionally been the party of the working class, defending high public spending on social services and education but, under the leadership of Tony Blair, the Labour Party has changed and been modernised, calling itself **New Labour**. It is now less dependent on trade unions and no longer dedicated to the nationalisation of key industries, advocating a mixed economy instead. With his "Third Way", Tony Blair tried to develop social justice within a competitive market economy and led the party to abandon its dedication to the party's Clause Four which, until 1995, promised to "*secure for the workers by hand or by brain the full fruits of their industry and the most equitable distribution thereof that might be possible upon the basis of the common ownership of the means of production, distribution and exchange, and the best obtainable system of popular administration and control of each industry and service*". In 1995, Tony Blair demanded that this clause should be updated, thus successfully moving his party to the centre of British politics. No radical move away from Blairism was attempted by Blair's successor Gordon Brown, who had taken office on 27 June 2007 and found it hard to gather his party's full support.

**The Liberal Democrats** (often nicknamed "Lib-Dems") are centre-left. They advocate a mixed economy and less centralisation, further European integration and proportional representation in general elections. A key element of their programme is that an extra penny on income tax should pay for increased spending on education. The party is traditionally supportive of a multilateral foreign policy, and quite logically opposed British participation in the war on Saddam Hussein's Iraq.

In May 2010, in the wake of indecisive elections, the Conservatives forged what many termed an "unlikely" coalition with the Liberal Democrats, thus putting an end to 13 years of Labour Party rule. The "Big Society", David Cameron's flagship policy in the 2010 general election, was then incorporated in the legislative programme of the Coalition Agreement. While it stated aim was to empower local people and communities (therefore transferring power and initiative from "big government" to a "big society"), critics derided it as a cynical mechanism for reducing the size of the state and trying to dignify public-sector cuts. Overall, although there have been repeated squabbles between Tory and Lib Dem MPs and ministers over such key issues as immigration or education, relations between Prime Minister David Cameron and Nick Clegg, his Liberal Democrat Deputy, still seem to remain strong in early 2014.

### ➠ Vocabulary

**to advocate:** *préconiser*; **free enterprise:** *la libre entreprise*; **at the behest of:** *sous l'impulsion de*; **to be high on sb's agenda:** *faire partie des priorités de qqun*; **thereof:** *de cela*; **to take office:** *entrer en fonction*; **a flagship policy:** *une mesure-phare*

## E. The 2009 expenses scandal

Details of MPs' expenses claims used to be kept secret but, in 2008, Freedom of Information campaigners eventually won a High Court case to have them released after years and years of battling the House of Commons, which deemed such demands "unlawfully intrusive". The Commons authorities reluctantly announced in April 2009 that full publication of expenses would soon be made but said that some sensitive information needed to be withheld. However, the *Daily Telegraph* began publishing leaked details in daily instalments from May 8th, leading to **an uproar over improper use of public funds.**

MPs had long been allowed to claim expenses to cover the cost of running a second home, on account of the fact that they have to live both in their constituencies and in London where they attend Parliament. The "additional costs allowance" they were awarded was worth up to £24,006 in 2008/9 for MPs representing seats outside central London. It covered mortgage interest payments on second homes and utility bills – but stories about MPs claiming for lavish gardening expenses, refurbishments and state-of-the-art home cinema equipment deeply shocked public opinion. Things got even worse when it appeared that MPs were eligible for **the "second-home allowance"** even as they rented out other homes and that some had repeatedly switched the designation of their second homes (a practice that came to be known as "flipping"), in order to renovate both properties or to evade the capital gains tax when selling their homes.

Constituents were so angry at the revelations in the *Daily Telegraph* that several MPs announced they would be repaying claims while others, including several Cabinet members and the Speaker of the House, were forced to step down.

In the wake of this far-reaching controversy, an independent committee on standards in public life, set out recommendations on how the system should change and a new watchdog, **the Independent Parliamentary Standards Authority** was created.

The expenses scandal was expected to have long-lasting consequences on British political life. Opinion polls showed that minority parties, among which the British National Party, were likely to capitalise on established parties' discredit, merely by standing on **anti-sleaze platforms**.

### Vocabulary

**an expenses claim:** *une note de frais*; **reluctantly:** *avec des réticences, de mauvaise grâce*; **to withhold information:** *taire des informations*; **a leak:** *une fuite (sens propre et figuré)*; **an instalment:** *un épisode / un versement;* **(an) uproar:** *un tumulte / une tempête de protestations;* **a constituency:** *une circonscription électorale;* **mortgage:** *emprunt immobilier;* **a utility:** *un service public;* **to claim for sth:** *demander à être remboursé d'une dépense;* **lavish (adj):** *somptueux / très coûteux;* **refurbishment:** *réaménagement, remise à neuf*; **state-of-the-art (adj):** *dernier cri*; **even as:** *au moment où*; **a capital gains tax:** *un impôt sur les plus-values*; **constituents:** *les électeurs, les administrés;* **to step down:** *se retirer, démissionner;* **a watchdog:** *une autorité de surveillance / une association de défense de certains droits*; **sleaze:** *la corruption*; **a political platform***: un programme électoral*

## F. Devolution

Devolution is the transfer of some authority or power from the central government of a sovereign state to government at a subnational level. It differs from federalism because the powers devolved can be granted to regional or local authorities only on a temporary basis. They ultimately reside in central government so much so that the unity of the state remains fundamentally unaffected.

Both Wales and Scotland, which were originally separate from Britain, have retained distinctive social and cultural characteristics. In 1979, a referendum was held on whether some regional powers should be devolved to them: in Wales, devolution was rejected by a landslide and in Scotland the needed 40% participation was not even reached for the results to be valid.

In May 1997, Tony Blair's Labour government was elected with a promise of creating devolved assemblies in an effort to make government more responsive to the wishes of people locally. After the two referenda resulted in a "yes" vote in 1997, the 129-seat **Scottish Parliament** and the 60-seat **National Assembly for Wales** were created in 1998. Both of them can legislate freely in the fields of education, culture, transport and health but the UK Parliament retains full jurisdiction over such reserved issues as foreign policy, defence, immigration and national security.

Devolution is widely seen today as a positive measure, although what has come to be referred to as **the "West Lothian question"** is still pending. The term indeed refers to the constitutional anomaly that derived from the devolution: because laws for issues such as health care are now made in the Scottish Parliament and the Assembly for Wales, UK MPs representing Scottish and Welsh constituencies cannot vote on them but they can still vote on laws affecting this issue in England, which are still made in the House of Commons. The question was first posed in 1977 by an MP for the Scottish constituency of West Lothian during an early debate over Scottish and Welsh devolution.

In October 2012, the Scottish Government and the United Kingdom Government signed the Edinburgh Agreement on the terms of the Scottish Independence referendum to be held in September 2014. In early 2014, as several polls showed that the proportion of Scots willing to leave the UK had risen, Labour, the Conservatives and the Liberal Democrats united to declare that an independent Scotland could not share the pound, while the EU Commission president added that it would be very difficult for Scotland to join the EU on its own.

### ➨ Vocabulary

**an electoral landslide:** *un raz-de-marée électoral*; **a referendum (two referenda):** *un référendum*; **to have jurisdiction over:** *avoir autorité sur, être compétent pour*; **a reserved issue:** *un domaine réservé*; **pending (adj):** *en suspens, en souffrance*

## G. The UK and Europe

There have always been strong anti-European feelings in Britain, as evidenced by a 2007 *Financial Times* poll which found that 52% of British citizens thought life had got worse since their country eventually joined the EU in 1973. Before that Britain had applied for membership twice in 1963 and 1967, but French President de Gaulle vetoed the UK's bid twice, on the grounds that the UK was much closer to US policies than to European ones and could therefore end up sabotaging the community.

The debate between **Eurosceptics** and **Europhiles** has been ongoing in British political life for years. The two main parties have within them a broad spectrum of views as to the merits and shortcomings of the EU. Although in the 1970s and the early 1980s Labour was definitely the more Eurosceptical of the two, the trend seems to be reversed today, with a majority of Conservatives who are typically against further involvement with the EU. Contrary to Labour and the Conservative

Party, the UK's third largest parliamentary party, the Liberal Democrats, is certainly not split into Eurosceptical and pro-European factions. It actually is widely pro-EU, although it advocates institutional reform and a greater role for national parliaments in scrutinising EU legislation. At the far end of the right wing, the United Kingdom Independence Party and the British National Party certainly cannot be accused of ideological fuzziness over the issue: they have consistently campaigned for the UK's complete withdrawal from the EU for years.

Tony Blair's ten-year government is said to have been largely pro-European but it found itself at odds with several European countries when it came to deciding upon the invasion of Iraq. On this occasion, Britain proved once again much closer to the US than to the political core of Europe.

Moreover, the promised **referendum** on whether Britain should join the eurozone has never been held. From the moment the Treasury decided in 2003 that conditions for entry into the euro had not been met, Britain's membership of the single currency has almost been a dead issue on the political stage. Yet the pound's decline has recently prompted renewed calls for Britain to join the euro, based on the claim that Britain has paid a steep price for staying the odd one out. Now that the pound is weak against the euro, concerns about the vulnerability of British banks are on the rise, especially at a time when the eurozone rightly or wrongly seems to offer some kind of collective security against a systemic crisis in the banking system. The arguments against are naturally that joining the eurozone would have done little to spare Britain from recession and that by relinquishing its monetary independence, Britain would lose a much-needed flexibility. For instance, it would become subject to a single interest rate that may not be suitable for its particular stage of the business cycle at a given time.

Britain's euroscepticism has long been fuelled by **a Europhobic popular press** which makes a point of exposing – some would say inventing – stories about absurd bureaucracy and over-regulation. Some quality papers, among which *The Times*, also consistently take a broadly eurosceptical line, as shown by a leader published in January 2009:

> *"Even the greatest financial crisis in a generation will eventually pass; but the constitutional change marked by the abolition of the pound would be irrevocable. The euro debate should be immunised from short-run questions of the level of sterling. [...] It is part of the logic of the integrationist project, and is acknowledged in the statements of European leaders that monetary union is a stage towards political union. Political union is neither desirable nor democratic. British foreign and defence policy, welfare provision and economic priorities are the prerogative of Britain's Parliament, and must remain so."*

In an effort to renegotiate the terms of Britain's membership, Prime Minister David Cameron said in May 2014 that he would guarantee an in/out EU referendum in 2017 if he won the 2015 general election.

### ➡ Vocabulary

**as evidenced by…:** *comme… le prouve*; **a bid:** *une tentative*; **on the grounds that…:** *au motif que…*; **ongoing:** *en cours*; **a trend:** *une tendance*; **ideological fuzziness:** *flou idéologique*; **consistently:** *invariablement*; **to be at odds with:** *être en désaccord avec*; **when it comes to (+ –ING):** *quand il s'agit de*; **to prove (to be) (+ adj):** *s'avérer*; **a steep price:** *un prix élevé*; **to be the odd one out:** *être une exception / rester à l'écart*; **rightly or wrongly:** *à tort ou à raison*; **to spare sb from sth:** *épargner qqch à qqun*; **to relinquish sth:** *renoncer à qqch*; **to fuel (rumours, feelings…):** *alimenter*; **to make of point of (+ –ING):** *mettre un point d'honneur à*; **an in/out EU referendum**: *un référendum sur l'appartenance à l'Union européenne*

## H. Northern Ireland

After 30 years of violence between **Protestant Unionists**, who want Northern Ireland to remain part of the UK and **Catholic Nationalists**, who want Northern Ireland to be reunited with the Republic of Ireland, the peace process eventually began with the signing of **the Good Friday Agreement in 1998**. The agreement created a democratic assembly with many devolved powers as well as a cross-party cabinet to govern Northern Ireland.

But the peace process faltered, notably on issues such as the decommissioning of weapons, and in 2002 Britain resumed direct rule of Northern Ireland, with elections postponed until November 2003. In these, the Democratic Unionist Party (DUP) and Sinn Féin, the political wing of the Irish Republican Army, topped the polls. Only in 2007, however, did Sinn Féin agree to support police and courts in the province, which paved the way for peaceful joint rule. In March 2007, voters again went to the polls and two months later, a devolved government returned with power sharing between Protestants and Catholics.

Though widespread sectarian violence is today over, Northern Ireland is still faced with a number of challenges. For one, Sinn Féin still has to manage the unfinished transition from terrorism to peacetime politics. In addition, Belfast is still a deeply segregated city. Protestants and Catholics may work in the same businesses, but they overwhelmingly educate their children separately. More striking still is the fact that the number of "peace walls" aimed at preventing petrol bombs from being thrown between the communities has actually risen since 1998.

### ➡ Vocabulary

**cross-party (adj):** *qui comprend des members issus de plusieurs partis*; **the decommissioning of weapons:** *la mise hors service des armes*; **to resume sth:** *reprendre une activité*; **to top the polls:** *l'emporter dans une élection*; **to pave the way for:** *ouvrir la voie à*; **joint rule:** *autorité conjointe*; **to go to the polls:** *se rendre aux urnes, voter*; **a business:** *une enterprise*; **overwhelmingly:** *à une écrasante majorité*

# II. The US political system

## A. Founding texts

Thomas Jefferson presided over the committee that drafted the **Declaration of Independence**, adopted on July 4th, 1776 (July 4th is now the national day of the US), which announced that the thirteen American colonies then at war with Great Britain were no longer part of the British Empire. National emblems naturally draw on this landmark in American history. The American flag, **The Stars and Stripes**, has 13 stripes representing the original 13 colonies that rebelled against the British Crown and fought for their independence and 50 stars for the 50 present states. It is frequently displayed on public buildings as a symbol of unity but also on private residences as a token of patriotism. **The Star-Spangled Banner** is the national anthem of the US. It was inspired by America's resistance to the British attack on Fort McHenry during the Battle of Baltimore in the 1812 war.

The Declaration justified the independence of the US by drawing up a list of colonial grievances against King George III and asserting the natural rights of the governed: "We hold these truths to be self-evident that all men are created equal, that they are endowed by their Creator with certain unalienable rights; that among these are life, liberty and the pursuit of happiness". Following Locke's ideas, the Declaration also introduced a right of revolution, stating that citizens are justified in overthrowing a government which does not respect the will of the majority.

In 1787, the **American Constitution** was drafted by a convention of 55 delegates, later to be referred to as the Founding Fathers. Foremost among them were George Washington, Benjamin Franklin, James Madison and Alexander Hamilton. The Constitution was initially composed of seven articles which defined the balance of power between the federal government and each state as well as the role of each branch of government (the legislative, the executive and the judicial) and the rights of individual citizens. It was widely inspired by the writings of the English philosopher John Locke who advocated a social contract between the people and its government in order to guarantee the natural rights of the former, by Montesquieu's theory of the separation of powers, as well as by the British Magna Carta and Habeas Corpus Act.

Ten Amendments, which provided legal protection for basic individual rights against the potentially excessive power of a centralised government, were ratified in 1791, forming a sort of charter known as the **Bill of Rights**. The 1st Amendment guarantees freedom of speech, freedom of religion and freedom of the press. It also contains the Establishment Clause, which affirms the separation of Church and State. The 2nd Amendment guarantees the right to keep and bear arms. The 8th Amendment prohibits "cruel and unusual" punishment and is therefore often called upon by death penalty opponents.

Other Amendments were later added. The **Reconstruction Amendments,** adopted in the wake of **the Civil War** (1862-1865), were intended to restructure the United States from a country that was (in Abraham Lincoln's words) "half-slave and half-free" to one in which the "blessings of liberty" would be granted to *all* male citizens including former slaves. The 13th Amendment (1865), which Southern states had to approve in order to re-enter the Union, made slavery illegal. The 14th Amendment (1868) asserted that no state could "deprive any person of life, liberty and prosperity without due process of law". In 1870, the 15th Amendment granted the right to vote to all male citizens regardless of their race or colour. Several southern states, however, maintained rigorous voter qualification laws (including poll taxes and literacy tests) and other segregation laws (the Jim Crow laws) in schools, buses and other public spaces, until the 1964 Civil Rights Act. In 1920, the 19th Amendment gave women the right to vote.

### ➠ Vocabulary

**to draft:** *préparer, rédiger*; **a landmark:** *une étape majeure*; **a stripe:** *une rayure*; **a token of:** *un symbole / un témoignage de*; **the Star-Spangled Banner:** *la bannière étoilée*; **a national anthem:** *un hymne national*; **grievances:** *des griefs*; **to overthrow a government:** *renverser un gouvernement*; **foremost (adj):** *premier, plus important*; **the Bill of Rights (US):** *la « Déclaration des droits » (ensemble des dix premiers amendements ajoutés à la Constitution)*; **the Establishment Clause:** *la clause dite de « non-établissement »*; **to call on / upon sth:** *invoquer qqch*; **the Civil War:** *la Guerre de Sécession*; **a poll tax vote:** *suffrage censitaire*; **a literacy test:** *un test mesurant le degré d'alphabétisation*; **the Jim Crow laws:** *les lois ségrégationnistes*

## B. The three branches of government and the system of "checks and balances"

The representation of the people by direct suffrage, the defence of individual rights and the balance between the powers of the federal government (responsible, among other fields, for foreign affairs and national security) lie at the core of the American democracy. Its workings rely on the balance between three government branches, each with separate powers and the ability to check each other – hence the expression "a system of checks and balances".

According to Article One of the Constitution, all **legislative** powers are vested in a bicameral **Congress** that consists in the **House of Representatives** and the **Senate**. Congressmen are elected directly by the people. In the Senate, each of the 50 states is equally represented by two seats, regardless of population, whereas in the House of Representatives (435 members including **the Speaker**) each state receives representation in the House in proportion to its population. Senators traditionally enjoy greater prestige than Representatives, probably because they serve longer terms (six years as opposed to two years) and are less numerous. In addition, the Senate is often considered a less partisan chamber, one that is therefore more likely to work out acceptable compromises that transcend political barriers. Congress passes federal laws, raises taxes, declares war, funds the military and regulates commerce. Filibustering consists in extending the debate upon a proposal in order to delay or prevent the vote. Senate rules permit a Senator or a series of Senators to speak for as long as they wish on a given topic, unless a filibuster-proof majority (three fifths of the Senate) brings obstructionism to a close by invoking cloture.

The majority party in Congress is not always the same as the party of the President. Between 1994 and 2000, Democratic President Bill Clinton had to govern with a Republican-led Congress and in 2006-2008, Democrats held the majority in Congress at a time Republican George W. Bush was still President.

US politics is often said to be a web of countervailing **lobbies**. Be they ethnic minorities, gun-owners, labour unions, religious groups or the representatives of particular industries, pressure groups constantly vie with each other to influence Democrats' and Republicans' agendas. Institutionalised lobbying has long played a particularly important role in crafting legislation, but recent allegations of sleaze, influence peddling and arm-twisting led to a new outcry over the excessively cosy ties between policy-makers and lobbyists. The striking number of Congressmen who retired from politics to register as lobbyists very well shows how worrying the potential for conflicts of interest has become, despite numerous proposals to try and regulate relationships between the two interlocking spheres.

According to Article Two of the Constitution, **the executive power** is vested in a President and a Vice-President. Since the 22nd Amendment was ratified in 1951, the number of four-year presidential terms has been limited to two. The President represents his country abroad as head of State and can make treaties with other nations as chief diplomat. He is also the Commander-in-chief of the military. He appoints members of his administration and top-ranking federal officers, as well as the Supreme Court Justices. In the annual **State of the Union address**, the President of the United States reports on the status of the country and outlines his policy before a **joint session of the US Congress**. The Vice-President is the President's running-mate during the campaign. He fulfills the ornamental role of presiding officer of the Senate (real power lies in the hands of a President *pro tempore* and the Majority Floor Leader) and becomes the head of state upon the death, resignation or removal of the President. **The Cabinet**, whose existence is not formally enshrined in the Constitution but the result of government practice, today includes the Vice President and the heads of 15 executive departments – the Secretaries of Agriculture, Commerce, Defense, Education, Energy, Health and Human Services, Homeland Security, Housing and Urban Development, Interior, Labor, State, Transportation, Treasury, and Veterans Affairs, and the Attorney General. The position of **Secretary of State** is regarded as the most senior in the Cabinet. In **the presidential line of succession**, he/she falls first among Cabinet officers and fourth overall, after the Vice-President, the Speaker of the House of Representatives and the President *pro tempore* of the Senate.

The **judicial branch** of the American government is headed by **the Supreme Court**, which rules on disputes between states and makes final review of lower federal court rulings and appeals from state courts when they involve Constitutional issues. Its nine Justices are appointed for life and act as the final interpreters of the Constitution. Although Justices do not receive official endorsements from political parties, as is accepted practice in the legislative and executive branches, they tend to be categorised as conservatives or liberals. Whether they were initially appointed by a Republican or a Democratic president is of course good indication of their political leaning, but a theoretically conservative Justice may occasionally vote along liberal lines and vice versa. In 2009, President Obama's decision to replace retiring Justice David Souter by a Hispanic female judge from New York infuriated Republicans who saw in Sonya Sotomayor evidence that the President made symbol prevail over competence.

Here are but a few landmark decisions made by the Supreme Court:

- *Plessy v. Ferguson* (1896) upheld racial segregation under the doctrine of "separate but equal", which gave different facilities or services for whites and for coloured citizens provided each group's public facilities remained equal.
- *Brown v. Board of Education of Topeka* (1954) overturned *Plessy v. Ferguson*, stating that separate public schools for black and white children denied the former equal educational opportunities in direct violation of the equal-protection clause of the 14th Amendment.
- *Engel v. Vitale* (1962) determined that, under the 1st Amendment, it was unconstitutional to demand that prayers be recited in public schools.
- *Roe v. Wade* (1973) recognised the right of women to terminate their pregnancy, but subsequent decisions made abortion more difficult: *Webster v. Reproductive Health* (1989) made access to abortion more restrictive and *Gonzales v. Carhart* (2007) upheld the Partial-Birth Abortion Ban Act passed in 2003 by the then Republican-dominated Congress.

**The system of "checks and balances"** is meant to safeguard against undue concentration of power. It works as follows:

- **The President ↔ Congress**: the President can check Congress by vetoing the laws it passes and ordering special sessions. Congress in turn can override a presidential veto, provided a two-thirds majority vote (the "supermajority") in both the House of Representatives and the Senate is secured. It may also impeach any member of the executive, including the President, in case of treason, corruption or any major crime. It also controls spending and may therefore reject the President's budget requests, including on military funds. Moreover, the Senate must ratify treaties made by the President and approve the President's nominees for ambassadors and other high-level jobs.
- **The President ↔ The Supreme Court**: the President nominates Supreme Court Justices, may grant pardon to persons convicted of violating federal law and may refuse to enforce a federal court order. The Supreme Court in turn may interpret treaties signed by the President and rule that any member of the executive, including the President, has acted unconstitutionally.
- **Congress ↔ The Supreme Court**: Congress may impeach federal judges and propose amendments to the Constitution to override a Supreme Court ruling.

Moreover, the Senate must approve Supreme Court nominees. The Supreme Court in turn may rule that laws passed by Congress are unconstitutional.

### ➠ Vocabulary

**to lie at the core of:** *résider au cœur de*; **the workings of:** *le fonctionnement de*; **to check sth:** *contrôler/limiter*; **hence (+ noun…):** *d'où*; **the system of "checks and balances":** *l'équilibre des pouvoirs*; **to vest sth in sb:** *investir qqun de qqch*; **the Speaker (US):** *le Président de la Chambre des Représentants*; **to work sth out:** *élaborer, mettre au point/résoudre*; **to transcend political barriers:** *transcender les clivages politiques*; **to pass a law:** *voter une loi*; **to raise a tax:** *lever un impôt*; **the military:** *l'armée*; **filibustering:** *l'obstruction parlementaire*; **cloture:** *la fin des débats*; **a web of:** *une toile/un tissu de*; **countervailing:** *qui se neutralisent*; **be they… or…:** *qu'il s'agisse de… ou de…*; **to vie with each other:** *rivaliser*; **agenda:** *ordre du jour/priorités/programme*; **to craft:** *réaliser, élaborer*; **influence peddling:** *trafic d'influence*; **arm-twisting:** *pressions directes*; **an outcry:** *un tollé*; **the cosy ties between… and…:** *les liens (trop) étroits entre… et…*; **policy-makers:** *les politiques (hommes et femmes politiques)*; **interlocking:** *étroitement liés, qui ont des intérêts communs*; **a Supreme Court Justice:** *un juge de la Cour Suprême*; **the State-of-the-Union Address:** *le Discours sur l'état de l'Union*; **a joint session:** *une session conjointe*; **the running-mate:** *le colistier/la colistière*; **the President pro tempore:** *le Président par intérim*; **the Majority Floor Leader:** *le président du groupe parlementaire majoritaire*; **resignation:** *démission*; **removal:** *destitution*; **to enshrine sth in law:** *garantir par la loi*; **a Secretary:** *un ministre*; **the Attorney General:** *le Ministre de la Justice*; **the Secretary of State:** *le Ministre des Affaires étrangères*; **to fall first among…:** *arriver en première position parmi…*; **to endorse a candidate:** *apporter son soutien publiquement à un candidat*; **a liberal:** *un progressiste*; **a political leaning:** *une tendance politique*; **to overturn (a decision…):** *faire annuler*; **abortion:** *l'avortement*; **partial-birth abortion:** *l'avortement tardif*; **the then Republican-dominated Congress:** *le Congrès qui était alors dominé par les Républicains*; **to override:** *passer outre*; **to impeach:** *destituer*; **to grant pardon:** *grâcier*; **to be convicted of:** *être reconnu coupable de*

## C. State governments and Federalism

The Federal Government holds a number of reserved powers like foreign policy, the control of armed forces and the coining of money. Some federal agencies like the FBI, the CIA or Secret Service have prevailing authority over local police forces when it comes to a wide variety of crimes and threats which fall under federal law.

The 10th Amendment to the United States Constitution sounds like a truism, stating that "The powers not delegated to the United States by the Constitution, nor prohibited by it to the States, are reserved to the States". This means that states are responsible for the majority of everyday issues that concern people within their jurisdiction, like education, health or transport.

The three-branch system of federal government is to be found at state level as well. **Each state has its own constitution, a House of Representatives and a Senate** (Nebraska only maintains a unicameral legislature), **a governor** (gubernatorial elections usually take place every four years) **and its own judicial system headed by a state supreme court**. It comes therefore as no surprise that different states should sometimes have quite different laws on issues such as education, the death penalty, divorce or same-sex marriage.

Concurrent powers like collecting taxes or protecting the environment are split up between the federal government and the states. In case of a discrepancy between those overlapping authorities, however, the federal government retains the final say.

### ➨ Vocabulary

**to coin money:** *frapper monnaie*; **the FBI (Federal Bureau of Investigation):** *équivalent de la police judiciaire et du contre-espionnage*; **the CIA (Central Intelligence Agency):** *service du renseignement extérieur*; **Secret Service:** *service de protection des hautes personnalités*; **a gubernatorial election:** *l'élection du gouverneur*; **concurrent powers:** *compétences communes, partagées*; **overlapping:** *qui se chevauchent*

## D. The two-party system

Even if smaller parties have always existed on the margins, US political life has long been structured by two major parties, the Democratic Party and the Republican Party. To European eyes used to fierce battles between "the right" and "the left", the two American parties may seem very much alike. Indeed, they do not so much differ on fundamental ideology (both of them are equally committed to individual liberties and free enterprise) as on the means to turn it into practical politics. Moreover, since the ideological center of the United States lies further to the right than that of Western Europe, policies considered centrist in Europe may be at times considered left-of-centre in the US. Universal health care, for example, is considered a largely centrist policy in Europe but it is distinctly centre-left in the U.S.

**The Democratic Party**, the emblem of which is the donkey, advocates civil liberties, equal opportunity, fiscal responsibility and a free enterprise system tempered by limited government intervention. The party believes that government should play a role in alleviating poverty and social injustice, even if that means larger federal intervention and progressive taxation to pay for social services. Democrats are usually more inclined than Republicans to espouse *socially* liberal attitudes when it comes to ethical debates such as cultural pluralism, stem-cell research, the legalisation of same-sex marriage, secularism or access to abortion. As far as foreign policy is concerned, Democrats mostly oppose the doctrine of unilateralism, which dictates that the United States should use military force without any assistance from other nations whenever it believes there is a threat to its security or welfare. They believe the United States should act in the international arena in concert with other nations and only if they succeed in gathering broad international support.

**The Republican Party**, whose emblem is the elephant, is sometimes referred to as the GOP (Grand Old Party). It is more socially conservative and *economically* liberal than the Democratic Party. The party generally supports market self-regulation, lower taxes and as little federal intervention as possible. A traditional bone of contention between Republicans and Democrats is the issue of taxes. Republicans often raise the spectre of the tax raises Democrats could allegedly be tempted to introduce to pay for their lavish social programmes.

In the wake of 9/11, however, the Republicans' ideology is often said to have evolved substantially. While "big government conservatism" used to be seen as a sort of oxymoron, since Republicans had never been staunch proponents of central government, the idea now seems to have gained some credence among their ranks. George W. Bush's two terms in office admittedly led to an increase in federal power in fields as varied as education and homeland security. As far as foreign policy goes, as compared with traditional conservatism, which often exhibits an isolationist tendency, **neoconservatism** favours direct intervention to challenge regimes deemed hostile to the values and interests of the United States.

#### ➠ Vocabulary

**left-of-centre = centre-left; a donkey:** *un âne*; **to alleviate:** *soulager, réduire*; **stem-cell research:** *la recherche sur les cellules-souches*; **secularism:** *la laïcité*; **a bone of contention:** *une pomme de discorde*; **allegedly:** *prétendument*; **"9 / 11" :** *les attentats du 11 septembre 2001*; **a staunch proponent of:** *un partisan résolu de*; **credence:** *foi, croyance*; **admittedly:** *il faut en convenir;* **to exhibit:** *manifester, montrer*; **to challenge:** *défier, contester*

## E. The presidential electoral process

The President is not elected directly but by an Electoral College itself elected by the people. This complex electoral process can be subdivided into four different steps:

### 1. The selection of delegates

Delegates who have pledged to stand for a particular candidate at the party's national convention are first elected in each state, either in primaries or in caucuses, the first of which are held as early as January.

In a **caucus**, only members of the party can elect delegates. The main criticism levelled at the caucus system used to be that it was essentially closed, dominated by a few party officials who elected either themselves or major financial contributors as delegates. But in the 1970s, some reforms democratised the system, opening up the caucuses to rank-and-file members of the party and short-term activists who were willing to take part in debates.

The presidential **primary** was designed to wrest control of nominations from party professionals and encourage popular participation in the early stages of the electoral process instead. In early February, the day on which the greatest number of states holds primary elections is known as "Super Tuesday".

In an **open primary**, a registered voter may vote in any party primary regardless of his or her own party affiliation.

In a **closed primary**, all voters may participate provided they are registered members of that party. In a few states, registered independents may vote as well. Closed primaries are often favoured by political parties, because the choice then relies on a list of loyal sympathisers, and not on voters willing to undermine its success.

By counting the number of elected delegates who support them nationwide, candidates to the nomination know how likely they are to become the nominees at the party's national convention.

## 2. The National Convention

In the summer, both major parties hold a national convention during which the delegates chosen within each party in caucuses and primaries choose presidential and vice-presidential candidates (**the "presidential ticket"**), draft the party platform and lay the groundwork for unity in the official campaign. **Superdelegates** (mainly former party leaders and elected officials) are free to support any candidate for the nomination, contrary to **pledged delegates** who are committed to a given candidate. The role of superdelegates can therefore prove crucial in case of a tight race. Following the convention, the candidates who will run for the presidency in November can start canvassing the country to defend their respective programmes. One recurring criticism of American presidential campaigns is that they have turned into horse-race shows, which give undue weight to grandiose theatricality at the expense of ideological positioning.

## 3. The Popular Vote

People go to the polls on the first Tuesday following the first Monday in November. They do not elect the President at this stage. They vote for a fixed list of **Presidential Electors**, choosing between the Democratic and the Republican lists in each state. Each state has a number of Electors equal to its representation in Congress.

According to the **principle of "winner-take-all"** (also called "first-past-the-post"), the entire list of Presidential Electors of the state is won even in the case of a very narrow majority of popular votes, which explains why the electoral system does not always reflect voter opinion. In 2000 for instance, Al Gore, the Democratic candidate secured more popular vote than his Republican opponent, George W. Bush, but eventually won fewer votes in the Electoral College.

States such as California, Texas or Florida, which have more Presidential Electors than others, owing to their larger populations, are therefore essential in securing a victory. Results in **swing states**, in which no party traditionally has overwhelming support, are also closely monitored.

In 2000 the outcome of the election depended on the result of Florida where a series of recounts and voting disputes almost brought the US to the edge of a constitutional crisis. The nine members of the Supreme Court ultimately handed the election to Mr Bush, with five conservative justices outvoting the Court's four liberals.

### 4. The Electoral Vote

The meeting of the Electoral College takes places in December. It is but a mere formality as the name of the future President is known in November as soon as the results of the popular vote are known. A faithless Elector who voted for someone other than whom they pledged to elect would indeed face party censure, or even criminal charges in some states.

The **President-elect is sworn into office** on January 20th of the following year and delivers his **Inaugural address**. The **incumbent President** is often referred to as **a "lame duck" president** during the period between Election Day and the Inauguration of his successor since he has lost the needed political credibility to take decisive action.

#### ➨ Vocabulary

**to pledge to do sth:** *s'engager à faire qqch*; **to stand for sb:** *représenter qqun*; **rank-and-file members:** *adhérents de base*; **an activist:** *un militant*; **to wrest sth from sb:** *arracher qqch à qqun*; **a registered voter:** *un citoyen inscrit sur les listes électorales*; **to undermine:** *miner, saper*; **a nominee:** *un candidat désigné*; **the party platform:** *la plate-forme électorale (le programme)*; **to lay the groundwork for:** *préparer le terrain à*; **a tight race:** *une compétition serrée*; **to canvass the country:** *faire campagne dans tout le pays*; **at the expense of:** *aux dépens de*; **an Elector:** *un grand électeur*; **a "winner-take-all" system (= a "first-past-the-post" sytem):** *un scrutin majoritaire (par opposition à un scrutin proportionnel)*; **eventually:** *en fin de compte*; **swing states:** *les États susceptibles de basculer (qui ne sont pas traditionnellement acquis à un camp)*; **to monitor sth closely:** *surveiller qqch de près*; **to outvote sb:** *l'emporter sur qqun par un vote*; **to face party censure:** *risquer l'exclusion de son propre parti*; **the President-elect:** *le Président élu*; **to be sworn into office:** *être investi (en jurant sur la Bible de défendre la Constitution)*; **the Inaugural Address:** *le discours d'investiture*; **the incumbent President:** *le Président sortant*; **a lame-duck president:** *un président affaibli, en fin de mandat (qui gère les affaires courantes en attendant l'entrée en fonction de son successeur)*

## F. The 2008 presidential election

As opposed to **Senator John McCain**, who secured the Republican Party nomination over former Arkansas Governor Mitt Romney and former Massachusetts Governor Mike Huckabee rather easily, Barack Obama had difficulty taking the upper hand over **Hillary Clinton** in the Democratic Party presidential primaries.

While "change" and "hope" were the buzzwords of Obama's campaign, Clinton centered hers on the experience required to run the office and on what she saw as a necessary pause for "reality check" before indulging in hasty promises. But Obama's campaign gradually gained momentum, as the candidate successfully revived the myths that lay embedded in the American narrative and managed to stir popular enthusiasm thanks to his fresh approach to long-standing issues as well as to some impressive oratory.

The following excerpt from the now famous **"Yes We Can" speech**, which Obama delivered in New Hampshire on 8 January 2008, forcefully shows how the then candidate to the Democratic nomination managed to make his own commitment sound like yet another heroic step in American history, emphasising its exceptionalism with both patriotic and religious references.

> *"In the unlikely story that is America, there has never been anything false about hope. For when we have faced down impossible odds; when we've been told that we're not ready, or that we shouldn't try, or that we can't, generations of Americans have responded with a simple creed that sums up the spirit of a people.*
>
> *Yes we can. Yes we can. Yes we can.*
>
> *It was a creed written into the founding documents that declared the destiny of a nation.*
>
> *Yes we can.*
>
> *It was whispered by slaves and abolitionists as they blazed a trail towards freedom through the darkest of nights.*
>
> *Yes we can.*
>
> *It was sung by immigrants as they struck out from distant shores and pioneers who pushed westwards against an unforgiving wilderness.*
>
> *Yes we can.*
>
> *It was the call of workers who organized; women who reached for the ballot; a President who chose the moon as our new frontier; and a King who took us to the mountaintop and pointed the way to the Promised Land.*
>
> *Yes we can to justice and equality. Yes we can to opportunity and prosperity. Yes we can heal this nation. Yes we can repair this world. Yes we can.*
>
> *And so tomorrow, […] we will remember that there is something happening in America; that we are not as divided as our politics suggest; that we are one people; we are one nation; and together, we will begin the next great chapter in the American story with three words that will ring from coast to coast; from sea to shining sea – Yes. We. Can."*

In June 2008, amidst growing concern that any longer inner strife would irretrievably jeopardise the Democratic Party's chances, Clinton reluctantly conceded her defeat, when it became clear that a majority of superdelegates had decided to endorse Obama's candidacy.

The presidential campaign proper revolved around a number of polarising issues among which **the unpopular war in Iraq** (Obama had opposed it right from the outset whereas McCain had supported it), **the way to deal with Iran** (Obama said he would consider talking to Iran without preconditions, an idea McCain dismissed as dangerous and amateurish) and **taxes** (McCain said the implementation of Obama's programme would result in tax raises, which the Democratic candidate refused to acknowledge).

The campaign took an unexpected turn when an Ohio plumber, who got a chance to speak with Obama at a campaign rally in Toledo, told him that his tax plan would keep him from buying the business that employed him. McCain soon tried to capitalise on this rather anecdotic episode by using the example of **"Joe the Plumber"** as a symbol of overburdened middle-class Americans. Yet the symbol backfired when it appeared that Joe wasn't a licensed plumber and had failed to pay previous taxes, which allowed Obama to joke about it, saying that Joe Biden, his running-mate, now liked to be called "Joe the Senator".

At the start of the campaign, whether there was still enough racism in America to prevent a black man from being elected president remained a debated issue. It seems, however, that Republicans were at first reluctant to play the race card and only chose to resort to it when it became clear that Obama stood a good chance of winning the election.

The choice of **Sarah Palin** for Vice-President undoubtedly marked a shift in McCain's strategy. So far, McCain's reputation as a "maverick" had enabled him to dissociate himself from Bush's legacy, but the choice of a deeply conservative mother of five with a solid record of opposing abortion and contraception was meant to provide a boost in enthusiasm among the religious right. Palin, who defined herself as a "pitbull", was the one who levelled the fiercest accusations at Senator Obama in the campaign trail. At Republican rallies, the insistent cries of "Treason!" and "Terrorist!" as well as the uninhibited slinging of racial epithets arising from the audience when the Democratic candidate's name was uttered, were congruent with Palin's own violent escalation in rhetoric. By stating for instance that Obama was "palling around with terrorists", the Vice-Presidential candidate played on Americans' deep-rooted fears while trying to strike a patriotic note.

Such orchestrated slandering, from the repeated invocation of Obama's middle name to "Obama-is-a-Muslim" e-mail blasts and Rudy Giuliani's mocking dismissal of Obama as an "only in America" affirmative-action baby, showed how desperate the Republicans' strategy became when the Democratic Senator started to pull ahead. As Frank Rich, a columnist for the *New York Times*, wrote on 11 October 2008: "The McCain campaign has crossed the line between tough negative campaigning and inciting vigilantism".

It's indisputable that the campaign turned decisively in Obama's favour when the housing and credit squeeze spiraled into economic crisis. In the context of the financial meltdown in September 2008 and with the looming prospect of the financial crisis soon hitting hard the real economy, some of Obama's favourite themes (among which the necessary restructuring of the financial system and the need for virtually universal health coverage) definitely acquired new resonance.

So, despite resilient fears about his lack of executive experience and the suspicion that he was too far to the left, Barack Obama eventually won the election by 52.9% of the popular vote – a comfortable margin, though certainly no electoral landslide. The victory of the Democratic Party in Congress was also felt by some as slightly disappointing as it fell short of the 60 seats needed to break filibusters and pass contentious legislation without Republican support.

U.S. electoral geography underwent quite a few changes, as **the traditional cleavage between the Democratic coasts and the Republican heartlands was blurred** to the point of invisibility. On election night, Mr Obama indeed captured the Republican strongholds of Virginia, North Carolina and Indiana as well as a number of swing states, like Florida.

Obama's election was obviously felt as a symbol of tremendous magnitude. Let us not forget that when Obama was born in 1961, many states still had laws that enforced segregation and restricted voting rights. It is therefore no wonder that the election of the first black President in the history of the United States was proudly seen as evidence that **America was now the most colour-blind, "post-ethnic" of all western democracies**.

But President Obama was soon faced with a number of dilemmas and sometimes seemed to have some difficulty imposing his will on his own party. On 20 May 2009, Democratic Senators lined up with Republicans to block funds for the closure of Guantánamo. In the context of some **nimby** uproar across the country, they reproached the White House with failing to announce a detailed plan as to where dangerous detainees would be jailed once back on American soil. Congress has also been reluctant to approve the overhaul of the health care system, a key campaign promise President Obama always was intent on delivering on. The Nobel Peace Prize he was awarded in October 2009, on account of his efforts to strengthen international diplomacy, was met with a mixture of praise and criticism.

### ➨ Vocabulary

**to take the upper hand over sb:** *prendre le dessus sur qqun*; **to indulge in:** *se laisser aller à*; **to gain momentum:** *prendre de la vitesse / gagner du terrain*; **to lie embedded in sth:** *être gravé / ancré dans qqch*; **to stir enthusiasm:** *susciter l'enthousiasme*; **oratory:** *éloquence*; **an inner strife:** *un conflit interne*; **irretrievably:** *irrémédiablement*; **to jeopardise:** *compromettre*; **a polarising issue:** *un sujet clivant*; **to take an unexpected turn:** *connaître un développement inattendu*; **to capitalise on:** *exploiter, tirer profit de*; **overburdened:** *surchargé, accablé*; **to backfire:** *avoir l'effet inverse de celui escompté*; **to resort to sth:** *avoir recours à qqch (à contre-cœur)*; **to mark a shift in sth:** *marquer un tournant dans*; **a maverick:** *un rebelle, un anticonformiste*; **legacy:** *héritage*; **a boost in enthusiam:** *un élan d'enthousiasme*; **a (political) rally:** *une réunion publique*; **to sling an insult at sb:** *lancer une insulte à qqun*; **to be congruent with:** *être cohérent, en harmonie avec*; **to pal around with sb:** *fréquenter (être ami avec) qqun*; **to strike a patriotic note:** *faire vibrer la corde patriotique*; **to slander:** *calomnier*; **to pull ahead:** *prendre l'avantage*; **vigilantism:** *apologie de l'auto-défense*; **financial meltdown:** *débâcle financière*; **looming:** *qui menace, imminent*; **virtually:** *quasiment*; **health coverage:** *couverture médicale*; **resilient:** *tenace*; **to fall short of:** *ne pas atteindre*; **to undergo:** *subir*; **to blur:** *troubler, brouiller*; **a stronghold:** *un bastion*; **of tremendous magnitude:** *d'un retentissement considérable*; **a colour-blind society:** *qui ne connaît pas la discrimination raciale*; **to line up with sb:** *s'allier à qqun*; **a nimby (not-in-my-backyard):** *un riverain mécontent (qui s'oppose à toute installation gênante près de chez lui)*; **as to:** *en ce qui concerne, quant à*; **to be reluctant to do sth:** *être réticent à faire qqch*; **an overhaul:** *une refonte*; **to be intent on doing sth:** *être déterminé à faire qqch*; **to deliver on a promise:** *tenir une promesse*; **an event is met with…:** *un évènement donne lieu à…*

## G. The 2012 presidential election

Barack Obama was re-elected president of the United States despite a bleak economic context, the strong resistance to his agenda by Republicans in Congress and a torrent of negative advertising against what his opponent Mitt Romney called his aloofness and constant dithering. But President Obama now faces governing in a deeply divided country with a balance of power unchanged in US Congress (since the 2010 mid-terms, the Senate has been controlled by Democrats and the House of Representatives by Republicans), which immediately led political commentators to qualify the magnitude of his achievement:

> *For all the speeches, Mr Obama has merely renewed the status quo in Washington – one he has proved so unable to alter for the past two years. His main domestic achievements, including health reform, were shuttled through Congress when his party controlled both chambers (2008-2010). He has no Clintonian record of reaching across the aisle. And the central issue that divides the parties – how to solve the American government's rotten finances – was the weak spot both of Mr Obama's first term (he ignored the recommendations of his own deficit commission) and of his campaign (he simply concentrated on hammering away at Mr Romney's admittedly barmy numbers).* The Economist, *Nov 10th 2012*

> *But President Obama will be venturing back into a Congressional environment similar to that of his first term, with the Senate under the control of Democrats and the House under the control of Republicans, whose leaders have hinted that they will be no less likely to challenge him than they were during the last four years.* The New York Times, *November 6, 2012*

In his second inaugural, President Obama articulated a robust liberal agenda, pledging that he would deliver equality for gay people, address poverty and injustice at home, act to stop climate change, give young undocumented immigrants a path to citizenship and encourage "collective action" in order to preserve individual freedoms.

Yet, for many observers, the US president soon became bogged down at home, and his efforts at building a modern and tolerant America he called for were thwarted. His comprehensive immigration reform was blocked by the Republicans in the House. His gun reform was killed by the National Rifle Association, which managed to mobilise its supporters in Congress. He did come out of the 16-day shutdown of the federal government in October 2013 in better shape than the Republicans and the Tea Party but he is now facing a fresh offensive against his healthcare reform as Republicans have vowed to destroy the Affordable Care Act at state level.

### ➡ Vocabulary

**negative advertising:** *une campagne de dénigrement*; **aloofness:** *attitude distante*; **dithering:** *tergiversations*; **to become bogged down:** *s'embourber*; **comprehensive:** *global*; **shutdown of the federal government:** *paralysie de l'état fédéral faute d'un accord entre les deux chambres du Congrès sur le budget*

## III. Thème d'application

1. Ils fomentaient une tentative de coup d'état quand ils ont été pris sur le fait.
2. Au Royaume-Uni, le Cabinet fantôme a son propre ministre de la Justice et son propre ministre de l'Intérieur.
3. La participation s'est avérée décevante : seule la moitié de l'électorat est allée aux urnes en dépit des enjeux majeurs de l'élection.
4. Sa conversion progressive à la *realpolitik* semble sonner le glas de ses promesses de campagne.
5. La légitimité de la démocratie repose sur l'équilibre des pouvoirs et le suffrage universel.
6. Contre toute attente, le parti démocrate a remporté une victoire écrasante aux élections partielles.
7. Il n'est socialiste qu'en paroles ! Sa prise de position très théâtrale en faveur des demandeurs d'asile ne trompe personne.
8. Alors que le discours d'investiture de Bush était parfaitement adapté à l'Amérique pieuse, il va à l'encontre des principes mêmes qui sont au cœur de l'Europe laïque.
9. Les dissensions internes au Parti Républicain entre les faucons et les colombes étaient nourries par deux visions radicalement différentes du rôle des États-Unis dans le monde.
10. Tous ces affrontements prétendument idéologiques se résument parfois à de la politique politicienne.
11. Que se passerait-il si, pour une raison ou pour une autre, le souverain refusait de nommer au poste de Premier ministre le chef de la nouvelle majorité ?
12. Grâce à la décentralisation, les gens vont peut-être finir par se sentir plus proches de ceux qui les gouvernent.
13. Il s'est désolidarisé de sa majorité sur cette question épineuse, par peur de la réaction de ses administrés sur le terrain.
14. Il y a fort à parier que le scandale des notes de frais aura des répercussions durables sur la foi des Britanniques en leur système politique.
15. Les enquêtes d'opinion indiquent toutes une baisse de popularité de l'exécutif. Dès lors, comment s'étonner qu'à mi-mandat certains députés de la majorité semblent broyer du noir ?

➨ **Proposition de corrigé**

1. They were fomenting a coup when they were caught in the act.
2. In the UK, the Shadow Cabinet has its own Lord Chancellor and Home Secretary.
3. The turnout proved disappointing. Despite the high stakes of the election, only half of the electorate went to the polls.
4. His gradual conversion to *realpolitik* seems to be tolling the knell for his campaign promises.
5. The legitimacy of democracy relies on a checks-and-balances system as well as on universal suffrage.
6. Contrary to all expectations, the Democratic Party won the by-election by a landslide.
7. He only pays lip-service to socialism! His theatrical stance in favour of asylum-seekers fools no-one.
8. Whereas Bush's inauguration speech was perfectly adapted to pious America, it ran counter to the very principles that lie at the core of secular Europe.
9. The internal feuds in the Republican Party between hawks and doves were fuelled by two radically different visions of America's role on the international stage.
10. All those allegedly ideological debates sometimes boil down to petty politicking.
11. What would happen if, for some reason or other, the sovereign refused to appoint the leader of the newly-elected majority as Prime minister?
12. Thanks to decentralisation, people may end up feeling closer to those who govern them.
13. He broke away from his own majority on this thorny issue, because he feared his constituents' reactions.
14. The odds are that the expenses scandal will have lasting repercussions on British people's faith in their political system.
15. All opinion polls show that the popularity of the executive is on the wane. It comes therefore as no surprise that some majority MPs seem mired in mid-term blues.

# 2 Law and justice

# I. The UK

## A. The judicial system

There are three distinct legal jurisdictions in the UK: England and Wales, Scotland and Northern Ireland. Since the country has no written constitution, the law consists of a body of statute laws (Acts passed by Parliament and given Royal Assent) and common law which derives from previous court decisions, i.e. case law. Laws passed by Parliament can supersede case laws, and are followed by Statutory Instruments, once given Royal Assent. EU legislation has also been incorporated into Britain's traditional law.

The head of the judiciary is the **Lord Chancellor**, who actually also belongs to the executive (he sits in the Cabinet) and the legislative (he is a Law Lord and presides over the House of Lords). **The Lord Chief Justice** is the head of the **Court of Appeal**.

All judges are asked to refrain from commenting on public policy and cannot take part in any political activity that could undermine their impartiality. **Magistrates' courts** today deal with minor offences and handle over 90% of all criminal cases in England, Wales and Northern Ireland. They are composed of a bench of Justices of the Peace (JPs), namely citizens who often have no specific legal training but have been distinguished for their common sense and integrity and are therefore deemed able to deal with petty crime. Lay justices are advised on points of law by legally-qualified clerks. More serious offences are dealt with by a professional judge and a jury in **Crown Courts**.

Apart from judges, there are **solicitors** who provide citizens or businesses with legal advice, draft wills or contracts and arrange for the purchase of property. In criminal matters, they gather information for the **barrister** to use in court. Only barristers are indeed admitted to plead at the bar. They used to be hired by solicitors on behalf of the clients whom they never physically met, but that tradition is gradually fading.

After the suspect has been arrested, usually kept in custody and indicted, the **Crown Prosecution Service** decides whether to prosecute or not. The suspect can be released on bail unless it is feared he / she will abscond. Anyone accused of a serious crime and pleading "not guilty" is tried by a jury consisting of 12 jurors aged 18 to 70, randomly drawn from the electoral register. Both the prosecution and the barrister for the defence summon witnesses to make their case against and for the accused. Once the jury has returned the verdict and the suspect has been convicted, it is up to the judge to decide on the appropriate sentence.

Protocol 13, added to the **European Convention on Human Rights**, which the UK ratified in 1999, made the death penalty illegal in Europe, even in times of war. But capital punishment had actually been abolished in Britain as early as 1965, albeit with the potential exception of high treason. Criminal responsibility starts from the age of 10. To avoid prison sentences, court decisions can be limited to fines, bind-overs, community work and curfew orders.

According to the two basic principles underlying British criminal law, **everyone is presumed innocent until proved guilty** and **no one can be put in jail unless found guilty**. When in 2005 the government drafted a new Terrorism Act, it was feared by civil rights advocates that a period of detention without charge extended to 90 days for suspected terrorists would be a hazardous retreat from **Magna Carta** (the "great charter", granted by King John in 1215, listed the concessions made by the king to the church and to freemen who could not be refused "right or justice") and ***habeas corpus*** (the 1679 Habeas Corpus Act, meant as a guarantee of citizens' rights against royal power, made it unlawful for a person to be held indefinitely in jail without charges). The governmental amendment was eventually rejected by the Commons, as was a later attempt to impose a 42-day pre-charge detention in October 2008. Today, the period terror suspects can be detained without charge is still limited to 28 days.

### ➨ Vocabulary

**statute laws:** *les lois écrites, la législation;* **Royal Assent:** *l'assentiment royal*; **common law:** *le droit coutumier;* **case laws:** *la jurisprudence;* **to supersede:** *remplacer, supplanter;* **Statutory Instruments:** *les décrets d'application;* **the Lord Chancellor:** *le ministre de la justice;* **to refrain from doing sth:** *se garder de faire qqch;* **to undermine:** *miner, saper;* **a Justice of the Peace:** *un juge de paix;* **petty crime:** *la petite délinquance;* **a lay justice:** *un magistrat qui n'est pas juriste de profession;* **a clerk:** *un greffier*; **a solicitor:** *un notaire, un avocat (NB: la délimitation des compétences n'est pas exactement la même qu'en France);* **to draft:** *préparer, rédiger;* **a will:** *un testament;* **a barrister:** *un avocat;* **to fade:** *s'estomper;* **to be kept in custody:** *être en garde à vue;* **to be indicted:** *être inculpé;* **prosecution:** *l'accusation;* **to be released on bail:** *être remis en liberté sous caution;* **to abscond:** *s'enfuir;* **to plead "not guilty":** *plaider « non coupable »;* **to try sb:** *juger qqun;* **randomly drawn from the electoral register:** *tiré au sort sur les listes électorales;* **to summon a witness:** *citer un témoin à comparaître;* **to return a verdict:** *rendre un verdict;* **to be convicted:** *être reconnu coupable;* **albeit:** *quoique*; **criminal responsibility:** *la responsabilité pénale;* **a fine:** *une amende;* **a bind-over:** *une sommation (dans le cadre d'une liberté conditionnelle);* **community work:** *travaux d'intérêt général;* **a curfew:** *un couvre-feu;* **detention without charge:** *détention préventive;* **hazardous:** *dangereux;* **a retreat from:** *un abandon de*

## B. The controversial issue of ASBOs

As traditional legal tools were said to have failed to come to grips with rampant misdemeanours, notably among youths, some novel way of addressing this issue had to be found, or so Tony Blair's government explained. So, in an attempt to be "tough on crime, tough on the causes of crime", **anti-social behaviour orders** (ASBOs) were introduced to help local authorities deal with minor offences, often perceived as a source of deep worry by the local population. Since the Crime and Disorder Act (1998), magistrates have had the possibility of issuing such injunctions, forbidding offenders to "cause alarm, harassment or distress". Any breaching of the ASBO can directly send the offender to jail.

Since they are tailor-made for one given offender, ASBOs can take on a wide variety of forms, e.g. forbidding someone to enter a pub because of binge-drinking or prohibiting someone from attending a football match on account of yobbishness or hooliganism. But ASBOs can be far more surprising. In 2005, for instance, a young troublemaker from Wales was banned from going through the front door of his own home, and ordered to use the backdoor instead – a lockout imposed by magistrates after they heard details of the distress suffered by his neighbours, who were tired of hearing him shout obscenities…

On a more fundamental level, the new legislation obviously relies on a most basic idea: the more absolute the authority you demonstrate, the less likely you are to actually have to exert it. Stringent laws, whether they aim at cracking down on terrorists or juvenile offenders are meant to serve as effective deterrents. Furthermore, the expeditious imposing of ASBOs is thought to ease and simplify the overall judicial process, at a time when incivility and disorder are rampant in many urban areas. Such a policy was part and parcel of Tony Blair's "zero tolerance" approach towards crime.

ASBOs are nonetheless quite controversial on several grounds. The drift towards a dedicatedly repressive society is pinpointed as the major flaw that lies at the very root of the war on anti-social behaviour. It is also believed that some worrying threshold has been crossed now that local authorities can sidestep the judicial process and avoid a proper trial in the name of increased efficiency. Making hearsay evidence admissible in court was also resented as a step backwards in defenders' rights.

In May 2012, the coalition government proposed replacing ASBOs with Criminal Behaviour Orders (nicknamed "crimbos" in the media) based on a more flexible mechanism including plans for a "community trigger", which will make it compulsory for the police to act even on a minimum number of complaints.

### ➠ Vocabulary

**to come to grips with sth:** *s'attaquer à, s'efforcer de résoudre qqch;* **rampant:** *qui sévit;* **misdemeanours:** *délits;* **the youths:** *les jeunes (notamment les jeunes délinquants);* **novel (adj):** *novateur, innovant;* **an anti-social behaviour order:** *une injonction de justice visant à lutter contre les incivilités;* **distress:** *douleur, détresse;* **tailor-made:** *fait sur mesure;* **binge-drinking:** *le fait de boire pour se soûler;* **yobbishness:** *le comportement des casseurs, des voyous;* **hooliganism:** *le vandalisme;* **to crack down on sth:** *prendre des mesures vigoureuses contre qqch*; **a juvenile offender:** *un jeune délinquant;* **to act as a deterrent:** *avoir un effet dissuasif*; **expeditious:** *expéditif;* **to be part and parcel of sth:** *faire partie intégrante de qqch;* **to pinpoint sth as…:** *désigner qqch comme…*; **a threshold:** *un seuil;* **to sidestep:** *contourner;* **hearsay evidence:** *des preuves indirectes, un témoignage rapporté*

## C. Prison reform

The prison system is often said to be stretched to breaking point. **Prison overcrowding** results in a shocking increase in prison suicides, almost a third of which occur within the first week. Organisations such as the Prison Reform Trust have called for more support for new inmates to prevent suicides and a general overhaul of the prison system.

Prisons are often accused of being the most shameful of all British public institutions. Following governments' promises to be tough on crime, stiffer sentences were introduced in various Criminal Justice Acts. As a result, the UK today has one of the highest imprisonment rates in Western Europe, and inmates are kept in Victorian-era jails in conditions that are frequently an affront to civilised values. In October 2007, following a far-reaching ruling by the House of Lords, thousands of prison inmates and former prisoners were expected to win more than £70m in compensation for breaches of their human rights in Scottish prisons.

**Alternatives to prison** have been debated for some time but no consensus seems within reach. Some argue that prison still serves as an effective deterrent and that any signal of a more lenient approach would inevitably lead to a new outburst of crime. The tougher the authorities sound, the safer society remains, or so the argument goes. Others, on the contrary, make the case for alternative approaches, on the grounds that it is hard to show any relationship between a society's rate of incarceration and its rate of crime. While prison is good at keeping some offenders off the streets, it seems neither able to deter nor reform. Judged simply on its effectiveness, prison has been repeatedly condemned as a blunt instrument and other solutions like community sentences or curfews enforced by electronic tags should be looked into to move towards a truly **restorative justice**.

### ➠ Vocabulary

**stretched to breaking point:** *au bord de l'implosion;* **prison overcrowding:** *la surpopulation carcérale;* **an inmate:** *un détenu;* **an overhaul:** *une réforme générale, une refonte;* **shameful:** *honteux, scandaleux;* **to be tough on crime:** *se montrer intraitable envers la délinquance;* **a stiff sentence:** *une lourde peine;* **a breach of human rights:** *une violation des droits de l'homme;* **far-reaching:** *d'une portée considérable;* **lenient:** *indulgent;* **or so the argument goes:** *en vertu de cet argument;* **to make the case for sb / sth:** *défendre, argumenter en faveur de qqun / qqch;* **an offender:** *un délinquant;* **blunt:** *émoussé;* **an electronic tag:** *un bracelet électronique*

# II. The US

## A. The judicial system

*"No state shall make or enforce any law which shall abridge the privileges or immunities of citizens of the United States; nor shall any state deprive any person of life, liberty or property, without due process of law; nor deny to any person within its jurisdiction the equal protection of the law." (14th Amendment to the Constitution)*

The legal system is made of common law, statutes as well as both state and federal constitutions. The federal structure shares legal power between on the one hand a set of state courts dealing with minor offences, family issues or crimes, and on the other a set of federal district courts for cases that fall under federal law like civil rights or international and interstate trade disputes.

The President nominates all judges sitting in federal courts but the US Senate has to conduct confirmation hearings for each nominee. Judges sitting in state courts are appointed or elected, depending on the state. The US Attorney General runs the Department of Justice at federal level. At state level, attorney generals and district attorneys are in charge of prosecution. If a defendant cannot afford to hire a defence attorney, one will be appointed at the government's expense. All potential jurors have to undergo a process of selection from both prosecution and defence attorneys to check they are not biased. In several major cities, a "zero tolerance" approach was decided upon, to try and crack down on both serious crime and anti-social behaviour, leading to the definition of new offences.

**Litigation has become common currency** in the United States, mainly because of the "no-win, no-fee" principle whereby lawyers only get paid if the plaintiff wins the case. In that context, it comes as no surprise that people go to court to sue firms or utilities, in an attempt to make some money out of it.

The most influential court is **the Supreme Court** of the United States. It sits in Washington and serves as the custodian of the tenets that lie at the core of the Constitution. It makes sure American citizens are granted "equal justice under law". Its 9 Justices are appointed for life by the President, but the Senate must approve their nomination. Any new nomination, following the death or the resignation of one of its members, is usually closely scrutinised, as the political leaning of the Supreme Court is often regarded as a key element of American political life. Following the dispute between Republicans and Democrats over the final results of the 2000 presidential election, the Supreme Court was petitioned and eventually handed the election over to George W. Bush.

In 2009, President Obama's decision to replace retiring Justice David Souter by **Sonia Sotomayor**, a Hispanic female judge from New York, won praise from Democrats and infuriated Republicans. The harshest criticism came from some Republican senators regarding a sentence she uttered in a 2001 Berkeley Law lecture: "*I would hope that a Latina woman with the richness of her experiences would more often than not reach a better conclusion than a white male who hasn't lived that life.*" Some commentators went as far as to call her a racist because of that sentence, while Republican senators denounced the deeply troubling approach of someone who aspired to become one of the final interpreters of the Constitution. But during her confirmation hearings before the Senate Judiciary Committee, she backed away from her former remark, declaring "*I do not believe that any ethnic, racial or gender group has an advantage in sound judgment*." On 6 August 2009, Sotomayor was confirmed by the full Senate by a 68-31 vote, which mostly fell along party lines, with no Democrats opposing her and nine Republicans eventually supporting her.

### Vocabulary

**a confirmation hearing:** *une audition destinée à statuer sur la validité d'une nomination*; **the US Attorney General:** *le ministre de la justice;* **an attorney general:** *un procureur général;* **a disctrict attorney:** *un procureur;* **a defence attorney:** *un avocat de la défense;* **a juror:** *un juré;* **litigation:** *procédure, litige;* **to become common currency:** *devenir monnaie courante;* **whereby:** *par lequel / laquelle*; **a plaintiff:** *un plaignant;* **it comes as no surprise that:** *il n'est pas surprenant que*; **to sue:** *poursuivre en justice;* **a utility:** *un service public;* **the custodian of…:** *le garant de…;* **a tenet:** *un principe;* **a justice:** *un juge;* **a resignation:** *une démission;* **a political leaning:** *une tendance politique;* **to petition a court:** *intenter une action devant une cour*; **to utter a sentence:** *prononcer une phrase*; **a lecture:** *une conférence*; **to back away from:** *prendre ses distances par rapport à*; **sound:** *sensé, valable, sérieux;* **to fall along party lines:** *correspondre au clivage politique traditionnel*

## B. The death penalty

After World War II, the death penalty was increasingly seen as a violation of the 8th and 14th Amendments. The former prohibits **"cruel and unusual punishment"** while the latter rules that no state "shall deprive any person of life, liberty, or property, without due process of law". Against that background, a 1972 Supreme Court ruling declared capital punishment sentences "arbitrary and capricious", only to reinstate it as a legal means of punishment in 1976 after states had incorporated guidelines for the introduction of mitigating circumstances in their own legislations.

Even if execution is today typically a state affair, it takes place within federal legal guidelines. In 2002, the Supreme Court stopped executions of the mentally retarded, and in 2005 it called a halt to the death penalty for those who were minors at the time when they committed their crimes. Several states (Illinois, New York, New Jersey…) have begun in turn to move against the death penalty, imposing a moratorium. This glimpse of a trend does not mean that America as a whole is ready to abolish the death penalty, but Americans' support for it seems to be waning. In Texas, however, opinion polls show that capital punishment is hardly controversial at all.

Under the federal system, defendants must first lodge an appeal in State courts before seeking review of their convictions in the federal courts. The federal Supreme

Court can examine appeals formerly rejected by state Supreme courts. Because of this process known as "exhaustion of remedies", it often takes many years for a death sentence to be executed.

All state and federal executions are today carried out by lethal injection, but some states used to "offer" alternative methods, like hanging, the gas chamber, the electric chair or a firing squad.

The power of granting pardon lies with the state governor and / or an appointed board. For federal death-row inmates, the President has sole authority to commute a death penalty.

- **Traditional arguments in favour of the death penalty:**
  - Someone who is too dangerous to live in society should be killed. Murderers deserve to pay for their crimes and society is entitled to protect itself, whatever it takes.
  - The executions of some criminals save many lives by deterring potential murderers.
  - Executing criminals remains the easiest way to make sure they will not claim other innocent lives.
  - The idea of spending public money to feed murderers is outrageous to many.
  - Sentences to death are extremely rare, which minimises the risk of executing an innocent.
  - The death penalty is mentioned in the Bible: "Whoever sheds the blood of a human, by a human shall his blood be shed" (Genesis 9:6). Death penalty proponents often invoke the "an eye for an eye, a tooth for a tooth" principle.
  - The victim's family will gain peace of mind only when the criminal is executed.
  - A majority of American citizens are still in favour of the death penalty, although life imprisonment without parole seems increasingly favoured by public opinion.
  - Modern execution methods make it possible to execute someone with little suffering.
- **Traditional arguments against the death penalty:**
  - It is a barbaric and irrational act which no enlightened society should commit.
  - As a deterrent, it has proved widely inefficient. The murder rate is even reportedly higher in states with capital punishment than in abolitionist states.
  - Innocent people might be condemned to death. Some miscarriages of justice even happened to be exposed in the last minute, shortly before a planned execution… Florida has released 22 prisoners from death row on grounds of innocence in about 30 years. If you find you have jailed the wrong man, you can free and compensate him. If you have executed him, however…

- Capital punishment conflicts with religious and ethical principles, among which forgiveness and repentance. An enlightened approach to justice begins with the possibility of redemption.
- Poor people and ethnic minorities are over-represented on death row, maybe because they have not been able to afford big-name lawyers.
- Alternative forms of punishment such as life imprisonment may be a more effective deterrent.
- By law, only jurors who agree in principle with the possibility of the death penalty are allowed to serve on capital juries, which naturally tends to bias juries towards the death penalty.

In October 2007, the Supreme Court imposed a **moratorium** on judicial killing. By doing so, it has not suspended capital punishment itself, but the most common way of applying it. The drugs used are a triple cocktail that first sedates the prisoner, then paralyses his lungs and finally stops his heart. Some studies, however, suggest that some prisoners were inadequately sedated and suffocated in agony after needles had not been inserted correctly. In December 2006, a death-row inmate took twice as long to die as usual and witnesses saw him grimace in pain when he should have been unconscious, which may well fall under the definition of unconstitutional "cruel and unusual punishment". If the Supreme Court had banned this combination of drugs, states could presumably have come up with different ones, or resorted to a single overdose of barbiturates (the same way that vets put animals to sleep), but such changes eventually proved unnecessary. **On 16 April 2008, the Supreme Court upheld the use of lethal injections** by a seven-to-two ruling, stating that although the execution method had to present a "substantial" or "objectively intolerable" risk of serious harm, avoidance of *all* pain was not required.

In December 2009, a death row inmate, Kenneth Biros, was executed in Ohio with a one-drug intravenous lethal injection, a method never before used on a human. The new method, which involved a large dose of anesthetic, akin to how animals are euthanised, was hailed by most experts as an improvement over the three-drug cocktail used in most states. However, death penalty opponents argued that since Ohio's new method had never been tried out on humans before, it was the equivalent of human experimentation.

The economic recession, however, has contributed to shifting the debate about capital punishment, at least in part, from morality to cost. Recent studies showed that administering the death penalty was even more expensive than keeping someone in prison for life. The intensive jury selection, trials and appeals required in capital cases sometimes take as long as a decade and death rows, where prisoners facing execution are kept in separate cells under close scrutiny, are also immensely costly. In that context, several states facing huge budget deficits have proposed to eliminate the death penalty as a cost-cutting measure.

➡ **Vocabulary**

**to reinstate:** *réinstaurer, réintroduire;* **mitigating circumstances (= extenuating circumstances):** *circonstances atténuantes;* **a glimpse of a trend:** *le début / l'aperçu d'une tendance;* **to wane:** *faiblir, s'estomper;* **to lodge an appeal:** *faire appel;* **hanging:** *la pendaison;* **a firing squad:** *un peloton d'exécution;* **the power of granting pardon:** *le droit de grâce;* **to commute a sentence:** *commuer une peine;* **parole:** *liberté conditionnelle;* **a miscarriage of justice:** *une erreur judiciaire;* **to be on death row:** *être dans les couloirs de la mort;* **a big-name lawyer:** *un ténor du barreau;* **to be on death row**: *être dans les couloirs de la mort;* **a moratorium:** *un moratoire;* **akin to:** *équivalent à;* **to hail:** *saluer, acclamer*

## C. Guantánamo Bay

The US naval base of Guantánamo Bay in Cuba has served as a prison camp for suspected Taliban and Al-Qa'eda fighters captured in the War on Terror, since the 9/11 attacks. Guantánamo, **an isolated compound outside US territory**, is thought to be the ideal place to keep and examine these prisoners while denying them the rights normally guaranteed to criminals under the American constitution, including that of being charged and tried in due course before a jury. Detainees are also denied the rights guaranteed to Prisoners Of War under the Geneva Convention. Instead, the US Administration chose to label prisoners as **"unlawful enemy combatants"**.

The conditions of detention have come under scathing criticism on the part of civil liberties advocates and NGOs such as Amnesty International and the Red Cross. The latter was granted restricted access to the base in 2004 on condition of confidentiality, but the report was leaked to the press shortly afterwards. It exposed activities that were said to be "tantamount to torture", such as prolonged exposure to loud noise, extreme temperatures or artificial light, and occasional beatings. These **allegations of ill-treatment** were either rejected altogether or watered down as mere "stress positions" or "environmental manipulation" by US authorities. In 2005, a report from Amnesty International called Guantánamo **"the gulag of our times"**, accusing the US administration of condoning torture: "*A new agenda is in the making, with the language of freedom and justice being used to pursue policies of fear and insecurity. This includes cynical attempts to redefine and sanitise torture.*" Several released prisoners confirmed the accusations, claiming that false confessions had been extracted from them using physical and psychological abuse.

While such alleged restrictions on civil liberties undoubtedly made a lasting contribution to the anti-American feeling worldwide, the US administration justified them by the need to gather information from the detainees in an attempt to prevent further terrorist attacks. In March 2007, a British all-party parliamentary group made up of Labour, Conservative and Liberal Democrat MPs brought together a large group of lawyers and NGOs in an attempt to "bring home UK residents held in the camp, and to develop a strategy for overcoming issues preventing the camp's closure."

In early 2009, President Barack Obama's failure to present a detailed plan to deal with the remaining 241 detainees at the Guantánamo Bay detention centre, which he had promised to close by January 2010, sparked a bitter row across the whole political spectrum. While Republicans expectedly lambasted his decision, many Democrats expressed their concerns as to what to do with inmates who cannot be returned to their home countries for fear of ill-treatment. Should they be sent back to their home countries regardless or displaced to supermax facilities on American soil? Following the controversy and **a surge of nimbyism** even in Democratic strongholds, President Obama secured a few European allies' promised to take back men released from detention and announced his intention to revive military commissions for others, though ones properly supervised by Congress and with more extensive rights for defendants.

In May 2013, President Obama vowed to close the controversial prison camp in an effort to fulfil a broken pomise from his first run for the White House in 2008.

### ➨ Vocabulary

**a compound:** *un complexe, un ensemble;* **to be charged with sth / doing sth:** *être accusé de qqch / d'avoir fait qqch;* **to be tried:** *être jugé;* **in due course:** *dans un délai raisonnable;* **scathing criticism:** *des critiques acerbes*; **an advocate:** *un partisan, un défenseur*; **NGOs:** *les ONG;* **to be tantamount to:** *revenir à, équivaloir à;* **ill-treatment:** *des mauvais traitements;* **to water down sth:** *édulcorer qqch;* **to condone torture:** *justifier le recours à la torture;* **to sanitise:** *aseptiser;* **abuse:** *sévices corporels / injures verbales;* **to lambast:** *critiquer violemment, éreinter*; **a supermax facility:** *une prison de haute sécurité;* **nimbyism (not-in-my-backyard):** *contestations locales face à la possible implantation sur un territoire d'installations controversées;* **a stronghold:** *un bastion*

# III. Thème d'application

1. En dépit des lourdes preuves que l'accusation avait contre lui, il continuait de nier les faits.
2. La peine de mort compte autant de partisans résolus que d'adversaires acharnés.
3. Ce prisonnier patienta des années dans les couloirs de la mort avant de voir sa peine commuée.
4. L'accusé a été reconnu coupable de haute trahison et condamné à mort.
5. Pour la toute première fois, la Croix Rouge a été autorisée à visiter une prison de haute sécurité.
6. C'est si frustrant pour les victimes de voir que les criminels s'en sortent parfois grâce à un détail de procédure.
7. La peine capitale, qui ternit l'image des États-Unis dans le monde, n'a de surcroît jamais empêché les délits ou les crimes.
8. Les tests ADN l'ont finalement innocenté dix ans après son soi-disant crime.
9. Ceux qui préconisent la peine de mort devraient garder à l'esprit que l'exécution du coupable ne ramènera jamais la victime.
10. Les conditions de détention à Guantánamo ont suscité des critiques virulentes de la part de militants des droits de l'homme partout dans le monde.
11. La Convention de Genève relative au traitement des prisonniers de guerre est régulièrement bafouée au nom de circonstances exceptionnelles.
12. L'existence des prisons secrètes de la CIA a été dans un premier temps niée par le gouvernement américain.
13. Les sévices dont ont été victimes des prisonniers de guerre en Irak ont contribué au sentiment anti-américain, largement répandu aujourd'hui.
14. De nouvelles mesures vont être annoncées par le gouvernement pour soulager la surpopulation carcérale, que beaucoup jugent scandaleuse.
15. Grâce à la loi contre le terrorisme de 2006, des suspects peuvent désormais être placés en garde à vue pendant 28 jours avant d'être mis en examen.

### ➨ Proposition de corrigé

1. Although the prosecutor held a strong body of evidence against him, he kept on denying the facts.
2. The death penalty has as many fervent advocates as staunch opponents.
3. The inmate waited on death row for years before his sentence was commuted.
4. The accused was convicted [/found guilty] of high treason and sentenced to death.
5. For the first time ever, the Red Cross was allowed into a high security prison.
6. It is so frustrating for victims when criminals sometimes get off thanks to some legal technicality.
7. Capital punishment, a blight on America's image worldwide, has moreover never been an efficient deterrent to minor or serious crime.
8. He was eventually proved innocent by DNA testing ten years after his alleged crime.
9. Those who make the case for capital punishment should keep in mind that the criminal's execution cannot bring the victim back.
10. Detention conditions at Guantánamo have drawn scathing criticisms from human rights advocates across the globe.
11. The Geneva Convention relative to the treatment of Prisoners of War is regularly flouted [/trampled on], in the name of some exceptional circumstances.
12. The existence of CIA secret prisons was at first denied by the American administration.
13. The abuse on Iraqi detainees has contributed to the currently widespread anti-American feeling.
14. The government will announce new measures to relieve [/alleviate] prison overcrowding, which many deem outrageous.
15. Under the 2006 Terrorism Act, suspects can now be kept in custody for 28 days without charge [/kept in pre-charge detention for 28 days].

# 3 Population and social mobility

# I. Immigration and ethnic minorities

## A. The US, a nation of immigrants

For centuries, people have uprooted themselves from their homelands to settle in what they see as **the land of plenty**, the country of political and religious freedom, where equal opportunities and prosperity are said to be accessible to all. From the first English Puritans who, back in the 17th century, fled religious persecution by the Church of England, to 20th-century Mexican "wetbacks" who swim across the Rio Grande to try and reach the US illegally, it seems that immigrants have always been lured by the promise of a better life in America. This promise came to be known as **the American Dream**, an image obviously inspired by the idea of the Promised Land, of a god-given haven for everyone to start anew and succeed through hard work and diligence. Immigrants come to the United States to embrace the country's work ethic and eventually **rise "from rags to riches"**, to use a cliché popularised by 19th-century fiction writer Horatio Alger.

Throughout the 17th and the 18th centuries, a number of settlements were established on the East coast by European immigrants. The first permanent one, located on Jamestown Island, Virginia, was founded in 1607 by a London-based trading company. In 1620, the **Pilgrim Fathers**, who sailed to the US aboard the Mayflower, founded the colony of Plymouth, Massachusetts.

In the 19th century, immigration took on a new magnitude, with millions of Europeans pouring into America, essentially for economic reasons. In the first half of the century, many English, Irish, Austrians and Germans came to America, later to be joined by Italians, Greeks or Poles in the last decades of the century.

In the 20th century, new immigrants mainly came from central Europe (fleeing Nazi Germany), Asia, Central and South America and the Caribbean.

Despite the apparent open-door promise celebrated in the lines by poet Emma Lazarus that are engraved in the pedestal of the Statue of Liberty ("*Give me your tired, your poor, your huddled masses yearning to breathe free*"), such successive waves of immigrants prompted the successive American governments to try and stem the tide of newcomers:

- From 1879 to 1943, several laws restricting the immigration of Asian people, notably Chinese Exclusion Acts, were passed.
- In 1891, the Immigration Act declared that some classes of individuals ("idiots", "insane people" and "paupers"), as well as anyone who could become a burden on society, were unfit to become American citizens. The immigrants who came to the US carrying a contagious disease were also denied entry. Between 1892 and 1954, medical inspections were carried out on newcomers at **Ellis Island** in New York Harbour.

- The 1924 Immigration Act was a first step towards **preferential immigration**, as it favoured immigrants from Northern and Western Europe as well as from Central America, at the expense of Southern Europeans and Asians.
- In 1965, the Immigration and Nationality Act repealed the 1924 Act and further favoured skilled immigrants, resulting in an increased **brain drain** from Europe.

### ➠ Vocabulary

**to uproot oneself:** *se déraciner*; **a homeland:** *une patrie*; **to settle (down) in:** *s'installer, s'établir*; **the land of plenty:** *le pays de cocagne*; **equal opportunities / equality of opportunity:** *l'égalité des chances*; **to flee (fled, fled):** *fuir*; **the Church of England:** *l'Église anglicane;* **to be lured by a promise:** *se laisser séduire par une promesse*; **a haven:** *un hâvre*; **to start anew:** *recommencer sa vie*; **work ethic:** *éthique du travail, déontologie*; **to go / rise from rags to riches:** *passer de la misère à la richesse*; **throughout:** *tout au long de*; **a settlement:** *une colonie*; **the Pilgrim Fathers:** *les Pères pélerins*; **aboard:** *à bord de*; **to pour:** *arriver en masse*; **huddled:** *rassemblés, blottis*; **to yearn to do sth:** *aspirer à faire qqch*; **to stem the tide:** *endiguer le flot*; **idiots:** *les simples d'esprit*; **insane:** *fou*; **paupers:** *les indigents*; **a burden:** *un fardeau*; **to be denied entry:** *se voir refuser l'accès*; **at the expense of:** *au detriment de*; **to repeal:** *annuler*; **the brain drain:** *la fuite des cerveaux*

## B. The competing models of integration in the US

One of the unifying beliefs that helped shape the American identity is that of the melting pot. The concept was originally set forth by the French-American writer St John de Crèvecoeur who wrote in *Letters from an American Farmer* in 1782 that the American was the one who *"leaving behind him all his ancient prejudices and manners, receives new ones from the new mode of life he has embraced, the government he obeys, and the new rank he holds. […] Here individuals of all nations are melted into a new race of men, whose labors and posterity will one day cause great changes in the world."*

The metaphor of a "melting pot" or "crucible" was later often used in the nineteenth century to describe the idealised process of immigration by which different ethnicities and cultures tend to blend into a new community. This was obviously connected to utopian depictions of American "new men" uniting to build some ideal, virtuous republic inspired by God. It is, however, only after President Roosevelt's enthusiastic comments on *The Melting Pot*, a play by Israel Zangwill that premiered in Washington in 1908, that the exact phrase came into general usage. Its main character, who emigrates to America in the wake of the 1903 Kishinev pogrom, famously proclaims *"America is God's Crucible, the great Melting Pot where all the races of Europe are melting and reforming."*

In the course of the 20th century, some new concepts challenging what increasingly came to be described as the *myth* of the "melting pot" were forged in the midst of a growing debate over the possibility of assimilating new waves of immigrants. The central question was whether immigrants should or could be absorbed in the Anglo-Saxon melting pot of the Founding Fathers. In that context, the "melting pot" was sometimes accused of being illusory and deceptive on the grounds that the US was originally founded, not so much by people of all nations, but by WASPs whose culture had remained largely predominant in the American identity. Seen in this light, the "melting pot" means little more than "Anglo-conformity" – hence the **"tomato soup"** metaphor, namely some sort of "ethnic stew" to which immigration does add new ingredients that enrich the taste, but which remains overwhelmingly dominated by *one* flavour.

This notion of a cultural absorption of immigrants trying to adapt to established patterns though a process of acculturation was prevalent among sociologists until the 1960s, but it then came to be dismissed as unrealistic and even politically incorrect. With the gradual empowerment of minorities, the notion of **"multiculturalism"** indeed came to the fore and translated into a new, popular culinary metaphor: **the "salad bowl"**. "Cultural pluralism" was actually far from being a brand-new concept. As early as 1915, philosopher Horace Kallen coined the phrase in *Democracy versus the Melting Pot*, taking sides with those who resented the domination of the European heritage.

In the American society described as a cultural mosaic or "salad bowl", each community can retain its particular "flavour", i.e. culture. Whereas assimilation had pulled generations of immigrants into the American mainstream, the 20th-century demographics of the US brings about unprecedented changes in the way immigrants perceive themselves. It is therefore sometimes argued that, as immigrant populations reach a critical mass in many communities, it actually is no longer the melting pot that shapes them but *they* who are transforming the American society. For instance, Hispanic immigrants have tended to cluster in segregated neighbourhoods and worship in separate churches. This, and their sheer numbers, give this wave of immigrants a potential to resist the Americanisation that had once been considered irresistible.

Whereas some see this trend as evidence that the US increasingly promotes diversity, some critics are concerned that the more emphasis there is on what sets communities apart, the more damage this will inflict on the social fabric. Moreover, gaps in income and education levels between new immigrants and the native-born are far from decreasing. Although the children of low-income and often poorly-educated immigrants usually acquire more education than their parents, research shows that they often lag behind other students when it comes to college entrance and are still more likely to be stuck in dead-end jobs.

New concepts were recently framed by sociologists and historians to try and encapsulate the various forms of assimilation in today's American society. In 1995, Berkeley historian David Hollinger wrote *Postethnic America*, a mainly theoretical essay in which he posits that **voluntary affiliation** and **"communities of consent"** should prevail over fixed identity and "communities of descent". To him, a move away from multiculturalism is needed to avoid "ethno-racial particularism". In 2004, Harvard Professor Samuel Huntington (the author of the most controversial "clash of civilisations" theory) published *Who are We? America's Great Debate* in which he comments on the term **"hyphenated American"** – an epithet commonly used disparagingly at the beginning of the 20th century to describe for instance "German-

Americans" who called for US neutrality in World War I. To Huntington, however, the hyphen can be taken more as a sign of attempted blending than as a sign of separatism. It can also be interpreted to show that neither of the two identities should be deemed superior to the other. But whereas the hyphen can signify that American identity is a core part of people's self-image, the **ampersand** (&) suggests that communities retain far more consciousness of a foreign identity. And nowadays, more and more **"ampersand Americans"** *"capitalize on modern communications and transportation to maintain dual allegiance, dual nationality, and dual citizenship,"* or so Huntington argues.

### ➡ Vocabulary

**the melting pot:** *le creuset*; **to set forth (an idea):** *exposer, faire connaître*; **prejudice:** *des préjugés*; **to melt:** *fondre*; **a crucible:** *un creuset;* **to blend:** *se mélanger*; **the play premiered in…:** *la première de la pièce a eu lieu à…*; **a phrase:** *une expression;* **in the wake of:** *suite à, dans le sillage de*; **in the midst of a debate:** *en plein débat*; **deceptive:** *trompeur*; **on the grounds that…:** *au motif que…*; **WASPs:** *White Anglo-Saxon Protestants*; **hence (+ noun…):** *d'où;* **a stew:** *un ragoût*; **to dismiss (an idea):** *rejeter, écarter*; **empowerment:** *la responsabilisation*; **to come to the fore:** *se manifester / être mis en avant*; **to translate into:** *se traduire par*; **brand-new:** *flambant neuf*; **to take sides with:** *prendre parti pour…, se ranger parmi…*; **to resent sth:** *être contrarié par / indigné de*; **the mainstream:** *le courant dominant*; **to bring about:** *provoquer*; **unprecedented:** *sans précédent*; **to cluster:** *se rassembler*; **to worship:** *pratiquer sa religion / vouer un culte à*; **a critic:** *un opposant, un détracteur;* **the social fabric:** *le tissu social*; **income:** *les revenus*; **to lag behind:** *être à la traîne*; **when it comes to (+ noun / -ING):** *quand il s'agit de*; **a dead-end job:** *un travail sans perspectives*; **to frame a concept:** *formuler, concevoir;* **to encapsulate:** *résumer, englober*; **to posit:** *postuler*; **a hyphen:** *un trait d'union*; **disparagingly:** *péjorativement*; **ampersand:** *esperluette (signe typographique &)*

## C. Recent immigration policies in the US and in the UK

Over the past twenty years, the US has become increasingly protectionist. Conditions for entry into the US are now tougher, even for qualified workers. This new policy, one that was more or less endorsed by Republicans and Democrats alike, can be accounted for by two main factors: the fear of terrorism and the will to curb **illegal immigration**. The latter has become a growing source of worry for many Americans who feel that undocumented immigrants – 80% of them from Latino origin – take the jobs and bring down the salaries of unskilled Americans, while taking advantage of the social protection. Of course there are also potent arguments in favour of letting illegal immigrants stay: ideological ones (Americans cannot boast the universality of their model and not expect aliens to try and get their share of the American Dream) as well as more pragmatic ones (illegal immigrants actually take jobs Americans don't want and act as a cheap and malleable workforce that can, at times, help boost the economy).

Various proposals were recently made to try and reconcile tough enforcement and the need to legalise at least part of the 12m illegals already in the country, but none of them so far proved successful in achieving political consensus. In May 2007, a bill resorting to the carrot and stick approach was eventually rejected by all sides. On the one hand, it suggested to **tighten border security** (by building new miles of fencing along the border with Mexico and recruiting new border patrol agents) and to stiffen punishment for those who knowingly hire illegals. On the other hand, the idea was to offer them a path to citizenship, provided they accept to pay a $1,000 fine, to be fingerprinted and given a background check. Expectedly enough, many Congressmen, mostly on the Republican side, denounced the bill as an "amnesty in disguise" that would do nothing but encourage new waves of illegal immigration, while immigrant-rights groups said that the path to citizenship would be too long and arduous. During the 2008 presidential campaign, both McCain and Obama said they supported **a path to legalisation** for illegal immigrants, which included learning English and paying fines, and were in favour of further securing the Mexican border.

In June 2012, President Obama announced that his administration would no longer deport young undocumented aliens under the age of 30 who obtained a high school diploma and/or served in the military. The directive was resented by Republicans as a way to circumvent Congress's rejection of the DREAM (Development, Relief, and Education for Alien Minors) Act. Mitt Romney, his Republican opponent in the 2012 presidential race, replied he would support a path to residency, not citizenship, and would secure the borders, in part by building a border fence.

In Britain, the day after **Enoch Powell** delivered his notoriously racist **"rivers of blood" speech** on the dangers of immigration in 1968, quoting Sybil's prophesies in Virgil's *Aeneid*, Book 6, of "wars, terrible wars, and the Tiber foaming with much blood", he was sacked from the Shadow Cabinet by Conservative leader Edward Heath. Britain at the time used to boast its **multicultural model**, based not so much on "a flattening process of assimilation" as on "cultural diversity in an atmosphere of mutual tolerance" (Roy Jenkins, Labour Home Secretary, 1966).

But this image of a tolerant, multi-ethnic society is felt to have been increasingly challenged in recent years for several reasons. First, riots (usually termed the "**race riots**"), erupted in London, Liverpool and Birmingham in 1981 and then again in Leeds and Bradford in 2001. They were related to tensions both between and within ethnic communities. Second, the **7 July 2005 London bombings** (also known as 7/7) shed new light on the radicalisation of some younger members of Britain's 1.5 million-strong Muslim community and led to a heated debate on Britain's multiculturalism and rather lenient approach to illegal immigration.

In an effort to impose on immigrants a transition from aliens to fully-fledged British citizens, the government made tests on "life in the United Kingdom" compulsory for those seeking naturalisation in 2007. On different matters, it also introduced £10,000 fines for employers found to have hired illegal immigrants knowingly or simply by negligence, and decided to clamp down on bogus asylum claims.

In February 2011, David Cameron proclaimed the death of multiculturalism in a speech that infuriated Muslim groups. The Prime Minister claimed that 30 years of multiculturalism had fostered extremist ideology and therefore contributed to home-grown Islamic terrorism.

### ➠ Vocabulary

**to endorse a policy:** *soutenir*; **to account for sth:** *rendre compte de, expliquer*; **to curb:** *endiguer*; **undocumented:** *sans papiers*; **potent:** *puissant, pertinent*; **to boast sth:** *se prévaloir de qqch;* **an alien:** *un étranger;* **workforce:** *main d'œuvre*; **tough:** *dur, rigoureux*; **enforcement:** *mise en application (d'une loi)*; **to resort to the carrot and stick approach:** *manier la carotte et le bâton;* **to tighten:** *renforcer*; **border security:** *la sécurité aux frontières*; **a fence:** *une clôture*; **to stiffen:** *renforcer, rendre plus strict*; **knowingly:** *en toute connaissance de cause*; **provided:** *à condition que*; **a fine:** *une amende*; **to do a background check on sb:** *enquêter sur le passé de qqun*; **expectedly enough:** *comme on pouvait s'y attendre*; **nothing but:** *rien d'autre que;* **notorious:** *tristement célèbre*; **to sack sb:** *renvoyer qqun*; **to challenge:** *défier, contester;* **a riot:** *une émeute*; **lenient:** *clément*; **fully-fledged:** *à part entière*; **to clamp down on:** *réprimer sévèrement*; **a bogus asylum claim:** *une demande d'asile infondée*

# II. Fighting discrimination

## A. The end of legal segregation in the US

**The emancipation of all slaves** across the country was proclaimed in the wake of **the Civil War** (1861-1865) between the industrial North, which was against slavery, and the agrarian South, which had so far largely depended on slaves to work the land. **The "Reconstruction Amendments"** were then adopted between 1865 and 1870, to try and impose equality:

- The 13th Amendment (1865), which Southern states had to approve in order to re-enter the Union, made slavery illegal.
- The 14th Amendment (1868), which asserted that no state could "deprive any person of life, liberty and prosperity without due process of law".
- The 15th Amendment (1870), which granted the right to vote to all male citizens regardless of their race or colour.

In several southern states, however, black people were often denied the right to vote by means of voter qualification laws (including poll taxes and literacy tests). They also often suffered from insidious discrimination and / or overt segregation imposed on them by **the Jim Crow Laws**. Indeed, in the name of the **"separate but equal" doctrine**, often encouraged by racist groups like the Ku Klux Klan, blacks had access to "coloured-only" facilities that were supposedly of the same quality as the ones white people used. By the end of the 19th century, this situation prevailed in southern states, with different schools for blacks and whites but also different seats in restaurants, cinemas or public transport, as upheld by the federal Supreme Court in *Plessy v. Ferguson* (a decision that confirmed the constitutionality of the "separate but equal" doctrine).

Here are but a few of the landmark events in the fight for equal rights that took place between the end of the 19th century and 1968:

- In 1914, **the NAACP** (National Association for the Advancement of Coloured People) secured the right of African-Americans to serve as officers in WWI.
- In 1915, the Supreme Court found Oklahoma's grandfather clause unconstitutional. The Oklahoma Constitution allowed an exemption to the literacy requirement for those voters whose grandfathers had been eligible to vote prior to 1866. The exemption naturally favoured white voters while it disfranchised black voters, most of whose grandfathers had been slaves and therefore unable to vote before 1866.
- In 1954, **Brown v. Board of Education of Topeka** overturned *Plessy v. Ferguson*, stating that separate public schools denied black children equal educational

opportunities in direct violation of the equal-protection clause of the 14th Amendment.

- In 1955, **Rosa Park**, a black civil rights activist, refused to obey a bus driver's order that she should give her seat to a white man – an act of defiance thanks to which she became an international icon of resistance to racial segregation. The ensuing bus boycott eventually led the Supreme Court to outlaw racial segregation on buses in November 1956.
- From 1955 to 1968, **Martin Luther King's Civil Rights Movement** prompted numerous acts of nonviolent protest and civil disobedience including boycotts, sit-ins and marches. It is on a huge march to Washington that Martin Luther King, who was to be assassinated in 1968, gave his famous **"I Have a Dream" speech** in 1963:

> *"I have a dream that one day this nation will rise up and live out the true meaning of its creed: 'We hold these truths to be self-evident, that all men are created equal.'*
> *I have a dream that one day on the red hills of Georgia, the sons of former slaves and the sons of former slave owners will be able to sit down together at the table of brotherhood.*
> *I have a dream that one day even the state of Mississippi, a state sweltering with the heat of injustice, sweltering with the heat of oppression, will be transformed into an oasis of freedom and justice.*
> *I have a dream that my four little children will one day live in a nation where they will not be judged by the color of their skin but by the content of their character.*
> *I have a* dream *today!"*

- In 1964, the Civil Rights Act banned discrimination in employment practises and public accommodations.
- In 1965, the Voting Rights Act restored and protected voting rights for black people.
- In 1968, the Civil Rights Act, commonly known as the Fair Housing Act, prohibited discrimination in the sale, rental and financing of housing based on race, religion or national origin.

### ➨ Vocabulary

**regardless of:** *sans tenir compte de*; **a poll tax vote:** *suffrage censitaire;* **a literacy test:** *un test mesurant le degré d'alphabétisation;* **the Jim Crow laws:** *les lois ségrégationnistes;* **facilities:** *équipements, installations*; **a landmark event:** *un évènement qui a fait date*; **a grandfather clause:** *une clause d'antériorité*; **to be disfranchised:** *être privé de ses droits électoraux*; **to overturn a ruling:** *faire annuler une décision*; **ensuing:** *qui a suivi;* **to outlaw:** *interdire*; **to prompt a reaction:** *provoquer une réaction*; **a sit-in:** *une occupation de locaux*; **a march:** *une manifestation*; **to swelter:** *étouffer de chaleur*

## B. Affirmative action: a necessary evil?

Despite the end of institutionalised segregation, the fight for social and economic equality was far from being won. In that context, the US affirmative action policy began as a tool to address the persisting inequalities that African-Americans suffered from in the 1960s. Although affirmative action was primarily meant to give racial preference to certain ethnic minorities in order to facilitate their integration into society, it can also be targeted at other groups, like women or war veterans.

However, the policy has come under sharp criticism ever since it was first implemented. Indeed, the aim of creating a more egalitarian society to make up for past injustices and discrimination is widely seen as worthy of praise, but the method used – i.e. enforcing equality of opportunity through quotas in education or employment – is sometimes said to be counterproductive and **going against the grain of meritocracy**.

- **Traditional arguments in favour of affirmative action:**
  - It is the least society can do to redress its long history of racial discrimination. The playing field is not level yet, so granting modest advantages to minorities and women is nothing but fair, given hundreds of years of discrimination that benefited whites and men.
  - It is the only realistic way to promote employment equity: glass ceilings are too thick to be broken without specific programmes.
  - Meritocracy and race-blindness are nothing but myths that the ruling classes wish to perpetuate so as to keep their supremacy.
  - Traditional remedies have failed, so why not try this one?
  - People from different backgrounds tend to get less prejudiced when they are educated together or work together.
- **Traditional arguments against affirmative action:**
  - The success of quotas in firms or universities is bound to remain illusory if no major step is taken to promote competence and education from childhood onwards.
  - The most prestigious institutions will always find ways to bypass stringent laws.
  - Affirmative action "tends to benefit primarily the most fortunate among the preferred group (e.g. black millionaires), often to the detriment of the least fortunate among the non-preferred groups". (Thomas Sowell, *Affirmative Action Around the World: An Empirical Study*, 2004).
  - In the name of preferential hiring, reverse discrimination is created and the ideal of a colour-blind society is far from being achieved. Stigmatisation is therefore somehow institutionalised instead of being fought.
  - People may rightly feel wronged if a less competent person is selected instead of them on the grounds of his / her ethnicity.
  - Affirmative action goes against the very principle of meritocracy whereby people should achieve success proportionate to their talents and abilities. Through affirmative action policies, ethnicity takes undue precedence over merit and undermines the myth of the self-made man.

- Through affirmative action, the group a person belongs to is seen as more important than his / her individuality, which enhances the controversial belief in the existence of racial categories, i.e. racialism.

The polemics surrounding affirmative action led to various litigations over the years, some of which are still pending. On a number of occasions, even the Supreme Court was petitioned:

- *Regents of the University of California v. Bakke* (1978) barred racial quotas in college admissions on the grounds that they discriminated against non-minority applicants. Justices however said that affirmative action programmes are constitutional, provided race is but one among other criteria taken into account in the admissions system.
- *Adarand Constructors, Inc. v. Peña* (1995) narrowed the scope of affirmative action policies, stating that they had to remain subject to "close scrutiny".
- *Grutter v. Bollinger* (2003) upheld the affirmative action admission policy of the Michigan Law School, stating that "a tailored use of race in admissions decisions to […] obtain the educational benefits that flow from a diverse student body" was constitutional.
- However, in *Gratz v Bollinger* (2003), the Supreme Court found that the mechanistic system used by the University of Michigan, which gave points to students merely for being black, was unconstitutional.

Moreover, several states which had so far implemented affirmative action policies, recently decided against them. In 1996, California amended its constitution to include Proposition 209 that banned "*preferential treatment to any individual or group on the basis of race, sex, color, ethnicity or national origin in the operation of public employment, public education or public contracting*." In 2008, Nebraska followed suit.

It is true that, despite affirmative action policies, blacks and Latinos are today still worse off than whites in the US. The black population, for instance, endures greater rates of poverty and crime, which would tend to prove that **affirmative action efforts have certainly failed to level out America's sharp inequalities**. Several reasons can be put forward to explain that situation:

**Lingering prejudice** still makes it less likely for minority applicants to get a job. Social experiments have repeatedly shown that employers who are offered two résumés of equally qualified applicants will tend to prefer one that carries a typically white name over one with a typically black or Latino name.

**Ghettoisation** is still rampant. It has been a well-known socio-geographical fact for decades that the middle classes gradually fled city centres to move to the suburbs. When automobiles became affordable in the US, many middle and high-income residents, mostly white, indeed chose to leave city centres to live in larger houses and leafy areas. As a result, suburbia became increasingly inhabited by wealthy white people while inner cities tended to become run-down and left to minorities and the poor. Although the process known as gentrification, i.e. the movement back of some affluent taxpayers towards those city centres, has led to the rehabilitation of some city centres (in Cleveland or Philadelphia), the phrase "inner-city" is still used derogatorily today in many American cities.

**Past oppression** also accounts for the persistence of black poverty. According to the 1967 census, the average black person had an income that was just 54% of the average white one. By 2005, the gap had only closed to 64%.

### ➠ Vocabulary

**a tool:** *un outil*; **to address an issue:** *s'atteler à un problème*; **to be targeted at:** *être destiné à;* **to come under sharp criticism:** *être sévèrement critiqué;* **to implement a policy:** *mettre en application*; **to make up for sth:** *compenser qqch*; **worthy of praise:** *digne d'éloges*; **to go against the grain of:** *être à l'encontre des principes mêmes de*; **the playing field is not level yet:** *l'égalité de traitement n'est pas encore établie*; **given:** *étant donné*; **to benefit sb:** *profiter à qqun*; **the glass ceiling:** *le plafond de verre / le mur invisible (des préjugés);* **to be prejudiced:** *avoir des préjugés*; **to bypass a law:** *contourner une loi*; **stringent:** *strict, contraignant*; **rightly:** *à juste titre*; **to be wronged:** *être lésé*; **whereby:** *par lequel / laquelle*; **to undermine:** *miner, saper*; **to enhance:** *renforcer*; **a litigation:** *une action en justice*; **pending:** *en attente*; **to petition a court:** *intenter une action devant une cour*; **the scope of:** *la portée de*; **tailored / tailor-made:** *ajusté, fait sur mesure*; **to follow suit:** *imiter, emboîter le bas*; **worse off:** *moins aisé*; **lingering:** *qui subsiste*; **rampant:** *endémique*; **suburbia:** *la banlieue (aisée)*; **the inner city:** *les quartiers défavorisés du centre-ville*; **run-down:** *délabré*; **affluent:** *riche, aisé*; **a taxpayer:** *un contribuable*

## C. Gay rights

The issue of same-sex marriage is still a very polarising one in American politics. There is, however, no such thing as a clear-cut divide between conservative Republicans and liberal Democrats on that issue, which often sets off both personal gut reactions and ideological ones. To quote but one of them, when, in 2004, judges from Massachusetts ruled that banning gay marriage was contrary to their state constitution, President Bush immediately said he would support efforts to pass a constitutional amendment banning gay marriage to protect "the most fundamental institution of civilisation".

In November 2008, **Proposition 8** was passed in California's state elections. It stated that "only marriage between a man and a woman is valid or recognised in California", thereby overturning a previous California Supreme Court's ruling. The campaigns for and against Proposition 8 raised a record $39.9 million and $43.3 million respectively, and led to demonstrations and protests across California as well as in other states.

In that heated context, when asked about their opinions on gay marriages and gay adoptions, McCain and Obama gave tentative answers, basically insisting that such matters were states' responsibility. However, in May 2012, Barack Obama became the first sitting President to declare his support for the legalisation of same-sex marriage, but insisted that law relating to the issue should be determined at the state level.

- **Traditional arguments in favour of same-sex marriage:**
  - It is a matter of equality: why should a set of loving adults be denied a right that others have?
  - It is consistent with the evolution of society. After all, the institution of marriage has already undergone some major changes: until the late 1960s, it was illegal for black adults to marry white ones in some American states.
  - If gays want to marry, it's precisely because they see marriage as important and need the social recognition that goes with it.
  - It would increase the number of gay couples that take on real commitments.
  - The real nature of marriage should not be obscured by religious considerations: it is a legal and social commitment.
- **Traditional arguments against same-sex marriage:**
  - Civil unions should be enough of a social recognition.
  - It would further damage an important social institution, which has already been badly damaged by divorce rates.
  - Marriage is about children.
  - Marriage remains, for an overwhelming majority of Americans, a religious act.
  - The argument is rooted in semantics: marriage *is* the union of a man and a woman.

### Vocabulary

**same-sex marriage:** *le mariage homosexuel*; **a polarising issue:** *un sujet clivant*; **a clear-cut divide:** *un clivage net*; **to set off a reaction:** *provoquer*; **a gut reaction:** *une réaction instinctive, viscérale*; **thereby:** *de cette façon, par ce moyen*; **a demonstration:** *une manifestation*; **tentative (adj):** *hésitant, timide*; **consistent with:** *cohérent, compatible avec*; **a commitment:** *un engagement*; **an overwhelming majority:** *une majorité écrasante*; **to be rooted in:** *prendre ses racines dans*

## D. A need for identity politics?

Social scientists usually trace the origins of the phrase "identity politics" to the development of civil rights movements in the 1960s. Since then, it has come to signify **a wide range of political activity and theories focusing on the self-interests and perspectives of minorities**, be they defined in terms of gender, race, ethnicity or sexual orientation. Such minorities are self-identified (notably by their shared experiences of injustice) and usually have a self-explanatory narrative. Rather than organising around merely theoretical manifestoes, they actually aim to secure the political freedom of a specific group marginalised within its larger context. In other words, **minority members who believe in identity politics don't wish to let go of**

**their distinctiveness**. Their primary goal is to achieve greater self-determination for the group they take pride in belonging to against **the oppressive mainstream**. The second half of the 20th century witnessed the emergence of large-scale political movements in favour of causes as varied as Black Civil Rights, gay and lesbian liberation, the American Indian condition or the independence of Wales, but also making the case for allegedly core cultural values like fox-hunting in the UK.

The downside of the celebration of multiculturalism is naturally that some people assert the differences of the group they feel part and parcel of at the expense of the common bonds that should cement a nation. At a time when British society is becoming more and more cosmopolitan and diverse, **the very idea of a British identity is increasingly challenged**, as evidenced by opinion polls showing for instance that fewer and fewer Welshmen, Scots but also British-born Muslims define themselves as British.

The results of the 2007 local elections confirmed this trend. In Wales, Plaid Cymru (The Party of Wales, advocating independence for Wales) made significant gains at the expense of Labour (which, however, remained the largest party in the Assembly by a narrow margin). Results proved even more striking in Scotland, where the Scottish National Party became the largest party in the Scottish Parliament.

Regional aspirations (both cultural and political) came again to the fore at the end of 2012, with a revival of sectarian tensions in Northern Ireland (loyalists protested against restrictions on flying the Union flag) and an agreement between David Cameron and the leader of the Scottish National Party on an independence referendum to be held in Scotland in 2014.

In such a context, it comes as no surprise that politicians increasingly feel the need to celebrate the core identity of the nation, as shown by the following speech delivered at a seminar on **Britishness** in 2007 by Gordon Brown, the then Chancellor of the Exchequer:

> *"Indeed a multinational state, with England, Scotland, Wales and now Northern Ireland we are a country united not so much by race or ethnicity but by shared values that have shaped shared institutions. Indeed, when people are asked what they think is important about being British many say our institutions: from the monarchy and the national anthem to the Church of England, the BBC and our sports teams. But when people are also asked what they admire about Britain, more usually say it is our values: British tolerance, the British belief in liberty and the British sense of fair play. [...] A strong sense of being British helps unite and unify us; it builds stronger social cohesion among communities. We know that other countries have a strong sense of national purpose, even a sense of their own destiny. And so should we."*

**Traditional arguments in favour of identity politics:**

- Groups that indulge in identity politics try to go against "the mainstream" which, more often than not, equals conformity and standardisation.
- The intolerant homogeneity of mainstream culture makes full acceptance of minorities impossible. So, identity politics is right in glorifying multicultural pluralism.
- Its original aim is to fight the oppression of minorities whose identities make them particularly vulnerable to cultural oppression. When faced with

stigmatisation, minority groups have every right to further their own sense of self and community.

- Colour-blindness (the view that race *should* be ignored in public policy and everyday exchange) is sometimes said to be a politically correct intellectual construction. Advocates of color-consciousness, on the contrary, argue that racism will not disappear without proactive efforts, which require the invocation of race. Hence the need for affirmative action which, by requiring statistics about the numbers of oppressed people in certain contexts, first requires racial identification and categorisation.

**Traditional arguments against identity politics:**

- By arguing that gender, race or other group characteristics are fixed, implying they are biologically determined traits rather than social constructions, identity politics tends to encourage potentially dangerous essentialism. Racialism may not be the best way to curb racism.
- Leftist commentators contend that identity politics diverts attention and energy from far more fundamental issues, i.e. the real roots of oppression. Marxist social scientists in particular have often interpreted the rise of identity politics as a hazard to a much-needed radical materialistic critique whose aim is to expose the flaws of capitalism. In their view, identity politics paradoxically serves as a harmful depoliticising factor.
- Identity politics does little but further fracture society. In *The Disuniting of America* (1992), historian Arthur Schlesinger, Jr. argues that basing politics on marginalisation works against creating new opportunities to end it. Civil rights movements should aim at the full acceptance and integration of marginalised groups rather than at the affirmation of differences.

## Vocabulary

**be they… or…:** *qu'il s'agisse de… ou de…;* **a narrative:** *un récit, une narration*; **to let go of:** *se séparer de, renoncer à;* **to witness:** *être le témoin de*; **allegedly:** *prétendument*; **core (adj.):** *central*; **a downside:** *un inconvénient*; **to be part and parcel of:** *faire partie intégrante de*; **a bond:** *un lien*; **as evidenced by…:** *comme… le prouve;* **a trend:** *une tendance*; **it comes as no surprise that:** *il n'est pas surprenant que;* **as shown by…:** *comme… le montre;* **Britishness:** *la britannicité*; **the then…:** *celui qui était alors…*; **to further:** *approfondir*; **an advocate:** *un partisan, un défenseur;* **proactive (adj)** *déterminé, plein d'initiative*; **leftist (adj):** *de gauche / gauchiste*; **to contend that:** *avancer l'argument selon lequel…*; **the root of:** *la racine de*; **to expose:** *mettre à jour, dénoncer;* **a flaw:** *un défaut, une faille*; **harmful:** *néfaste*

# III. The lack of social mobility

## A. Is Britain a "classless" or a "class-ridden" society?

When John Major, shortly before becoming Prime minister in November 1990, famously declared that his aim was to bring about what he termed **the "classless society"**, he no doubt acknowledged that Britain had indeed so far been **a class-bound and class-obsessed nation**. Such rhetoric signaled a departure from Margaret Thatcher's relentless dismissal of class as an irrelevant concept: "Class," she insisted, "is a communist concept. It groups people as bundles, and sets them against one another."

It is true that class analysis has long been thought to provide the key to understanding modern British life. After all, isn't class, like the weather and royals' lives, a typically British preoccupation? It is therefore little surprising that British politicians should use the concept when articulating their platforms, even sometimes using it as a rhetorical weapon against each other. For instance, John Major constantly jibed at Tony Blair's education (**"New Labour – Old School tie"**), in an attempt to underline the discrepancy between his opponent's education and the social status of the voters he wooed. As for Tony Blair, he obviously wished to illustrate the modernisation of his party when he proclaimed that New Labour's mission was "to allow more people to become middle class". And when John Prescott, the deputy leader of the Labour party, son of a railwayman, who dropped out of school at fifteen, was asked by a Radio Four interviewer in 1997 if Labour had become a middle-class party, he bluntly replied: *"My roots, my background and the way I act is working class, but it would be hypocritical to say I'm anything else than middle class now."* Lastly, when it appeared quite clearly that ten years of Labour rule under Blair's premiership had failed to create a classless society, Gordon Brown made a point of saying that *"a class-free society is not a slogan but in Britain can become a reality"*.

With such examples set from above, it is no wonder that Britons should still think of themselves as categorised between classes. In 2007, a *Guardian* poll showed that ten years after Labour came into power, Britain remained a nation dominated by class division, with a huge majority certain that their social standing determines the way they are judged. Of people born to working class parents, 77% said they were working class too, and only one fifth said they had become middle class. The poll also revealed that the upper class is almost extinct, with only 2% claiming to be part of it.

In "The Rise and Fall of Class?," (*Class in Britain*, 1998), historian David Cannadine accounts for the persistence of class-consciouscess derives from *"an elaborate, formal system of rank and precedence, culminating in the monarchy itself, which means that prestige and honor can be transmitted and inherited across the generations."* He then adds: *"A Briton's place in this class hierarchy is also determined by such considerations as ancestry, accent, education, deportment, mode of dress, patterns of recreation, type of housing, and style of life."* At a time when the gap in opportunities is reaching such proportions that the dream of a classless society seems more remote than ever, **the lack of education** is indeed widely acknowledged as one of the main factors preventing working-class students from becoming middle-class, or lower-middle class students from climbing the social ladder to the upper-middle class or the upper class. Things have therefore not changed much since Andrew Adonis and Stephen Pollard published *A class Act: The Myth of Britain's Classless Society* in 1997:

> *"School segregation is the critical driving force: largely a reflection of birth (professional parents colonize the best schools, the inner-city poor the worst), it mints class divisions anew each generation [...]. Meritocracy in modern Britain is mostly the creed of the élite, not the mass; and it is practiced most faithfully in the old public and grammar schools serving a predominantly professional and managerial clientele."*

### Vocabulary

**class-ridden:** *obsédé par la question du statut social;* **to bring about:** *créer*; **class-bound:** *miné par la conscience de classe;* **to signal a departure from:** *marquer une rupture avec*; **relentless:** *constant;* **dismissal:** *rejet;* **irrelevant:** *non pertinent*; **a bundle:** *un paquet*; **the royals:** *les membres de la famille royale;* **to articulate a platform:** *formuler un programme politique;* **to jibe at sb:** *se moquer de qqun*; **an old school tie:** *un réseau d'anciens élèves;* **to underline:** *souligner*; **a discrepancy:** *un écart*; **to woo voters:** *courtiser des électeurs*; **bluntly:** *sans détour, de manière abrupte*; **remote:** *éloigné*; **to climb the social ladder:** *gravir les échelons de la société, profiter de l'ascenseur social*

## B. Social mobility in the US

Common wisdom has it that American society is more mobile than the British one. For sure, upward social mobility is consistent with one of the basic expectations inherent in the American dream, i.e. improving one's lot. Moreover, the class structure, or at least the representation people have of the class they belong to, is admittedly less rigid than in Britain. The vast middle class most Americans spontaneously identify with can easily be segmented according to income distribution. On the contrary, cultural and ideological criteria are certainly not as useful to define the various layers of the social fabric as they are in Britain. The US likes to think of itself as the embodiment of meritocracy as opposed to European countries, allegedly flawed by family connections and snobbery.

However, America's engine of social mobility no longer works as well as it once did, and the view of America as some ideal meritocracy is now being challenged on several grounds:

According to a 2008 report by the American Human Development Index, huge disparities have opened up in health and education **depending on *where* people live** in the US.

The Economic Policy Institute, a Washington think-tank, has exposed **growing income disparities**. Between 1979 and 2000, the income of households in the lowest fifth of the population grew by 6.4%, while that of households in the top fifth grew by 70%. Between 1979 and 2000, the income of the top 1% had even risen from 133 to 189 times that of the bottom fifth.

**Social sclerosis seems to have pervaded politics.** The Bushes and the Clintons have formed influential dynasties. Most top politicians were educated at the same private schools and the same Ivy League universities (they even sometimes still belong to the same college secret societies long past their student days). All this is proof that the US is beginning to produce a self-perpetuating political elite.

**Education is increasingly stratified by social class.** School finances being largely determined by local property taxes, poor children attend schools with fewer resources than their richer counterparts.

"**Legacy preferences**", a programme launched by top universities to grant the children of alumni some preferential treatment obviously makes matters worse. Such a situation led *The Economist* to claim in 2004 that "*the students in America's places of higher education are increasingly becoming an oligarchy tempered by racial preferences*," i.e. affirmative action programmes.

With the contracting out of some activities and the increasing pressure of competition, large companies no longer tend to favour employee stability, so much so that it has become harder for managers to climb the corporate ladder.

Most Americans don't resent inequality of income (which they see as the price paid for a dynamic economy driven by free enterprise) provided it comes with equality of opportunity and social mobility. The problem is that today the US social structure is experiencing a radical change, which *The Economist* summed up in these terms:

> *"America is increasingly looking like imperial Britain, with dynastic ties proliferating, social circles interlocking, mechanisms of social exclusion strengthening and a gap widening between the people who make the decisions and shape the culture and the vast majority of ordinary working stiffs."*

### ➠ Vocabulary

**common wisdom has it that…:** *on s'accorde généralement à dire que…;* **an expectation:** *une attente, une aspiration*; **admittedly:** *il faut en convenir;* **a layer:** *une couche, une strate*; **the embodiment of:** *l'incarnation de*; **the engine of social mobility is no longer working:** *l'ascenseur social est en panne;* **a think-tank:** *un cercle de réflexion;* **to pervade:** *se répandre dans, s'insinuer dans*; **the Ivy League:** *la « ligue du lierre », ensemble des huit plus prestigieuses universités privées du nord-est (Harvard, Yale, Pennsylvania, Princeton, Columbia, Brown, Dartmouth et Cornell);* **local property taxes:** *les impôts locaux*; **sb's counterpart:** *l'homologue, l'équivalent de qqun*; **"legacy preferences":** *système de sélection des candidats à l'entrée dans une université donnant la préférence à un étudiant lui-même enfant d'anciens élèves de l'établissement;* **to contract out:** *sous-traiter*; **to climb the corporate ladder:** *progresser dans la hiérarchie de l'entreprise*

## C. Are women still faced with a glass ceiling?

It has long been a well-known fact that professional women who try to climb the corporate ladder sometimes never reach the top steps. But in September 2008, the Equality and Human Rights Commission argued that British women were actually encountering **not so much a glass ceiling as one made of reinforced concrete** when trying to make a career move upwards either in business or in politics. The *Sex and Power report* published by the watchdog showed a drop in the number of women attaining the top jobs in Britain. They hold just 11% of FTSE 100 directorships and account for only 19.3% of MPs. The commission says progress to equality at the top is indeed happening but only at a snail's pace.

Whereas girls outperform boys at many levels of secondary education and women make up nearly three out of five recent first-degree graduates, discrimination against women is still rampant in some workplaces. And when women make it to the top, **the "gender pay gap"** usually prevents them from being paid as much as men, even for the equivalent job. Several reasons can account for this situation:

The traditional role distribution between "stay-at-home" mums and "breadwinner" dads still serves as some justification for the gender pay gap in some workplaces.

When on maternity leaves, women lose out to men in the intense competition that leads to high salaries and lavish bonuses.

Some women decide the strain of their jobs' requirements and of what is expected from them at home is too much. So they willingly opt for a less challenging role or decide to work part-time. This is even more likely when the working environment glorifies the long-hours culture and when there is a definitive lack of good-quality childcare.

Against that background, bold moves to impose gender equality on male-dominated business and political worlds often lead to heated debates akin to those surrounding affirmative action measures in favour of ethnic minorities. Some argue that quotas may be a necessary evil while others resent the process as actually offensive to women.

### ➠ Vocabulary

**reinforced concrete:** *béton armé;* **a watchdog:** *une autorité de surveillance / une association de défense de certains droits;* **FTSE 100 ("footsie 100", Financial Times Stock Exchange 100 Index):** *indice boursier fondé sur la valeur de 100 actions cotées à la Bourse de Londres;* **to account for:** *représenter / rendre compte de;* **at a snail's pace:** *à un rythme d'escargot;* **to outperform sb:** *obtenir de meilleurs résultats que;* **a maternity leave:** *un congé de maternité;* **to lose out to sb:** *être perdant par rapport à qqun;* **lavish (adj):** *somptueux / très coûteux;* **a bonus:** *une prime;* **strain:** *fatigue;* **to work part-time:** *travailler à mi-temps;* **the long-hours culture:** *la culture du « travailler plus »;* **childcare:** *service de crèche / service de protection à l'enfance;* **a bold move:** *une démarche courageuse*

## IV. Thème d'application

1. Selon les estimations actuelles, si les taux de natalité se maintiennent au niveau d'aujourd'hui, un Américain sur cinq sera d'origine hispanique d'ici à 2050.
2. À en juger par les vagues d'immigrés clandestins qui tentent d'entrer sur le sol américain, mieux vaut avoir un emploi subalterne et vivre dans la précarité aux États-Unis que tenter de survivre dans certaines zones déshéritées du monde.
3. Même si force est de constater que la frontière entre les États-Unis et le Mexique ne sera jamais tout à fait hermétique, les récents efforts de surveillance supplémentaires consentis par les autorités auront au moins le mérite de rendre la vie plus dure aux passeurs.
4. Les hommes politiques ont beau jeu de surfer sur la vague anti-immigrés tant l'opinion publique semble aujourd'hui encline aux réactions brutales contre les clandestins.
5. Depuis dix ans, la perte de terrain de l'anglais vis-à-vis de l'espagnol dans certaines zones frontalières du Mexique s'est accélérée.
6. Pour de nombreux conservateurs influencés par leur foi, il n'appartient pas à l'État de donner sa bénédiction sur le mariage homosexuel.
7. Les homosexuels qui, jusqu'à encore récemment, demeuraient soigneusement cachés, peuvent désormais vivre leur vie ouvertement – du moins s'ils habitent dans un environnement où ils sont bien acceptés.
8. Aussi surprenant que cela puisse paraître étant donné leurs efforts précoces pour l'égalité des droits entre hommes et femmes, les États-Unis ne figurent qu'au 40e rang des pays du monde classés en fonction du nombre de femmes siégeant au parlement.
9. Bien que les filles obtiennent de meilleurs résultats scolaires que les garçons, cette supériorité ne se traduit toujours pas sur le marché du travail… Les vieux préjugés ont la vie dure !
10. Le mur invisible qui empêchait les femmes de progresser aussi vite que les hommes dans la hiérarchie de l'entreprise est en train de se transformer en mur de béton, alors qu'elles sont les premières touchées par la crise.
11. Il est temps que l'aberration que constitue l'inégalité des salaires entre hommes et femmes cesse.
12. L'absence de service de garde d'enfants digne de ce nom sur le lieu de travail, les journées interminables au bureau et le fait que les congés sabbatiques soient encore mal vus sont autant d'éléments qui dissuadent parfois les femmes de poursuivre leur carrière.
13. Alors qu'aux États-Unis on est revenu des politiques de discrimination positive depuis plusieurs années, le débat vient de faire son entrée sur la scène politique française.
14. C'est bien beau de dire que l'ascenseur social est en panne, mais que fait-on pour le réparer ?
15. Nos sociétés occidentales cesseront-elles vraiment un jour d'être minées par la conscience de classe et les discriminations raciales ?

➠ **Proposition de corrigé**

1. By current estimates, if today's birthrates hold up, one in five Americans will be of Hispanic origin by 2050.
2. Judging from the waves of illegal immigrants who try to set foot on American soil, even menial jobs and precariousness in the US are better than trying to survive in some of the world's most deprived areas.
3. Even though there is no denying that the border between Mexico and the US will never be completely sealed, the further surveillance efforts the authorities recently stepped up will at least hinder smugglers.
4. Today's public opinion seems so tempted by a backlash against illegals that politicians find it very easy to jump on the anti-immigrant bandwagon.
5. For ten years now, English has been losing ground to Spanish at a quicker pace in some frontier zones.
6. Many faith-driven conservatives feel that it shouldn't be for the state to condone same-sex marriage.
7. Gays who, until quite recently, remained securely in the closet, can now lead their lives openly – at least if they live in a gay-friendly area.
8. Surprising as it may seem given its early efforts towards equal rights for men and women, the US ranks only 40$^{th}$ worldwide in terms of women's representation in parliament.
9. Although girls outperform boys at school, this superiority has no repercussion on the labour market. Old prejudices die hard!
10. The glass ceiling that used to prevent women from climbing the corporate ladder as quickly as men is turning into a concrete ceiling as women are hit hard and fast by the crisis.
11. It is about time the absurd gender gap in earnings was put a stop to.
12. The absence of good-quality childcare, the long-hours culture and the fact that sabbaticals are still frowned upon sometimes all add up to make women less eager to go on with their careers.
13. Whereas in the US affirmative action policies have been shelved, the debate has just cropped up in French politics.
14. What good does it make to claim that the social ladder is broken if nothing is done to fix it?
15. Will our western societies one day become truly classless and colour-blind?

# 4 Education

# I. The British educational system

## A. State schools

The "Tripartite System" used to prevail in Britain before the government issued Circular 10/65 requesting Local Education Authorities in England and Wales to begin converting their secondary schools to **the Comprehensive School System**. Indeed, between **the 1944 Butler Education Act** and 1976, state secondary schools were divided into three categories: grammar schools (academic studies), modern schools (less academic studies), and technical schools. Pupils were allocated to each type of school according to their abilities.

Today, grammar schools and modern schools still exist in some counties, but the Comprehensive System amply prevails. Comprehensive schools are co-educational and open to all pupils who are then streamed according to ability but with flexibility to move between these levels. **Vocational** schools, also known as City Technology Colleges, are geared towards science, technology and the world of work, offering a wide range of vocational qualifications.

However, it must be borne in mind that parents have the right to choose the school they prefer for their children, even if they live outside **the catchment area** of the school, and therefore it is not uncommon for students to travel some distance to school. At the same time, the controversial **league tables** of school performance, as well as some information about their truancy rates, are published every year so as to help parents choose.

### ➠ Vocabulary

**Local Education Authorities (LEAs):** *directions régionales de l'enseignement;* **a comprehensive school (UK):** *établissement secondaire public non sélectif;* **state secondary schools (UK):** *lycées publics;* **a grammar school (UK):** *établissement secondaire public sélectif;* **according to their abilities:** *en fonction de leurs aptitudes;* **co-educational (co-ed):** *mixte;* **streamed according to**: *répartis en fonction de;* **a vocational school:** *un lycée d'enseignement professionnel*; **to be geared towards:** *être conçu pour, adapté à*; **it must be borne in mind that:** *il faut garder à l'esprit que;* **the catchment area:** *le bassin de recrutement scolaire*; **a league table**: *un classement;* **truancy rate**: *taux d'absentéisme* (**to play truant = to skip class:** *sécher les cours*)

## B. Independent schools

**Independent schools**, most of which have remained single-sex institutions, operate alongside the state system. They do not depend on national or local government for funding, and are operated by **tuition fees**. Independent schools, which are sometimes highly selective on academic grounds, are characterised by small-group teaching in the form of tutorials, more emphasis on traditional academic subjects and individual achievement, whether academic, sporting or artistic. In England and Wales, preparatory schools ("prep schools") are designed to prepare pupils aged 7-13 for the prestigious secondary independent schools, also known as **public schools**. Many of the most prestigious and expensive public schools are **boarding schools**, like the group of the "sacred nine" mentioned in the Clarendon Report as early as the middle of the 19th century: Eton, Harrow, Winchester, Rugby, Shrewsbury, Charterhouse, Westminster, Merchant Taylor's, St Paul's – all of them boys' schools except for Rugby. Due to often very high tuition fees, public schools are mainly attended by the upper-middle class and the aristocracy. In 2012-2013, Eton charged £10,689 per term, including tuition as well as board and lodging. However, means-tested scholarships and bursaries tend to be more and more numerous for pupils who would be unable to get into public schools without financial assistance.

Here is a short excerpt from a brochure aimed at describing Eton to applicants and their families:

> *"Academic standards of the school are high and, despite the ancient buildings and picturesque 'school dress' Eton provides exceptionally fine teaching facilities, for example in science, languages, computing and design. [...] Sport plays an extremely important part in the life of most Etonians and there are a considerable range of major and minor sports in which a boy may represent the school or his house [...] The tutorial system allows pupils to choose their own academic tutors to supervise their work. Eton enjoys advantages of size but it retains a friendly and intimate atmosphere which is possible when boys live and work in units of small size. The house system and the tutorial system ensure that the interests of the individual boy are not lost to sight."*
>
> Adapted from *Pitkin Guide to Eton College*, by Nigel Goodman.

Through this short presentation, it is easy to understand why the sought-after "**public school ethos**" is often said to have retained part of the Victorian emphasis on traditions and character-building through sports, team spirit and fair play. Former pupils are highly proud both of their personal achievements and of the influence of "**old school ties**" in business and in the corridors of power. Indeed this is clear from their calling the public school they attended their alma mater.

### ➠ Vocabulary

**an independent school:** *un établissement privé;* **single-sex:** *non-mixte;* **tuition fees:** *frais de scolarité;* **a tutorial:** *un tutorat, un cours en petit groupe;* **a preparatory school (UK):** *une école primaire privée;* **a public school (UK):** *un établissement privé (généralement très sélectif);* **a boarding school:** *un internat;* **a term***: un trimestre;* **board and lodging:** *pension complete;* **means-tested scholarships:** *des bourses attribuées en fonction des ressources des parents;* **to get into a school:** *intégrer une école;* **an applicant:** *un candidat;* **sought-after***: recherché, demandé;* **the public school ethos***: l'esprit caractéristique des écoles privées;* **an old school tie:** *un réseau d'anciens élèves;* **the corridors of power:** *les allées du pouvoir;* **the alma mater:** *l'école ou l'université dont on est issu*

## C. Examinations

At the end of each "Key-stage" of the National Curriculum, pupils are assessed through Standard Attainment Tests (**SATs**). At age 16, schoolchildren sit the **GCSE** (General Certificate of Secondary Education) exams which are meant to assess levels at the end of compulsory schooling. National targets are based on 5 or more GCSEs at grade C or above (the lowest grade being G), keeping in mind that students sometimes take up to ten subjects among which English, Mathematics, Physics, Chemistry, Biology, History, Geography, Economics, Sociology, Religious Education, Physical Education, Music, Drama, Media Studies and one or several of the foreign languages taught at their schools. **Religious education** is compulsory in all state schools, though the National Curriculum provides only a non-statutory national framework for it. In 1996, in the wake of a number of violent incidents, the Major government suggested that morality should be taught as a subject. It is today taught as part of the broader Citizenship course: "Students learn about fairness, social justice, respect for democracy and diversity at school, local, national and global level, and through taking part responsibly in community activities." (*National Curriculum*, Key-stage 3)

Pupils who wish to apply to university can afterwards choose to study for **A-levels**. Following the introduction of the "Curriculum 2000" reform in September 2000, A-Levels are now prepared in two years. Three to five modules are assessed at the end of the first year, and make up a stand-alone qualification called the "AS-Level" (Advanced Subsidiary Levels). Another three levels are assessed at the end of A2 Level, both through coursework and final exams. The completion of the AS and A2 levels in the same subject is required to make up an A-Level. Results are all the more important as merely passing the exam is often not enough to scrape into university. Indeed some highly selective universities require three Bs or even three As.

### ➨ Vocabulary

**a key stage:** *une étape-clé; un palier de compétence;* **the National Curriculum:** *le « programme officiel » du secondaire;* **to sit an exam:** *passer / se présenter à un examen*; **compulsory schooling:** *la scolarité obligatoire;* **chemistry:** *la chimie;* **drama:** *études théâtrales;* **in the wake of:** *à la suite de, dans le sillage de;* **citizenship course:** *cours d'éducation civique;* **to apply to a university:** *être candidat à une université* (to apply for a job: *être candidat à un emploi*)*;* **to assess***: évaluer;* **stand-alone:** *autonome;* **coursework:** *le contrôle continu;* **final exams:** *les examens de fin d'année;* **to pass an exam:** *réussir un examen;* **to scrape into university:** *être admis de justesse à l'université*

## D. Higher education

As opposed to French universities, British universities are fully independent bodies and therefore have the right to select. Some students choose to delay their entry to university for a year in order to take **a gap year**. Originally, students from well-off families were often encouraged to take the time to explore the world before enrolling at university. Nowadays, although a few privileged students still go on a modern equivalent of this Grand Tour, others take a gap year to engage in international volunteering or simply to find a job and start saving for their studies.

The most prestigious universities are undoubtedly Oxford and Cambridge ("**Oxbridge**") and the Scottish universities of St Andrews, Aberdeen, Glasgow, and Edinburgh. They are made of stone buildings, which stand for their prestigious past, and are characterised by academic and research excellence. Three other types of universities may be distinguished:

- The **redbrick universities** were built in the late 19th century in large industrial cities such as Leeds or Manchester.
- The new, "**plate-glass universities**" were built after the Second World War.
- The former **polytechnics**, which are specialised in industry, were given the status of universities in 1992 and are often referred to as the **New Universities**.

**Undergraduate** courses last three to four years and lead to a **Bachelor degree** in either Arts (**BA**) or Science (**BSc**). There are various **postgraduate** degrees, including Master of Arts (**MA**), Master of Science (**MSc**). The Doctor of Philosophy (**PhD**) is awarded in both Arts and Sciences. **Graduation ceremonies** are often very formal occasions beginning with a procession of academics wearing academic dress (usually a gown and a hood whose colour and lining represent the rank and faculty of the wearer), accompanied by music. Once the graduate's name is read out by the university official, he / she walks across the stage to shake hands with the University's Chancellor or Vice-Chancellor and receive his / her diploma. In Britain, it is not rare for students, once they are on the job market, to be recruited on the basis of the University they graduated from or of whether they obtained their degrees with honours, virtually regardless of the actual subject(s) they studied.

**Academic staff** undertake teaching and research, often alongside administrative responsibilities. Their titles include Professors, Readers, Senior Lecturers and Lecturers. The title of "Fellow" (or even sometimes "Life Fellow") is sometimes offered by colleges or universities to distinguished senior members of academic or research staff.

Oxford and Cambridge are composed of several **self-governing colleges** related to the University in a type of federal system whereby the University awards degrees, sets and marks exams and organises lectures and seminars, while colleges select and admit students, providing them with accommodation and **pastoral care** through a tutorial system.

Students across Britain indeed often choose to go to universities away from their homes and live in student halls of residence on campus, where they usually find it easy to **socialise** in clubs or **societies** covering a wide range of interests. Students' Unions are usually in charge of organising recreational events. Alcohol awareness campaigns are launched on a regular basis to warn against the dangers of Britain's notorious "binge-drinking" culture, as evidenced by the following lines taken from *The Guardian*:

*"With thousands of students about to embark next month on the annual ritual of freshers' week, the National Union of Students and the Portman Group, funded by the drinks industry, today urged them to be sensible.*
*Drinking just to get drunk should be as socially unacceptable as drink driving, says the campaign, which calls into question some of the activities traditionally organised by student unions up and down the country. Under the slogan «If you do do drink, don't do drunk», the NUS is hoping to highlight dangers like accidental injuries and unprotected sex that result from drunkenness.*
*NUS president Mandy Telford said: "NUS recognises that drinking is often an integral part of freshers' week, however, we urge students to drink and act responsibly. Some students may feel pressured to drink because everyone else is or because they believe it will make them more relaxed and sociable."*

*The Guardian*, Monday 19 August 2002

## ➠ Vocabulary

**fully independent bodies:** *des organismes pleinement indépendants*; **a gap year:** *une année de césure (avant de commencer des études supérieures);* **well-off:** *aisé;* **to enrol at university:** *s'inscrire à l'université;* **volunteering:** *bénévolat, engagement humanitaire;* **to save for sth:** *économiser dans l'optique de;* **the redbrick universities:** *littéralement, les "universités en briques rouges", fondées pour l'essentiel dans la seconde partie du XIXème siècle (Liverpool, Manchester, Bristol…);* **the plate-glass universities***: littéralement, les "universités aux baies vitrées", fondées pour l'essentiel dans les années 1960 (Kent, Sussex, Warwick…);* **a polytechnic / a New University:** *équivalent d'un Institut Universitaire de Technologie*; **an undergraduate:** *un étudiant de licence;* **a Bachelor degree:** *une licence;* **a postgraduate***: un étudiant de master ou de doctorat;* **a PhD***: un doctorat;* **a graduation ceremony:** *une cérémonie de remise de diplôme;* **an academic:** *un universitaire;* **a gown:** *une toge;* **a hood:** *(équivalent de) l'épitoge;* **with honours:** *avec mention*; **virtually:** *pratiquement, quasiment;* **regardless of:** *sans tenir compte de;* **a Professor:** *un Professeur d'Université;* **a Lecturer, a Senior Lecturer, a Reader:** *trois grades universitaires (du moins au plus élevé); là où l'Université française ne connaît que le titre de Maître de Conférences;* **self-governing***: autonome;* **a college:** *un établissement d'enseignement supérieur*; **whereby:** *par lequel / laquelle*; **to award a degree:** *attribuer un diplôme;* **a lecture:** *une conférence, un cours magistral;* **a seminar***: un séminaire, un TD;* **accommodation:** *le logement;* **pastoral care:** *conseils personnalisés, tutorat;* **a hall of residence***: une résidence universitaire;* **a students' union:** *une association d'étudiants, un bureau des élèves;* **an alcohol awareness campaign:** *une campagne de sensibilisation aux dangers de l'alcool*; **notorious:** *tristement célèbre;* **binge-drinking***: le fait de boire pour se soûler;* **to evidence:** *manifester, témoigner de*; **freshers' week:** *la semaine d'intégration;* **to urge sb to do sth:** *inciter qqun à faire qqch;* **drunkenness:** *l'état d'ébriété*

# II. The US educational system

## A. The School System

Pupils attend in turn kindergarten, elementary school, junior high school and senior high school, from which they graduate, receiving their **High School Diploma**. In American schools the emphasis laid on the development of the individual and team-building through sports and cultural activities is striking. Besides, **civic values** are central to most schools' curricula, with children reciting **the Pledge of Allegiance** (including the phrase "One Nation under God") every morning. In a nation founded on immigration, such a ritual as well as the presence of an American flag in all classrooms are meant to distil a uniting sense of patriotic identity.

The US educational system is characterised by **decentralisation**: education is a state responsibility and, therefore, education content may vary significantly from one state to the other. Although there is a federal Department of Education, there is no such thing as a compulsory national curriculum, as stated on its website:

> *"Education is primarily a State and local responsibility in the United States. It is States and communities, as well as public and private organizations of all kinds, that establish schools and colleges, develop curricula, and determine requirements for enrollment and graduation. The structure of education finance in America reflects this predominant State and local role. Of an estimated $1 trillion being spent nationwide on education at all levels for school year 2007-2008, nearly 89 percent comes from State, local, and private sources."*

These differences in curricula were recently epitomised by the controversy over the teaching of **creationism** alongside **evolutionism** in public school science classes, advocated by a number of Boards of Education in traditionally more religious-minded Southern states. The debate over the teaching of evolution dates back to the Scopes trial in 1925, in which Tennessee biology teacher John T. Scopes was fined for violating a state law against Darwin's "**survival of the fittest**" theory. The dispute between evolutionists and creationists has been raging on ever since. It perfectly illustrates the conflicting competences between state and federal law. For instance, in 1981, the state of Arkansas mandated that creationism be given equal time with evolution in public school – a move ruled unconstitutional by the Supreme Court a few years later on the grounds that creationism was not based on scientific facts and because it violated **the Establishment Clause** of the First Amendment.

However, in the context of the growing influence of the neoconservative religious right in the past few years, the controversy was rekindled when President Bush suggested that the theory known as "**Intelligent Design**" should be taught in the classroom. The ID theory claims that only some "intelligent designer" could possibly have conceived such beautifully complex beings as humans and animals. ID opponents argue that the theory is nothing more than a re-branding of creationism in an attempt to sidestep earlier court's decisions. The ID movement suffered a severe blow in 2005 when a federal judge barred a Pennsylvania public school district from teaching "intelligent design" in biology class, saying the concept was creationism in disguise.

### ➡ Vocabulary

**kindergarten (US):** *l'école maternelle;* **a junior high school (US):** *un collège;* **a senior high school (US):** *un lycée;* **team-building:** *la création d'un esprit d'équipe;* **a pledge:** *un serment;* **to epitomise sth / to be the epitome of:** *être l'exemple parfait de;* **a public school (US):** *une école publique;* **to advocate sth:** *prôner, préconiser qqch;* **the "survival of the fittest":** *la « survie du plus fort »;* **to mandate sth / that sth (should) be done:** *rendre qqch obligatoire;* **to rule sth unconstitutional:** *déclarer qqch contraire à la constitution;* **the Establishment Clause:** *la « clause de non-établissement » interdisant aux pouvoirs publics de financer les activités religieuses;* **to rekindle:** *attiser, raviver;* **a brand:** *une marque;* **to sidestep:** *contourner, esquiver;* **a severe blow:** *un coup terrible;* **to bar sb from doing sth:** *interdire à qqun de faire qqch;* **in disguise:** *déguisé*

## B. Higher education

Higher education in America has a worldwide reputation for excellence. Approximately half of higher education institutions are private, but four-fifths of all students go to public universities. Eight of the oldest and most prestigious universities, referred to as **the Ivy League** (originally because of the ivy growing on their walls) are: Brown, Columbia, Cornell, Dartmouth, Harvard, Princeton, Pennsylvania, and Yale. Harvard, for instance, was founded in 1636 by Puritan settlers, only 16 years after the Pilgrim fathers had landed. The international reputation of such institutions allows them to attract numerous **overseas** undergraduate and postgraduate **students**. **Commencement days** are often very solemn occasions when all students dress up in black caps and gowns.

Enrollment in an American university is often highly selective and expensive, as higher education, whether public or private, is more considered as a privilege than a right: in 2007-2008, the public University of Virginia charged first-year students $8,690 for tuition fees only (housing excluded), while the private and prestigious Cornell University charged first-year students in Engineering up to $34,781.

As it is the case in Britain, extracurricular activities are central to student life on campus. Students live and work together and sometimes belong to selective and highly codified clubs (**fraternities** for boys and **sororities** for girls) in which they socialise. These institutions are generally given a name made up of two or three Greek letters (Alpha Kappa Lambda for instance). They reflect the importance given in American culture to communities and to the development of individual leadership qualities inside a team.

### ➡ Vocabulary

**ivy:** *le lierre;* **a settler:** *un colon;* **an overseas student:** *un étudiant étranger;* **Commencement day (US):** *le jour de la remise des diplômes;* **extracurricular activities:** *activités extra-scolaires*

# III. Improving education standards

## A. UK policies

In the 1997 election campaign that was to sweep him to power, Tony Blair declared that his top priority as Prime Minister would be "education, education, education," thus echoing former Labour PM James Callaghan's famous speech in 1976: "The Labour movement has always cherished education: free education, comprehensive education, adult education. Education for life." Ambitious targets for young pupils' literacy and numeracy were indeed declared, and public spending per school pupil soon rose significantly. Several new measures were implemented under Tony Blair's premiership:

- Institutionally, a Standards and Effectiveness Unit was set up in the Education Department, while the schools inspectorate and performance league tables were beefed up.
- Old qualifications were reformed and new ones were introduced, particularly in the field of vocational studies.
- The **Specialist Schools Programme** is meant to "help schools, in partnership with private sector sponsors and supported by additional Government funding, to establish distinctive identities through their chosen specialities (arts, business & enterprise, engineering, languages, mathematics & computing, music, science, sports or technology) and achieve their targets to raise standards." In spite of their chosen focus, these schools also have to meet the National Curriculum requirements.
- The **High Performing Specialist Schools Programme**, launched in 2004, enables high performing schools to play a central reform role within the system, by sharing their expertise and **best practice** with struggling schools.
- **Academies** (formerly called City Academies) are publicly-funded independent schools that bring a distinctive approach to school leadership drawing on the skills of sponsors (businesses, charities, universities…). Most of them are located in disadvantaged areas where they "either replace existing schools facing challenging circumstances or are established where there is a need for additional school place."
- The "**Building Schools for the Future**" programme "aims to ensure that secondary pupils learn in 21st-century facilities," through a series of rebuilding and remodelling projects. It has been widely criticised for banking on allegedly visionary avant-garde methods to raise standards, with a built-in bias towards pupil-directed learning and open classrooms.

- Alongside the school system as such, **the Sure Start programme** was implemented in 1999. It aimed at giving underprivileged children the best possible start in life through childcare, early education, health and family support. Up to 3,500 Sure Start Centres were expected to be built by 2010.

Despite these efforts, common wisdom has it that **standards have dumbed down**. The **UCAS** (Universities and Colleges Admissions Service) itself recently suggested that the value of A-levels, once called "the gold standard" of British education, is indeed declining. Furthermore, the Joseph Rowntree Foundation, a charity that looks at social issues, showed in its July 2007 overview report that low achievement is still strongly linked to poverty, since disadvantaged children are still concentrated in the worst schools.

In an attempt to signal a break with Tony Blair's mixed legacy, Gordon Brown has created a new "Department for Children, Schools and Families", a decision *The Economist* commented on in these terms:

> *"It indicates the likely direction of his schools policy. In recent years schools have expanded from being seats of learning into providing a wide range of services for young people and their families. Although there are more teachers than there were, the number of other staff has gone up much more, while the number of students has hardly changed. By omitting the word "education" from the name of the department that runs schools, Mr. Brown signals that this transforming trend will continue."*

Following the 2010 general election, the Conservative-Liberal Democrat coalition introduced "free schools", which can be set up by groups of parents, charities, trust or religious groups and are funded directly from central government. Supporters contend they will cut bureaucracy, create more local competition and drive up standards while critics argue they will only benefit the middle-class and divert money away from struggling comprehensives.

### Vocabulary

**to sweep sb to power:** *propulser qqun au pouvoir;* **literacy:** *le fait de savoir lire;* **numeracy:** *le fait de savoir compter;* **to implement sth:** *exécuter, mettre en pratique;* **premiership:** *le mandat de Premier ministre;* **to beef up:** *étoffer;* **best practice:** *pratiques d'excellence;* **struggling:** *qui se bat pour s'en sortir, méritant;* **to bank on:** *compter sur, parier sur;* **allegedly:** *prétendument;* **built-in:** *encastré (objet), inné / bien ancré (principe, sentiment);* **a bias:** *un parti-pris* (to be biased in favour of / against)**; common wisdom has it that…:** *on s'accorde généralement à dire que…;* **standards have dumbed down:** *le niveau a baissé;* **a mixed legacy:** *un héritage mitigé*

## B. US policies

Much experimentation has been conducted in the United States to try and remedy poor literacy levels and curb the growing number of school drop-outs. Recent studies showed that almost a third of college freshmen have to attend remedial courses in the **three Rs**. Alongside a "zero tolerance" approach to curb school violence, several structural reforms have been implemented to help parents choose the right school for their children:

- **Magnet Schools** concentrate on a particular subject or area of study, therefore providing students who prefer to specialise early with a more enticing educational programme.
- **Charter Schools,** operating as autonomous public schools with a focus on innovative pedagogy, are funded according to enrollments and therefore have to be successful.
- **School vouchers** are given to parents to pay for the education of their children at a school of their choice, either public or private, either non-denominational or parochial, rather than the public school to which they were assigned in their catchment area. The School voucher policy has proved a highly contentious one: whereas some think the entailed competition between public schools is an efficient way to raise academic standards, others believe public funds should not be used for church-run schools as it all boils down to some **state sponsorship of religion**. Such an argument was nonetheless rejected by the US Supreme Court in June 2002.

#### ➡ Vocabulary

**to drop out of school:** *quitter le système éducatif prématurément;* **remedial courses:** *des cours de remise à niveau;* **the three Rs (Reading, wRiting, aRithmetic):** *les trois matières fondamentales;* **to curb sth:** *endiguer, réfréner;* **a magnet:** *un aimant;* **enticing:** *attrayant;* **a voucher:** *un bon d'échange;* **non-denominational:** *non confessionnel;* **parochial:** *paroissial;* **contentious:** *controversé;* **to entail sth:** *entraîner qqch;* **church-run:** *géré par l'Eglise;* **it all boils down to…:** *tout cela revient à…*

## C. Pedagogy

Whether or not **computer-based learning** is genuinely likely to improve educational standards has been a moot point ever since schools started indulging in the computer craze. The two sides seem poles apart, with innovation-prone teachers who believe computer resources and skills should be central to education programmes on the one hand and innovation-averse "traditionalists" who favour tried-and-true methods on the other. In his best-selling essay *The Flickering Mind* (2003), *Newsweek* journalist Todd Oppenheimer dismisses computer infatuation as some technological gadgetry, which has led to a sharp decrease in learning and thinking skills – an assertion that inevitably sparked off a controversy among educators.

#### ➡ Vocabulary

**a moot point:** *un sujet controversé;* **to indulge in sth:** *s'adonner à, se permettre qqch;* **a craze for sth:** *un engouement pour;* **to be poles apart:** *être aux antipodes l'un de l'autre;* **to be prone to sth:** *être enclin / sujet à;* **to be averse to sth:** *être peu disposé à;* **tried-and-true methods:** *des méthodes éprouvées;* **infatuation:** *engouement;* **a sharp decrease in:** *une forte baisse de;* **to spark off sth:** *susciter*

# IV. Education and elitism in the UK

## A. An "educational apartheid"?

In the following text, the authors clearly refer to the **two-tier system** that has long been one of the distinctive features of education in Britain. They implicitly oppose independent fee-paying schools and state-run ones:

> *The wealthy have an education head start the world over, but in England the division is singularly entrenched. America has its private schools and expensive Ivy League universities; Japan has its armies of private tutors; across Europe, parents' status and support are a boon to their offspring. What marks England out is the degree to which its schools segregate the socially advantaged from the rest. In most systems, money makes a fundamental difference to opportunities only at university level, by when the basis for success has been established (or not). In England, by contrast, money matters when it counts most: at school, from five to eighteen.*
>
> Andrew Adonis and Stephen Pollard,
> *A Class Act, The Myth of Britain's Classless Society*, 1998.

As far as state education is concerned, the prevalent Tripartite system under the Conservative governments in the 1950s and 60s fell into disfavour under the Labour government after 1965, before being almost abolished in 1976. Some 160 **selective state grammar schools** however survived, which explains why the phrase "educational apartheid" is sometimes applied to state education as well. While the upper classes went on sending their children to independent schools, state grammar schools became **middle-class enclaves**.

Critics traditionally condemn grammar schools for being elitist, creaming off the brightest students and condemning the masses to failing comprehensives, whereas defenders claim that they are the only efficient way for students from humble origins to achieve academic excellence, therefore favouring **meritocracy** and **social mobility** over inherited privilege. Surprisingly enough, the latest attack on the remaining grammar schools came from the Conservative Party, a traditional proponent of selective state education. In May 2007, David Willetts, the Conservatives' education spokesman declared that, once in power, the Tories would not open new grammar schools since they had become the preserve of the middle classes and had clearly failed to promote social mobility.

### ➠ Vocabulary

**two-tier:** *à deux vitesses;* **to have a head start:** *être avantagé dès le départ;* **entrenched in:** *implanté, ancré dans;* **a boon:** *une aubaine;* **offspring:** *la progéniture;* **a critic:** *un adversaire, un détracteur;* **to cream off:** *écrémer;* **a proponent of:** *un partisan de;* **the preserve of:** *la chasse gardée de*

## B. Positive discrimination

With a view to helping state school pupils getting through the process of selection, universities have been encouraged to practise positive discrimination. In November 2004, higher benchmarks for state school recruitment were published by the government-backed Higher Education Statistics Agency – an announcement greeted with a chorus of protests from independent schools. Any blanket policy in favour of state pupils would be tantamount to discrimination against independent school pupils and would therefore be a breach of human rights legislation, or so boards of governors in independent schools argued. As a result, colleges soon found themselves cornered between legal threat from independent schools and increased pressure from the government.

### ➨ Vocabulary

**with a view to doing sth:** *dans l'optique de faire qqch;* **a benchmark:** *un repère, une référence;* **government-backed:** *soutenu par le gouvernement;* **greeted with:** *accueilli par;* **a blanket policy:** *une politique globale*; **to be tantamount to:** *revenir à;* **to be cornered between… and…:** *être coincé entre… et…*

## C. Top-up fees

Top-up fees were first meant to enable universities to set their own level of tuition fees instead of conforming to the rate set by the government. Even though it was eventually decided that top-up fees would be capped at £3,000, they are severely blamed for making students' debts soar. Cash-strapped students now have little choice but to get into massive debt. Options include free overdrafts offered by banks, credit cards and loans from the Student Loans Company, a subsidiary of the Education Department, which they can pay off after they have graduated. What with the cost of tuition fees and living expenses, it is generally believed that students could end up with debts of up to £22,000 when they leave university. The stumbling block is that an increasing number of students are put off by the prospect of graduating with substantial debt. Some further worries emerged recently when Gordon Brown announced he intended to privatise student debt and sell part of it to pension funds and high-street banks and, in November 2010, the coalition government's decision to increase the cap on tuition fees to £9,000 led to large protests and sporadic acts of violence and vandalism.

### ➨ Vocabulary

**top-up fees:** *les frais de scolarité complémentaires;* **to be capped at:** *être plafonné à;* **to soar:** *monter en flèche;* **to have little choice but to:** *n'avoir guère d'autre choix que de;* **an overdraft:** *un découvert;* **a subsidiary of:** *une filiale de;* **to pay off = to pay back:** *rembourser;* **what with… and…:** *entre… et…;* **a stumbling block:** *une pierre d'achoppement;* **to be put off by:** *être dissuadé par;* **high-street banks:** *les grandes banques de détail*

# V. Education and segregation in the UK

## A. Desegregation or resegregation?

Even though the federal Department of Education actually has little authority over state educational policies, it is responsible for a number of specific programmes for minority, disabled or special needs students.

In May 1954, in its landmark decision in *Brown vs. the Board of Education of Topeka*, the Supreme Court outlawed school segregation, calling the decades-old doctrine of "separate but equal" inherently unequal. In 1955, the high court ordered schools to desegregate "with all deliberate speed." Since 1971, the **bussing policy**, aimed at the integration of minorities, has been in operation and has contributed to keeping up **a racially integrated school system**. But although it still carries momentous symbolic importance, this policy is deemed expensive and partly inefficient, notably because even when they are in integrated schools, poor and minority students often find themselves in less challenging classes.

Moreover, since the early 1990s, courts have ended integration programmes in dozens of school districts, ruling that school place allocation couldn't be based on race. In June 2007, the Supreme Court inflicted a severe blow on **affirmative action policies**. After the parents of white children excluded from schools because of such policies decided to sue, the nine Supreme Court Justices ruled, by five votes to four, that skin colour could no longer be used as a criterion on which to assign students to one school or another – a decision many saw as evidence that the Court under President Bush's chosen Chief Justice, John Roberts, has tilted to the right.

It has actually been several years since school boards started to turn to **colour-blind policies**, in an attempt to offset the disadvantages faced by *any* child whose parents are poor or uneducated, regardless of colour. In other words, the trend of the day consists in accepting positive discrimination, provided it is not implemented on the grounds of skin colour. The whole debate often overlaps with the controversy over school vouchers, as explained in the following article:

> *"At the core of that debate lie competing theories about what disadvantaged students need most. Voucher advocates argue that they need their own money to spend, so that schools will compete over them. Many voucher opponents, by contrast, believe that what poor (or black) children need most is access to rich (or white) children every day in the classroom, along with all the advantages that affluent and involved parents bring to their children's schools."*
>
> *The Economist*, April 26th, 2007

Yet the fact remains that before new policies start bearing fruit, some substantial **resegregation** seems to be under way, as evidenced by several studies. Even though they are not segregated by law any more, black and white children are now separated by their parents' income and where they can afford to live. In 2000, 71% of minority students attended schools where they were in the majority.

- **Vocabulary**

**special needs students:** *élèves à besoins éducatifs spécifiques* (a special school: *une école spécialisée pour élèves handicapés*); **a landmark decision:** *une décision qui a fait date;* **to be capped at:** *être plafonné à;* **to outlaw:** *interdire, rendre hors la loi;* **bussing:** *le ramassage scolaire;* **momentous:** *considérable;* **to be deemed + adj.:** *être considéré + adj.;* **challenging:** *stimulant, exigeant;* **to sue:** *porter plainte;* **a justice (US):** *un juge;* **a criterion (criteria):** *un critère (des critères);* **to tilt to:** *pencher vers;* **a colour-blind policy:** *une politique ne tenant pas compte de l'appartenance ethnique;* **to offset:** *compenser;* **the trend of the day:** *la tendance actuelle;* **provided:** *à condition que;* **to overlap with:** *se chevaucher;* **affluent:** *riche, aisé;* **the fact remains that:** *il n'en reste pas moins que;* **to bear fruit:** *porter ses fruits;* **to be under way:** *être en cours*

## B. The "No Child Left Behind" Act

In January 2002, George Bush signed into law the sweeping No Child Left Behind bill, which was aimed at ensuring that all pupils would be proficient in "reading, mathematics and science" by 2013-14. The act also stated that **federal funding** to schools would be closely *tied to* **performance** and, incidentally, that schools were required to distribute students' personal details to military recruiters, unless parents specifically chose to opt out. Advocates claimed that NCLB would introduce a long-overdue element of accountability into public school education and increase the quality of education through a more demanding **teacher qualification** level and standardised **student testing**. The emphasis on core academic subjects was also expected to raise literacy and numeracy standards in failing public schools but critics believed that such efforts were bound to fall flat unless society addressed pressing issues in disadvantaged students' lives such as crime and substandard housing in inner cities.

During his first term in office, President Obama awarded billions of dollars in stimulus funding to states that agreed to reward teachers for effectiveness based on student test scores and to promote charter schools. He awarded waivers from the No Child Left Behind law to the states that embraced those new policies.

- **Vocabulary**

**sweeping:** *radical, considérable*; **to be proficient in:** *être compétent en*; **to be tied to:** *être étroitement lié à*; **personal details:** *les coordonnées*; **to opt out:** *se retirer de, ne pas prendre part à*; **long-overdue:** *qui tarde depuis trop longtemps*; **accountability:** *responsabilité*; **core academic subjects:** *les matières fondamentales*; **to be called into question:** *être remis en question*; **to fall flat:** *tomber à plat*; **inner cities:** *les quartiers défavorisés (des centres-villes)*; **a waiver:** *une dispense, une dérogation*

# VI. Should firms be allowed to play a role in education?

## A. Existing partnerships

In the UK, the programme of creating **academies** has been harshly criticised for handing schools to private sector entrepreneurs. Although 90% of their budgets comes from the state, their governing bodies are controlled by private sponsors, which also have some power over admissions policies. They even have their say on the contents of the curriculum, which is anathema to many rank-and-file teachers and Labour Party left-wingers, who fear that city academies might eventually opt out of national curriculum teaching standards.

In March 2006, Tony Blair had to rely on support by the Conservatives to save another schools reform bill. The aim was to give all schools the freedom to become independent of local education authorities and engage with outside sponsors such as charities or businesses so as to develop a new ethos and implement changes in the curriculum. Even though these **trust schools** were to remain non-fee-paying and 100% state-funded, many Labour MPs were still committed to the ideal of the neighbourhood comprehensive. It was feared that a more market-based system would bring back some form of selection.

In the US, schools have also started to set up partnerships with businesses in order to find new funds. An increasing number of public schools now set up special fund-raising events in collaboration with firms. One famous nationwide programme is that of McTeachers Nights during which teachers volunteer to work behind the counter – pouring fries and flipping burgers – at a local McDonald's outlet. A percentage of sales and some extra cash to boost classroom funds are then donated back to the school.

Other strategies implemented by school boards include selling the naming rights to brand-new buildings to local stores, and letting firms advertise for their products on school premises, either through traditional bill-sticking or via the aggressive marketing of Channel One. In return for providing schools with a satellite dish, TVs or VCRs free of charge, Channel One requires that students watch a 15-minute programme broadcast via satellite (including news and commercials)

Some firms have also developed programmes aimed at building up brand loyalty while encouraging literacy among students. Pizza Hut's "Book It!" project motivates children to read by rewarding their reading accomplishments with praise and free pizza.

➡ **Vocabulary**

**to have a say in:** *avoir son mot à dire dans;* **to be anathema to:** *être une abomination aux yeux de;* **the rank-and-file:** *la base, la masse;* **to rely on:** *compter sur;* **a market-based system:** *un système fondé sur l'économie de marché;* **a fund-raising event:** *un évènement organisé pour collecter des fonds;* **an outlet:** *un point de vente;* **brand-new:** *flambant neuf;* **on school premises:** *dans l'enceinte de l'école;* **bill-sticking:** *l'affichage publicitaire;* **a satellite dish:** *une antenne satellite;* **free of charge:** *gratuitement;* **a commercial:** *un spot publicitaire;* **brand loyalty:** *la fidélité à la marque*

## B. An ongoing controversy

When it comes to wondering whether firms should be allowed to play a role in education, clear-cut ideological arguments come readily to mind, usually leaving the two sides poles apart.

▷ **Arguments in favour of school / business partnerships:**

- Since government spending on education is not able to match the pace of economic growth and to meet families' increasing expectations, companies are more than welcome to help.
- The ideological reasoning whereby education and private funds should remain poles apart is sometimes said to harmfully increase teenagers' defiance towards the market-oriented economy they will later work in.
- Firms could bring in their expertise, therefore making vocational education more efficient and consistent with job-market requirements.

▷ **Arguments against school / business partnerships:**

- Such programmes are sometimes condemned as some pernicious ploy aimed at ensnaring children into the net of consumerism and building up brand loyalty from an early age.
- If the state is rolled back from the educational system, it will make way for profit-seeking companies. The very idea that schools could be operated like businesses is likely to ruffle many feathers among those who believe that school should remain impervious to the influence of the market.
- Companies that help failing schools financially could demand that their TV commercial should be broadcast on school premises. Such advertising blitz directed at a captive audience is deeply unethical.
- Allowing companies to pervade the educational system is likely to widen the gap between top schools, which will receive even more funds, and disadvantaged ones. Far from making the system less unfair, companies will only look forward to nurturing pockets of academic excellence on which their reputation as efficient sponsors will be able to thrive.

## ➠ Vocabulary

**clear-cut:** *bien tranché;* **to come readily to mind:** *venir spontanément à l'esprit;* **to match the pace:** *suivre le rythme;* **consistent with:** *cohérent, compatible avec*; **a ploy:** *un stratagème*; **to ensnare sb:** *prendre qqun au piège*; **to roll back the state:** *faire en sorte que l'État se désengage*; **to make way for:** *laisser le champ libre à*; **profit-seeking:** *motivé par la (seule) recherche du profit*; **to ruffle sb's feathers:** *contrarier qqun*; **impervious to:** *imperméable / indifférent à;* **to demand sth / that sth (should) be done:** *exiger*; **advertising blitz:** *le matraquage publicitaire*; **to pervade:** *se répandre dans, s'insinuer dans*; **to widen the gap:** *creuser le fossé*; **to nurture:** *élever, nourrir*; **to thrive:** *prospérer*

# VII. Thème d'application

1. Les internats sont la plupart du temps des écoles privées et non des écoles publiques.
2. Même si ce sont loin d'être tes matières préférées, tu devras suivre des cours de physique et de biologie.
3. Les étudiants bavards, agités et négligents sont souvent en situation d'échec scolaire.
4. Pour s'inscrire à l'université, les élèves britanniques doivent avoir un niveau élevé à l'issue de leurs études secondaires.
5. Les frais de scolarité sont deux fois plus élevés à Oxford que dans les écoles de commerce françaises.
6. Beaucoup trop de jeunes quittent le lycée avant la fin de leurs études, comme s'ils étaient persuadés par avance qu'ils rateront leur examen.
7. Les élèves qui ne se conduisent pas bien pendant leurs heures d'étude vont avoir du mal à progresser.
8. « C'est un parfait autodidacte ! » « Ah, vraiment ? Pourtant il a obtenu une bourse et est parti faire ses études supérieures aux États-Unis ».
9. C'est un professeur en histoire médiévale très connu. Il a écrit plusieurs ouvrages qui font autorité.
10. Il faisait régulièrement l'école buissonnière, si bien qu'il a raté ses examens.
11. En dépit du maintien d'environ 160 établissements sélectifs, la plupart des établissements secondaires publics en Grande-Bretagne accueillent tous les élèves.
12. Certains syndicats d'enseignants sont très critiques à l'égard de ce soudain engouement pour Internet qu'ils estiment néfaste pour l'épanouissement intellectuel des élèves.
13. Grâce à son partenariat avec une entreprise informatique, cette école peut désormais se vanter d'avoir un équipement technologique dernier cri.
14. La nouvelle baisse du taux de réussite observée cette année a confirmé, s'il en était besoin, la crise profonde du système éducatif, dont tous les effets n'ont pas encore été mesurés.
15. On pense de plus en plus que l'égalité des chances ne sera atteinte que lorsque la fracture numérique qui sépare les écoles privilégiées des autres sera résorbée.

### ➠ Proposition de corrigé

1. Most of the time, boarding schools are private schools, and not state-run schools.
2. Even if they are far from being your favourite subjects, you will have to take some biology and physics classes.
3. Talkative, restless, and careless students are often low-achievers.
4. In order to enrol at universities, British students have to achieve high academic standards in their A-levels.
5. Tuition fees are twice as high at Oxford as in French business schools.
6. Far too many youngsters drop out of high school, as though they were already convinced that they would fail their exams.
7. Pupils who do not behave properly during their free periods will find it hard to make progress.
8. "He truly is self-educated!" [/"He is an entirely self-educated man!"] "Oh, really? Yet he won a scholarship [/he was awarded a scholarship] and went to college in the States."
9. He is a very well-known Professor in medieval history. He has written several authoritative books.
10. He was used to playing truant, so much so that he failed his exams.
11. Despite the retention of about 160 grammar schools, most of Britain's state-run schools are comprehensives.
12. Some teachers' unions are highly critical of this sudden craze for the Internet, which they deem harmful to the intellectual development of students.
13. Thanks to its partnership with a computer firm, this school can now boast its state-of-the-art technological equipment.
14. This year's further fall in the pass rate confirmed, as if it was necessary, that the education system is going through a deep crisis, all the effects of which are yet to be measured.
15. It is increasingly thought that equality of opportunity will be ensured only when the digital divide, which sets privileged schools apart from others, is bridged.

# 5 Religion

# I. Religion in the UK

## A. The Anglican Church

As opposed to Wales and Northern Ireland, both England and Scotland have an established church: the Church of England (or the Anglican Church) and the Church of Scotland.

King Henry VIII started the process of creating **the Church of England** after his split with the Pope, a few years after Martin Luther had published the *Ninety-Five Theses* (1517), the primary catalyst for the continental Protestant Reformation. Henry was anxious to ensure a male heir after his first wife, Catherine of Aragon, had borne him only a daughter. The king wanted his marriage annulled in order to marry Anne Boleyn, his mistress, but the Pope refused to grant the annulment. Henry then passed the Act of Supremacy, which made him "Supreme Head of the Church of England" thereby setting aside the authority of the Pope and starting the English Reformation. Under the reign of Elizabeth I, Anglicanism became the established religion. Its principles were laid out in **the Thirty-Nine Articles**, mainly authored by Thomas Cranmer and adopted in 1571.

It can be defined as **a via media between Catholicism and Protestantism**:

- The Church of England views itself as part of the universal church of Jesus Christ, in an unbroken continuity with the early apostolic church, as expressed by its strong emphasis on the teachings of the early Church Fathers. Moreover, like Catholicism, Anglicanism is strictly hierarchical. It is ruled by bishops, and above them two archbishops: the Archbishop of York and the Archbishop of Canterbury. The latter has the status of "**Primate of all England**".
- It is, however, also a reformed church, insofar as it has been shaped by many of the doctrinal principles of the 16th-century Protestant Reformation. It emphasises the importance of the Holy Scriptures ("*sola scriptura*"), but rejects the Immaculate Conception and the cult of the Saints. Man's potential redemption will depend on the way he chooses to lead his life and on the depth of his personal faith ("*sola fide*"), not on confession, good works or the intercession of the church hierarchy. Furthermore, Anglican priests may marry. Anglicanism claims neither a founding theologian like a John Calvin or a Martin Luther, nor a central authority like the Roman Catholic magisterium to shape acceptable belief and practice. The customs and liturgy of the Church of England are based on doctrinal principles expressed in **the Book of Common Prayer**.

**The Church of Scotland**, informally known as "the Kirk", is a Presbyterian church. As such, it is not governed by bishops, but ruled by elected assemblies of elders and ministers. Its doctrine focuses on the teaching of the Word of God, which it sees as contained in the Scriptures of the Old and New Testaments.

Although the Church of England is responsible for more than 16,000 churches and 42 Cathedrals in England, the number of people attending services has been in decline for several decades. In 2002, the average number of people attending church on Sundays declined by 4% to just over a million. Moreover, many of those attending are of the older generations, with statistics showing that few 15-to 30-year-olds go to church.

In spite of **a decline in church attendance**, 71.6% of the population put themselves down as Christians in the 2001 census for England and Wales. Britain is also a multi-faith society, with many Christian churches other than the Anglican Church and also many Hindus, Sikhs, Muslims and Buddhists.

### Vocabulary

**an established religion:** *une religion d'État;* **a split:** *une rupture*; **to be anxious to do sth:** *beaucoup tenir à faire qqch*; **an heir:** *un héritier*; **thereby:** *de cette façon, par ce moyen*; **to set aside:** *écarter;* **to lay out (a principle):** *concevoir (un principe)*; **a via media:** *une voie médiane;* **in an unbroken continuity with:** *sans solution de continuité avec;* **a bishop:** *un évêque*; **an archbishop:** *un archevêque*; **insofar as:** *dans la mesure où*; **the Primate of All England:** *le Primat d'Angleterre*; **the Holy Scriptures:** *les Saintes Écritures*; **good works:** *les bonnes œuvres*; **to ordain sb as priest:** *ordonner qqun prêtre*; **the elders:** *les « anciens » / les membres du conseil*; **church attendance:** *la fréquentation des églises*; **a multi-faith society:** *une société multi-confessionelle*

## B. Religion and politics

Because there is a national, established church in the UK (at least in England and Wales), **religion is omnipresent in public life**, from state ceremonies to schools where the day begins with a prayer, although it now tends to be ecumenical so as to reflect the complex religious landscape of the country.

**The Monarch has the title of "Defender of the Faith"** and is still the "Supreme Governor of the Church". He or she has to:

- appoint archbishops and bishops (on the recommendation of the Prime Minister)
- formally open each new session of the General Synod (the church's governing body)
- promise to maintain the Church in his or her coronation oath.

The Church of England also has **a law-making role** in Britain. The twenty-six **Lords Spiritual** who sit in the House of Lords are thought to bring a religious ethos to the secular process of law. However, in an increasingly multi-cultural society, questions are being raised as to whether that role needs to be specifically fulfilled by Church of England Bishops. Future reform of the House of Lords could introduce other Christian denominations and other faiths.

The Church of England also fulfils **a civic responsibility**, helping the nation mark important events. Its bishops and priests are responsible for performing state weddings and funerals, acts of remembrances, memorial services as well as grand occasions like the coronation.

Although the Anglican Church has long been termed the "Conservative party at prayer", it has occasionally taken quite liberal stances, for instance condemning the war in Iraq and allowing **the ordination of women** as Anglican priests. This latter decision did not go without criticism. When the General Synod passed a vote to ordain women, resistance was so fierce in some rural places (a defiant attitude gently mocked in the widely popular BBC show *The Vicar of Dibley*, set in a fictional Oxfordshire village, which is assigned a female vicar) that in 1993 it passed the Act of Synod, setting up an official structure to enable parishes to refuse women's ministry. This system, although criticised as institutionalising discrimination against women, has sometimes been credited with avoiding a split in the Church of England over the issue. In 1994, in Bristol, the first women priests were ordained and in 2005, one in five Church of England licensed priests was female. Yet the issue has continued to divide traditionalists from reformers and, in November 2012, the general synod of the Church of England voted narrowly against the appointment of women as bishops.

Debates and tensions over the ordination of women and other liberal reforms, led to the creation of an **ordinariate** for England and Wales at the beginning of 2011. Its full name is the "Personal Ordinariate of Our Lady of Walsingham" and it affords Anglicans the possibility to **defect** to the Catholic Church while still maintaining the "liturgical, spiritual and pastoral traditions of the Anglican Communion". Besides, a clause of exception to the celibacy rule makes is possible for married former Anglican Clergy to be ordained as Catholic priests within the Ordinariate. This *via media* between Anglicanism and Catholicism gives a framework for conservative Anglicans, who traditionally have always remained very close to Catholicism. It was first defined by Pope Benedict XVI in the apostolic constitution *Anglicanorum Coetibus* published on November 4th 2009 and it was implemented for England and Wales a year later, following the announcement by five bishops of their intention to defect to Rome because of they felt they were being sidelined on account of their opposition to women's ordination. Although this has not led to any landslide defection movement, the event has indeed shaken the Anglican Church and further weakened its already declining membership.

The rights of **gay priests** have also proved to be quite a polarising issue not only in the Anglican Church of England, but in all the Anglican Communion (the international association of national Anglican churches). In 2003, the appointments of two openly gay priests as, respectively, Bishop of Reading and Bishop of New Hampshire, prompted an international examination on the rights of homosexual Anglican clergy as well as quite a few heated debates. In July 2009, the Anglican clergy in the US voted to reject a three-year moratorium on the consecration of gay clergy. This led the Archbishop of Canterbury to issue a statement, in which he regretted that this move would result in a two-tier system of Anglicanism.

Apart from issues of homosexual clergy, the Church of England and the wider Anglican Communion have also been wrestling with the **question of sanctioning same-sex marriages**. Both these issues could cause divisions within the Anglican Communion. Southern countries threatened to split permanently from those sanctioning the blessing of same-sex relationships and the ordination of non-celibate gay clergy – mainly in the United States. In July 2009, the Church of England warned that it was under pressure from the government to accept gay marriage. Several senior bishops said that it was not prepared to abandon its traditional teachings in favour of the idea of "gender neutral" marriage.

### ➠ Vocabulary

**ecumenical:** *œcuménique*; **to appoint sb (as)…:** *nommer qqun (au poste de)…*; **a governing body:** *une instance dirigeante*; **to maintain:** *soutenir (y compris financièrement)*; **the coronation oath:** *le serment prononcé lors du couronnement*; **secular:** *séculier, laïc*; **a denomination:** *une confession religieuse (groupe)*; **a liberal stance:** *un point de vue progressiste*; **to defect:** *faire défection*; **to sideline:** *évincer, mettre sur la touche*; **a polarising issue:** *un sujet clivant*; **to prompt:** *provoquer*; **a heated debate:** *un débat houleux*; **to wrestle with (a problem):** *se débattre avec*; **to sanction:** *autoriser (autre sens : prendre des sanctions contre)*; **a blessing:** *une bénédiction*

## C. The debate over disestablishment

Whether or not the Anglican Church should be disestablished to better reflect the multi-culturalism of the nation has been a contentious issue for some years.

**Traditional arguments in favour of disestablishment:**

- Other faiths rightly resent the establishment of one church at their expense.
- Establishment used to reflect the country's religious landscape but today it runs counter to the principle of multi-culturalism and mutual respect between communities.
- Because of the close ties between the Church and the State, the Church is not as critical of the government as it could be.
- Decisions taken by the General Synod would not need to be approved by Parliament anymore.
- Maybe the notion of the monarch as supreme governor is simply anachronistic, as are the provisions contained in the 1988 Education Reform Act: it stated that school collective worship should be "wholly or mainly of a broadly Christian character".

**Traditional arguments against disestablishment:**

- Despite its ties with the State, the Church is still capable of criticising the government over such and such issue, as evidenced by its stance against the war in Iraq. Another striking example would be a recent declaration by Rowan Williams, the Archbishop of Canterbury, who said in December 2009 that Gordon Brown's economic rescue plan was "like the addict returning to the drug".
- The nation should not try to repudiate its Christian heritage.

- Even other denominations sometimes see disestablishment as yet another way of further marginalising religion in an increasingly secular society.
- Establishement provided the Church with an effective bully pulpit to spread its views.

## ➠ Vocabulary

**disestablishment:** *la séparation de l'Église et de l'État;* **contentious:** *controversé*; **rightly:** *à juste titre*; **to resent sth:** *être contrarié par / indigné de*; **at sb's expense:** *aux dépens de qqun*; **to run counter to:** *aller à l'encontre de*; **the close ties between… and…**: *les liens étroits entre… et…*; **a provision:** *une clause, une disposition*; **such and such:** *tel (-le) ou tel (-le)*; **as evidenced by…:** *comme… le prouve;* **a bully pulpit:** *une tribune (à partir de laquelle diffuser ses idées)*

# II. Religion in the US

## A. The religious diversity

Common wisdom has it that the US is one of the most religious-minded of all Western democracies. The **adherence level** is no doubt remarkably high as compared to other developed countries, though similar to other nations in the Americas. According to recent polls, between 75% and 85% of the population say they believe in God and the overwhelming majority of Americans identify themselves as Christians. Figures are even more impressive in Bible-Belt states, where evangelical Protestantism is widely influential.

The **diversity** of religious faiths and denominations is another striking feature of religion in the US. Because of the country's multicultural heritage, many faiths have flourished in the US. Let us not forget that several of the original thirteen colonies were established by English settlers fleeing religious discrimination. The Massachusetts Bay Colony was founded by Puritans, Maryland by Roman Catholics and, back in colonial times, Pennsylvania was known as the "Quaker Province". It is a widely held view that the Puritan religion of many of the early settlers has helped promote the idea that material success is not shameful but a sign of God's blessing, therefore taking part in shaping the American work ethic. Yet the term "Puritan" is today more likely to be associated with negative connotations, such as moral conservatism and austerity bordering on rigidity.

About 50% of Americans are **Protestants** but it should be borne in mind that the term actually encapsulates a wide variety of denominations. There are over 200 in the US but the most important ones, in terms of numbers and influence, may be categorised in two main types: **mainline** denominations and **evangelical** ones. Mainline denominations (Baptists, Episcopalians, Lutherans, Methodists, Presbyterians, Congregationalists and the Disciples of Christ) have long been deep-rooted in America. Theirs are rather moderate theologies that stress personal salvation and social justice concerns at the same time. Mainline churches tend to be more liberal in terms of theology and social issues, which places them to the ideological left of more radical groups. The latter include Pentecostal churches and Adventist denominations, as well as a number of evangelical groups, whose influence has been growing since the 1960s as mainline church membership declined. Evangelical Christians believe in a literal interpretation of the Bible as the word of God, and therefore defend **creationism**, as opposed to the Darwinian theory of evolution.

Since the 1980s, **televangelists** have been capitalising on what they denounced as the lack of spiritual and moral guidance provided by mainline churches. They often originally were charismatic ministers in their own megachurches, who decided to try and reach a much wider audience via dedicated radio and TV programmes. In their elaborate shows, they often castigate what they term the "evil forces" (pornography, abortion, homosexuality...) of today's disoriented society and advocate a return to core moral values and a spiritual conversion known as a second, or new birth – hence the adjective "born-again".

Televangelists have been subject to considerable controversy. First, the financial empires some of them managed to build have been resented by many as departures from traditional Christian doctrine. Some of them have consequently been accused of running not so much sincere churches aiming at the greater good, but mere tools to generate profits, often at the expense of less educated flock, who can easily fall prey to donation structures. Second, in the name of their Pentecostal views, some of them propagate a nearly supernatural theology based on divine healing, miracles and a prosperity gospel whereby believers who regularly donate to their churches will be rewarded by God in due time by material and spiritual success. Televangelists usually brush aside all these objections, saying they are merely using television to do God's work at a time when traditional church attendance is on the wane.

About 25% of Americans are **Roman Catholics**, although they tend to be less respectful of Rome's moral guidelines than their European counterparts. Until the 1960s, Catholicism used to be frowned upon: in the popular imagery, Catholics were immoral and failed to fully comprehend American values because of their allegiance to the Pope. Their image, however, improved a lot with the election of JFK to the White House in 1961. The increase in the number of Catholics on US soil is today mainly due to the influx of the Hispanic population.

The **Jewish** community represents about 2.5% of the population. Jews are mainly to be found in the large cities of the North East and the West. It is a widely held – albeit questionable – view that this community wields a considerable political influence over US foreig policy. This springs mostly from the famous "Israel lobby" theory, recently publicised by John J. Mearsheimer and Stephen M. Walt in their controversial 2007 book *The Israel Lobby and US Foreign Policy*, which aroused a fiery debate.

About 4 million Americans practice oriental religions like **Hinduism** and **Buddhism**. Between 4 and 6 million Americans are **Muslims**. Islam is the fastest growing religion in the country today, which can be accounted for by many factors. One of them is the reconversion to Islam of families whose ancestors were forced to embrace the Christian faith when they were brought to America as slaves. Although a majority of Muslims are well integrated into American society as part of the educated middle class, Islam still suffers from a poor image in the United States. Islamist involvement in the 1993 World Trade Centre bombings and the 2001 terrorist attacks fuelled this suspicion, despite calls from moderate religious groups not to confuse Islam and Islamist fundamentalism. Against that background, hate crimes against Muslims soared in the months that followed 9/11.

Hundreds of cults have also flourished in the United States, where they enjoy greater liberty and less control than in Europe. **The Mormon Church** is an offshoot of Protestantism. Their headquarters have been in Salt Lake City, Utah, since 1847. Mormons believe Jesus Christ will found a New Jerusalem in the United States. They see their church as a line of defence against worldly temptations. They do not drink alcohol, they do not smoke, they do not take drugs, and they do not indulge in sexual relations out of wedlock. Their earlier habits of polygamy have now been abandoned, except by some fundamentalist dissenters. **The Amish** settled in Pennsylvania in the 18th century. They are reluctant to adopt modernity, which they deem arrogant, and prefer to lead a humble life which is reflected in their simple clothes, and their rejection of modern appliances from radios to fridges. Their remaining cut off from the rest of society is actually an act of faith, consistent with the belief that "friendship with the world is hatred towards God" (James 4:4). **The Quakers** (also called the Society of Friends) were established in Pennsylvania in the 17th century reject such things as ornaments and sacraments, and preach simplicity, tolerance and pacifism. They were indeed awarded the Nobel Peace Prize in 1947 on account of their social activism (throughout their history, they campaigned against slavery and death penalty as well as in favour of women's, prisoners' and gay people's rights). Other well-established sects include Jehovah's Witnesses, New Age, the Reverend Moon's Unification Church and the Church of Scientology, which was founded by science-fiction writer Ron L. Hubbard.

### ➨ Vocabulary

**common wisdom has it that…:** *on s'accorde généralement à dire que…;* **an overwhelming majority:** *une majorité écrasante*; **figures:** *les statistiques*; **Bible-Belt states:** *les états du sud des États-Unis, profondément marqués par l'influence du protestantisme évangélique*; **a settler:** *un colon*; **to flee (fled, fled):** *fuir*; **it is a widely held view that…:** *… est une opinion largement répandue*; **work ethic:** *éthique du travail, déontologie*; **to border on:** *friser*; **it should be borne in mind that:** *il faut garder à l'esprit que;* **to encapsulate:** *résumer, englober*; **mainline = mainstream (adj):** *dominant / grand public / traditionnel*; **deep-rooted in:** *profondément enraciné dans*; **salvation:** *le salut*; **liberal:** *progressiste*; **a televangelist:** *un téléprédicateur*; **to capitalise on:** *tirer profit de;* **a minister:** *un ministre du culte*; **to castigate:** *vilipender*; **core (adj):** *central, primordial*; **hence (+ noun…):** *d'où;* **born-again:** *évangéliste*; **to resent sth:** *être contrarié par / indigné de*; **a departure from (an idea):** *une rupture avec*; **a tool:** *un outil*; **flock:** *les ouailles*; **to fall prey to:** *devenir la proie de*; **healing:** *la guérison*; **prosperity gospel:** *l'évangile de prospérité*; **whereby:** *par lequel / laquelle*; **to reward sb:** *récompenser qqun*; **in due time:** *le moment venu*; **to brush aside (an objection):** *balayer d'un revers de main*; **merely:** *simplement*; **on the wane:** *sur le déclin*; **sb's counterpart:** *l'homologue, l'équivalent de qqun*; **to be frowned upon:** *être mal vu*; **in the popular imagery:** *dans l'imaginaire collectif*; **an influx of:** *un afflux de*; **to wield an influence:** *exercer une influence*; **to account for sth:** *rendre compte de, expliquer;* **to fuel suspicion:** *alimenter la suspicion*; **against that background:** *dans ce contexte*; **to soar:** *monter en flèche*; **a cult:** *un groupe sectaire / un culte*; **an offshoot:** *une ramification*; **headquarters:** *le quartier général*; **to found:** *fonder*; **worldly:** *de ce monde / matérialiste*; **to indulge in:** *se laisser aller à*; **out of wedlock:** *en dehors des liens sacrés du mariage*; **a dissenter:** *un hérétique, un dissident*; **to deem:** *considérer*; **consistent with:** *cohérent, compatible avec*; **well-established:** *qui a pignon sur rue*

## B. Religion and politics

**The First Amendment** to the Constitution denies the government any authority in religion and guarantees the free exercise of any religion. The decision was mainly influenced by Reformation tenets, but also derived from some pragmatic concerns shared by minority religious groups. They indeed refused the idea of a national religion that would fail to represent them. However, the First Amendment should certainly not be interpreted as a rejection of religion in public life but rather as the refusal to officially favour any church at the expense of others. George Washington, who presided over the Constitutional Convention, issued the first Thanksgiving Day Proclamation during his presidency, declaring that "it is the duty of all Nations to acknowledge the providence of Almighty God, to obey his will, to be grateful for his benefits, and humbly implore his protection and favor" – which hardly qualifies for a secularist comment.

Despite a long tradition of officially separating church from state, there are multiple instances of **the country's inclination to mix religion and politics**. The national motto is "One Nation under God" and "In God We Trust" has been engraved on American currency since 1957. During the inauguration ceremony, each American president swears his oath of office on the Bible. Congressional sessions open with prayers. More often than not, wearing their faith on their sleeves helps politicians build up a successful career. It should therefore be no surprise to hear presidential, congressional or gubernatorial candidates frequently discuss their religion when campaigning.

Leading religious groups often use their electoral potential to **influence political leaders' agenda**. Televangelists tend to exceed the frontiers of religion and become very active in the national political arena. As heads of tax-exempt organisations, they must not officially endorse a candidate, but easily manage to make the case for their favourite by commenting on the parties' political platforms. Social movements have long drawn upon religious institutions for moral authority or organisational skills. In turn, churches sometimes act as powerful lobbies in the corridors of power. They indeed work like businesses, with powerful management teams and aggressive marketing strategies, which makes them powerful tools to shape public opinion.

In recent years, **the "religious right"** has been a broad label applied to a variety of political, religious and social movements with conservative or right-wing views. There is no denying that, under George W. Bush's presidency, religion was more than ever woven into the fabric of political life. A born-again Methodist who answers "Jesus Christ" when asked about his favourite philosopher, President Bush is said to have acted under the pressure of right-wing Christians on a number of occasions. His speeches were more often than not suffused with religious undertones and missionary zeal. During his mandates, restrictions were imposed on **stem-cell research**, **partial-birth abortion** was banned and there even was an attempt at introducing **creationism** alongside evolution theories in school curriculum. Moreover, religious organisations were incited to take on further social responsibilities: under a plan called **"faith-based initiatives"**, religious groups can now receive grants from federal agencies to provide the public with social services. Although these organisations are barred from using public money to fund "inherently religious" activities, this evolution further questions the separation of church and state.

Evangelical Christians traditionally support the Republican Party, whereas more liberal Christians and secular voters tend to vote for the Democratic Party. In that context, support coming from religious groups in **the 2008 presidential election** was expected to fall along traditional lines. However, many evangelicals were at first uncomfortable with McCain, an infrequent churchgoer who, back in 2000, once denounced Pat Robertson and Jerry Falwell, two veteran televangelists, as "agents of intolerance". It was therefore the right move to choose Sarah Palin – an evangelical convert who had been quite vocal on abortion, gay marriage and creationism – as his running-mate, as this was greeted with standing ovations from leaders of the religious right. As for Obama, his Christian faith was regularly questioned, as a few weeks from the election, 10% of Americans still thought of him as a Muslim, according to several opinion polls. Furthermore, his friendship with Jeremiah Wright, his former preacher, who made angry anti-American statements from his pulpit, almost derailed his quest for the Democratic nomination. In 2010, President Obama's support for the constitutional right of Muslims to build a mosque in the vicinity of Ground Zero in New York ignited a political firestorm and fuelled new fantasies about his religion.

The issue of **abortion** proved almost as polarising as ever. A moderate **pro-lifer**, McCain had a solid anti-abortion voting record and supported overturning *Roe v. Wade*. He, however, conceded that in cases of rape, incest or threat to the life of the mother, women should be allowed to terminate their pregnancy. Obama, on the contrary, is pro-choice, even if he advocates a comprehensive sex-education programme in which both abstinence and contraception are priorities in order to reduce abortions. On 23 January 2009, during his first week as president, he symbolically signed an executive order restoring federal funding for international organisations that perform abortions in foreign countries.

### ➠ Vocabulary

**to deny sb sth:** *refuser qqch à qqun;* **a tenet:** *un principe;* **which hardly qualifies for:** *ce qu'on ne peut guère prendre pour;* **a motto:** *une devise;* **the inauguration ceremony:** *la cérémonie d'investiture;* **to swear an oath:** *prêter serment;* **to wear one's faith on one's sleeves:** *ne pas faire mystère de sa foi;* **a gubernatorial candidate:** *un candidat au poste de gouverneur;* **to endorse a candidate:** *apporter publiquement son soutien à un candidat;* **to make the case for:** *argumenter en faveur de;* **a political platform:** *un programme politique;* **to draw upon sb:** *solliciter l'aide de qqun;* **to shape:** *façonner;* **woven into the fabric of:** *intimement lié à;* **stem-cell research:** *la recherche sur les cellules souches;* **partial-birth abortion:** *l'avortement tardif;* **to bar sb from doing sth:** *empêcher qqun de faire qqch;* **to fall along traditional lines:** *être conforme au clivage traditionnel;* **the running-mate:** *le colistier / la colistière;* **to be greeted by:** *être accueilli par;* **a pulpit:** *une chaire;* **a pro-lifer:** *un partisan de l'interdiction de l'avortement;* **to overturn (a decision…):** *faire annuler;* **pro-choice (adj.):** *favorable au droit à l'avortement*

## III. Thème d'application

1. Symbole manifeste de l'intrication du politique et du religieux aux États-Unis : le président entre en fonction en prêtant serment sur la Bible.
2. Tandis qu'en Europe le processus de laïcisation continue inexorablement, la foi chrétienne connaît un regain aux États-Unis.
3. Toute la rhétorique guerrière du gouvernement Bush (« croisade », « axe du mal »...) était empreinte de sous-entendus religieux.
4. On oublie parfois que, contrairement à la France, l'Angleterre et l'Écosse possèdent une religion d'État.
5. La loi française sur les signes religieux ostentatoires, comme le voile islamique, a parfois été perçue par la presse anglophone comme une violation de la liberté religieuse.
6. Le but des téléprédicateurs est de faire du prosélytisme, souvent à grand renfort de mises en scène outrageusement dramatiques et d'appels vibrants à la générosité des fidèles.
7. Le gourou rêve de transformer ces païens crédules en disciples pieux et vertueux.
8. Si la Scientologie est largement considérée en France comme une secte, elle est en Amérique une église qui a pignon sur rue dans certains états.
9. Il s'est lancé dans une véritable chasse aux sorcières contre les libres-penseurs et les francs-maçons qu'il accuse de trahison envers le credo officiel.
10. Les prises de position du Vatican sur l'ordination des femmes et la contraception ne sont guère de nature à redorer le blason de l'Église catholique auprès des jeunes.
11. La crise des vocations a atteint de telles proportions dans l'Église catholique que des voix s'élèvent désormais pour réclamer une réflexion sur le vœu de célibat, même dans les cercles traditionalistes.
12. Pour les néo-conservateurs, influencés par certains mouvements évangélistes, il ne fait aucun doute que la religion est la clé de voûte de l'identité nationale, ce qui choque profondément les athées convaincus.
13. L'Accord du Vendredi Saint, conclu en Irlande du Nord en 1998, était destiné à mettre un terme aux combats entre Protestants et Catholiques en imposant un gouvernement de coalition et un désarmement progressif des deux parties.
14. De nouvelles sectes et des groupuscules religieux toujours plus nombreux ont tendance à éclore tous les ans, ce qui pose un défi ouvert à la confession dominante.
15. Loin de considérer Halloween comme le possible fer de lance d'un renouveau de la foi, de nombreux Catholiques rejettent cette fête, voyant en elle une célébration païenne qui fait de l'ombre à la Toussaint.

➠ **Proposition de corrigé**

1. A perfect symbol of how politics and religion are intertwined in the US is that the President is sworn into office on the Bible.
2. While in Europe the process of secularisation continues unabated, the US is experiencing a revival of the Christian faith.
3. The whole rhetoric of the Bush administration ("crusade", "axis of evil"…) was suffused with religious undertones.
4. It is sometimes forgotten that, unlike France, England and Scotland have an Established Church.
5. The French law on conspicuous [/ overt] religious symbols, like the Islamic headscarf, has sometimes been seen as a violation of religious freedom by the English-speaking press.
6. Televangelists' aim is to proselytise, often amid much overdramatisation and many emotional calls for believers' generosity.
7. The guru's dream is to convert those gullible pagans into pious and righteous [/ virtuous] disciples.
8. Whereas in France Scientology is widely seen as a sect, in the US it is a church which is quite well-established in some states.
9. He has embarked on a real witch-hunt against freethinkers and Freemasons, whom he accuses of betraying the official creed.
10. The Vatican's stance on the ordination of women into priesthood and on contraception are hardly likely [/ should do little] to redeem [/ burnish] the image of the Catholic Church among the young.
11. The vocation crisis has reached such proportions [/ such a magnitude] in the Catholic Church that advocates of reexamining the vow of celibacy are now making themselves heard, even in traditionalist circles.
12. Under the influence of some born-again movements, neo-cons hold it for certain that religion is the cornerstone of national identity – a view that is deeply offensive to adamant atheists.
13. The 1998 "Good Friday Agreement" aimed at putting an end to the fighting between Protestants and Catholics in Northern Ireland by imposing a coalition government and the gradual decommissioning of both parties' weapons.
14. New sects and ever more numerous marginal religious groups tend to appear [/ sprout up] every year, therefore overtly challenging the mainstream denomination.
15. Far from seeing Halloween as the potential spearhead of a faith rejuvenation, numerous Catholics dismiss it as some pagan celebration overshadowing All Saints' Day.

# 6 The media

# I. The British media

## A. The press

The daily press is almost totally produced from London but the headquarters of most newspapers have now moved outside central London, with a view to avoiding high property rents, and to enjoying new production technology in functional facilities. **"Fleet Street"** is still, however, commonly used as a metonymy for the British press.

The British have always been keen newspaper readers, as evidenced by impressive **circulation figures**. Though newspaper sales have recently dropped a little (notably because of of the competition from freebies and online journalism), a majority of British people over 15 still read a daily newspaper.

A distinction is traditionally made between **the quality press** and **the popular or gutter press**. This distinction (sometimes termed the "knowledge gap" because it relates to different levels of education) used to be equivalent to that between **broadsheet** and **tabloid** papers (sometimes also called "**red-tops**" because their names are often in red lettering at the top of the first page) but now that some quality papers have switched to the smaller "Berliner" format, the parallel is, strictly speaking, no longer relevant. Yet, in popular usage, broadsheets are still opposed to tabloids and the phrase "**compact newspaper**" now refers to broadsheet-quality newspapers printed in tabloid format.

The excesses of the lowbrow "gutter press", which relies more than ever on sex, **hoax**, and scandals, particularly those related to the royal family, can hardly be controlled. The press naturally has to respect the country's laws on government secrets or defamation, but tabloids sometimes prefer being ordered to pay substantial damages to public figures after they have disclosed fake scandals on them, simply because booming sales will amply compensate for the financial loss following a potential trial. In 1991, a new watchdog, **the Press Complaints Commission,** was created to try and curb the press invasion of privacy, but, being a non-statutory body, it can only encourage voluntary self-regulation. In December 1995, for instance, it recommended the curbing of **"chequebook journalism"**, that it to say giving large amounts of money in exchange for stories, sometimes by witnesses in sensational trials.

➭ **"Quality dailies"** include:
(Source of all daily circulation figures: *Audit Bureau of Circulations*, February 2013)

- ***The Daily Telegraph*** **(founded in 1855): 541,036**
  Because of its pro-Conservative stance, the paper is sometimes sarcastically nicknamed the "Torygraph". In May 2009, it published details of MPs' expenses,

which led to a number of high-profile resignations from Labour and Conservative MPs as well as members of the Cabinet and the Shadow Cabinet.

- ***The Times* (founded in 1785): 393,814**
  Whereas it used to be seen as the UK's newspaper of record, it is sometimes said to have lost its high standards of journalism, since it was acquired by Rupert Murdoch. Former employees of *The Times* often cite its coverage of celebrities as evidence, though this new emphasis almost never hits its front page. Once a broadsheet, *The Times* is now exclusively available in compact form. Its political leaning can be described as centre right.
- ***The Financial Times* (founded in 1888): 269,121**
  It advocates free market policies and globalisation. Even though it once supported Margaret Thatcher's economic policy, it has recently endorsed Labour and made the case for Barack Obama in the 2008 American presidential election and then again in 2012, calling him "the wiser bet for crisis-hit US". It is often said to be pro-European, though often taking a critical view of the way the EU works.
- ***The Guardian* (founded in 1821): 193,586**
  A recent poll showed that around 50% of *Guardian* readers were Labour voters and 35% Liberal Democrat voters. The paper's reputation as a platform for left-wing opinions has led to the expression "Guardian reader" as a label for left-wing or centre-left intellectuals. During the Afghanistan and Iraq wars, *The Guardian* attracted a significant proportion of anti-war readers. In 1993, it acquired *the Observer*, a Sunday paper with a similar left leaning.
- ***The Independent* (founded in 1986): 75,125**
  Its readership *The Independent* is overwhelmingly made up of Liberal Democrat and Labour voters. The paper's editorial line advocates proportional representation and governmental measures to curb climate change. It campaigns against ID cards and the restriction of immigration. In recent years, despite its broadly left-wing political leaning, it has often had a critical stance towards Labour, especially when Tony Blair decided to support Bush's invasion of Iraq.

▹ **"Popular dailies"** include:
(Source of all daily circulation figures: *Audit Bureau of Circulations*, February 2013)

- ***The Sun* (founded in 1969): 2,281,990**
  It is often criticised because of its sensationalism, which has occasionally led it to publish stories based on the most spurious evidence, and for its focus on celebrities' lives. More than any other tabloid, *The Sun* is said to rely on sports, scandals and sex (it has been home of the famous "Page Three girl" since the 1970s). Whereas some tend to think it rightly voices the views of the working class, others accuse it of dumbing down public discourse and indulging in jingoistic and populist opinions. In 1992, its election day front page lambasted Neil Kinnock, the then Labour leader, depicting his head inside a light bulb under the words "If Kinnock wins today, will the last person to leave Britain please turn out the lights". Traditionally a right-wing and populist paper, *The*

*Sun* nevertheless supported Tony Blair in 1997, claiming that Labour was "the breath of fresh air this country needs". Yet it announced it had switched back to the Tories in September 2009, calling for a Conservative leadership in the next general election.

- ***News of the World* (founded in 1843, closed in 2011)**
  It was considered a "scandal sheet" and published stories on the sex lives of stars. It made a reputation by exposing scandals and fighting campaigns. It shut down in July 2011 after the phone-hacking scandal.
- ***The Daily Mail* (founded in 1896): 1,829,266**
  It considers itself to be the voice of "Middle England". It advocates "traditional values", and often takes an anti-European, anti-abortion, anti-immigration but pro-monarchy stance. It is notorious for its alarmist headlines, particularly about the increasing number of asylum seekers. Its formula and political stance, said by former owner Lord Northcliffe to provide his readers with a "daily hate", have made the *Daily Mail* one of the most popular newspapers in the UK. The expression "Daily Mail readers" (derogatorily characterised as insular, homophobic conservatives who are not educated enough to read the *Daily Telegraph*) is sometimes contrasted with the phrase "Guardian readers".
- ***The Daily Mirror* (founded in 1903): 1,037,582**
  Its political stance is definitely to the left of the political spectrum. When George W. Bush was reelected in November 2004, its front page read: "How can 59,054,087 people be so dumb?" In May 2004, the *Daily Mirror* published what turned out to be fake pictures of British soldiers abusing Iraqi detainees. The newspaper issued a statement apologising for the printing of the pictures but the scandal led to the resignation of the editor.
- ***The Daily Star* (founded in 1978): 535,709**
  The editorial stance is predominantly right-wing, with a specific focus on asylum-seekers and anti-social behaviour.
- ***The Daily Express* (founded in 1900): 528,941**
  Originally a Conservative paper, it supported Tony Blair in the 2001 general election but has now switched back to the Conservative Party.
  A distinction is sometimes made between "mass-market tabloids" with red-top mastheads (*The Sun*, *The Daily Mirror* and *The Daily Star*) and "middle-market tabloids" with black-top mastheads (*The Daily Mail* and *The Daily Express*). The latter are said to cater for readers who look for a happy medium between serious papers and downright sensational ones.

⇨ **Magazines** include:

- ***The Economist* (Independent / liberal: political, financial and social affairs)**
  - Contrary to what its title suggests, the magazine is not focused only on economic matters, though it is indeed very influential in business circles. It is a truly liberal newspaper in the sense that it supports economic liberalism (free market, globalisation and "small government") but also

social liberalism on a number of key contemporary issues, as stated on its website: "*What, besides free trade and free markets, does* The Economist *believe in? It is to the Radicals that* The Economist *still likes to think of itself as belonging. The extreme centre is the paper's historical position. It has backed conservatives such as Ronald Reagan and Margaret Thatcher. It has supported the Americans in Vietnam. But it has also endorsed Harold Wilson and Bill Clinton, and espoused a variety of* ***liberal*** *causes: opposing capital punishment from its earliest days, while favouring penal reform and decolonisation, as well as – more recently – gun control and gay marriage.*"

- Articles are always written anonymously because its editors believe the collective voice of the paper should prevail over the identities of individual journalists.
- *The Economist* is famous for its Big Mac index, which uses the price of a Big Mac hamburger sold by McDonald's in different countries as an informal measure of exchange rates.
- It is also famous for a number of opinion columns, each devoted to a particular area of interest: Charlemagne (European issues), Bagehot (Britain; named after Walter Bagehot, a 19th century British journalist, who wrote extensively about government and economic affairs, and an early editor of *The Economist*), Lexington (the US; named after Lexington, Massachusetts, where the American War of Independence began), and the recent Schumpeter column (business; named after Austrian economist Joseph Shumpeter whom *The Economist* describes as "the prophet of capitalism's creative powers [who] also understood the precariousness of the capitalist achievement.")

- ***Private Eye* (satirical)**
  Many of the contributors to *Private Eye* are public figures, or experts, who write anonymously, often under humorous pseudonyms.
- ***The New Statesman* (Labour: social, political, literary and artistic topics)**
  It was originally connected to members of the Fabian society, a left-wing think-tank whose purpose is to advance the principles of social democracy. The magazine is committed to "development, human rights and the environment, global issues the mainstream press often ignores".
- ***The Spectator* (Conservative: social, political, literary and artistic topics)**
  It is well-known for its very conservative persuasion and its wide coverage of artistic topics – two features that make it the right-wing counterpart of *The New Statesman*.
- ***New Scientist* (Science, technology, the environment)**
  Based in London, this British magazine has also US and Australian editions. It is aimed at a general audience and covers news from the scientific community.

### ➠ Vocabulary

**headquarters:** *le quartier général*; **with a view to (+ ING):** *dans l'optique de*; **the rent:** *le loyer*; **keen:** *enthousiaste*; **as evidenced by…:** *comme… le prouve*; **circulation:** *le tirage des journaux*; **a freebie:** *un journal gratuit*; **the gutter press:** *la presse à scandale*; **a broadsheet:** *un journal grand format*; **a tabloid:** *un journal populaire de petit format*; **lowbrow:** *peu intellectuel*; **hoax:** *intox, canular*; **fake:** *faux, truqué*; **a watchdog:** *une autorité de surveillance / une association de défense de certains droits*; **to curb:** *endiguer*; **a nickname:** *un surnom*; **high-profile resignations:** *des démissions de personnalités influentes*; **a newspaper of record:** *un journal de référence*; **to hit the front-page:** *faire la une*; **political leaning:** *la tendance politique*; **to endorse sb:** *apporter publiquement son soutien à qqun*; **overwhelmingly:** *à une écrasante majorité*; **to whitewash:** *étouffer (une affaire) / disculper, blanchir qqun*; **spurious:** *douteux*; **rightly:** *à juste titre*; **to dumb down sth:** *abaisser le niveau de qqch*; **to indulge in:** *se laisser aller à*; **jingoistic:** *chauvin*; **to lambast:** *critiquer violemment, éreinter*; **the then…:** *celui qui était alors…*; **a light bulb:** *une ampoule*; **a general election:** *des élections législatives*; **notorious:** *tristement célèbre*; **insular:** *borné, coupé du monde extérieur*; **dumb:** *stupide*; **the editor:** *le rédacteur en chef*; **a masthead:** *un titre*; **to cater for sb:** *s'adresser à un public, satisfaire aux besoins de qqun*; **a happy medium:** *un juste milieu*; **downright (adj / adv):** *pur et simple, catégorique / résolument*; **small government:** *intervention réduite de l'État*; **to prevail over:** *l'emporter sur*; **an opinion column:** *un article d'opinion (chronique ou tribune)*; **persuasion:** *obédience, conviction*

## B. The BBC

The British Broadcasting Corporation (sometimes affectionately nicknamed "Auntie" or "the Beeb") has been operating since its creation in 1927 as a publicly-funded corporation under a Royal Charter to be reviewed every 10 years. The 2007 Charter states that the BBC's role is to "inform, educate and entertain", a role it can easily fulfil through a wide variety of channels: five radio stations (Radio 1, 2, 3, 4 and Five Live), two flagship television channels (the popular BBC1 and the more cultural BBC2), a number of digital-only channels (BBC Parliament, BBC Three…), and the BBC World Service, which is funded by the Foreign Office and can be received in 150 capital cities worldwide.

The BBC, whose board of governors is answerable to Parliament, is independent and must remain politically impartial. Yet allegations of political bias are regularly made against it. In the 1980s, members of Margaret Thatcher's Conservative government regularly accused it of an innate left-wing bias, while more recently in 2009 there was a claim by Jeremy Hunt, the then Secretary of State for Culture, that "people who want to work at the BBC tend to be from the centre-left".

In 2004, the BBC was harshly criticised for the way it reported on allegations that the Cabinet had "sexed up" the case for war in Iraq. Following the Hutton Inquiry that completely exonerated the Blair government, the BBC's chairman and director both resigned and its vice-chairman made a public apology to the government.

In October 2012, allegations that BBC television presenter Jimmy Savile (1926-2011) had sexually abused possibly as many as hundreds of children on BBC property over forty years led to an inquiry into a possible cover-up.

Despite increased competition from the commercial sector financed by advertising (ITV, Sky, Channel 4…), the BBC has remained over the years one of the main elements in British contemporary culture, notably thanks to its TV and radio programmes for mass audiences. The epitome of these is *Eastenders*, a long-running soap opera focusing on everyday life in a fictional borough in East London. A number of BBC2 documentaries also proved widely popular domestically and internationally, as BBC programmes are routinely exported worldwide. The term BBC English (or Received Pronunciation) refers to the speech of the upper class of southeastern England, formerly used as a broadcast standard before recent efforts to use regional accents were made to better reflect the diversity of the UK.

### ➠ Vocabulary

**a flagship product:** *un produit phare*; **a board of governors:** *un conseil d'administration*; **answerable to:** *responsable devant*; **political bias:** *parti pris politique*; **to sex up:** *rendre plus attrayant, exagérer*; **to exonerate:** *disculper*; **the epitome of:** *l'exemple parfait de*; **a soap-opera:** *un feuilleton (à l'eau de rose)*; **a borough:** *un arrondissement*

# II. The American media

## A. The press

The freedom of the press is guaranteed by the First Amendment to the Constitution. Owing to the extraordinary freedom they enjoy in reporting and commenting on the news, newspapers are sometimes collectively referred to as the "Fourth Estate". The term was coined in 1837 by Thomas Carlyle in his book *The French Revolution*. In it, he described the rise of "a Fourth Estate of Able Editors" alongside the other three estates (the church, the nobility and the commoners). A striking feature of the American press, as opposed to its European counterpart, is that information (provided to them by international news agencies or syndicates like Associated Press) is usually strictly separated from comment.

Because of the different time-zones, 95% of the newspapers are local, both in circulation and content. Though they are overwhelmingly published in English, the number of Spanish-language dailies has been on the rise for some years. There are, however, a few national dailies whose political leaning tends to be more or less centrist.

⇨ **Dailies** include:

- ***The New York Times*** (founded in 1851) is a newspaper of record, which is sometimes nicknamed the "Grey Lady" on account of its sober appearance and style. It is often praised for its high standards of journalism. Since World War I, the *NYT* has won no less than 100 Pulitzer Prizes. In 1971 it exposed the Pentagon Papers story, publishing leaked documents that revealed that the US government had been spinning a tale of ideal progress in the Vietnam War. This led to *New York Times Co. v. United States* (1971), which declared the government's restraint of the classified documents was unconstitutional. The *NYT* is famous for its coverage of international affairs and its op-ed ("opposite the editorial") pages where editors are often joined by prominent politicians, social scientists or philosophers to express their views on current events and key issues. The *NYT* has often been accused by its conservative critics of taking an excessively liberal stance on certain social issues.
- ***The Washington Post*** (founded in 1877) usually places emphasis on domestic politics and notably the workings of the White House and Congress. In the early 1970s, it provided a perfect example of investigative journalism when two of its reporters (Bob Woodward and Carl Bernstein) uncovered the Watergate scandal, leading to Nixon's forced resignation. Just like the *New York Times*, the *Post* has long claimed to be politically neutral (yet it endorsed Barack Obama in 2008) but Conservatives often cite it as the epitome of "liberal media bias". In an allusion to the official newspaper of the Soviet Communist party, the

*Post* has sometimes even been called "Pravda on the Potomac" by its critics. In fact, despite its liberal reputation, the newspaper has sometimes adopted some conservative stances: it has steadfastly supported the 2003 invasion of Iraq and Bush's proposal to partially privatise Social Security.

- ***The International Herald Tribune*** (founded in 1887) had been owned jointly by *The Washington Post* and *The New York Times* since the 1960s, but in 2003 the *NYT* became its single owner. It has been subtitled "The Global edition of the New York Times" since then. It combines the resources of its own correspondents with those of the *NYT* and has retained a voice of its own, particularly in the field of art and culture. In 2008, the papers' websites merged.
- ***The Wall Street Journal*** (founded in 1889) primarily covers US and international financial issues. It is sometimes said to have acquired a more right-wing slant since it became part of Rupert Murdoch's News Corp. in 2007.
- ***USA Today*** (founded in 1982) has the widest circulation of any newspaper in the US. Its colourful appearance, relatively simple style and focus on entertainment earned it the derisive nickname "Mcpaper". It is well-known for its national opinion polls, eye-catching diagrams and charts as well as for its two-pronged ("Our View / Opposing View") editorial column.

▹ **News magazines** include:

- ***Time*** **(founded in 1923)**
  The leading magazine in the US is part of Time Warner Inc., the world's fourth largest media conglomerate. It focuses on issues as varied as US national affairs, international affairs, science, business and the arts. One of its most famous features has been the annual Person of the Year cover story, in which *Time* celebrates the individual or group of individuals who have had the biggest effect on the year's news. The distinction (for good or ill) is not taken as an honour or a reward, which explains that former "Men of the year" have included figures as varied as Joseph Stalin (1939), Martin Luther King (1963) or John Paul II (1994). The recipient is not even necessarily a human being: in 1983, "the personal computer" was honoured, five years before "the endangered Earth". In recent years, the magazine has also assembled an annual list of the 100 most influential people of the year.
- ***Newsweek*** **(founded in 1933)**
  The magazine is owned by the Washington Post Company. Like *Time*, it focuses on issues such as US national affairs, international affairs, science, business, culture, and entertainment. Though it is still widely distributed across the country and internationally, it recently underwent financial difficulties which led to its repositioning towards a smaller but more elite audience.
- ***US News and World Report*** **(founded in 1933)**
  It has marketed itself as a serious-minded journal more focused on important matters than its competitors, with a distinctive focus on the economy and education. It is particularly well-known for its annual rankings of American colleges and hospitals. It usually supports the Republicans over the Democrats.

➡ **Vocabulary**

**owing to:** *en raison de*; **the Fourth Estate:** *le quatrième pouvoir*; **to coin an expression:** *inventer une expression;* **the rise of:** *l'essor de*; **the commoners:** *les roturiers (dans ce contexte: le Tiers-État)*; **a syndicate:** *une agence de presse (autres sens: coopérative, association de malfaiteurs)*; **to expose:** *mettre à jour, dénoncer;* **leaked documents:** *des documents obtenus grâce à une fuite*; **to spin a tale of:** *inventer une histoire*; **a classified document:** *un document classé secret*; **a critic:** *un détracteur*; **domestic politics:** *la politique nationale*; **the workings of:** *le fonctionnement, les rouages de*; **to support sb / sth steadfastly:** *apporter un soutien sans faille à*; **a slant:** *une inclinaison, un parti-pris*; **derisive:** *railleur*; **two-pronged:** *qui se bat sur deux fronts, qui propose deux approches bien distinctes*; **a cover story:** *article principal annoncé en couverture*; **a recipient:** *le récipiendaire d'un prix*; **to undergo difficulties:** *connaître des difficultés*

## B. Radio and television

Recent polls show that many Americans are heavily addicted **TV** viewers who spend from 3 to 6 hours a day in front of the TV (hence the popular expression "couch potato"). Over the past thirty years, the three major networks (ABC, CBS and NBC) have been losing market shares to Fox Broadcasting Company, which is part of Rupert Murdoch's News Corporation. Fox is well-known for its sitcoms and real TV shows, targeted at a younger audience, and for the staunch Republican leaning of its news service.

TV is no doubt a most potent mass communications tool in the US and, as such, it has become an essential part of political campaigns. But some TV programmes have also become as powerful a cultural vector as Hollywood blockbusters: widely popular (and addictive) series like *Desperate Housewives*, *Prison Break* or *24* are broadcast worldwide, as is, on a completely different level, news presented by CNN. Critics of the rampant Americanisation of the world often see such broadcasts as engines of the American cultural steamroller.

The case of PBS stands in sharp contrast to commercial TV channels. It is a government-owned, non-profit network, which broadcasts a wide variety of documentaries and educational programmes. It is funded mainly by federal and local sources, but also receives grants from foundations and increasingly resorts to viewers' donations by on-the-air fundraising.

Apart from its thousands of commercial local **radios**, most of which are tailor-made for a small customer segment, the US has over a thousand public radios, mainly operated by universities for educational or recreational purposes. The Voice of America network is funded by the federal government. It broadcasts American programmes internationally in as many as 45 languages. NPR (National Public Radio) is a privately and publicly funded syndicate that produces and distributes news and cultural programming to nearly 800 public radio stations across the country.

➡ **Vocabulary**

**hence (+ noun…):** *d'où;* **a couch;** *un canapé*; **market shares:** *des parts de marché*; **potent:** *puissant*; **a blockbuster:** *un film à grand succès*; **rampant:** *galopant, endémique*; **a steamroller:** *un rouleau compresseur*; **to resort to:** *avoir recours à*; **fundraising:** *collecte de fonds*; **tailor-made:** *fait sur mesure*

# III. Current issues

## A. Freedom of the press vs individual privacy?

Freedom of the press and people's right to privacy are two basic rights lying at the core of democracy and the social contract. Are they compatible or should one of them be sacrificed on the altar of the other?

Tabloids often try to strike a voyeuristic chord among the public to boost their circulation. Earl Spenser's eloquent accusation of journalists at Diana's funeral no doubt further damaged the reputation of tabloids in Britain. But as long as muckrakers simply meet people's desire for infotainment, watchdogs such as the Press Complaints Commission will remain toothless. Furthermore, one should be wary of hasty lamentations on poor stars' lots. Some of them indeed think that "any press is good press": even the coverage of some fake scandal about them may help sell a movie or boost their celebrity. In that respect, courting the media has become a highly lucrative business.

The already widely mediatised phone-hacking scandal involving illegal snooping by *The News of the World* journalists, that started in 2006 and flared back up again in 2009-2010, was reignited during the summer of 2011. It has played a major role in revealing the over-intimate links between the media, the police, and politicians. It has also further demonstrated the lawlessness permeating tabloid journalism in the UK, and has evidenced a much-required and long overdue review of regulatory institutions such as the Press Complaints Commission. Earlier on, it was discovered that journalists working for News of the World (a daily owned by News International, itself part of Rupert Murdoch's media empire News Corporation) had for some time conducted hacking of celebrities' mobile phones. One particularly grim case that provoked public outrage and lead to deeper investigations was the hacking conducted on Milly Dowler's phone. She was a teenager who was adbucted and later killed in 2002. The hacking took place while she was reported missing, leading her family to believe she was still alive.

What shockingly came to light in 2011 was that, despite their strong denials, the executives of News of the World and of News International must have known and condoned this conduct. Thus the hacking was not limited to some rogue journalists, but was rather a widespread practice. This led to the paper being closed in July 2011. What has further troubled the public and the political elites has been the discovery of intimate links between the media and the police. Scotland Yard officers used to receive payments by journalists to get their hands on stories and to buy the police's silence. The row caused both the Metropolitan Police Commissioner Paul Stephensen (the most senior police officer in the UK) and John Yates, another prominent Met officer, to resign.

Yet another series of events highlights the link between the media and the political sphere, Andy Coulson, who had been editor the News of the World and resigned in 2007 due to the conviction of one of the newspaper's reporters in relation to the phone-hacking scandal, was then made David Cameron's communication's director, only to resign in January 2011 because of continued media coverage. He was then arrested in July 2011 following allegations of corruption and phone hacking.

What must be kept in mind is that, even though these events have focused attention on one newspaper, many believe illegal hacking has been a widespread practice among most tabloid newspapers.

Another fundamental problem is whether the public should be entitled to know everything about those whose success placed them in the limelight. A distinction should probably be made between politicians and stars. The lives of politicians, before they come into office, should indeed be spotless, and the public is probably entitled to scrutinise their would-be leaders' past deeds. However, the very definition of what should remain private or be made public very much hinges on a country's traditions. Hardly any French newspaper made fun of former President Mitterrand's long-hidden illegitimate daughter, whereas the American press overtly mocked President Clinton when his womaniser's antics were exposed. It should, however, be noted that the puritanism of the American press probably led it to overestimate the impact the Lewinski affair was supposed to have on public opinion, as shown by the fact that President Clinton has remained a widely popular figure long past his days in the White House.

### ➨ Vocabulary

**to be sacrificed on the altar of:** *être sacrifié sur l'autel de*; **to strike a … chord:** *faire vibrer la corde …*; **a muckraker:** *un fouineur, un fouille-merde*; **infotainment:** *l'info-spectacle*; **toothless:** *inoffensif, sans véritable pouvoir*; **wary:** *prudent*; **hasty:** *hâtif*; **phone hacking:** *le piratage de lignes téléphoniques*; **to snoop:** *espionner*; **to flare up:** *s'embraser, éclater*; **to (re)ignite:** *se déclencher (à nouveau)*; **lawlessness:** *le non-respect des lois*; **to permeate:** *se répandre, imprégner*; **overdue:** *en retard, qui tarde*; **outrage:** *indignation*; **grim:** *sinistre*; **reported missing:** *porté disparu*; **denial:** *dénégation, déni*; **to condone:** *admettre, laisser faire*; **rogue:** *franc-tireur*; **a row:** *une dispute*; **a conviction:** *une condamnation*;**to be entitled to do sth:** *être en droit de faire qqch*; **to be in the limelight:** *être sous les feux de la rampe*; **spotless:** *irréprochable*; **to scrutinise:** *examiner minutieusement*; **would-be (adj):** *en puissance , qui aspire à devenir…*; **a deed:** *un acte*; **to hinge on:** *dépendre de*; **a womaniser:** *un coureur de jupons*; **sb's antics:** *les frasques de qqun*

## B. Does the Fourth Estate still fulfil its role?

The press is sometimes said to be losing part of its efficiency as a "counter-power" for several reasons.

First, **structural reasons** may account for the fact that the media seem to be losing much of their independence. At the beginning of the 20th century, newspapers were run by **press barons** such as Lord Northcliffe or Lord Beaverbrook in the UK or Adolph Ochs in the US. Today, following a vast process of takeovers and mergers, the press and other media are almost entirely owned by **very few media and entertainment conglomerates**: The Walt Disney Company (ABC, ESPN, Walt Disney Motion Pictures Group…), Viacom (MTV networks, CBS, Paramount Motion Picture Group, Dreamworks…), Time Warner (*Time magazine*, Warner Bros. Entertainment, CNN…), and Australian tycoon Rupert Murdoch's News Corporation (*The Times, The Sun, The Wall Street Journal*, 20th Century Fox, Fox Television, numerous Australian papers…). In 2010 for example News Corporation's acquisition of the British Sky Broadcasting group was given the green light, thus further increasing Rupert Murdoch's media empire. This evolution towards greater **concentration** has aroused worries that the media now largely depend on what message very few people wish to convey to the global audience.

This trend must however not be overstated. A number of widely influential papers both in the UK and in the US have so far managed to remain financially independent from multinational corporations.

Second, journalists are sometimes accused of increasing **connivance with political circles**. The fact that thousands of reporters are sent to cover such events as political parties' conventions in the US is proof that the press is increasingly interested in carefully staged political tour de force, possibly at the expense of ideological debate and investigative journalism. Shouldn't journalists cover more voters' needs and dog legislators for answers to how they spend public money instead of merely acting as go-betweens (some would say propagandists) to spread the good tales political parties have spun for the public? Such criticism should, however, be qualified in light of the exposure of such political wrongdoing as the expenses scandal in the UK, for instance.

Third, the press is losing much of its influence today due to the **fierce competition from electronic media**. The overall decline in circulation is often blamed on the rise of the Internet and its free, round-the-clock coverage of global events. It is true that news websites and aggregated blogs like the Huffington Post are fast evolving into fully-fledged online newspapers which act as direct competitors for traditional ones. Furthermore, one of the main sources of revenue for newspapers was classified advertising, for which websites now provide a new and more functional home. Nevertheless, newspapers are now massively going online in an attempt to find a profitable business model, which would make the best of digital opportunities.

### ➨ Vocabulary

**a baron = a tycoon (= a mogul):** *un homme d'affaires puissant, un magnat;* **to give sb the green light:** *donner le feu vert à qqun*; **a takeover:** *un rachat, une prise de contrôle*; **a merger:** *une fusion*; **to dog sb:** *suivre qqun de près, harceler*; **a go-between:** *un relais, un intermédiaire*; **to qualify:** *nuancer*; **wrongdoing:** *des méfaits*; **the expenses scandal:** *le « scandale des notes de frais »*; **fully-fledged:** *à part entière*; **profitable:** *rentable*

## IV. Thème d'application

1. De sources bien informées, la conférence de presse est destinée à tordre le cou à la rumeur avant que celle-ci n'enfle.
2. Les scandales sur la vie des célébrités font la une plus souvent que certaines questions d'actualité qui méritent pourtant une couverture médiatique plus importante.
3. À force de dénigrer et de diffamer les hommes politiques, les marchands de ragots vont finir par susciter l'hostilité du public.
4. De nos jours, les jeunes passent vraiment tout leur temps devant la télévision, comme s'ils étaient hypnotisés par l'écran.
5. Certains disent que la nouvelle a été volontairement ébruitée, afin de sensibiliser le public à un changement imminent.
6. Les jeux TV et les émissions de variété sont susceptibles de pousser les gens à acheter des biens de consommation.
7. Ce magnat de la presse possède plusieurs journaux à sensation, ce qui lui permet d'influencer l'opinion.
8. Les commérages, les mensonges et le lavage de cerveau sont les caractéristiques de la presse à sensation qui s'immisce en permanence dans la vie privée des gens.
9. Le jour où la liberté de la presse sera restreinte, la démocratie sera en danger.
10. Les dérives constantes de la presse britannique sont désormais ancrées dans la conscience collective.
11. La paternité de l'expression « quatrième pouvoir » est disputée : certains l'attribuent à Edmund Burke et d'autres à Thomas Carlyle.
12. Peut-on légitimement attendre d'un journaliste qu'il nous livre l'information pure sans tenter de façonner l'opinion publique ?
13. Dans notre société où les médias jouent un rôle si important, il n'est guère surprenant que les « petites phrases » soient devenues un des moyens de communication préférés des politiques.
14. Certains présentateurs d'émissions de variété ou de journaux télévisés sont devenus de véritables institutions, dont les chaînes peuvent difficilement se passer.
15. La presse écrite survivra-t-elle à l'essor d'Internet ? Rien n'est moins sûr.

**➡ Proposition de corrigé**

1. From knowledgeable [/authorised] sources, the press conference is aimed at quashing [/scotching] the rumour before it starts flying about.
2. Celebrity scandals hit the headline [/the front page] more often [/readily] than some topical issues which would yet deserve more media coverage.
3. By dint of running down and libelling politicians [/Because they constantly run down and libel politicians], garbage [/gossip] mongers will end up arousing the public's animosity.
4. Nowadays [/Today], the young are hopeless couch potatoes, as if they were mesmerised by the TV set.
5. It is sometimes said that the rumour was intentionally leaked [/The rumour is sometimes said to have been…] so as to sensitise public opinion to some impending change.
6. Game and variety shows are likely to urge people to buy consumer goods [/brainwash people into buying…].
7. This press tycoon [/magnate] owns several sensational newspapers, which enables him to influence public opinion.
8. Gossip, lies and brainwashing characterise the gutter press [/yellow journalism], which will constantly pry into people's private lives.
9. From the day when press freedom [/the freedom of the press] is curtailed [/restricted/reduced], democracy will be in jeopardy [/in danger].
10. The constant excesses of the British press are now deep-rooted [/deeply ingrained/deeply anchored/deeply entrenched] in the collective mind.
11. Who coined the expression "Fourth Estate" remains a disputed point: some say Edmund Burke did, while others believe Thomas Carlyle did.
12. Can journalists be legitimately expected to provide us with straight news without trying to mould public opinion?
13. In our media-driven society, it is hardly surprising that soundbites should have become one of politicians' favourite methods of communication.
14. Some variety-show emcees and news presenters have become anchormen, whom channels could hardly do without.
15. The written press is highly unlikely to resist the rise of the Internet.

# 7 Civil liberties and privacy

# I. The consequences of the war on terror

## A. Anti-terrorism legislation

In the wake of 9/11 and 7/7, both the UK and the US launched a "war on terror", one consequence of which has admittedly been **an erosion of civil liberties**.

**The USA Patriot Act** (Uniting and Strengthening America by Providing Appropriate Tools Required to Intercept and Obstruct Terrorism Act) was passed in 2001 in the month that followed the 9/11 attacks. Mainly prompted by the fear of similar attacks (potentially biological ones), it extended the powers of investigators over citizens in direct contradiction to the Bill of Rights, particularly targetting Arab or Muslim immigrants. It also dramatically extended surveillance possibilities (bugging telephones, monitoring e-mails, searching a suspect's house without a warrant, accessing library and credit card records…) and made it possible to hold suspected Taliban and Al-Qa'eda fighters indefinitely at the naval base of **Guantánamo Bay** in Cuba. Prisoners would therefore stay outside US territory, i.e. beyond the reach of American justice, as long as US intelligence services thought they posed a threat to national security.

From 2001 to 2008, the British Parliament passed **a series of Terrorism Acts** that made it possible to establish a distinct set of police powers to be applied in suspected terrorist cases. **The 2001 Anti-Terrorism, Crime and Security Act** gave the police powers to search and arrest people on mere suspicions that they might be terrorists. In direct violation of the presumption of innocence principle, people suspected of ties with a banned organisation now have to prove that they are not terrorists. The act also allowed Ministry of Defence police to operate outside of military bases under certain circumstances. Furthermore, Part 4 of the Anti-Terrorism Act allowed the Home Secretary to detain suspected foreign terrorists indefinitely, pending deportation. **The 2005 Prevention of Terrorism Act** abolished this latter measure and replaced it with "control orders", namely restrictions imposed by the Home Secretary on what suspects can use or possess and where they can go. For instance, this new kind of "prison without bars" may result in curtailed communications with certain people, restricted movements to certain places, or house arrest altogether. The **2006 Terrorism Act**, apart from defining the offence of "glorifying terrorism", revised the period of pre-charge detention of suspected terrorists, up to 28 days. The Blair government had initially asked for it to be 90 days, but was defeated in the Commons by its own majority. Within the framework of **the 2008 Counter-Terrorism Act**, Gordon Brown tried to extend the period of detention without charge to 42 days. The bill was met with fierce backbench opposition from both sides of the House of Commons, but was eventually passed by a very narrow margin of 9 votes. This somewhat Pyrrhic victory proved anyway short-lived, as the House of Lords later defeated the bill.

In countries that regard themselves as the champions of freedom and the custodians of civil liberties, drastic measures like extended detention without trial are bound to be bitterly resented by civil liberties watchdogs and libertarians who see in them a hazardous retreat from *habeas corpus* (the 1679 Habeas Corpus Act, meant as a guarantee of citizens' rights against royal power, made it unlawful for a person to be held indefinitely in jail without charges). But those who campaign for extraordinary anti-terror legislation are equally vocal.

- **Arguments in favour of anti-terror laws:**
  - Desperate times call for desperate remedies. When faced with a new form of lurking enemy who cannot be engaged with conventional methods, the police need new tools.
  - Suspending the liberties usually granted by the state should be possible when state security is in jeopardy.
  - Locking up suspected terrorists before they commit crimes will make society safer. If a few individuals' civil liberties are curtailed, that is but a small price to pay when the safety of the whole population is at stake.
  - If those who are suspected of terrorism are actually innocent, they should not fear anything from the State: the truth will out and they will eventually be released.
- **Arguments against anti-terror laws:**
  - The state may well be taking advantage of people's fears in troubled times to satisfy its lust for power. Will it relinquish its extraordinary powers once the crisis has been averted? After all, governments through the ages have always managed to justify new repressive powers.
  - Trampling on civil liberties and people's right to privacy will only make citizens wary of the State at a time an implicit trust in the authorities is on the contrary needed.
  - Suspending civil liberties for a limited period of time may be justified in case of a conventional war. But nobody can predict whether the war on such an ill-defined enemy will ever end; so democracies must not let it change the kind of societies they have built.
  - Freedom is precisely one of the most potent weapons in the struggle against religious obscurantism.
  - Locking up people simply because they are suspected of planning some wrongdoing leads down a slippery slope where the state is licensed to encroach on hard-won rights, supposedly in the name of the greater good. But where should the line be drawn? Why not lock up *potential* criminals or offenders as well?
  - Obnoxious practices fuel support for terrorists. These infringements on individual liberties play into the hands of fundamentalist terrorists.

### ➠ Vocabulary

**in the wake of:** *suite à, dans le sillage de*; **admittedly:** *il faut en convenir;* **civil liberties:** *les libertés civiques;* **to pass a law:** *voter une loi;* **to prompt:** *provoquer;* **to target:** *prendre pour cible;* **dramatically:** *dans d'importantes proportions;* **to bug a phone:** *mettre une ligne sur écoute;* **to monitor:** *suivre de près, contrôler;* **a warrant:** *un mandat;* **beyond the reach of:** *hors de portée de;* **a tie with sb / sth:** *un lien;* **the Home Secretary (UK):** *le Ministre de l'Intérieur*; **pending:** *(prép.) en instance de, dans l'attente de;* **deportation:** *expulsion*; **to curtail:** *restreindre*; **pre-charge detention:** *la détention préventive*; **within the framework of:** *dans le cadre de*; **a backbencher:** *un député sans portefeuille ministériel*; **a Pyrrhic victory:** *une victoire à la Pyrrhus*; **to prove (to be) (+ adj):** *s'avérer*; **short-lived:** *éphémère*; **the custodian of...:** *le garant de...;* **to resent sth bitterly:** *être tout à fait indigné / outré de*; **a watchdog:** *une autorité de surveillance / une association de défense de certains droits;* **hazardous:** *dangereux*; **to be vocal:** *se faire entendre*; **to call for sth:** *exiger, nécessiter*; **to be lurking:** *être tapi (dans un but menaçant);* **to engage an enemy:** *attaquer un ennemi*; **to be in jeopardy:** *être en péril*; **"the truth will out":** *« la vérité finira par triompher »*; **eventually:** *en fin de compte*; **to be released:** *être libéré*; **to relinquish sth:** *renoncer à qqch*; **to avert a crisis:** *éviter une crise*; **to trample on sth:** *piétiner qqch*; **to be wary of:** *se méfier de*; **an implicit faith / trust in:** *une foi totale en*; **ill-defined:** *mal défini*; **potent:** *puissant*; **wrongdoing:** *des méfaits;* **a slippery slope:** *une pente glissante*; **to encroach on:** *empiéter sur*; **hard-won rights:** *des droits conquis de haute lutte*; **obnoxious:** *détestable;* **an infringement:** *une violation*

## B. Arbitrary detention and the use of torture

Authorising arbitrary detention was certainly not an unprecedented move even on the part of Western democracies. Recent history abounds with examples showing that governments occasionally did demand a free hand to fight the nation's foes. Britain suspended *habeas corpus* in the Second World War to detain over a thousand suspected fascists – all of whom were eventually released three years later. Suspected extremists were also interned during the "troubles" in Northern Ireland in the early 1970s. The US likewise interned over 120,000 people of Japanese descent in the Second World War. Such drastic measures were implemented despite the fact that the right to challenge arbitrary detention in an independent court is central to common-law countries like the US and the UK.

Yet, in the case of **Guantánamo**, what deeply shocked civil rights activists worldwide was not only that past mistakes were repeated but also that the naval base was chosen as a place beyond the reach of domestic and international law to detain people whose status could not be clearly defined. The Geneva Convention does define "enemy combatants", an expression the Bush administration often used: as opposed to soldiers who can be made POWs, they are members of official armed forces who do not carry weapons openly and wear no distinctive sign. But, under the provisions of the Convention, even such enemies should be given humane treatment and charged by a "regularly constituted court". Moreover, some argue that the fight against terrorism hardly qualifies as a war at all.

"Guantánamo" and "enemy combatants" were not the only bywords for Bush's reaction to the 9/11 terror attacks. **"Extraordinary rendition"** was a notorious euphemism for the abduction of suspected terrorists to face harsh interrogation in a third country. In the months that followed 9/11, it is believed that over 100 "high-value" suspects were seized by CIA agents to be transferred to secret jails. After several months of denial, President Bush acknowledged the existence of secret prisons operated by the CIA in a speech on September 6th, 2006. In 2007, the EU Commission concluded that, despite their firm denial, some countries had most probably hosted such CIA "black sites" while others had tolerated CIA secret flights over their territories, which led to a public outcry in Europe.

Numerous arguments against the use of **torture** to extract information from prisoners come readily to mind, be they ethical or pragmatic. For one, torture degrades the society that allows it. On a more pragmatic level, people will say anything under torture, which renders the information provided unreliable anyway. Under the provisions of the Geneva Convention, the UN Convention against Torture and the International Covenant on Civil and Political Rights, the ban on torture must be absolute, even in times of war. The Bush administration never acknowledged the use of torture but sparked off a semantic dispute when it contended that, on the contrary, **"enhanced" interrogation methods** could be used. In the notorious "torture memos", drawn up by the Department of Justice and the Pentagon in 2002, lawyers advocated restricting the definition of "torture" to extreme acts equivalent to "serious physical injury, organ failure, or even death", which left room for a whole range of more "moderate" techniques, like stress position, sleep deprivation, and "water-boarding" (simulated drowning).

Two days after being sworn in as the 44th President of the US, **Barack Obama** signed an executive order requiring the CIA to resort only to the interrogation methods outlined in the US Army Manuals, which define authorised procedures to soldiers in the field. He also ordered the CIA to close "as expeditiously as possible any detention facilities that it currently operates". In addition, the US Senate intelligence committee began a one-year inquiry into the CIA's detention programme in March 2009. Findings included high degree of involvement of medical teams in waterboarding during interrogations, as well as a structured chain of command – evidence that this was a truly institutionalised, though seldom used, technique.

As a candidate in 2008, Barack Obama was unsparing in his critique of President George W. Bush's war on terror on the grounds that it lacked congressional oversight and compromised America's most precious values. Similar criticism is today directed at President Obama and his extensive use of drone strikes against al-Qaeda terrorist suspects in Pakistan.

### ➡ Vocabulary

**an unprecedented move:** *une action sans précédent*; **to be given a free hand:** *obtenir carte blanche;* **a foe:** *un ennemi*; **likewise:** *de même*; **to implement a measure:** *mettre en application*; **to challenge sth:** *remettre en cause;* **common law:** *le droit coutumier;* **POWs = Prisoners of War***;* **a provision:** *une clause, une disposition*; **humane (adj):** *humain, bienveillant;* **to qualify as…:** *mériter le nom de;* **a byword:** *un raccourci (pour définir qqch), un synonyme de;* **notorious:** *trsitement célèbre*; **abduction:** *rapt, enlèvement*; **an outcry:** *un tollé*; **be they… or…:** *qu'il s'agisse de… ou de…*; **a covenant:** *une* *convention, un engagement*; **to contend:** *argumenter*; **to spark (off):** *provoquer*; **an enhanced method:** *une méthode améliorée*; **drowning:** *noyade*; **soldiers in the field:** *les soldats engagés sur le terrain*

## C. Freedom of speech and the war on terror

Has freedom of speech been restricted in the name of the war on terror? Apparently not, bearing in mind that the media were free enough to uncover abuse on detainees at Guantánamo and Abu Ghraib prisons. Yet the **difficulty of reconciling freedom of expression with the demands of national security** led to a number of infringements on the former:

- The number of classified government documents increased dramatically at the time when George W. Bush was President, as a result of an executive order he signed in 2003, which stretched the definition of "national security".
- Demonstrations tend to be more and more criminalised when they are staged near official buildings.
- The press may occasionally decide to censor itself or even kill a story for fear of being intimidated.
- Even the new offence of "glorifying terrorism" in the UK was resented by libertarians. With the benefit of hindsight, it seems that this new provision "might make criminal the statue of Nelson Mandela recently erected in Parliament Square: parts of the British government once regarded him as a terrorist," as wittily stated in a 2007 leader from *The Economist*.

### ➠ Vocabulary

**abuse:** *mauvais traitement*; **classified:** *couvert par le « secret défense »;* **to stage a demonstration:** *organiser une manifestation*; **to kill a story:** *étouffer une affaire*; **with the benefit of hindsight:** *avec le recul*; **wittily:** *non sans esprit*; **a leader:** *un éditorial*

# II. Are western democracies turning into orwellian societies?

## A. The ID card scheme and other controversial databases in the UK

Ever since Winston Churchill's government scrapped **national ID cards** in 1952, British governments have had a long record of proposing new ones, only to back down at the dissent of civil rights advocates. But the new context provided by the global war on terror has bolstered the case for a swift implementation of the scheme.

As was to be expected, proponents of the scheme underline its potential efficiency to fight terrorism, illegal immigration and benefit fraud, while civil rights advocates expose the dangers represented by ID cards and the **biometric database** they will be linked to.

- **Arguments in favour of ID cards:**
  - It could prove a useful tool to deter and fight illegal immigration and more generally tighten up Britain's border controls.
  - It would help the fight against fraud, by making it easier to catch benefit cheats.
  - It would help fight identity theft.
  - With a unique ID number per citizen, it would be easier for government departments to share information, and for citizens to access public services.
  - Privacy has already been traded for convenience some time ago. After all, Britons can already be monitored thanks to CCTV cameras, their mobile phone conversations and credit card records. Liberty depends on the rules governing how such data are exploited, not on the techniques used to store them.
  - The fact that it will be phased in should prevent any major failure.
- **Arguments against ID cards:**
  - Estimated cost is around £4.7 billion.
  - It is unclear how effective ID cards would be at combating terrorism.
  - Pressure groups like No2ID or Liberty argue that the scheme imperils freedom: a national identity register could one day grant a state quite overweening power.
  - It raises questions as to the security surrounding the information ID cards will contain.

- Because there will be no requirement to carry the card, illegal immigrants and potential terrorists can easily abscond before the deadline to present it in a police station.
- Most benefit fraud is through fake claims, not multiple identities.
- The cards may well antagonise ethnic minority communities, who are more likely to be targeted by police stop-and-search operations.

In an effort to neutralise a potentially difficult general election issue (Conservatives have repeatedly promised to scrap the plan, should they win the next general election), Gordon Brown's Labour government eventually announced in July 2009 that identity cards would eventually not be mandatory for UK citizens.

In the Coalition Agreement that was signed by both the Conservatives and Liberal Democrats after the 2010 general election, the new government announced that they planned to scrap the ID card scheme, as part of their efforts to "reverse the substantial erosion of civil liberties under the Labour government and roll back state intrusion". This was formally enacted by Parliament on December 21st 2010.

Be that as it may, the ID card scheme was not the only bone of contention between the former Labour government and civil rights activists. They also pinpointed the further intrusion on privacy that were to result from what they termed **other "Big Brother" databases**: the existing ContactPoint (designed to track everything from educational details to contact with social services for every child in Britain) and NHS Spine (designed to store patients' medical information), as well as plans announced in October 2008 for a gigantic database that would store up the details (though not the content) of every phone call and email sent in Britain.

With the samples of 4.1m individuals, representing 7% of the population, on its national database, Britain also has the world's largest **DNA database**. This is because in Britain DNA is taken from anyone arrested for a recordable offence, and kept for life. Advocates of DNA testing contend that, notably in the US, the method has made it possible to exonerate convicts, sometimes after years on death row. Yet civil rights activists fear that Western societies are more and more resembling the ones described in Orwell's *1984* or Huxley's *Brave New World*. Will newborn babies one day be screened to create their DNA profiles? Will DNA information be used by employers, insurers to introduce some new forms of discrimination? Could DNA information be used malevolently, should it fall in the hands of a totalitarian regime? More realistically, the simple fact that people cannot, so far, ask for their samples to be expunged from the database, even if they are later acquitted, is outrageous to many.

## ➨ Vocabulary

**to scrap:** *jeter, abandonner*; **to back down:** *revenir sur sa position*; **dissent:** *dissidence, différence d'opinion*; **global:** *mondial*; **to bolster the case for:** *renforcer les arguments en faveur de*; **benefits:** *les avantages sociaux*; **to expose:** *dénoncer*; **a database:** *une banque de données*; **to deter:** *dissuader*; **a cheat:** *un fraudeur*; **to trade sth (for sth else):** *échanger*; **to phase in:** *introduire progressivement*; **overweening:** *démesuré*; **to abscond:** *prendre la fuite*; **a fake claim:** *une fausse déclaration*; **to antagonise:** *braquer, se mettre à dos*; **mandatory:** *obligatoire*; **to oversee:** *superviser*; **to pin one's**

**hopes on:** *faire porter ses espoirs sur*; **a bone of contention:** *une pomme de discorde*; **to pinpoint:** *souligner, montrer du doigt*; **details:** *coordonnées, références, renseignements*; **a convict:** *un détenu*; **on death row:** *dans les couloirs de la mort*; **to screen sb:** *faire subir un test à qqun, préselectionner*; **malevolently:** *avec malveillance*; **to expunge:** *supprimer*

## B. Surveillance

Increased surveillance is yet another popular weapon in the fight against terror in Western democracies. In countries like the US and the UK, which used to pride themselves on respecting privacy more than any other democracies did, the ubiquity of surveillance is now striking. It takes on multiple forms:

- Closed-circuit television cameras (CCTV), many of them with infra-red night vision, monitor citizens not only in banks, airports and shopping malls, but also from street corners. In some areas in the UK, talking cameras, fitted with loudspeakers, can even scold people who commit anti-social behaviour. The UK alone has an estimated 5m CCTV cameras in public places, that is nearly one for every 10 inhabitants. In the same proportion, the US has an estimated 30m surveillance cameras.
- Many countries are now experimenting with the use of miniature remote-controlled drone aircraft to detect suspicious behaviour in crowds.
- Radio-frequency identification (RFID) microchips were routinely used to track goods. Experiments to have them implanted in human beings are now conducted in the US, notably to give employees access to high-security areas.
- And naturally every time someone clicks on a web page, makes a phone call or uses a credit card, they leave a data trail that can later be tracked.

Once again, advocates of increased surveillance boast about the efficiency of the system in deterring and pre-empting future attacks, while others castigate its cost on civil liberties. "**Data mining**" (using mathematical formulas to analyse large sets of data and hopefully discover patterns to predict future behaviour) is said to be good at predicting the behaviour of large groups, but is often dismissed as woefully inaccurate when it comes to individuals.

Surveillance is not the privilege of the authorities. Advertising companies routinely follow people's digital footsteps. It may be true that **web-tracking** is mostly done anonymously (marketing firms are aware of the sites someone has visited, not of the person's name or address), but privacy groups denounce it as yet another surveillance system that encroaches on people's civil liberties. Conversely, executives in the advertising industry often argue that giving away some innocuous personal data is a benign trade-off for free access to the rich content of the Internet, most of which is ad-supported. On quite a different matter, recruiters increasingly use search engines like Google and Yahoo as well as social networking sites like Facebook to conduct background checks on promising candidates.

This raises concerns as to the concentration of massive quantities of data in the hands of but a few privately owned companies, and is fuelling the debate over data management in a globalised society : is this about handing our personal information either to governments or to companies? Can either be trusted? Is it even possible to share the benefits of modernity and keep up with the breakneck pace the information age without making major concessions in terms of privacy and intimacy ? Can one opt out? How traceable and permanent is the electronic trail we leave in our wake in our everyday activities?

## ➠ Vocabulary

**to pride oneself on:** *s'enorgueillir de*; **ubiquity:** *omniprésence*; **a loudspeaker:** *un haut-parleur, une enceinte*; **to scold:** *gronder, réprimander*; **anti-social behaviour:** *les incivilités*; **a microchip:** *une puce électronique*; **to track:** *suivre, garder la trace de*; **to castigate:** *vilipender*; **a pattern:** *habitudes, type comportemental*; **to dismiss an idea:** *rejeter*; **woefully:** *cruellement (inadapté, inefficace…)*; **when it comes to:** *quand il s'agit de*; **conversely:** *à l'inverse*; **innocuous:** *inoffensif*; **a trade-off:** *un compromis, une concession*; **ad-supported:** *financé par la publicité*; **breakneck:** *effréné*

# III. Thème d'application

1. Les nouvelles technologies font légitimement peur, surtout quand elles sont mises au service d'un contrôle accru des faits et gestes des citoyens.
2. Depuis 1997, ce ne sont pas moins de 60 lois qui ont été votées au Parlement pour créer quelque 3 000 nouveaux délits.
3. La masse d'informations personnelles collectées et stockées par les entreprises dans un but commercial suscite de plus en plus d'inquiétude.
4. Jusqu'à présent, des garde-fous efficaces ont garanti le juste équilibre entre libertés civiques et sécurité, mais les lois contre le terrorisme qui ont été votées à la hâte au parlement sont une menace pour la vie privée.
5. Il est facile pour le gouvernement de prétendre que telle information représente un danger pour la sécurité nationale s'il souhaite la garder secrète.
6. La littérature d'anticipation regorge d'histoires dans lesquelles l'État tout-puissant écrase la moindre velléité d'affirmation de soi de la part de ses citoyens.
7. Idéalement, l'État devrait garantir aux citoyens la possibilité de mener leur vie en fonction de leurs désirs, à condition, bien sûr, que leurs choix n'empiètent pas sur la sphère privée d'autrui.
8. Alors qu'en Écosse les prélèvements d'ADN réalisés sur un suspect sont détruits si celui-ci est innocenté, ils sont conservés sans limitation de durée en Angleterre.
9. Les autorités doivent démontrer que le nombre stupéfiant de caméras de surveillance en fonction au Royaume-Uni se justifie pleinement par les nouvelles menaces auxquelles le pays doit faire face.
10. N'a-t-on pas tendance à exagérer les problèmes posés par une surveillance accrue des espaces publics ? Après tout, l'État ne fait que son travail en essayant de protéger les citoyens.
11. L'idée est que l'utilisation des données biométriques va améliorer la sécurité des personnes et réduire significativement les risques d'usurpation d'identité.
12. L'un des arguments mis en avant par ceux qui cherchent à justifier la torture d'un suspect est que la police doit faire tout ce qui est en son pouvoir pour désamorcer une bombe prête à exploser.
13. Les Conservateurs ont été prompts à dénoncer les dérives du gouvernement travailliste en matière de sécurité, mais vont-ils vraiment renverser la vapeur une fois au pouvoir ?
14. Les excès de la guerre contre le terrorisme aux États-Unis seront-ils un jour passés au crible d'une enquête parlementaire ?
15. Les premières décisions du Président Obama ont revêtu une dimension hautement symbolique : il s'agissait de dire au monde entier que l'Amérique n'était pas prête à renier ses idéaux, même au nom de sa propre sécurité.

➡ **Proposition de corrigé**

1. People are rightly afraid of new technologies, especially when they are used to further monitor citizens' every move.
2. Since 1997, no fewer than 60 Acts of Parliament have created some 3,000 new offences.
3. The amount of data recorded and retained by firms about individuals for commercial purposes is a source of growing concern.
4. So far, effective safeguards have ensured the correct balance between civil liberties and security but the anti-terror legislation rushed through Parliament is a threat to privacy.
5. The government can easily claim that some information poses a threat to national security in order for it to be classified.
6. Science fiction abounds with stories in which the all-powerful State crushes citizens' least impulse to assert themselves.
7. The State should ideally enable citizens to lead their lives according to their wishes, provided, of course, that their choices do not encroach on other people's private spheres.
8. Whereas in Scotland the DNA samples taken on a suspect are destroyed if there is no conviction, they are stored indefinitely in England.
9. Authorities must show that the staggering number of CCTV cameras operating in the UK is fully justified by the new threats the country is now facing.
10. Isn't the issue with the increased surveillance of public places slightly overblown? After all, the State is just doing its job, trying to protect citizens.
11. The presumption is that using biometric data will improve personal safety and significantly reduce risks of identity theft.
12. One of the arguments put forward by those who try to justify torturing a suspect is that the police have to do their utmost to defuse a ticking bomb.
13. Conservatives readily denounced the excesses of the Labour government in matters of security, but will they really turn things around once they are in office?
14. Will there come a day when the excesses of the war on terror in the US are thoroughly scrutinised in a Congressional inquiry?
15. President Obama's first decisions took on a highly symbolic meaning. The idea was to tell the world that America was not ready to renounce its ideals, even in the name of its own safety.

# 8 Social protection and health care

# I. Which way forw
# for the Welfare State in Brit.....

## A. The birth of the Welfare State

In his famous 1942 *Report on Social Insurance and Allied Services*, economist **William Beveridge** named **the five "Giant Evils"** he believed to be rampant in British society: Want, Disease, Ignorance, Squalor and Idleness. The report laid out proposals for a comprehensive system to cover orphans, widows, the elderly, the sick and the unemployed thanks to new benefits. By doing so, it prefigured the set of wide-ranging post-war reforms known as **the Welfare State**.

In 1945, Clement Attlee's Labour government pledged to eradicate the evils Beveridge exposed thanks to a series of measures that would provide for the population "from the cradle to the grave". Among the most important pieces of legislation was **the Family Allowances Act of 1945**, which provided child benefit paid directly to the mother through taxation. **The 1946 National Insurance Act** made it compulsory for people in work to pay a flat-rate national insurance in return for which they became eligible for sickness benefits, unemployment benefits and pensions. **The National Assistance Act** (1948) provided help for the needy as well as housing for the old, the disabled and the homeless.

In 1948, Minister of Health Aneurin Bevan created **the National Health Service** in an effort to provide free medical treatment for all and standardise care across the country. Hospitals were nationalised and a network of family GPs was established to bring health care to the population. Notably, these efforts led in just a few years to the eradication of tuberculosis and diphtheria.

### ➡ Vocabulary

**rampant:** *qui sévit;* **want:** *la pauvreté, le besoin;* **squalor:** *l'insalubrité;* **idleness:** *l'oisiveté;* **comprehensive:** *exhaustif;* **the elderly:** *les personnes âgées;* **benefits:** *les avantages sociaux;* **wide-ranging:** *de grande envergure;* **from the cradle to the grave:** *du berceau jusqu'à la tombe;* **flat-rate (adj):** *forfaitaire;* **sickness benefits:** *les prestations d'assurance maladie;* **unemployment benefits:** *les allocations chômage;* **pensions:** *les pensions de retraite;* **the needy:** *les nécessiteux;* **a GP (General Practitioner):** *un médecin généraliste*

## B. NHS reforms

Shortly after the setting up of the NHS, Attlee's government came to realise the system was bound to bring about escalating costs. The first reform of the NHS was thus undertaken by the same Labour government that had founded it a few years earlier: in 1951, **charges** for dentures, glasses and prescriptions were introduced, which led to the resignation of Aneurin Bevan.

Under **Margaret Thatcher and John Major**, although the NHS remained a basic principle of government policy, **a competitive approach**, consistent with the laws of the market economy was forced into it. The idea was to streamline the service by making both local doctors and hospitals more responsible. Local health authorities, which used to run hospitals and community services, were replaced by self-governing trusts. When they deemed it necessary or profitable, these trusts could sub-contract services to the private sector. What is more, they vied with each other for referrals by GPs to gain more patients ("clients" was the term fashionable at the time). Indeed, the more patients they treated, the more subsidies they got.

When **Labour** came to power in 1997, it qualified this competitive approach, without going as far as to scrap it altogether. It revamped NHS structure by creating **"foundation hospitals"**. These semi-independent institutions have more freedom to run their affairs than in the older NHS and part of the money allocated to them depends on how busy they are. The Labour government also created **Primary Care Trusts** (PCTs) which decide what health services a community needs and are responsible for providing it with GPs, dentists, pharmacists and opticians. As purchasers of care for their patients, PCTs can decide to commission health services from the private or voluntary sector instead of state-run hospitals.

Despite these reforms, the NHS can hardly cope with the way society has evolved. Due to a whole range of factors (longer life expectancy and the ensuing greying of the population, people's increasing expectations towards medecine, the cost of new treatments…), the system is now said to be near breaking point. Waiting lists to see a hospital consultant are getting longer and longer for those who cannot afford switching to the private sector, and deficits keep increasing. In June 2009, Health Secretary Andy Burnham pointed out that NHS funding had tripled since 1997. He called for urgent action and said that downsizing staff and capping the budget for new treatments were no longer off the table.

### ➨ Vocabulary

**to bring about:** *entraîner;* **charges:** *des frais;* **a prescription:** *une ordonnance;* **resignation:** *démission;* **consistent with:** *cohérent, compatible avec;* **to streamline:** *rationaliser;* **self-governing:** *autonome;* **profitable:** *rentable;* **to sub-contract:** *sous-traiter;* **to vie with sb:** *rivaliser avec qqun;* **a referral:** *l'orientation d'un patient vers un service spécialisé;* **subsidy:** *une subvention;* **to qualify:** *nuancer;* **to scrap:** *renoncer à, laisser tomber;* **to revamp:** *réorganiser;* **a purchaser:** *un acheteur;* **to commission sb:** *passer commande à qqun, déléguer à qqun;* **life expectancy:** *l'espérance de vie;* **the greying of the population:** *le vieillissement de la population;* **to downsize:** *réduire les effectifs de;* **to cap:** *limiter;* **to be off the table:** *ne pas être envisageable*

# C. Welfare vs Workfare

For several decades, Britain's Welfare State was seen as a model by other nations and remained more or less unchallenged. This "post-war consensus" was later broken in the Thatcher years, when ideas such as individual responsibility and the Protestant work ethic resurfaced with a vengeance.

In the 1980s and the 1990s, the Conservatives favoured **workfare** (an expression popularised by Nixon in 1969) over welfare. Under workfare, recipients have to prove their willingness to lift themselves out of social exclusion and find a new job in order to continue to receive their welfare benefits.

As part of its New Deal policy, New Labour introduced a **"Welfare-to-Work" programme** to encourage unemployed people to seek a job rather than live off unemployment benefits. After a programme of counselling in Jobcentre offices, people are offered a choice between several options: a job with an employer, subsidised work with a voluntary organisation, or further education and training. The rationale behind such measures is that the jobseeker's allowance is not meant to be a permanent solution and that welfare is not meant to act as a disincentive to work.

To further illustrate this point, a recent proposal by Gordon Brown's government may be considered. In September 2008, James Purnell, the then Secretary of State for Work and Pensions argued that **income support**, a cornerstone of the Beveridge reforms to provide everyone with basic subsistence level, should be phased out. Because, in his view, this **"safety net"** failed to make people responsible, lone parents in particular should be switched to conditional benefits, such as jobseeker's allowances. Other debated measures include further developing **means-tested** benefits (as opposed to universal ones) and generalising tax credits to prevent people from falling into the "welfare trap", whereby it may prove less interesting for low-income families to work than to receive unemployment benefits.

**Traditional arguments in favour of supporting the Welfare State:**

- A humanitarian argument: the safety net is designed to feed and protect the most vulnerable sections of the population, which is a notably laudable aim.
- Anyone can one day lose everything and fall into poverty. The WS is meant to reduce insecurity in the case of such social contingencies, especially at a time when the world is in the throes of an economic downturn.
- In such a class-ridden society as Britain, the WS is part of an effort to bridge social divides.
- In a world that increasingly resembles a deregulated jungle ruled by Big Money and unfettered capitalism, the WS acts as a redeeming factor that brings balance to the whole system.
- A religious argument would consist in underlining the duty of charity and solidarity.
- The WS is one among many tools that serve to regulate society, therefore enhancing its stability and order.

- The WS redistributes wealth – which, in turn, means that more individuals are able to spend and stimulate growth. Government spending is not only a cost for society but also a way for the latte to help itself out of recession.

**Traditional arguments in favour of rolling back the Welfare State:**

- Due to the increasing number of eligible claimants and recipients, the welfare state is bound to become impracticable in the short run. The burden on states' coffers will be heavier and heavier.
- The high contributions paid by most people are sometimes said to slow down the economy and prevent recovery.
- The WS encourages bureaucracy, and greater state control over businesses, which tends to stifle growth.
- With the greying of the population, social protection has become a tightening noose that is strangling the economy. A stricter control of government spending is urgently needed.
- Because of the current system, the unemployed tend to become scroungers: as soon as they become eligible for benefits, they start living off the welfare state.
- People should not expect everything to be handed to them on a plate: the welfare state fosters dependency, therefore preventing people from taking personal initiatives.
- The WS unduly enlarges the sphere of government.

## Vocabulary

**unchallenged:** *incontesté;* **to resurface with a vengeance:** *connaître un retour en force*; **a recipient:** *le bénéficiaire d'une prestation*; **to lift oneself out of social exclusion:** *se sortir de la spirale de l'exclusion*; **to live off sth / sb:** *vivre de qqch / vivre aux crochets de qqun*; **a counselling programme:** *un programme d'aide et d'orientation*; **a rationale:** *un raisonnement*; **jobseeker's allowance:** *allocation chômage subordonnée à la recherche d'un emploi*; **to be a disincentive to work:** *ne pas inciter à travailler*; **income support:** *revenu minimum*; **a cornerstone of:** *élément crucial, pierre angulaire de*; **to phase out sth:** *retirer qqch progressivement*; **a safety net:** *un filet de sécurité*; **lone parents:** *les parents qui élèvent seuls leurs enfants*; **means-tested:** *attribué en fonction des revenus*; **a tax credit:** *un crédit d'impôt*; **laudable:** *louable*; **to be in the throes of:** *connaître les affres de*; **an economic downturn:** *un ralentissement de l'économie*; **class-ridden:** *obsédé par la question du statut social*; **to bridge social divides:** *combler le fossé entre les couches sociales*; **unfettered capitalism:** *le capitalisme débridé*; **to redeem:** *racheter, compenser (un défaut)*; **to enhance:** *renforcer*; **an eligible claimant:** *un ayant-droit*; **in the short run:** *à court terme*; **a business:** *une entreprise*; **to stifle growth:** *étouffer la croissance*; **a tightening noose:** *un goulot d'étranglement*; **a scrounger:** *un profiteur, un parasite*; **to foster:** *entretenir, nourrir (un phénomène)*; **unduly:** *excessivement*

## D. A Nanny State?

The expression "nanny state" derogatorily describes interventionist economic or social policies, characterised as being excessive in their desire to protect, govern or control society (as a nanny would watch over a child). In the US, it is sometimes used to describe excessively protectionist economic policies whereas, in the UK, it usually refers to overprotective attempts by the government to help citizens lead a healthy life.

In the recent years, New Labour governments were often accused of "**nannyism**" on account of a number of measures:

- new taxes and control on junk food in an effort to clamp down on obesity
- teaching struggling parents how to keep a budget in home visits from volunteers
- forbidding smoking in public places
- imposing minimum prices on alcohol to prevent binge-drinking, etc.

One of the symbols of this **drift towards paternalism** is **the 1999 Sure Start programme**. It aims at giving underprivileged children the best possible start in life through some sort of supplemental parenting that includes childcare, early education, health and family support.

Advocates of such policies argue that the state has every right to try and control people's behavior when it is harmful, even to themselves. After all, such reckless behavior may result in diseases which cost taxpayers a lot of money. Opponents of the nanny state argue on the contrary that such uninvited and damaging state meddling is nothing but a new form of political correctness that actually encourages irresponsible attitudes.

### ➨ Vocabulary

**the nanny state:** *l'État nounou, l'État assistance;* **derogatorily:** *péjorativement;* **to watch over sb:** *surveiller qqun (pour le protéger)*; **junk food:** *une nourriture mauvaise pour la santé, la « malbouffe »*; **to clamp down on:** *prendre des mesures énergiques contre*; **struggling:** *qui connaît des difficultés (en particulier financières), qui tire le diable par la queue;* **binge-drinking:** *la consommation excessive d'alcool*; **a drift towards sth:** *une dérive vers qqch*; **to have every right to do sth:** *être parfaitement en droit de faire qqch*; **reckless:** *irresponsable*; **a taxpayer:** *un contribuable*; **to meddle:** *se mêler de ce qui ne vous regarde pas*

## A. Social security and welfare

**Social security** in the US is a federal system of insurance (paid for by both employer and employee) which provides Americans with minimum coverage. If eligible, Americans are thus entitled to unemployment benefits, pensions, family allowances (maternity allowance, child benefit…) and disability benefits.

**Welfare programmes**, on the contrary, are not entitlements. They are meant to offer social protection to disadvantaged people on a temporary basis, just the time needed to steer them out of dire straits. They include, among others:

- **Medicaid** (1965), a health insurance programme for low-income individuals that is funded equally by the federal and state governments.
- **Supplemental Security Income** (SSI), funded by general tax revenues, is designed to help aged, blind and disabled people by providing cash to meet basic needs for food, clothing and shelter.
- **Supplemental Nutrition Assistance Program** (SNAP) helps low-income families buy the food they need for good health. It used to provide them with "food stamps" (vouchers to be exchanged for food), but benefits are now provided on an electronic card accepted at most grocery stores.
- **Head Start** provides comprehensive child development services to economically disadvantaged children from ages three to six.

The very idea of welfare has always been contentious in America. Some deem it a necessary gesture of generosity towards those who failed to live the American Dream, while others see it as an insult to the American Work ethic, as well as a brake on personal initiative. In the 1980s, **President Reagan** further eroded the faith in welfare by lambasting the idleness of the "underclass", and describing welfare recipients as parasites.

In 1996, Democratic **President Clinton** decided that welfare should be rolled back and give way to a large-scale **Workfare** policy that was designed to help people off benefits and back to work. It would do so by limiting the number of years during which one can benefit from welfare assistance because "welfare must be a second chance, not a way of life". The fact that it was a Democratic president who introduced Workfare (in harmony with the Republican-led Congress) perfectly shows that mistrust towards welfare transcends political barriers.

**President Bush**'s two terms in office saw new efforts to limit the scope of the welfare state, which many thought had swollen out of control. To take some pressure off **Medicare** (the federal health insurance programme for Americans aged 65 and older and for younger adults with permanent disabilities), employers were encouraged to maintain drug-benefit coverage for their retirees, thanks to tax breaks and subsidies. On February 2nd, 2005, President Bush made Social Security a prominent theme of his State of the Union Address. He argued that a **"partial privatisation"** was necessary, owing to the fact that the system "headed for bankruptcy". A key proposal was to have workers pay less into the system's general fund (and therefore receive less back from it) and develop private investment accounts alongside it.

### ➠ Vocabulary

**to be entitled to sth:** *avoir droit à qqch;* **family allowances:** *les allocations familiales;* **disability benefits:** *les allocations d'invalidité;* **to steer sb out of dire straits:** *aider qqun à sortir situation difficile*; **a voucher:** *un bon d'échange*; **contentious:** *polémique*; **a brake on:** *un frein à*; **the rolling back of the welfare state:** *le désengagement de l'État providence*; **to give way to:** *céder la place à*; **to help sb off sth:** *aider qqun à ne plus dépendre de qqch*; **to transcend political barriers:** *transcender les clivages politiques;* **the scope of:** *la portée de*; **to swell out of control:** *s'étendre au point d'en devenir incontrôlable*; **a retiree:** *un retraité*; **tax breaks;** *des avantages fiscaux*; **owing to the fact that:** *étant donné que*

## B. Obama's health-care bill: a historic milestone?

Up to now, not all Americans enjoy health coverage. Those who are not eligible either for Medicare (because they are not 65) or Medicaid (because they have more than just "low income") need to get insured privately or through their employers in return for a monthly premium. This means that those who have lost their jobs and / or cannot afford private insurance have no health coverage. They can still be treated in any public hospital's emergency room, but they may not be able to get preventive care or expensive state-of-the-art treatments.

During his first term in office, President Clinton did try to provide universal health coverage to all Americans but his efforts stumbled over fierce resistance on the part of the insurance lobbying group, small businesses that would have been forced to provide their workers with a costly health insurance package, and Republicans for whom the idea of a "socialised medicine" was anathema.

In December 2009, after a nearly year-long heated debate marked by biting partisan rhetoric, Senate Democrats finally closed ranks and approved **President Obama's landmark health-care bill**. To win over the votes of the most conservative Democrats, the Senate Majority Leader and the House Speaker were forced to concede on major issues. As a result, boths bills included restrictions on abortion coverage. Tough debate still lay ahead as House and Senate leaders needed to merge their separate bills with their different approaches to providing coverage and paying for it. Yet, minutes after the 60 to 39 party-line vote, President Obama described it as "the most important piece of social legislation since the Social Security Act in the 1930s and the most important reform of our health-care system since Medicare passed in the 1960s."

However, Republican Scott Brown's surprise victory in Massachusetts in a Senate by-election in January 2010 nearly brought the whole process to a standstill. Some even said it could have scuppered "Obamacare" altogether, since Democrats had lost the "supermajority" they needed to fend off a Republican filibuster. Shortly after Scott Brown's victory had upset all calculations, Democratic threatened to use the legislative process known as "reconciliation", which makes it possible to limit the debate over a contentious budget bill to twenty hours in the Senate and to pass it by a simple majority vote. But resorting to this procedure – initially aimed at reconciling policy with fiscal guidelines – to avoid a filibuster had long been seen as a highly contentious move and President Obama rather decided to give a bipartisan approach another chance.

In his State of the Union address, President Obama called on Democrats and Republicans to "come together and finish the job for the American people". The idea was to force Republicans to work together with their political opponents in a televised debate. All the bipartisan summit did, however, was show that the two parties remained poles apart over the issue. Their most profound disagreement was over expanding coverage to the uninsured – an idea dismissed by Republicans on the grounds that America could not even afford existing programmes like Medicare. Yet the Health Care and Education Act was eventually enacted by US Congress by means of the reconciliation process and signed into law on March 30, 2010.

Here are some of the most significant provisions of the final bill:

- It expands Medicaid eligibility.
- It provides new tax credits to help small businesses provide their employees with health care benefits.
- It prevents insurance companies from denying coverage when people get sick or are found to have pre-existing conditions.
- It creates health insurance exchanges, i.e. new marketplaces that allow people without insurance and small businesses to compare plans and buy insurance at competitive prices.
- It phases out the difference (known as the "doughnut hole") between the "initial coverage" limit (capped at $2,700) and the "catastrophic coverage" threshold (above $6,154) because of which, so far, Medicare benificiaries faced significant out-of-pocket expenses.

### ➡ Vocabulary

**historic:** *qui fera date;* **a milestone:** *un évènement déterminant;* **a premium:** *une prime d'assurance;* **emergency room (ER):** *les urgences*; **state-of-the-art:** *dernier cri*; **to stumble over:** *achopper sur*; **to be anathema to:** *être une abomination aux yeux de;* **biting:** *rude, cinglant*; **landmark (adj):** *historique*; **to close ranks:** *serrer les rangs*; **to win over sb's vote:** *conquérir le vote de qqun*; **sth lies ahead:** *l'avenir nous réserve qqch;* **a party-line vote:** *un vote qui correspond aux clivages politiques traditionnels*; **a by-election:** *une élection partielle*; **to scupper:** *faire capoter*; **to fend off :** *repousser, écarter*; **filibustering:** *l'obstruction parlementaire*; **a provision:** *une clause, une disposition*

## C. Attempts at rolling back health care legislation

Following their victory in the 2010 mid-term election, House Republicans vowed to fulfill their campaign promise to repeal Obama's Affordable Care Act. Their first move was a proposition in favour of repeal, which was voted 245 to 189 by the House of Representatives in January 2011. However the repeal stood no chance of passing the Senate, where Democrats still held a slim majority.

In the following months, Republican governors and attorneys across the country filed several challenges attacking mostly one aspect of Obama's signature legislation: the individual mandate, which compels all Americans to buy coverage or pay a tax – Republicans call it a fine. This is a cornerstone of health care reform because insurers argue that they cannot to cover the high expenses of those with chronic conditions unless everyone pays into the system.

By the end of Spring 2011, in an increasingly divisive and partisan context, legal rulings on this aspect health care were becoming conspicuously biased as judges appointed by Democrats ruled in favour of the mandate whereas those appointed by Republicans opposed it. In June 2012 the Supreme Court upheld the Affordable Care Act as constitutional, affirming the authority of Congress to require Americans to purchase health insurance coverage.

# III. Thème d'application

1. S'il est manifestement vrai que le fossé entre les riches et les pauvres a tendance à se combler, le Royaume-Uni demeure un des pays les plus inégalitaires du monde.
2. Au moment où l'OCDE a rassemblé ses données les plus récentes, les 10 % de Britanniques les plus riches gagnaient neuf fois plus que les 10 % de Britanniques les plus pauvres. Dès lors, comment nier qu'un État providence généreux est nécessaire ?
3. L'an dernier, la montée des inégalités semble avoir marqué le pas, mais peut-on sincèrement penser que cette petite baisse passagère est la preuve que les politiques sociales du gouvernement fonctionnent ?
4. L'État providence n'a pas vocation à promouvoir la culture de l'assistanat.
5. Si les gouvernements occidentaux peuvent trouver des milliards pour renflouer les banques, ils devraient pouvoir revaloriser les minima sociaux et les retraites. C'est du moins l'argument avancé par les partis de gauche.
6. Le gouvernement doit s'engager formellement à aider les pauvres à rompre la spirale de l'exclusion.
7. En attendant, les associations caritatives doivent prendre le relais et tenter de soulager les souffrances les plus criantes.
8. Si elle est finalement votée, la proposition de loi sur la réforme du système de santé, attendue depuis si longtemps, sera un succès personnel indéniable pour le Président américain.
9. La pression de l'opinion publique se fait de plus en plus forte pour que des mesures efficaces soient prises par le gouvernement contre la consommation excessive d'alcool par les étudiants.
10. Dans un nouvel accès de paternalisme, le gouvernement parle désormais d'imposer un prix minimum pour les boissons alcoolisées.
11. Alors qu'autrefois les pubs et les bars ne pouvaient servir de l'alcool qu'entre 11 h et 23 h , la loi sur le débit de boissons alcoolisées de 2003 leur permet de retarder leur heure de fermeture, voire de rester ouverts vingt-quatre heures sur vingt-quatre.
12. Au lieu de se demander constamment si l'on ne devrait pas sanctionner plus sévèrement les parents pour leur manque d'implication, on devrait instaurer des programmes éducatifs innovants pour inculquer aux enfants le sens des responsabilités.
13. Le contexte économique défavorable et la peur de l'avenir dans un monde qui change si rapidement constituent un terrain favorable à la consommation de drogues qui se répand parmi des adolescents de plus en plus jeunes depuis des années.
14. En raison de l'amélioration constante des techniques médicales et de l'allongement de la durée de la vie, les dépenses de santé sont vouées à s'accroître.
15. Sous l'ère Reagan, l'idée selon laquelle les pauvres sont des parasites responsables de leur situation a vite fait son chemin des deux côtés de l'échiquier politique.

➠ **Proposition de corrigé**

1. Although the gap between the rich and the poor undeniably tends to narrow, the UK is still one of the world's most unequal countries.
2. At the time when the OECD compiled its latest data, the richest 10% [/the top tenth of earners] in the UK earned nine times as much as [/nine times more than] the poorest 10% [/the bottom tenth]. It can therefore hardly be denied that a generous Welfare State is needed.
3. Last year, the rise in inequality seems to have halted, but can one truly welcome this downward blip as evidence that the government's social policies are working?
4. The Welfare State is not meant to encourage nannying.
5. If Western governments can find billions to bail out [/shore up] banks, they should be able to raise basic welfare benefits and old age pensions – or so left-wing parties argue.
6. The government must make a binding commitment to help the poor break the cycle [/spiral] of exclusion.
7. In the meantime, charities have to take over and try to alleviate dire suffering.
8. If the long-awaited health-care reform bill is eventually passed, it will undeniably be a personal success for the American president.
9. Public pressure is mounting on the government to take vigorous action against binge-drinking among students.
10. In a new bout of nannyism, the government is now talking of imposing minimum prices on alcohol.
11. Whereas there used to be set drinking times (11am to 11pm), under the Licensing Act 2003 pubs and bars are now allowed to extend their opening hours, or even to remain open round-the-clock.
12. Instead of constantly wondering whether parents should be more severely sanctioned for their lack of involvement, novel [/innovative] educational programmes should be introduced to teach children to feel responsible.
13. Adverse economic conditions and the fear of the future in a fast-changing world are a fertile ground for drug-consumption, which has been spreading among younger and younger teenagers for years.
14. Due to the constant improvement of medical technologies and longer life expectancy, health spending is bound to keep rising.
15. Under President Reagan, the idea that the poor were scroungers who were responsible for their situation soon sank in among politicians on both sides of the spectrum.

# 9 International relations

# I. America's foreign policy and its repercussions on global geopolitics

## A. Between isolationism and internationalism

Since its foundation, the US has thought of itself as, and been widely perceived to be, exceptional. Yet the idea that this **exceptionalism** should lead the US to play a key role on the international stage has not always been taken for granted by Americans themselves, let alone by the wider world. The domestic political debate as to whether the US should spread its lofty ideals or be primarily concerned with protecting its vital interests has been ongoing for two centuries.

Several stages may be identified in the history of US foreign policy. At first, a policy of **non-entanglement** or **isolationism** prevailed. A majority of the Founding Fathers of the new republic insisted that America should avoid involvement in European political intrigues and rivalries. The US would be sympathetic to other peoples seeking freedom, but it would not become involved directly in struggles to help them secure it. In 1821, at a time when the US was engaged in a military campaign to conquer Western territories from native Americans and Mexico, Secretary of State John Quincy Adams argued that America should not go abroad "*in search of monsters to destroy. She will recommend the general cause (of freedom) by [...] the benign sympathy of her example*." The US made it clear that it would not interfere with existing European colonies, nor in European countries' domestic affairs, provided the latter did not try to interfere with its own. This policy statement made by President Monroe in 1823 later came to be known as the "**Monroe Doctrine**."

Yet, a few years later, the idea that "America the chosen" has the mission to export its model of civilisation abroad and to spread democracy all over the world began to gain ground. This idea was implicit in the crucial notion of **"manifest destiny"** which, at first, referred only to the continental expansion of the US. The expression was coined by nationalist journalist John L. O'Sullivan in 1845, in an effort to justify **American expansionism** abroad:

> *"Yes, we are the nation of progress, of individual freedom, of universal enfranchisement. This is our high destiny, and in nature's eternal, inevitable decree of cause and effect we must accomplish it. All this will be our future history, to establish on earth the moral dignity and salvation of man – the immutable truth and beneficence of God. For this blessed mission to the nations of the world, which are shut out from the life-giving light of truth, has America been chosen; and her high example shall smite unto death the tyranny of kings, hierarchs, and oligarchs, and carry the glad tidings of peace and good will where myriads now endure an existence scarcely more enviable than that of beasts of the field."*
>
> John O'Sullivan, *The Great Nation of Futurity*, 1845.

Probably under the influence of this ideology, and with a view to showing the world the extent of its power, the US turned to **a more robust approach** of world affairs in the late 19th century. After the country had healed from the aftermath of the Civil War, it started to construct a formidable navy and established colonial rule in Puerto Rico, Hawaii, Guam and the Philippines. During Theodore Roosevelt's presidency (1905-1909), the US intervened in Haiti and helped Panama secede from Columbia.

Following the outbreak of the First World War, President Wilson's first reaction was one of wariness. Public opinion strongly opposed entry into what Americans more or less viewed as a European civil war. But a strategy of neutrality soon proved untenable and the Democratic president eventually justified the American **intervention** by the fact that it needed to "make the world safe for democracy". Arguing that America needed to be permanently involved in global stability, he later tried to have his country play a crucial role in the new League of Nations, but was finally prevented from doing so by a Senate vote. The heated political debate surrounding the proposed treaty was quite telling of the country's doubt about becoming a global power.

The interwar years saw a retreat into an **isolationist stance.** Republican Warren Harding won the 1920 presidential election on an "America First" platform, rejecting the idea that the US was meant to play a prominent role in international affairs. Further turning its back on the world, America indulged in economic protectionism. It notably raised its tariffs in an effort to protect its own industries from foreign competition.

Once again, the US remained neutral at the onset of the Second World War but eventually joined the hostilities in 1941 in the wake of the Japanese bombing of Pearl Harbor. From late 1943 until the end of the war, President Franklin Roosevelt's administration mapped out detailed plans for the UN and worked to secure bipartisan consensus supporting **America's participation in the post-war security system**.

**The Cold War** dominated American foreign policy for the next four decades. **The containment strategy** was designed to destroy Soviet communism over time, by isolating it and exposing its social and economic weaknesses. For the first time in history, **the US chose to intervene in peacetime** outside the Americas, a commitment that was to be endorsed by Democratic and Republican presidents alike until the collapse of the Soviet Union. This often resulted in lofty rhetoric reminiscent of the 19th century "manifest destiny" idea:

> *"It must be the policy of the US to support free peoples who are resisting attempted subjugation" (Democratic President Truman in 1947)*
>
> *"[the US] would pay any price and bear any burden, meet any hardship, support any friend, oppose any foes" (Democratic President Kennedy in 1961)*
>
> *"[the US] ought to be a beacon for nations who search for peace, freedom, individual liberty and basic human rights" (Democratic President Carter in 1976),*
>
> *"A troubled and afflicted mankind looks to us, pleading for us to keep our rendezvous with destiny; that we will uphold the principles of self-reliance, self-discipline, morality, and, above all, responsible liberty for every individual" (Republican Ronald Reagan, announcing he was a candidate for President in 1979).*

The defeat in the Vietnam War, whose primary purpose was to prevent South Vietnam from falling into communism, was to leave deep scars on the American psyche. As a result, the term **"Vietnam syndrome"** entered popular usage, implying that the US should never again intervene militarily far from home without clear political objectives, public support and a viable exit strategy for the military.

**The end of the Cold War** led to renewed questioning over what a consistent US foreign policy should be. Saddam Hussein's decision to invade Kuwait in the summer of 1990 took the US, as well as the rest of the world, by surprise. President George Bush responded by bringing together a military coalition that was broad enough to contradict the impression that **"Operation Desert Storm"** was just the result of some "cowboy mentality". Following a rapid Gulf War victory, George Bush soon announced that he believed the world was on the verge of a new era. In his State of the Union Address in January 1991, he welcomed *"the very real prospect of* ***a new world order*** *in which the principles of justice and fair play protect the weak against the strong".* The rhetoric definitely had some echoes of Wilsonian idealism about it, but it was soon deflated by a new looming conflict in the Balkans. Bush's reluctance to intervene there led some observers to accuse the US of double standards, pointing out the fact that the country was far less willing to intervene when no oil interests were at stake.

On numerous occasions, President Bill Clinton laid emphasis on multilateral institutions. As Secretary of State Madeleine Albright then stated, the US was to remain central to them as **the world's "indispensable nation"**, but the recurring idea was that some **"pragmatic internationalism"** was needed to deal with the world's crises. Yet a clear departure from this rhetoric of assertive multilateralism soon occurred. In December 1992, lame-duck President George Bush responded to a UN resolution with a decision to initiate **"Operation Restore Hope" in Somalia**. The intervention, which was meant to support humanitarian assistance and disarm some of the local militias, resulted in fierce urban battle and took a significant toll on US forces. This failure led President Clinton to issue a policy directive curtailing American involvement in future humanitarian intervention. A second crisis arose in February 1994 when it became clear that diplomats had reached stalemate in their efforts to dissuade Serbian leader Milosevic from further aggression against Bosnians. The ensuing US Kosovo campaign, led under NATO auspices to stop ongoing ethnic cleansing, successfully forced the Serbs into peace talks. It should also be noted that, despite a definite inclination for multilateralism, President Clinton did not shrink away from go-it-alone action. For instance, he decided unilaterally to launch cruise missiles at Sudan following the 1998 bombings of the American embassies in Kenya and Tanzania.

In-keeping with Republicans' deep-rooted penchant for **limited intervention and distrust in multilateralism**, **George W. Bush**'s first moves in foreign policy were to announce that there would be no continuing US engagement in the Middle East peace process and that no new troops would be sent to the Balkans.

### ➨ Vocabulary

**let alone:** *encore moins;* **the wider world:** *le reste du monde*; **domestic:** *national*; **lofty:** *noble*; **ongoing:** *en cours*; **non-entanglement:** *neutralité, refus d'intervenir*; **sympathetic:** *compatissant, bien disposé à l'égard de;* **peoples:** *des peuples*; **the Secretary of State (US):** *le Ministre des Affaires étrangères*; **the latter:** *ces derniers / ces dernières*; **to gain ground:** *gagner du terrain*; **to coin an expression:** *inventer une expression;* **enfranchisement:** *émancipation*; **salvation:** *le salut*; **immutable:** *inaltérable*; **beneficence:** *générosité*; **smite:** *châtier*; **the glad tidings:** *les bonnes nouvelles*; **the aftermath:** *les suites, les séquelles*; **formidable:** *redoutable, impressionnant*; **outbreak:** *déclenchement*; **wariness:** *prudence*; **eventually:** *en fin de compte*; **the League of Nations:** *la Société des Nations*; **telling:** *éloquent*; **tariffs:** *droits de douane*; **the onset:** *le commencement*; **in the wake of:** *suite à, dans le sillage de*; **to map out:** *tracer les grandes lignes de*; **containment:** *endiguement*; **to expose:** *dénoncer, mettre en lumière*; **to endorse:** *apporter son soutien à*; **a foe:** *un ennemi*; **a beacon:** *un phare*; **a scar:** *une cicatrice*; **psyche:** *le psychisme*; **the military:** *l'armée*; **consistent:** *cohérent*; **to deflate:** *dégonfler, démonter*; **looming:** *qui menace, imminent*; **to accuse sb of double standards:** *accuser qqun de pratiquer le « deux poids, deux mesures »*; **a lame-duck president:** *un président affaibli, en fin de mandat (qui gère les affaires courantes en attendant l'entrée en fonction de son successeur)*; **the UN:** *l'ONU*; **to take a heavy / significant toll:** *faire beaucoup de victimes*; **to curtail:** *restreindre*; **stalemate:** *une impasse*; **NATO:** *l'OTAN*; **ongoing:** *en cours*; **ethnic cleansing:** *l'épuration ethnique*; **talks:** *des négociations*; **to shrink away from:** *se dérober à l'idée de*; **go-it-alone (adj):** *unilatéral*; **in-keeping with:** *en accord avec*; **deep-rooted:** *profondément ancré*

## B. The global war on terror

The events of 9/11 signalled a U-turn in the Republicans' stance on international relations. The Bush administration responded to the attacks not only with the **invasion of Afghanistan**, but also with **a new national security strategy** that was to shape America's foreign policy for the years to follow. Its main components can be summarised as follows:

The forces of freedom must wage **a global "war on terror"**. In the new context created by fundamentalists' terrorism, conventional warfare is still needed and, through a spectacular display of force, should trigger "shock and awe" in the adversary. But to secure victory against a new, lurking enemy, democracies may also want to exceed the limits of how far they had been willing to go up to now. That is why the war on terror ushered in new rhetoric (some would say double-speak) in the form of recurring euphemisms like **"enhanced interrogation methods"**, or the **"extraordinary rendition"** of "high-value targets" to other countries where they face even harsher interrogation.

**Pre-emptive strikes** may be needed to prevent rogue states from acquiring weapons of mass destruction. Following neocons' rationale, a distinction should be made between illegal "preventive" action (the conflict might be inevitable but it is not imminent) and justified "pre-emptive" measures (the conflict is unavoidable as well as impending). Even if it is not officially the primary goal, **regime change** might be needed, to prevent future alerts. In his 2002 State of the Union address, President Bush said that "*countries like North Korea, Iran and Iraq constitute an* ***axis***

***of evil**, arming to threaten the peace of the world"*. The alleged production of WMDs in Saddam Hussein's Iraq, along with the necessary removal of the dictator to free his people, served to justify the war in 2003. Back then, the Bush administration appeared divided between **doves**, who favoured diplomacy, and **hawks**, who deemed military intervention was necessary. President Bush ultimately sided with the latter camp, led by Vice-President Dick Cheney, Secretary of Defense Donald Rumsfeld and Deputy Secretary of Defense Paul Wolfowitz. Three years later, Secretary of State Condoleezza Rice used another expression which, in turn, entered the "war on terror" rhetoric: *"To be sure, in our world, there remain **outposts of tyranny**, and America stands with oppressed people on every continent, in Cuba, Burma, North Korea, Iran, Belarus, and Zimbabwe."*

**Unilateral action** is justified, to make up for the shortcomings of international institutions. Let us not forget that, although the US was a founding member of the UN and is a permanent member of the UN Security Council, it has long had a complex relation with the organisation. Indeed, though the US has often found it a useful tool to promote policies friendly to its own agenda, American Congressmen, notably on the Republican side, regularly dismiss the UN as an inefficient and overstaffed body. This resentment was perhaps best described in the 1980s by Jeanne Kirkpatrick, the US ambassador to the UN during President Reagan's first term in office, who famously castigated the UN as a "socialist bastion of anti-Americanism". In 2003, however, the long build-up to war in Iraq was punctuated on several occasions by attempts to use diplomacy to avert war or at least to provide international support for it, under the auspices of the UN. In that matter, the role of British Prime Minister Blair, whose government was weakened by its overt support for the hard US line on Iraq, was significant. In March 2003, a resolution to declare Iraq in non-compliance with the UN arms inspectors was withdrawn by its backers (the US, Britain and Spain) in the last-minute, when it became clear that it was to be vetoed by permanent Security Council members like France and Russia.

Some observers have suggested that, faced with a necessary war on terror, **neo-conservatives** have moved from being mere **"exemplarists"** (those who believe that America owe the world the example of a prosperous society but should avoid meddling in the affairs of other states) to downright **"vindicators"** (those who believe that America should use its military might to undertake active measures and combat what they see as evil in the whole world). They are said to have been widely influenced by **Samuel Huntington**'s controversial "**Clash of Civilizations"** theory. According to Huntington, people's cultural and religious identities are bound to fuel conflict in the post-Cold War world. His theory was originally developed in a 1992 lecture before being expanded in a 1996 book. It was intended as a response to ***The End of History and the Last Man***, a book published in 1992, in which political economist **Francis Fukuyama** argued that Western liberal democracy would remain unchallenged as the end point of humanity's socio-cultural evolution. In the wake of 9/11, Huntington's theory predictably acquired new resonance, though it remained widely polemical. Critics argue in particular that there is but a short step from this hypothesis to legitimising the aggression of one culture against another. Moreover, Huntington's taxonomy of the world's fixed "civilisations" omits the dynamics of cultural interaction and falsely considers people as having a singular affiliation (one's religion) as opposed to multiple affiliations (one's family, socio-economic background, professional environment, local ties, etc.) As a response to it, the idea of a **"Dialogue Among Civilisations"** was put forward by former Iranian President Mohammad Khatami and endorsed by the UN in 2001.

As the situation remained highly volatile despite a surge of extra troops years after the invasion of Afghanistan and Iraq, Bush's "war on terror" doctrine came under harsh criticism. The failure to find WMDs, evidence of prisoner abuse, numerous casualties among US troops as well as a widespread sentiment that the US was bogged down in an inextricable quagmire soon led to growing disapproval of America's engagement in Iraq. The increasingly popular idea that US intervention in Iraq was primarily motivated by the will to secure new oil resources, as well as allegations of sleaze in the US-friendly government in Afghanistan, only made matters worse. In 2006, Democrats took control of Congress in mid-term elections but, in 2007, Bush vetoed a bill setting a timetable to pull American troops out of Iraq.

The damage made by President Bush's strategy on America's image worldwide is often deemed considerable. The US used to have the world's sympathy. As British diplomat Fraser Cameron claims in *US Foreign Policy after the Cold War: Global Hegemon or Reluctant Sheriff?* (2002):

> *"The 1990s were the climax of 'the American century'. Not only had the US won the Cold War, but its economy raced ahead of other industrial nations and its culture and technology had spread to every corner of the globe. Whether studying in China, Russia, Brazil, India or Germany, students were likely to be using Microsoft, listening to Madonna, watching Tom Cruise, drinking Coke and eating Big Macs."*

The attacks that hit the country hard in 2001 should have drawn even more sympathy and support from the rest of the world but, instead, the prevailing idea today seems to be that America abused its position as the world's only superpower. In addition, critics often argue that the US has been naive in trying to impose its values on countries that do not share them, and overtly contemptuous of international law. Advocates of the US contend, on the contrary, that this surge in Anti-Americanism mainly derives from the long-lasting paranoid vision, developed by shamelessly ungrateful European countries, of a monolithic American culture allegedly invading the world.

The events that rocked the Muslim world from early 2011 have brought about a rethink of Bush era international policies. Indeed the Bush doctrine after 2006 was based on the assumption that all of the world's citizens are ready for and want freedom, and that it was thereby America's role to bring it to them, by use of varying levels of coercion. That is why some saw the events in Northern Africa as a late vindication of Bush's "freedom agenda" for the Middle East. In the same vein, while one of Obama's advisers described the president's actions in Lybia as "leading from behind", some Republicans accused him of dithering.

### ➠ Vocabulary

**to signal a U-turn:** *marquer un virage radical*; **to shape:** *façonner*; **to wage war:** *faire la guerre*; **warfare:** *la guerre, l'art de la guerre*; **a display of force:** *une démonstration de force*; **awe:** *respect mêlé de crainte, effroi*; **to be lurking:** *être tapi (dans un but menaçant)*; **to usher in:** *introduire*; **double-speak (a term inspired by "doublethink" and "newspeak", two neologisms used by Orwell in 1984):** *double langage*; **an enhanced method:** *une méthode améliorée*; **a rogue state:** *un état voyou*; **weapons of mass desctruction (WMPs):** *armes de destruction massive*; **a neocon:** *un néo-conservateur*; **a rationale:** *un raisonnement*; **impending:** *imminent*; **doves:** *les colombes (partisans de l'option diplomatique)*; **hawks:** *les faucons (partisans de l'option militaire)*; **to side with:** *se ranger à l'opinion de*; **to make up for the shortcomings of:** *compenser les carences de*; **friendly to sb's agenda:** *conforme aux priorités de qqun*; **to dismiss (an idea):** *rejeter, écarter*; **a term in office:** *un mandat*; **to castigate:** *vilipender*; **the build-up to war:** *la marche à la guerre*; **to avert:** *éviter*; **overt:** *déclaré*; **non-compliance with:** *refus de colaborer avec*; **a backer:** *un soutien*; **to meddle in:** *se mêler de*; **downright (adj/adv):** *pur et simple, catégorique / résolument* ; **to vindicate sth:** *faire valoir (ses droits), justifier*; **military might:** *la puissance militaire*; **to be bound to:** *être voué à*; **to fuel:** *alimenter*; **a lecture:** *une conférence*; **predictably:** *comme on pouvait s'y attendre*; **a critic:** *un détracteur*; **there is but a short step from .. to (+ ING):** *de … à … il n'y a qu'un pas*; **to put forward an idea:** *mettre en avant*; **a surge (milit.):** *renforts, montée en puissance*; **to be bogged down in / to get bogged down into:** *être enlisé / s'enliser dans*; **a quagmire:** *un bourbier*; **sleaze:** *la corruption*; **to make matters worse:** *empirer les choses*; **mid-term elections:** *les élections de mi-mandat*; **a timetable to pull troops out of …:** *un calendrier de retrait des troupes*; **prevailing:** *dominant*; **contemptuous:** *méprisant*; **an advocate:** *un partisan, un défenseur*; **shamelessly:** *de manière éhontée*; **to rock:** *ébranler, secouer*; **to vindicate:** *donner raison*

## C. The return to multilateralism?

**Unilateralists** hold it for certain that the US should act as it sees fit, regardless of the view of other countries, especially when its strategic interests are at stake. They therefore emphatically reject any loss of autonomy in decision-making, but may occasionally welcome the political and at times material support of a US-led international coalition. **Multilateralists**, on the contrary, tend to seek international support and UN sanction before taking any action, and believe that the US is not entitled to act as the "sheriff of the world". Although there has never been any simple inter-party split on foreign policy and the way to handle international institutions like the UN, there tend to be more unilateralists within the Republican Party and more multilateralists in the Democratic ranks.

Throughout the 2008 presidential campaign, Barack Obama outlined a foreign policy vision that praised multilateralism as opposed to the previous administration's go-it-alone doctrine. In a seminal speech, he acknowledged that the world still needed America's "visionary leadership", but insisted on a closer cooperation between key partners in the international community:

> *"After thousands of lives lost [in Iraq] and billions of dollars spent, many Americans may be tempted to turn inward and cede our leadership in world affairs. […] But this is a mistake we must not make. America cannot meet the threats of this century alone, and the world cannot meet them without America."*

Obama indeed made the partial withdrawal of US forces from Iraq a centrepiece of his foreign policy, even if he admitted that a residual force to fight terrorism and train the Iraqi military would probably be needed for many years to come.

President Obama was awarded the Nobel Peace Prize when his accomplishments in foreign policy were, by his own admission, still "slight". In December 2009, the speech he gave in Oslo on receiving the prize helped delineate an Obama doctrine of foreign policy, which could be summed up as realistic engagement, coupled with a strong international commitment. Days after announcing that he was sending 30,000 more troops to Afghanistan, he made a point of reminding people that he was no pacifist, and he also praised the UN and international "mechanisms" devoted to collectively upholding right, preventing conflict and genocide and sometimes, ultimately, fighting what he termed "just wars". The speech drew numerous comments from experts in international relations worldwide. The prevailing analysis is that, even though Obama's foreign policy is meant as a reaction against the Bush doctrine, it certainly is not a complete departure from it. The return to an emphasis on internationalism, however, was widely welcomed as a positive signal.

So how have Obama's reactions to the upheavals occurring in Muslim countries since January 2011 measured up to this discourse? His administration was deemed slow to take a stance, particularly concerning events in Egypt and Lybia. For instance, Obama has trodden very cautiously in the Lybia crisis and has sought firm multilateralism, including support from the Arab League. When it became apparent in March 2011 that the rebel-held city of Benghazi would become the scene of a massacre if Ghaddafi's troops conquered it, it still took some leverage from European states to convince Obama to become militarily involved. And this has been done with some limitations, such as adamantly refusing the possibility of sending ground troops, and the wish for a quick withdrawal. In May 2013, President Obama reacted cautiously to evidence that the Syrian government had used chemical weapons on its citizens, saying the evidence was not conclusive enough to trigger an American response.

Overall, it seems Obama's foreign policy has not strictly speaking consisted in setting up a new doctrine. He has, so far, rather laid the stress on caution and multilateralism.

### ➨ Vocabulary

**they hold it for certain that …:** *ils tiennent pour acquis que …*; **as he/she/it sees fit:** *comme il/elle l'estime nécessaire*; **regardless of:** *sans tenir compte de*; **emphatically:** *catégoriquement*; **sanction (uncountable):** *autorisation (≠ sanctions: des sanctions)*; **to be entitled to do sth:** *être en droit de faire qqch*; **the "sheriff of the world":** *le « gendarme du monde »*; **seminal:** *fondamental*; **a centerpiece of:** *une pièce maîtresse de*; **by his/her own admission:** *de son propre aveu*; **to delineate:** *dessiner les contours de*; **to make a point of + ING:** *mettre un point d'honneur à*; **to uphold:** *soutenir*; **a departure from:** *une nouveauté, un changement de direction par rapport à*; **to measure up to sth:** *être à la hauteur de qqch*; **to deem:** *considérer, juger*; **to tread cautiously:** *avancer prudemment*; **leverage:** *de l'influence*; **adamant:** *catégorique*

# D. The only remaining superpower?

Following the fall of the Soviet empire, the bipolar international system gave way to a new **unipolar world** in which the power of the US remained unmatched in the military, economic and cultural fields. At least such was the prevailing feeling in the 1990s, at a time when the US was often said to have turned from one superpower to **the world's "hyperpower"**. Because of its extraordinary success as the ideological and economic leader of capitalist democracy, the US indeed seemed endowed with an unprecedented capability to shape the rest of the world, exerting strong-arm influence whenever and wherever it deemed necessary.

The beginning of the 21st century, however, showed that the world might be liable to impending geopolitical changes. Indeed, the rise of China in the coming decades may well have profound, global repercussions. China's new economic prosperity has today become an inescapable reality. Now that is has partly embraced market capitalism, China is demonstrating growing ability to attract investments and to be part and parcel of the global network. The transformation and opening up of the economy have enabled the country's companies to venture abroad. China's ability to escape most of the hardships endured by Western countries during the recent economic crisis has furthermore accelerated its rise in global power.

But China still has to reach first-tier geopolitical status, in a world where a superpower is primarily defined by its ability to repel or coerce. Western analysts precisely underline that China is in the process of dramatically developing its military power.

For a few years, **Russia** has also been intent on showing it is still a major power to be reckoned with. The controversy surrounding the project of an American missile shield to be deployed in Eastern Europe gave Russia an opportunity to harden its anti-western rhetoric.

Whether the US should unilaterally deploy **a missile defence system** has actually been a moot question since the beginning of the 1980s. The idea of a missile shield was initially set forth in President Reagan's "star wars" policy, which consisted in putting satellites in space to intercept incoming missiles. For both financial and political reasons, the programme remained low on the agenda in the 1990s, as Democrats remained wary of a system that would give further credit to the idea of America's penchant for unilateralism and could lead to a new arms race.

When George W. Bush came into office in 2001, he was determined to give priority to missile defence and his resolve only strengthened after 9/11. Critics of the initiative argued that the missile defence system was bound to be porous and would in any case not have prevented planes from flying into the World Trade Centre. President Bush's decision to revive the long-shelved project notwithstanding led Presidents Putin and Medvedev to raise the spectre of the cold war by comparing the Pentagon's plan to site missile interceptors in Poland and the Czech Republic to the 1962 Cuban missile crisis, when the US and the Soviet Union were on the brink of a nuclear war. Moscow claimed the project was aimed against Russia and threatened to deploy short-range nuclear weapons in the Russian enclave of Kaliningrad.

In September 2009, in an effort to mend fences with Moscow following a tense period under the Bush administration, President Obama announced his decision to shelve plans for missile defence stations in favour of a sea-based system. The move was at first welcomed by the Russians but they later raised fresh concerns. The 2008 military conflict with Georgia had previously given President Medvedev the opportunity to reaffirm Russia's opposition to both NATO enlargement and a "unipolar" model in foreign relations, in which Washington decides the rules of the game. In February 2014, the Crimea crisis was widely seen as proof that the Obama administration's "reset" with Russia had failed.

**➡ Vocabulary**

**to give way to:** *céder la place à*; **unmatched:** *sans égal*; **to be endowed with:** *être doté de*; **to shape:** *façonner*; **strong-arm (adj):** *agressif, brutal*; **liable to:** *susceptible de*; **impending:** *imminent*; **global:** *mondial*; **to venture abroad:** *s'aventurer à l'étranger*; **first-tier (adj):** *de premier rang*; **to coerce:** *contraindre*; **to be reckoned with:** *avec lequel/laquelle il faut compter*; **a moot question:** *un sujet controversé*; **a missile shield:** *un bouclier anti-missiles*; **to set forth an idea:** *mettre en avant*; **to be low on the agenda:** *ne pas faire partie des priorités*; **wary of:** *méfiant à l'encontre de*; **the arms race:** *la course à l'armenent*; **long-shelved:** *longtemps mis de côté*; **notwithstanding (adv):** *néanmoins*; **to raise the spectre of:** *agiter le spectre de*; **to mend (one's) fences with:** *se réconcilier avec*; **NATO enlargement:** *l'élargissement de l'OTAN*

## E. A "special relationship" with the UK

Since World War II, Anglo-American relations have often been characterised as "**special**". The expression was coined by **Churchill** in March 1946, in what came to be referred to as the "Iron Curtain speech". He declared that "*the fraternal association of the English-speaking peoples… a special relationship between the British Commonwealth and the United States*" was the only solution for the world to be safe, which, to his mind, meant to defeat communism. The **shared cultural and historical inheritance** of the two countries has indeed widely been seen as underpinning **close co-operation, in diplomacy as well as in military and economic matters**. This can be illustrated by numerous instances like the Marshall Plan, the Korean War or the Cuban crisis. Of course both countries had something to gain from the partnership: the US secured a key bridge between the two continents as well as a strategic base on the Soviet Union's doorstep while Britain could count on its loyal ally to exert joint global influence at a time its imperial power was fading away.

Although the phrase has often been said to be deceptively straightforward and therefore unfit to describe such complex ties, times of crisis and personal chemistry between leaders have no doubt made the special relationship particularly strong at certain times in recent history. The **shared political views** between Winston Churchill and Franklin D. Roosevelt, Margaret Thatcher and Ronald Reagan, John Major and George Bush senior or Tony Blair and Bill Clinton each time lent renewed salience to the special relationship. On his first official trip to the US, Labour Prime Minister

Gordon Brown was greeted by Democratic President Barack Obama, who seized the opportunity to underline the relevance of the concept:

> *"Great Britain is one of our closest and strongest allies and there is a link and bond that will not break. This notion that there is any lessening of that special relationship is misguided… The relationship is not only special and strong, but will only get stronger as times goes on."*

This close relationship, however, did not go without **occasional misunderstandings and tiffs**. It was severely strained for instance when Labour Prime Minister Harold Wilson decided in 1967 to withdraw the country's military forces "East of Suez", primarily in Singapore and Malaysia, and yet again towards the end of the Vietnam War when Britain refused to send in troops to help the Americans. But, broadly speaking, Britain has long been said to be closer to the US than Europe when it comes to foreign affairs and matters of security.

Britain's spontaneous eagerness to please America and endorse its policies is often criticised abroad, but also domestically. Critics of the "special relationship" often argue that automatic support will turn Britain into America's "candid friend rather than loyal chorus", as former senior Labour politician Robin Cook wrote in a *Guardian* opinion column in 2004, a year after resigning from the Cabinet over Britain's involvement in Iraq. This involvement as well as Tony Blair's unwavering support for the "war on terror" rhetoric and methods earned him the jeering nickname "Bush's poodle". That Britain agreed to invade a sovereign state without UN approval at the bidding of a bellicose US administration is sometimes thought to have damaged the country's international standing. To some people, the Iraq War is the most tangible expression of the special relationship that unites the UK and the US. To others, it is blatant proof that the special relationship is an outdated notion that needs to be urgently reconsidered, as has been done by Obama in his use of the expression "special partnership" instead of "special relationship". In a further development, the leaked Wikileaks cables showed a certain aloofness from American officials towards Great Britain.

### ➡ Vocabulary

**to underpin:** *sous-tendre, être un fondement de*; **to fade away:** *s'estomper, décliner*; **deceptively:** *faussement*; **straightforward:** *direct, simple*; **salience:** *visibilité*; **relevance:** *pertinence*; **a tiff:** *une chamaillerie*; **strained:** *tendu*; **broadly speaking:** *dans l'ensemble*; **when it comes to:** *quand il s'agit de*; **to endorse:** *apporter son soutien publiquement à*; **unwavering:** *constant*; **jeering:** *moqueur*; **a nickname:** *un surnom*; **a poodle:** *un caniche*; **at the bidding of:** *sur l'ordre de*; **blatant:** *flagrant*; **to leak information:** *divulguer*; **aloofness:** *une attitude distante, réservée*

# II. The issue of nuclear proliferation

## A. The globalisation of the nuclear issue

The production of nuclear weapons requires a broad-based technological infrastructure and experts with key scientific and technological skills. Global efforts to constrain nuclear weapons acquisition began soon after the Second World War. Following President Eisenhower's "Atoms for Peace" speech in December 1953, interstate negotiations culminated on 29 July 1957 in the establishment of the **International Atomic Energy Agency** (IAEA), a regulatory body aimed at ensuring that materials in peaceful nuclear energy programmes were not diverted for military use.

Concern about the proliferation of nuclear capabilities has undoubtedly increased on the global agenda since the end of the Cold War, leading to a gradual process of **denuclearisation.** Maintaining **nuclear stability** would no doubt have been more difficult, had it not been for agreements like the multilateral **Treaty on the Non-Proliferation of Nuclear Weapons** (1970) and the **bilateral Anti-Ballistic Missile Treaty** (1972) signed between the US and the former Soviet Union. Later developments stemming from the dissolution of the former Soviet Union in the early 1990s have also raised new problems.

Compliance with non-proliferation treaties has long been an effective criterion to decide whether a state has gone rogue in the eyes of the international community. Only five states (**China, France, Russia, the United Kingdom and the United States**) are acknowledged by the Non Proliferation Treaty (NPT) as possessing nuclear weapons. Four sovereign states are not parties to the treaty: **Israel, India and Pakistan** declined signing it and **North Korea**, once a party to it, withdrew from it in 2003 before testing atomic bombs. India and Pakistan demonstrated their nuclear capabilities as early as 1998, by conducting a series of tests followed by ballistic missile launches. In 2003, the Bush administration used claims about **Iraq**'s attempted purchase of yellowcake from Niger to show that UN inspections had failed to oversee the dismantlement of Saddam Hussein's Weapons of Mass Destruction (WMD) programme. These claims eventually proved unfounded but, back in 2003, they served to justify military intervention. In 2004, more than a decade after UN sanctions were put in place, **Lybia** agreed to dismantle its WMD infrastructure in compliance with international agreements.

While the further proliferation of nuclear weapons is usually condemned by the international community, some geopolitical experts contend that the gradual spread of nuclear weapons to additional states is to be welcomed rather than feared: in the same way **nuclear deterrence** succeeded in maintaining stability during the Cold War, maybe nuclear proliferation can now have stabilising effects in other conflict-prone regions, or so they argue.

In the coming years, Russia and America are expected to make **deeper cuts in their nuclear arsenals**, probably down to 1,000 or fewer strategic nuclear warheads apiece. On December 29th 2009, however, Russian Prime Minister Vladimir Putin declared that US plans for a missile defence shield in Eastern Europe were jeopardising the chances of concluding a new nuclear disarmament treaty. Analysts seemed to think that what Russia really wanted was a clear commitment from the US to deploy only a small-scale system.

On **April 8th 2010, the new START Treaty** (for STrategic Arms Reduction Treaty) was eventually signed in Prague by President Obama and President Medvedev. The treaty then had to be approved by the US Senate and the Federal Council of the Russian Federation. If ratified, the treaty would further reduce the number of deployed strategic nuclear warheads and nuclear missile launchers within 7 years from the date it entered into force. It would last ten years, unless superseded by a subsequent agreement.

### ➠ Vocabulary

**to constrain:** *limiter, contraindre;* **a regulatory body:** *une instance de contrôle*; **had it not been for:** *sans l'aide de*; **to stem from:** *découler de*; **to be a party to:** *être partie prenante de / être juridiquement lié à;* **yellowcake:** *le concentré d'uranium (étape intermédiaire entre le minerai d'uranium et le combustible nucléaire)*; **to oversee:** *superviser*; **to dismantle:** *démanteler*; **to contend that:** *avancer l'argument selon lequel;* **nuclear deterrence:** *la dissuasion nucléaire*; **to be prone to sth:** *être enclin / sujet à;* **apiece:** *pour chacun*; **to jeopardise:** *compromettre*

## B. The case of North Korea

The last Stalinist state on earth, North Korea has long been known for its history of **brinkmanship** in its relations with Western countries. As early as 1994, the US came close to military action against North Korea but, in a last-minute deal, the secretive regime agreed to shelve its nuclear programme. In 2002, President Bush included the regime in the so-called "axis of evil", arguing that North Korea had violated the earlier agreement.

Having announced that it now had nuclear weapons, North Korea shocked the world by **exploding a nuclear device** in 2006. Although it appeared that the device failed to detonate completely, Kim Jong Il's regime declared that the test would serve to defend "the peace and stability on the Korean peninsula and in the area around it."

The provocation drew a chorus of protests from neighbouring countries and almost destabilised regional security, even raising the sprectre of an **arms race** with Japan and South Korea. In an unprecedented step, even China, which had been North Korea's protector for decades, approved a UN resolution condemning North Korea and imposing limited sanctions. South Korea's "sunshine policy" towards the North abruptly stopped. Furthermore, the blast nearly led to the burial of the "six-party talks", involving China, South Korea, Japan, America and Russia, which were meant to prevent North Korea from going nuclear. It aimed to do so by dangling aid and security guarantees in return for a dismantling of the nuclear programme.

Yet, after setting off its first atomic device, the country moved away from confrontation. Facing tougher sanctions, it suddenly accepted to close its nuclear plants in return for increased aid in February 2007. An American-led team of experts started work in November 2007, to disable three of North Korea's main nuclear facilities. Although there remained fears that "the hermit kingdom" might not indefinitely remain on the nuclear straight and narrow, the Bush administration removed North Korea from its list of state sponsors of terrorism in June 2008.

The progress collapsed in December 2008 when Pyongyang refused to accept terms proposed by the US for verification. In April 2009, North Korea test-fired a ballistic missile and expelled international nuclear inspectors, declaring its intention to revive its atomic weapons programme. On 25 May 2009, North Korea announced that it had successfully conducted its second nuclear test. The UN Security Council unanimously passed a resolution to tighten economic sanctions on Pyongyang, though Russia and China blocked tougher measures sought by the US.

Since then, the North Korean regime has been sending mixed signals to the international community. In early May 2010, North Korea's leader's secretive visit to Beijing suggested the two nations were trying to decrease security tensions with South Korea. When the visit was eventually made public, China urged regional powers to return to the negotiating table to end a worrying cycle of confrontation.

But matters only got worse in November 2010 when North Korea shelled a South Korean island near a disputed maritime boundary, killing four South Koreans, after revealing it had built a new uranium-enriching plant. In March 2013, following his decision to conduct a new nuclear test, the country's young leader, Kim Jong-un, threatened South Korea and the US with war, which led to an escalation of tensions in the region.

### ➡ Vocabulary

**brinkmanship:** *la stratégie de la corde raide, une partie de poker à haut risque*; **to shelve:** *mettre en suspens*; **to raise the spectre of:** *agiter la menace de*; **a blast:** *une déflagration*; **talks:** *des négociations*; **to go nuclear:** *se doter de la technologie nucléaire*; **a plant:** *une usine*; **to remain on the straight and narrow:** *rester dans le droit chemin*; **to send mixed signals:** *envoyer des signaux contradictoires*; **to shell:** *bombarder*

## C. The case of Iran

After allegedly cheating the NPT for years, Iran is now widely disbelieved by the international community when it claims that its nuclear programme is entirely peaceful.

In 2007, Russia and China joined America, Britain and France at the UN Security Council to try to prevent Iran from enriching uranium. Until late 2007, all six countries seemed ready to support yet another tougher resolution against Iran. But, in December 2007, American intelligence services announced that Iran had probably halted clandestine work on nuclear warheads several years before. As a result, Russia and China declared that new sanctions were no longer an option. Several factors can account for this hands-off strategy. First, both Russia and China have big commercial interests in Iran. Russia has long been Iran's main supplier of conventional weapons and Iran is one of China's biggest suppliers of oil. In addition, both countries resented America's unilateral intervention on Iraq in 2003 and wish to maintain their influence in the region.

Many countries, however, still believe that Iran's access to **civil nuclear energy** should be **closely** monitored because of a long record of deception and playing for time. That led the IAEA to declare Iran repeatedly out of compliance with its nuclear safeguards. A nuclear-armed Iran could set off a chain reaction urging Saudi Arabia, Egypt or Syria to go nuclear too, or so it is often argued.

In 2008 and 2009, UN arms inspectors discovered secret uranium-enrichment plants on well-defended military compounds. This – and the fact that, in March 2009, Iranian President Ahmadinejad met Obama's overtures with new surface-to-surface missile tests – helped uphold the conviction that diplomacy has ended in stalemate.

Yet renewed hope of a diplomatic settlement of the crisis grew in 2009, when Iran announced it needed 20% enriched uranium for a research reactor that produces medical isotopes. A deal involving Russia and France was proposed: under the auspices of the IAEA, low-enriched uranium would be taken out of Iran, to be enriched in Russia and later made into fuel rods in France. Iran, which had always claimed it was interested only in peaceful nuclear energy, seemed tempted at first, but eventually turned down the deal in early December 2009.

On June 29th 2010, in an effort to "punish Western powers" for imposing new economic sanctions on Iran, President Ahmadinejad set new, tougher terms for the resumption of nuclear negotiations. He said that he would resume talks only if the United States, Russia, China and Western Europe included other countries in the discussion, clarified their stance on Israel's undeclared nuclear arsenal and specified right from the start whether talks would be friendly or hostile. Iran has since then resumed enriching uranium by itself, and has so far dodged any international agreements.

### ➠ Vocabulary

**allegedly:** *supposément, prétendument*; **intelligence services:** *les services de renseignement*; **a hands-off strategy:** *une stratégie de non-intervention*; **to set off:** *déclencher*; **overtures:** *des offres de paix, des gestes d'apaisement*; **stalemate:** *une impasse*; **a fuel rod:** *un crayon combustible*; **to turn down a proposal:** *rejeter une proposition*; **to dodge:** *esquiver, éluder*

## III. Thème d'application

1. L'émissaire est en faveur d'un rapprochement diplomatique avec la Chine.
2. La conférence au sommet avait pour but de consolider les relations entre ces deux pays.
3. Travailler dans les coulisses d'une visite officielle est souvent moins gratifiant que de fouler le tapis rouge.
4. Les négociations ont achoppé sur le problème de la Bande de Gaza, car leurs opinions étaient irréconciliables.
5. La doctrine de « l'axe du mal » et celle des « avant-postes de la terreur » faisaient partie intégrante d'une même rhétorique visant à diaboliser les états voyous et à sensibiliser le public à la menace potentielle qu'ils représentaient.
6. Même si l'on parle désormais de « frappes chirurgicales » et de « dommages collatéraux », les horreurs de la guerre sont toujours aussi choquantes.
7. La question des prisonniers de guerre demeure une vraie pomme de discorde, qui fait que ces deux pays sont aux antipodes l'un de l'autre depuis des décennies.
8. Après avoir réussi son coup d'état, la junte militaire a décidé de rassembler ses forces et de réprimer toute tentative de soulèvement.
9. La fin des hostilités devrait coïncider avec l'instauration d'une zone démilitarisée que les bombardiers furtifs n'auront pas le droit de survoler.
10. Depuis la Guerre froide, la dissuasion nucléaire fait partie intégrante de l'équilibre de la terreur et, d'une certaine manière, a contribué à imposer la paix.
11. La notion même de destinée manifeste dérive d'un ensemble de clichés profondément ancrés dans la mentalité américaine.
12. La Turquie doit en premier lieu dépasser ses propres réticences au sujet du modèle démocratique occidental et ses tensions internes si elle veut devenir une voix qui compte sur la scène internationale.
13. Tandis que les États-Unis semblent enlisés dans un bourbier inextricable, leur rôle de « gendarme du monde » fait aujourd'hui objet de débat.
14. Lors des débats sur l'intervention américaine en Irak, la presse française devint un bouc émissaire commode, régulièrement vilipendé pour sa prétendue partialité.
15. Le monde traverse une crise diplomatique sans précédent, dont l'issue demeure incertaine.

**➡ Proposition de corrigé**

1. The envoy is in favour of a rapprochement with China.
2. The summit conference aimed at cementing relations between the two countries.
3. Working behind the scenes of a state visit is often less gratifying than treading the red carpet [/ the welcome mat].
4. The talks stumbled over the issue of the Gaza Strip, for their views were quite irreconcilable.
5. The "axis of evil" and "outposts of tyranny" doctrines were part and parcel of the same rhetorical strategy aimed at demonising rogue states as well as sensitising public opinion to the potential threat they represented.
6. Even though "surgical strikes" and "collateral damage" are the new buzzwords, the atrocities of war are as shocking as ever.
7. The issue of POWs remains a genuine bone of contention because of which these countries have been poles apart for decades.
8. After its successful coup, the military junta decided to muster its forces and to suppress [/ quash / quell] any attempt at an uprising.
9. The ceasefire [/The end of hostilities] should coincide with the setting up of a demilitarised zone over which stealth bombers will not be allowed to fly.
10. Since the Cold War, nuclear deterrence has formed an integral part of the balance of terror and has, somehow, contributed to imposing peace.
11. The very notion of Manifest Destiny derives from a set of clichés that are deep-rooted [/ deeply entrenched / deeply anchored / deeply embedded] in the American mindset.
12. In order to become a voice to be reckoned with on the international stage, Turkey first has to overcome its inner tensions and its own reservations about the Western democratic model.
13. While the US seems to be bogged down in an inextricable quagmire, their role as the "policeman of the world" is much debated today.
14. At the time the American intervention in Iraq was being debated, the French press became a convenient scapegoat whose alleged bias was regularly lambasted [/ castigated / chastised].
15. The world is in the throes of an unprecedented diplomatic crisis, the outcome of which remains uncertain.

# 10 The environment

# I. The endangered environment

## A. Various forms of pollution

**Air pollution**, which consists in the release of chemicals and particulates into the atmosphere, is mainly caused by exhaust fumes from motor vehicles. Although cars pollute less and less when taken individually, notably thanks to catalytic converters, the actual number of vehicles keeps increasing, causing rising concern about potential repercussions on ecosystems and human health. Moreover, the escalating popularity of luxury SUVs has been quite worrying, since they emit up to four times as much pollution as ordinary cars. Such gaz-guzzling vehicles used for short trips such as collecting children from school have fast become an upper middle-class status symbol, despite the environmental hazards they potentially pose. They are often derogatorily referred to as "Chelsea tractors" or "mum trucks" by environmentalists.

In order to try and limit the noxious effects of **pollution peaks**, cities increasingly encourage urban residents to use **environmentally-friendly** means of transport by building more cycle-tracks, and subsidising public transport. This is obviously a matter of public health as heavy air pollution contributes to respiratory diseases.

**Sea pollution** is notorious for causing large-scale environmental damage. In the wake of massive **oil slicks**, international standards were tightened. Single-hulled tankers like the Prestige, which spilled up to 2 million gallons of oil off the Spanish, Portuguese and French coasts in 2002, are now being phased out. Double hulls will be required by 2015 for extra safety but all-out efforts are also needed to control **flag of convenience countries**, which are constantly exposed for failing to enforce standards on registered ships. The impact of **oil spills** from supertankers on both the local environment and the local economy is all the more catastrophic as floating oil barriers and existing pumping systems can hardly prevent the oil from reaching the shores. Such **ecological catastrophes** often result in the deaths of hundreds of thousands of birds and other wildlife covered in oil. Moreover, fishing bans often have to be imposed on affected areas, therefore putting the livelihoods of fishermen at risk. Oil spills are not, however, the only cause of maritime pollution. Millions of tons of oil are **routinely discharged into the sea** each year by tankers cleaning their tanks or land-based industrial plants.

As **environmental awareness** grows in Western countries, **waste disposal** is becoming a major concern both in rural and urban areas. **Incineration** and **landfills** are no longer seen as sustainable processes; consequently, people are now encouraged to **recycle** household waste. Some compulsory recycling schemes have been launched in some parts of London, and in 2006 a town council even took a resident to court after rotting food was found in the wrong bin. Although it eventually lost its case because it was unable to prove that the rubbish had not been dumped by a passerby, such initiatives show **a shift in environmental policy**, from preventive **awareness campaigns** to more repressive and **stringent measures**.

The problem of waste disposal is all the more acute when it comes to **radioactive** fuel and other by-products from nuclear power stations. Whereas they are currently often stored above ground, some experts are in favour of burying them in deep vaults, using the method known as Deep Geological Disposal. Under this plan, vaults would be dug inside very stable geological formations, formed about a billion years ago. The used fuel would be encased in corrosion-resistant containers and further surrounded by a layer of buffer material.

Other forms of pollution include **visual pollution** (overhead power lines and pylons scarring the landscape, open storage of waste, etc.), **noise pollution** (roadway and aircraft noise), and **light pollution** (light trespass and over-illumination).

### ➠ Vocabulary

**air pollution:** *la pollution atmosphérique;* **chemicals:** *les produits chimiques;* **exhaust fumes:** *les gaz d'échappement;* **a catalytic converter:** *un pot catalytique;* **SUVs = Sports Utility Vehicles:** *véhicules quatre-quatre;* **a gaz-guzzling vehicle:** *un véhicule gros consommateur de carburant;* **noxious:** *nocif;* **environmentally-friendly = eco-friendly:** *respectueux de l'environnement;* **a cycle-track:** *une piste cyclable;* **to subsidise:** *subventionner;* **notorious:** *tristement célèbre;* **an oil slick = an oil spill:** *une marée noire;* **to tighten:** *resserrer / renforcer;* **a single-hulled tanker:** *un pétrolier à coque unique;* **to spill:** *renverser, répandre;* **to phase out:** *retirer progressivement;* **all-out efforts:** *des efforts considérables;* **a flag of convenience:** *un pavillon de complaisance;* **to expose:** *mettre à jour, dénoncer;* **wildlife:** *la faune*; **a fishing ban:** *une interdiction de pêcher;* **livelihood:** *la source de revenus;* **to discharge:** *déverser, dégazer;* **environmental awareness:** *la prise de conscience écologique;* **waste disposal:** *le traitement des déchets;* **landfill:** *l'enfouissement des déchets;* **a town council:** *une municipalité;* **to rot:** *pourrir;* **a passerby:** *un passant;* **a shift in policy:** *un changement de politique;* **an awareness campaign:** *une campagne de sensibilisation*; **stringent:** *strict*; **acute:** *aigu, vif, grave / perspicace, avisé*; **a by-product:** *un produit dérivé / une conséquence indirect;* **a vault:** *caveau, chambre forte / voûte;* **to encase:** *enfermer;* **buffer material:** *matériau tampon;* **power lines:** *lignes électriques;* **to scar the landscape:** *défigurer le paysage;* **to trespass:** *s'introduire sans autorisation, empiéter sur*

## B. Global warming

Global warming refers to the increase in the average temperature of the Earth's air and oceans in recent decades and its projected continuation. It is the most striking feature of what scientists refer to as the **global climate change**, so much so that the two expressions are often used interchangeably.

The main cause of global warming is the **greenhouse effect** caused by gases that stop heat from leaving the Earth's atmosphere. Carbon dioxide emissions in particular are said to impact dramatically on the planet's climate. Whether this is mankind's or nature's fault remained unclear for some time, but today there is hardly any room for doubt about man's responsibility. In its 2007 Climate Change Report, the Intergovernmental Panel on Climate Change (IPCC) concluded that most of the observed increase in average temperatures since the mid-20th century was "very likely" to have been caused by the observed increase in **man-made** greenhouse gas concentrations. CO2 production from increased industrial activity (fossil fuel burning) and other human activities such as cement production and tropical deforestation are said to have increased the CO2 concentrations in the atmosphere.

Because of climate change, it is now generally believed that world temperatures could rise by between 1.1 and 6.4 °C during the 21st century. Glaciers and ice-caps will melt and sea levels will probably rise by 20 to 60cm, leading to serious flooding in many places. Overall, a growing body of scientific evidence suggests that such **climate deregulation** is likely to spin out of human control if nothing is done to curb it.

### ➨ Vocabulary

**so much so that:** *de telle sorte que;* **greenhouse effect:** *l'effet de serre;* **dramatically:** *de manière spectaculaire;* **ice-cap:** *calotte glaciaire;* **to melt:** *fonder;* **flooding:** *des inondations;* **a body of evidence:** *un ensemble de preuves;* **climate deregulation:** *le dérèglement climatique;* **to spin out of control:** *s'emballer au point d'échapper à tout contrôle;* **to curb:** *contenir, réfréner*

## C. Extreme climatic events

Against a background of global climate change, there may well be an increase in droughts, tropical cyclones and extreme high tides, as well as far more frequent heat waves and heavy rainfall. Such extreme climatic events are naturally more likely to turn public opinion than scientific papers.

The destruction of New Orleans by Hurricane Katrina in August 2005 certainly drove a message home, even though many scientists insist that individual climatic events, however shocking they may be, should not be systematically ascribed to global warming. Common wisdom has it that natural scourges claim many more lives in the poorer areas of the planet. But what Katrina exposed was the lack of critical infrastructure and the flaws in governmental response of the world's only remaining superpower. The images of Black survivors crowded into a stadium while awaiting rescue underlined the bitterness of the country's racial divide.

### ➨ Vocabulary

**drought:** *la sécheresse;* **tide:** *la marée;* **a heat wave:** *une vague de chaleur, une canicule;* **to drive a message home:** *faire clairement passer un message;* **common wisdom has it that…:** *on s'accorde généralement à penser que…;* **a scourge:** *un fléau;* **to expose:** *mettre à jour, dénoncer;* **bitterness:** *violence / amertume*

## D. The threat to biodiversity and the depletion of natural resources

Recent studies conducted by Britain's National Environmental Research Council showed that the planet could be on track for what scientists refer to as the Earth's "sixth major extinction event." Due to a man-made increase in air pollution and habitat destruction, a steady "global **ecological decline** and an eating away at the fabric of the biosphere" are currently underway. An increasing number of **endangered species are now on the verge of extinction**. Polar bears are dying as the melting of glaciers is speeding up. Illicit poaching is also putting strains on some wild species which could soon be wiped out. Acid rain is said to affect the chemical balance of lakes and streams. Rampant deforestation is threatening the few remaining pristine forests and rainforests to such an extent that thousands of animal and plant species are believed to have already gone extinct.

Environmental policies and initiatives sometimes seem to run counter to each other. **The craze for biofuel** was endorsed by the European Commission, which described it as "the only direct substitute for oil in transport", and as "a reasonable chance of reducing greenhouse gas emission on a significant scale in the near future." But while biofuel does produce fewer greenhouse gases than petrol when burnt, the fear is that a major adoption of biofuels is likely to reduce habitat for animals and wild plants still further, as Asian countries for instance are tempted to replace rainforest with more **palm oil plantations**. At the end of the day, environmental pressure groups recently warned that large-scale clearance of tropical forests for oil palm plantations is responsible for rising emissions of carbon dioxide.

Non-renewable resources are natural resources that cannot be regenerated or that cannot re-form at a rate that makes the way we use them sustainable. **Fossil fuels** such as coal or petroleum have long been seen as non-renewable resources, but in recent years even allegedly renewable resources have led to increasing worry. For instance, **groundwater** may be removed from an aquifer at a rate greater than the sustainable charge and it is so hard for **fish stocks** to replenish themselves that a few species are already believed to have gone extinct.

### ➨ Vocabulary

**to be on track for:** *être sur le chemin de, être bien parti pour;* **to eat away at:** *ronger, éroder;* **the fabric:** *structure / tissu;* **to be underway:** *être en cours;* **a species:** *une espèce;* **on the verge of extinction:** *en voie de disparition;* **poaching:** *le braconnage;* **to put strains on:** *mettre à rude épreuve;* **to wipe out:** *effacer, anéantir;* **acid rain:** *les pluies acides;* **to be rampant:** *sévir;* **a pristine forest:** *une forêt primitive;* **a rainforest:** *une forêt tropicale;* **a craze for sth:** *un engouement pour qqch;* **to endorse sth:** *souscrire à, adhérer à qqch;* **non-renewable resources:** *les ressources non renouvelables;* **fossil fuels:** *les sources d'énergie fossiles;* **an aquifer:** *une nappe phréatique;* **to replenish oneself:** *se reconstituer*

# II. Environmental awareness

## A. Sustainable development and international initiatives

The concept of sustainable development came into general usage in 1987 following publication of the UN Brundtland Commission report, which defined it as development "that meets the needs of the present generation without compromising the ability of future generations to meet their own needs." The challenge of sustainable development is to find ways to achieve economic, social and environmental objectives at the same time, while considering the longer term implications of decisions. It relies on a few basic principles, among which:

- **Putting people at the centre**. In the words of the Rio Declaration (1992), "human beings are at the centre of concerns for sustainable development. They are entitled to a healthy and productive life in harmony with nature."
- **Respecting environmental limits**. Maintaining the quality of the natural environment is a moral responsibility towards future generations. Any irreversible damage to resources would pose a severe threat to global society.
- **Helping developing countries tackle poverty**, as you cannot ask people who can barely support themselves to think about the long-term implications of the way they use natural resources.
- **The precautionary principle**. The lack of full scientific certainty should not be used as a reason for postponing cost-effective measures to prevent environmental degradation. For instance, when classifying endangered species, the precautionary principle means that if there is doubt about an animal's conservation status, the one that would cause the strongest protective measures should be chosen.
- **The Polluter Pays Principle**, also known as Extended Polluter Responsibility. The cost of pollution should not fall on society at large.

In 1997, 39 of the world's richest countries agreed to curb greenhouse-gas emissions at the Kyoto Climate Change Conference. The resulting **Kyoto Protocol**, enacted in 2005 under the aegis of the UN, is to achieve "stabilization of greenhouse gas concentrations in the atmosphere at a level that would prevent dangerous anthropogenic interference with the climate system." Countries that ratified the protocol indeed committed to reducing their emissions of carbon dioxide and five other greenhouse gases. The protocol binds **developed nations** to a **cap-and-trade system**. Emission quotas were agreed upon by each participant country, with the overall aim of reducing their emissions to 1990 levels by the end of 2012. Under the treaty, nations that emit less than their quota will be able to sell emissions credits to nations that exceed their quota from 2008 to 2012, which boils down to turning clean air and the right to pollute it into commodities.

Such a system aimed at reducing emissions in a cost-effective and flexible way has already been implemented in Europe. The **EU Emission Trading System** indeed started in January 2005. Even if it is far too soon to measure its impact, the scheme is praised as realistic by some, while it is castigated by others for its lack of ambition. Other potential schemes include the implementation of a **carbon tax** – an option already enacted in Sweden, Finland and Norway, and soon to be enacted in France.

Critics of the Kyoto Protocol underline the fact that it is bound to have **little impact** because the biggest contributor to climate change, the United States, is not a party to it. Furthermore, it does not require **developing countries** to cut their emissions, because they were not the main contributors to the greenhouse gas emissions during the industrialisation period that is believed to be causing today's global warming. Scientists increasingly argue that **the Protocol is already outdated** and failed to produce reductions in emissions or even to anticipate the growth of emissions. When it comes to an end in 2012, a far more stringent approach will have to be taken, or so environmentalists argue.

The UN climate conference held in **Copenhagen in December 2009** was meant to find a successor to Kyoto, one that would bring developed and developing countries on board to limit the rise in temperature to 2°C above pre-industrial levels (the widely accepted boundary beyond which scientists say the survival of the human race will eventually be in jeopardy). But it soon became clear that no consensus could be reached at this stage of negotiations; so the initial ambitions for a **legally binding** agreement with numerical targets were abandoned in favour of a **"politically binding"** deal in which states committed to numerical targets which, to most environmental organisations, dramatically lacked ambition. Despite understandable disappointment when the conference foundered, some analysts observed that the split between developed and developing countries over environmental awareness was nearly closed in Copenhagen as, for the first time, all parties agreed on the need to fight global warming. The UN climate conference held in Doha in 2012 reached an agreement to extend the life of the Kyoto Protocol until 2020.

### Vocabulary

**to support oneself:** *subvenir à ses besoins;* **the Polluter Pays Principle:** *le principe du « pollueur-payeur »;* **to enact sth:** *promulguer, appliquer;* **under the aegis of:** *sous l'égide de;* **to commit to doing sth:** *s'engager à faire qqch;* **to bind (bound, bound):** *lier, contraindre;* **a cap-and-trade system:** *un système de plafonnement et d'échange;* **to boil down to:** *revenir à, se résumer à;* **a commodity:** *un produit de base, une denrée;* **to castigate:** *fustiger;* **outdated:** *dépassé;* **eventually:** *finalement, en fin de compte;* **to be in jeopardy:** *être en péril;* **to founder:** *s'effondrer, s'embourber*

## B. America's stance on environmental issues

For a long time, George Bush's America took advantage of the relative lack of scientific consensus over global warming to refuse to take drastic measures against it. In direct contradiction with the precautionary principle, the reasoning went as follows: since man's responsibility could not be clearly demonstrated and agreed upon by all scientists, why should America take the risk of slowing down its growth in the name of some climate crusade?

Yet as evidence of man's impact grew more compelling – and the administration's poll ratings began sinking under the weight of Iraq – the President eventually made a number of concessions to environmentalists:

Mr Bush spoke for the first time of "the serious challenge of global climate change" in the **state-of-the-union address** on **January 23rd 2007**.

He told other **G8** leaders in **June 2007** that the U.S. would "seriously consider" a global target to halve emissions of greenhouse gases. A deal on "substantial cuts" in emissions was called for to enable America, China and India to join a "son of Kyoto" agreement: although there was no commitment on numbers, the agreement accepted the need to develop a global framework, under UN auspices, to replace the Kyoto protocol when it expires in 2012. At first, green groups welcomed the G8 leaders' decision but as it became increasingly clear that America's new pledge would remain non-binding, Greenpeace and Friends of the Earth eventually described it as "profoundly disappointing". Despite an attempt at paying lip-service to ecology, Bush's move was seen as consistent with his history of obstructionism when it comes to climate change.

In **September 2007**, in the wake of a UN special summit in New York to discuss climate change, George Bush convened a two-day conference of his own in Washington, the **Major Economies Meeting on Energy Security and Climate Change**. In contrast with the early years of his presidency when he voiced scepticism about man's responsibility in climate change, George W. Bush acknowledged that "energy security and climate change are two of the great challenges of our time". But instead of committing to binding action and mandatory caps, the American President stuck to his earlier position, advocating liquefied coal, nuclear power and developing clean energy technology. Many European diplomats saw Bush's speech as yet another attempt at shunning U.S. responsibilities, since it appeared quite clearly that the U.S. would only accept a pledge-and-review model, based on non-mandatory targets.

Over a two-week period in **December 2007** in Bali, Indonesia, delegations from governments, non-governmental organisations and the scientific community met to try and design a new framework to tackle global warming, hopefully paving the way for a new treaty to replace the Kyoto agreement. The conference witnessed unprecedented breaches of diplomatic protocol, as the U.S. was booed and hissed for trying to obstruct agreement and a UN official eventually broke down and wept at the podium after a sleepless night of bargaining. At the end of the day, developed countries accepted that "deep cuts" would be needed in their pollution, while developing ones pledged to undertake "measurable and defined mitigation" of theirs. The U.S., however, managed to have numerical goals relegated to a non-binding footnote.

George W. Bush's new-found concern for ecology, in words if not in deeds, was widely exposed as a mere exercise in public relations at a time when the incumbent President probably started to worry about his legacy. But, given Republican aversion to taxes and regulation, it came as no surprise that what was seen by many as the only solution to climate change – a cap-and-trade system possibly supplemented by a carbon tax – remained off the table. Moreover, neo-cons' new focus on alternative fuels was said to be motivated by a will to reduce America's dependence on Middle Eastern oil. In this context, it is hardly surprising that the President was blamed for attempting a "greenwash" of his administration's environmental awareness. By contrast, most of the leading candidates in the 2008 American presidential election were said to be more progressive on climate change.

**Barack Obama's election** was met with a new surge of hope on the part of ecologists worldwide. On September 22nd 2009, President Obama gave a speech at the UN Global Climate Summit in which he acknowledged that the dangers of rapid climate change urged the world to act "boldly, swiftly and together" to avert an "irreversible catastrophe". Yet his refusal to commit himself to hard numbers at this stage lent the impression that the US was now lagging even behind China, since China's president at least offered some details of the steps his country was taking to curb climate change.

The American administration's plan was to get domestic legislation in place before the global climate-change summit in Copenhagen in December 2009, but Congress was still reluctant to take further action, especially at a time when all efforts were focused towards the economic recovery. The American Clean Energy and Security bill, also known as **the Waxman-Markey cap-and-trade bill**, passed the House of Representatives in June 2009, but a year later it still had not to come under consideration in the Senate, where it could well be imperilled by almost total Republican opposition, and the nervousness of moderate Democrats. It offers a target that many Europeans consider to be too feeble anyway – a mere 17% reduction in emissions from 2005 levels by 2020.

### ➠ Vocabulary

**compelling evidence:** *des preuves irréfutables;* **the state-of-the-union address:** *le discours sur l'état de l'union;* **under UN auspices:** *sous l'égide de, sous le haut patronage de*; **to pay lip-service to sth:** *prétendre croire en qqch, sans que cela soit suivi des actes;* **binding:** *contraignant;* **mandatory:** *obligatoire;* **liquefied coal:** *charbon liquide;* **to shun:** *fuir, esquiver;* **a pledge-and-review system:** *un système reposant sur l'engagement volontaire des gouvernements et l'évaluation des politiques menées;* **to pave the way for:** *ouvrir la voie à*; **to boo:** *huer, conspuer;* **to hiss:** *siffler;* **bargaining:** *marchandage;* **a footnote:** *une note de bas de page;* **in words if not in deeds:** *en paroles sinon en actes;* **the incumbent President:** *le Président sortant;* **a legacy:** *un héritage;* **it comes as no surprise that…:** *il n'est pas surprenant que…;* **it is off the table:** *c'est exclu;* **to greenwash:** *tenter de faire passer une politique, une attitude comme respectueuse de l'environnement*; **a surge of hope:** *un regain d'espoir*; **to avert:** *éviter*

# C. Domestic and personal initiatives

As opposed to Mr Bush, who disapproved of the Kyoto agreement on global warming, saying it would cost US jobs, **Mr Schwarzenegger**, California's governor, has put the environment high on his agenda, and backed stringent measures to reduce industrial emissions of greenhouse gases. Paradoxically enough, such initiatives seem to bring him closer to Democrats than Republicans, at least on the issue of climate change.

Al Gore, who served as Vice-President from 1993 to 2001 under President Bill Clinton, is now widely seen as the keenest environmental activist across the US political spectrum. In 2006, he starred in the Academy Award-winning documentary film *An Inconvenient Truth*, discussing global warming and the environment. He now seems to construe his position as a former Vice-President and presidential candidate as a bully pulpit to warn against the impending dangers of global warming. He also contributed to organising the 2007 benefit concert Live Earth in an effort to raise awareness about climate change. He was awarded the **Nobel Peace Prize** in October 2007 for his "efforts to disseminate greater knowledge about man-made climate change". Some Republicans, however, accused him of paying lip-service to ecology, while using energy profligately in his own homes, which perfectly shows how politicised an issue the environment has become in the US.

In Britain, wind power is expected to rise dramatically in the coming years. In December 2007, the government announced plans to a massive increase in the number of wind farms, which would make the UK one of the world's leaders in wind power generation. Yet plans may not go smoothly now that some scientists have identified a "Wind Turbine Syndrome" (WTS). According to recent research led in the US, the noise and vibration coming from large turbines may well result in heart disease, migraine, panic attacks and sleep deprivation for the people who live near them. The scientific debate is still raging, with a number of noise experts appointed by wind farm manufacturers who argue on the contrary that wind farms are utterly harmless. Anyway, the government has already chosen to be on the safe side, announcing that new wind farms would be built offshore.

### ➨ Vocabulary

**across the political spectrum:** *sur l'ensemble de l'échiquier politique;* **a bully pulpit:** *une tribune (pour diffuser un point de vue);* **impending:** *imminent;* **profligately:** *abondamment;* **wind power:** *l'énergie éolienne*; **dramatically:** *dans des proportions importantes*; **a wind farm:** *un champ d'éoliennes*; **to go smoothly:** *bien se passer, progresser sans encombres*; **a wind turbine:** *une éolienne*; **utterly:** *entièrement*; **harmless:** *inoffensif*; **to be on the safe side:** *ne pas prendre de risque*; **offshore:** *en mer*

## D. The greening of businesses

A few years ago, corporate America was still solidly against carbon controls and regulation in the name of environmental awareness, because they seemed to go against the grain of free enterprise and to be likely to hamper economic growth.

A combination of new trends, however, led them to reconsider their position. Moral pressure definitely fuelled this sudden **conversion to greenery**. Following Katrina, several heatwaves across the globe and Al Gore's pressing admonitions, the fight against global warming has grown from a marginal crusade that only eco-zealots were willing to embark on to a **mainstream religion**. Economic pressure did the rest, as the threat of more stringent regulations, combined with the fear of missing the bandwagon in terms of new green technologies (and, therefore, new potential markets), began to shift business attitudes.

### ➠ Vocabulary

**the greening of:** *la conversion de… à l'écologie*; **a business:** *une enterprise*; **to go against (the grain of):** *aller à l'encontre (des principles memes de);* **to hamper sth:** *entraver qqch;* **mainstream (adj):** *commun, dominant;* **to miss the bandwagon:** *laisser passer le train (sens figuré)*

## E. Climate change sceptics

Climate change sceptics have long tried to expose the greens' doom-laden view of the state of the planet. For example, as the recession of the Kilimanjaro glacier was used as an icon for global warming, recent studies according to which it might actually be secure for decades to come were put forward by climate change sceptics to undermine the whole theory. To make their case for drastic and immediate measures, green lobbyists indeed often focus on a few striking events which are likely to shock people into realising that their consumer habits could have dramatic consequences on the environment.

Even if the fiercest sceptics today find it hard to dismiss global warming as pure fiction, some of them still question mainstream climate science, notably climate change forecasts, which they see as pseudo-scientific speculation. In the U.S., the Global Climate Coalition, a think-tank set up by the business-funded Competitive Enterprise Institute, goes on campaigning against greenhouse-gas reductions, albeit less successfully at a time when businesses increasingly like boasting about their greenness.

### ➠ Vocabulary

**doom-laden:** *sinistre, catastrophiste,* **to shock sb into realising that…:** *faire prendre brutalement conscience de qqch à qqun*; **albeit:** *quoique*

## III. Thème d'application

1. Entre ceux qui refusent de reconnaître la réalité du changement climatique et ceux qui y sont résignés, le combat pour sauver la planète est loin d'être gagné...
2. Partout dans le monde aujourd'hui, les zones marécageuses perdent du terrain, les nappes phréatiques se vident et de nouvelles espèces disparaissent. Les hommes sont-ils devenus fous ?
3. Mettre un terme à la dégradation des écosystèmes doit devenir une priorité. On en peut plus continuer comme si de rien n'était.
4. La croissance démographique galopante épargne peu de régions dans le monde, si bien qu'il faut sanctuariser les quelques forêts tropicales qu'il reste.
5. Le concept de « développement durable » est aujourd'hui devenu l'alpha et l'oméga des politiques environnementales.
6. L'idée selon laquelle on ne doit pas jouer avec la nature a commencé à faire son chemin parmi les dirigeants des pays développés.
7. Les écologistes préconisent le covoiturage, l'essence sans plomb et la collecte sélective des déchets.
8. L'urbanisation incontrôlée est un fléau qui met la vie humaine en péril.
9. Tant que nous vivrons dans la société du gaspillage, nous traverserons une crise environnementale majeure.
10. Si la déforestation continue au rythme actuel, les poumons de la planète pourraient bien disparaître d'ici à seulement quelques décennies.
11. Tant que certains gouvernements ne réprimeront pas énergiquement le trafic d'animaux et le braconnage, ils seront montrés du doigt pour leur complicité tacite.
12. En une décennie, les catastrophes naturelles comme les glissements de terrain, les tsunamis et les cyclones ont fait des centaines de milliers de victimes dans le monde.
13. L'ouragan Katrina a démontré à quel point les infrastructures de secours au niveau fédéral étaient cruellement inadaptées.
14. Autrefois, les mers du monde entier regorgeaient de poisson, mais aujourd'hui il est urgent d'introduire des quotas de pêche au plus vite.
15. Confrontés à la tâche effrayante de sauver la biodiversité menacée, certains sont encore aujourd'hui tentés par la politique de l'autruche.

➠ **Proposition de corrigé**

1. What with climate change deniers and climate change defeatists, the fight to save the planet is far from being won.
2. Worldwide, wetlands are shrinking, aquifers are being depleted and new species are becoming extinct. Has man gone crazy?
3. Halting the decline of ecosystems must become a top priority [must be placed high on the agenda]. Business as usual is no longer an option.
4. Rampant population growth leaves few regions unspoilt. The few remaining rainforests must therefore be turned into sanctuaries.
5. The concept of "sustainable development" has now become the be-all and the end-all of environmental policies.
6. The idea whereby nature should not be tampered with has started to sink in among the leaders of developed countries.
7. Environmentalists advocate [/ make the case for] car-pooling, unleaded petrol and selective waste collection.
8. Urban sprawl is a plague [/ scourge] putting human life in jeopardy.
9. As long as we live in the throwaway society, we will be in the throes of a major environmental crisis.
10. If deforestation continues at the present rate [/ is allowed to go on at the present pace], the lungs of the planet may well disappear within just a few decades.
11. As long as some governments do not crack [/ clamp] down on animal smuggling and poaching, they will be named and shamed for their tacit complicity.
12. In a decade, natural disasters such as landslides, tsunamis and cyclones claimed hundreds of thousands of lives worldwide.
13. Hurricane Katrina demonstrated how woefully inadequate the federal rescue infrastructure was.
14. The seas of the world used to teem with fish, but today fish quotas need to be introduced as soon as possible.
15. When faced with the daunting task of preserving threatened biodiversity, some are still tempted to bury their heads in the sand [/ to turn a blind eye to reality].

# 11 The economy

## ➨ Avertissement

*Sans doute plus ici que dans tout autre chapitre du manuel, il n'est pas question de prétendre à l'exhaustivité, mais bien plutôt de permettre aux candidats une révision du lexique essentiel en contexte. Les quelques données suggérées ici sembleront sans doute outrancièrement vulgarisées, mais l'important, dans le cadre des épreuves de langues vivantes, est bien de maîtriser un lexique journalistique adéquat, sans spécialisation excessive. C'est bien dans cet esprit que sont conçus aux concours les sujets d'anglais ayant trait au monde économique: il y sera plus volontiers question de problématiques « citoyennes » telles qu'elles sont fréquemment vulgarisées dans les médias (rapports employés / employeurs, responsabilité sociale de l'entreprise, stratégies marketing et société de consommation…) que de théories économiques complexes.*

# I. Recent trends in global business

## A. The switch from agribusiness and manufacturing to services

In the United States, only 1.5% of the working population now works on farms and **10% in the primary (or agribusiness) sector** as a whole, according to recent Beige Book reports. The primary sector has actually been steadily declining as a proportion of most Western countries' GDPs for a few decades. **The secondary sector**, which involves the transformation of raw materials into goods through a process of manufacturing, has lost a lot of jobs in traditional "smokestack" industries (coal mining, steel, iron…). That does not, however, mean that developed countries are deindustrialising but rather that the industrial jobs now found in the US or in the UK require higher skills. Since the 1960s, low-knowledge factory jobs have indeed been massively replaced by automation – a trend that is now most unlikely to be bucked.

As a result, most developed countries have experienced **a substantial shift from manufacturing to more service-based economies**. B2B describes the provision of services from businesses to businesses as opposed to B2C (businesses to final consumers). Services, which are often defined as intangible goods, may involve the distribution and sale of goods from local producers to consumers (retailing, or wholesaling) or the provision of a service such as in the entertainment, tourism, banking or insurance sectors. In all cases, the focus is on people interacting with other people, rather than transforming natural resources or physical goods. People working in the service sector use knowledge, research and collaboration to develop effectiveness and sustainability.

This three-sector division has been recently questioned by some economists who tend to regard it as obsolete. In addition to the three traditional sectors of the economy, **a quaternary sector** including information technology and scientific research should be delineated, as well as a **quinary sector** comprising the state-run activities that contribute to the economy (culture, education, health, public research…).

Although a service-based economy is generally seen as the hallmark of modern societies, it is sometimes argued that the decrease in industrial activity tends to hinder growth and hamper prosperity. In his famous lecture "Monetarism is not enough" (1976), Sir Keith Joseph, a Conservative cabinet minister under Margaret Thatcher's premiership, contrasted wealth-producing, recession-proof sectors such as manufacturing with the tertiary sector, which tends to be wealth-consuming, before concluding that a country without a prosperous manufacturing sector was bound to decline.

Another criticism often levelled at this radical shift to a service-based economy is the fact that, alongside high-powered executive positions, it created many low-paid menial and precarious jobs offering hardly any career prospects and few social benefits. From employees' point of view, involuntary part-time work and contingency are often the direct consequences of the **flexibility** companies wish to implement so as to adapt to demand fluctuations. Yet the risk in regarding employees as disposable is that they are not likely to develop loyalty to or motivation for the firm and can easily become "job-hoppers": they will "hop" from one bread-and-butter job to the next, therefore continuing on a dead-end career path. Such demotivation may well have a knock-on effect on firms' bottom lines at the end of the day.

While the term **McJob,** first coined by the Canadian novelist Douglas Coupland in his 1991 novel *Generation X* to describe a "no-future job in the service sector", has now become common slang for any low-prestige and low-skilled job, three other derogatory vogue expressions should actually be differentiated:

- ***McDonaldisation*** describes the process whereby production is rationalised and management is made more scientific, and has been commonly applied to any society taking on the characterictics of a fast-food restaurant, since sociologist George Ritzer published his book *The McDonaldization of Society* in 1995.
- ***Disneyfication*** refers to the idealised and tourist-friendly veneer reminiscent of Disney theme parks and can be used as a broad marketing strategy playing on consumers' make-believe fantasies.
- ***Walmarting*** derives from American retail giant Wal-Mart's business practices and across-the-board low-price strategy, supposedly paying little attention to business ethics.

The use of such expressions is naturally resented by companies concerned. In 2006, in an effort to redeem its **brand image** and to have the dictionary definition of a McJob changed, the UK arm of McDonalds decided to strike back and launched an advertising campaign whose slogan read "McProspects – over half our Executive Team started in our restaurants. Not bad for a McJob".

### Vocabulary

**the working population:** *la population active;* **agribusiness:** *activité commerciale liée au secteur primaire, agrinégoce;* **Beige Book:** *document publié huit fois par an par la banque centrale américaine (Federal Reserve), qui fait le point sur l'activité économique du pays, secteur par secteur et région par région;* **the primary sector:** *le secteur primaire;* **GDP (Gross Domestic Product):** *Produit Intérieur Brut (≠* Gross National Product: *Produit National Brut);* **the secondary sector:** *le secteur secondaire;* **raw materials:** *matières premières;* **goods:** *biens / marchandises, articles;* **manufacturing:** *production industrielle;* **"smokestack" industries:** *industries traditionnelles (*smokestack: *cheminée industrielle);* **to deindustrialise:** *se désindustrialiser;* **skills:** *les compétences, la qualification* (a skilled worker ≠ an unskilled worker)**;** **automation:** *l'automatisation;* **a trend:** *une tendance;* **to buck the trend:** *aller à l'encontre d'une tendance;* **developed countries:** *pays développés (*developing countries: *pays en voie de développement)***;** **a substantial shift:** *un changement radical;* **a service-based economy:** *une économie tertiaire, de services;* **B2B:** *le "B2B", l'interentreprise;* **a business (businesses):** *une entreprise* *(des entreprises);* **B2C:** *le "B2C", les transactions de l'entreprise aux particuliers;* **intangible goods:** *les biens immatériels;* **retailing:** *la vente au détail;* **wholesaling:** *la vente en gros;* **the entertainment industry:** *l'industrie du loisir;* **effectiveness:** *l'efficacité;* **sustainability:** *la durabilité;* **the quaternary sector:** *selon certains économistes, le quatrième secteur de l'économie;* **to delineate:** *délimiter, définir les contours de;* **the quinary sector:** *selon certains économistes, le cinquième secteur de l'économie;* **state-run:** *géré par l'état;* **the hallmark of:** *la marque de;* **to hinder, to hamper:** *entraver* (a hindrance: *une entrave*)**; growth:** *la croissance;* **premiership:** *un mandat de premier ministre*; **wealth-producing:** *créateur de richesses;* **recession-proof:** *protégé des effets de la crise;* **wealth-consuming:** *destructeur de richesses;* **to be bound to:** *être voué à;* **to level criticism at:** *lancer une critique contre;* **high-powered positions:** *des postes à haut niveau de responsabilités;* **an executive:** *un cadre* (a senior executive: *un cadre supérieur*)**; menial:** *inférieur, subalterne;* **precarious:** *précaire* (precariousness: *la précarité*)**; benefits:** *les avantages sociaux;* **part-time:** *à temps partiel;* **contingency work:** *emploi temporaire, intérim;* **to implement:** *mettre en oeuvre*; **disposable:** *jetable;* **firm loyalty:** *la fidélité envers l'entreprise;* **job-hoppers:** *personnes qui changent fréquemment d'emploi;* **a bread-and-butter job:** *un emploi alimentaire;* **a dead-end job:** *un emploi sans perspective de carrière;* **a career path:** *une carrière, un projet de carrière*; **to have a knock-on effect on:** *avoir des répercussions sur;* **bottom line:** *1 / (écon.) le résultat financier 2 / l'essentiel*; **at the end of the day:** *au bout du compte;* **a McJob:** *un petit boulot mal payé et sans avenir;* **to coin an expression:** *inventer une expression;* **derogatory:** *péjoratif*; **vogue expressions:** *expressions à la mode;* **tourist-friendly:** *conforme aux attentes des touristes;* **veneer:** *vernis, apparence;* **make-believe (adj):** *chimérique;* **across-the-board (adj):** *général, global;* **to resent sth:** *être contrarié par / indigné de*; **to redeem:** *racheter, réparer, rehausser;* **brand image:** *image de marque;* **arm:** *(écon.) filiale;* **to strike back:** *contre-attaquer;* **to launch an advertising campaign:** *lancer une campagne publicitaire*

## B. The rapid rise of e-commerce

**E-commerce** is undoubtedly one of the most thriving segments of the TMT sector, which also comprises telecommunications equipment, mobile and fixed-line telephony, broadcasting, software, computer hardware and semi-conductors.

The **Internet bubble** of the 1990s heralded a new era, not only in the way people communicate, but also in the field of business. Owing to the quick pace of growth of e-trade, many established businesses were soon faced with profound new challenges. For instance, Skype, an Internet telephony business, proved disruptive to the traditional telecommunications industry as a whole.

In order to ride out the storm, some traditional **bricks-and-mortar** businesses made a successful transition and became in turn **clicks-and-mortar,** or even **clicks-only** companies. Thanks to an Internet sales policy, a company can easily reach a broader clientele and save on warehouse costs, while consumers find themselves empowered by a 24-hour service and user-friendly price comparison tools.

Virtual stores now offer an increasingly wide array of goods and services: from books and luxury goods to cars, customised holidays and designer clothes. Amazon.com, the trailblazer of the online market place, began as an online bookstore, though it soon diversified its product lines adding CDs, DVDs, computer software, electronics, and more. Web grocers, a new trend in dotcom commerce, enable time-starved consumers to have their groceries delivered instead of wasting time in check-out lines. The Monday following the Thanksgiving holiday in the US is now commonly called "**Cyber Monday**", because of a striking growth in online spending when millions of Americans return to their office computers and resume hunting for Christmas presents online.

But in the wake of the bursting of the Internet bubble (the "**dotcom crash**"), many e-tailers ran out of capital and went bust, though large dotcoms such as Amazon managed to stay afloat and survived the turmoil.

Online B2C sales now have to cope with competition from **C2C real-time auction sites** such as eBay where bidders compete for a wide range of products, and **peer-to peer** software, which enable hundreds of thousands of Internet users to share files. It could also soon face fierce competition from **m-commerce**, especially if some companies' recent efforts to devise new methods of payment by phone relying on voice-recognition software prove successful. The issue of **payment security** is, however, still high on consumers' agenda: in spite of more and more sophisticated encryption, many would-be shoppers are still reluctant to use their credit-card number for online payments. More generally, concern is rising over **privacy on the net** at a time when such a powerful company as Google assumes that people will entrust it with ever more information about their lives, to be stored in the firm's "cloud" of remote computers (an expression popularised by Google's CEO in an interview: "*Today we live in the clouds. We're moving into the era of "cloud" computing, with information and applications hosted in the diffuse atmosphere of cyberspace rather than on specific processors and silicon racks.*") Such data include the logs of a user's searches, the user's e-mail and contacts, photos, videos and could soon extend to the user's medical records.

### Vocabulary

**e-commerce:** *le commerce électronique;* **the TMT sector:** *the Technology, Media and Telecommunications sector;* **software:** *les logiciels;* **hardware:** *le matériel informatique;* **the Internet bubble:** *la bulle Internet;* **to herald:** *annoncer l'arrivée de;* **e-trade:** *le commerce en ligne;* **to prove (to be):** *s'avérer;* **to be disruptive to:** *perturber;* **to ride out the storm:** *sortir indemne de la crise;* **a bricks-and-mortar business:** *un commerce traditionnel (par opposition à un commerce en ligne);* **a clicks-and-mortar business:** *un commerce traditionnel qui a également développé une activité en ligne;* **a clicks-only business:** *un commerce en ligne;* **warehouse costs:** *les frais d'entreposage ou de magazinage;* **to empower sb:** *donner davantage d'autonomie à qqun;* **user-friendly:** *facile d'utilisation;* **a virtual store:** *une boutique en ligne*; **an array of:** *un ensemble impressionnant de*; **a customised service:** *un service sur mesure, personnalisé;* **a trailblazer:** *un pionnier;* **a grocer:** *un épicier;* **dotcom (adj):** *online*; **a dotcom:** *une « start-up »;* **time-starved:** *désespérément à court de temps;* **in the wake of:** *à la suite de, dans le sillage de;* **the bursting of the Internet bubble = the dotcom crash:** *l'éclatement de la bulle Internet*; **an e-tailer:** *un commerçant en ligne*; **to go bust:** *faire faillite;* **to stay afloat:** *se maintenir à flot;* **a turmoil:** *un bouleversement;* **competition:** *la concurrence*; **C2C:** *les transactions de particulier à particulier*; **real-time auction:** *des enchères en temps réel;* **a bidder:** *un enchérisseur;* **m-commerce:** *mobile commerce*; **to be high on sb's agenda:** *faire partie des priorités de qqun;* **encryption:** *l'encodage;* **would-be:** *potentiel;* **to entrust sb with (doing) sth:** *confier à qqun qqch / la responsabilité de faire qqch;* **a CEO (Chief Executive Officer):** *un PDG*; **a log:** *un registre*

# C. Fair Trade

Fair Trade is an organised social movement as well as **an alternative approach to conventional trading** that aims to ensure that producers in poor countries get a fair deal. This trading partnership between producers, importers and retailers includes a fair price for goods and services, decent working conditions and a long-term commitment from buyers so that marginalised producers and workers are helped towards **economic self-sufficiency** and stability. The movement also advocates better social and environmental standards in developing countries, such as banning child labour, guaranteeing the right to unionise and implementing conservation measures. A **certification system** monitors Fair Trade producers and supply chains and offers a label to distinguish their goods from others, which makes it possible for fair trade coffee, chocolate, fresh fruits and so on to acquire further visibility in supermarkets.

Fair Trade proponents include a number of NGOs, like Oxfam and Amnesty International. But, however commendable the aim of Fair Trade and the ethical-food movement in general may be, the system is sometimes said to be intrinsically flawed and / or inefficient.

- **Traditional arguments in favour of Fair Trade:**
  - After years of overindulgence, it is high time people turned into ethical consumers.
  - Buying Fair Trade food enables citizens to voice their concerns about rampant globalisation and greedy multinational companies.
  - As part of a global effort to bridge the North-South divide, Fair Trade reminds consumers in the rich world that much of their own well-being depends on the labour of workers in developing countries. It therefore sensitises them to these workers' living conditions.
- **Traditional arguments against Fair Trade:**
  - By imposing too many regulations, Fair Trade is nothing but a marketing ploy that stifles growth – an argument developed notably by the Adam Smith Institute.
  - Fair trade products position themselves at the quality end of the market, where only rich ethically-minded consumers are concentrated.
  - The system gives rich consumers an overblown impression of their own generosity. It will take much more than shifting shopping habits to make the world a better place. "Voting with your trolley" may be a comforting attitude that leaves you with a clearer conscience, but tangible results can only be achieved with an overhaul of the world trade system.
  - Maybe the strategy consisting in securing farmers a premium over the market price is not the right one. Fair Trade may actually end up achieving exactly the opposite of what it was intended to do. By artificially raising poor farmers' income thanks to subsidies, the system encourages them to produce more

of these commodities instead of diversifying into other crops. In the end, prices may well be depressed.

- As Joseph Heath and Andrew Potter argued in *The Rebel Sell* (2005), Fair Trade is part of a broader "counterculture" which, despite is attempts to be subversive, has done little more than create new segments of the market. Seen in this light, Fair Trade may paradoxically end up fuelling consumerism and conformity, which it hopes to destroy.

### ➨ Vocabulary

**to unionise:** *se syndiquer;* **conservation measures:** *des mesures pour la sauvegarde de l'environnement;* **a supply chain:** *une chaîne logistique;* **a proponent of:** *un partisan de*; **NGOs:** *les ONG;* **commendable:** *louable*; **overindulgence:** *excès*; **rampant:** *galopant, endémique*; **globalisation:** *la mondialisation*; **greedy:** *avide*; **to sensitise sb to sth:** *sensibiliser qqun à qqch*; **a ploy:** *un stratagème*; **to stifle:** *étouffer*; **overblown:** *excessif*; **an overhaul:** *une refonte*; **a premium:** *une prime*

# II. Trends in business organisation and corporate governance

## A. Business combination

Business organisation is constantly adapting to changing business conditions – a process that was no doubt accentuated by globalisation. Combinations can be motivated by several reasons like economies of scale, savings in management costs, greater specialisation of labour, pooled research resources, etc. The combinations that companies either willingly choose so as to remain competitive or reluctantly endure to survive can take on a wide variety of forms.

Though mergers and acquisitions are often named in the same acronym (M&A), the two notions should be differentiated. When one company simply buys another, the purchase is called an **acquisition**. It can either take the form of an outright **absorption** (from a legal point of view, the target company then no longer exists) or let the acquired company continue operating almost autonomously, at least for a while, as a **separate business entity**. A **merger**, on the contrary, happens when two firms agree to join forces to form a new business entity rather than remain separately owned and run. Mergers can be **vertical** (a company merges with one of its suppliers or distributors), **horizontal** (a company merges with another company in the same business sector) or **diversified** (two companies of different business sectors join forces). Diversified mergers are sometimes also referred to as conglomerate mergers.

Acquisitions can happen through friendly or hostile takeovers. In **a friendly takeover bid**, the board of directors of the company being acquired welcomes the merger because it feels the offer will serve shareholders' interests. **A hostile takeover bid**, on the contrary, allows the bidder to bypass the target company's board if it is unwilling to agree to the transaction. The bidding company (often referred to as a **shark** or **raider**) can then direct **a tender offer** at shareholders themselves, offering them to buy their shares at a fixed price above the current market price. It can also try to persuade a majority of shareholders to replace the management with one friendly to the acquisition. Sometimes, buying much of the company's stock on the open market in a move of intimidation is enough to lead to a change in management and eventually to turning the hostile takeover into a friendly one.

In an effort to resist an unfriendly takeover, the target firm may implement several options, sometimes known as "**shark repellents**". First, it can call on the services of **a white knight** (or "friendly bidder"), i.e. a third corporation that agrees to purchase the firm on more attractive terms than those of the shark. Alternatively, **a grey knight** is an acquiring company that enters the bid and makes an offer less favorable than that of the white knight but more favorable than that of **the black**

**knight**, i.e. the shark. Second, the target firm may resort to **a "poison pill" strategy**, whereby the likelihood of negative results is increased on purpose. For instance, the company's board can take on new large debts or make previous ones immediately due in an effort to make the debt load too high for the company to remain attractive. Directors may also grant their employees **stock options** that immediately vest if the company is taken over or grant themselves **golden parachutes** stipulating that the acquiring company must pay a steep price, should it want to replace the existing management team.

In practice, "mergers of equals" don't happen that often. Acquisitions are far more frequent but, with a view to avoiding a negative impact on both firms' reputations, the acquiring company may allow the target firm to proclaim that the transaction was merely a merger of equals. This is why **mergers are often said to be euphemisms** for what, technically, is more akin to acquisitions.

- Other types of business combinations include:
  - **A strategic alliance**: two companies decide to cooperate significantly (sharing local knowledge and expertise, for instance) while maintaining their independence, sometimes as a sort of preliminary step before a potential merger.
  - **A joint venture** is more rigid an arrangement between two parties than a strategic alliance, although it remains less radical a step than merging the two entities. In a joint venture, the two entities agree to create a new entity by both contributing equity, either for a specific project or a continuing business relationship. As a result, both parties share revenues and expenses.
  - **A holding company** is a firm that owns enough of other companies' outstanding shares to exercise control over them, but does not produce goods or services itself. It makes it possible for the owners to concentrate control of different companies with minimum liability.
  - In **a trust**, the trustee (or fiduciary) has the power to manage property in the name of the beneficiary who receives benefits from that property. Trusts are used in a variety of contexts, notably in family settlements and charitable gifts. The term has also come to mean a suspect combination of firms because large corporations often used trusts to conceal the exact nature of their business arrangements. In this sense, trusts are often used to reduce competition and control prices throughout an industry – hence stringent anti-trust laws, notably in the US, to prevent a few powerful firms from suppressing competition and creating monopolies. Another form of unlawful business combination is **the cartel**, i.e. an association of theoretically competing firms, which secretly agreed to coordinate prices and production.
  - **Franchising** is another type of business combination. The franchisee is given the right to sell the good or service of the franchiser against payment of a royalty. Franchisees also have to adhere to certain standards to be able to trade on the parent company's name.

It is needless to say that not all business combinations are successful. Companies that were once keen on diversifying through M&A may end up realising that they have lost a clear business focus in the process. Businesses wishing to **streamline** their operations and **refocus on their core activity** sometimes decide to spin off less productive subsidiaries.

### ➠ Vocabulary

**economies of scale:** *des économies d'échelle;* **savings:** *des économies;* **pooled:** *mis en commun;* **reluctantly:** *avec des réticences, de mauvaise grâce*; **a merger:** *une fusion*; **a purchase:** *un achat*; **outright (adj):** *pur, total, catégorique*; **a friendly takeover bid:** *une OPA amicale*; **a board of directors:** *un conseil d'administration*; **a shareholder:** *un actionnaire*; **a hostile takeover bid:** *une OPA inamicale*; **to bypass:** *contourner*; **a target company:** *une compagnie ciblée (par une OPA)*; **a shark:** *un requin*; **a tender offer:** *une OPA*; **the company's stock:** *l'ensemble des titres de l'entreprise*; **to repell:** *repousser, dégoûter*; **a white knight:** *un chevalier blanc*; **the debt load:** *le poids de la dette*; **stock options:** *option sur titres*; **a golden parachute:** *un parachute doré (prime de licenciement versée à certains cadres de l'entreprise en cas de rachat de celle-ci)*; **a steep price:** *un prix élevé*; **akin to:** *comparable à*; **a joint venture:** *un partenariat / une société d'exploitation en commun*; **equity:** *fonds propres / actions ordinaires*; **liability:** *responsabilité*; **a trustee = a fiduciary:** *un administrateur, un fidéicommissaire*; **hence (+ noun…):** *d'où;* **stringent:** *rigoureux, contraignant*; **the parent company:** *l'entreprise mère*; **to streamline:** *rationaliser, dégraisser*; **to spin off:** *sse séparer de*; **a subsidiary:** *une filiale*

## B. Outsourcing / Offshoring... Has the world become flat?

In his best-selling book *The World Is Flat* (2005), journalist **Thomas Friedman** makes the case for **globalisation**, although he acknowledges the need for a country to preserve its local traditions (a process he termed "**glocalisation**", following a number of anthropology theorists). Friedman differentiates three stages in the development of globalisation:

- **"Globalisation 1.0"** spanned several centuries, from the moment Christopher Columbus set sail in 1492, opening trade between the Old World and the New World to around 1800. Over that period, the driving force of change was "*how much muscle, how much horsepower, wind power or steam power*" a country had to fit into the infancy of global competition. At the time, it is **governments** that led the way to global integration.
- **"Globalisation 2.0"** lasted from 1800 to 2000. The key agent of change then no longer was countries and governments but **multinational companies**. Global integration was first made possible by falling transportation costs thanks to the steam engine and the railroad. In the 20th century, falling telecommunication costs proved a key factor, with the development of telephones, computers, satellites and the early stages of the Internet. In this period, the flow of goods and information from one continent to the other led to the rise of a truly global market.

- **"Globalisation 3.0"** is, to Friedman, the time when **individuals** can in turn collaborate and compete globally thanks to a convergence of several technological advances: personal computers, fibre-optic cable and work flow software.

The relocation of some business processes outside the company is among the many "flatteners" that Friedman sees as levelling the "global playing field". It can take on several forms:

- **Outsourcing** is equivalent to subcontracting. It involves transferring a business function (manufacturing at first, but also increasingly services like call centres, tech support, accounting…) to an outside supplier. It gives businesses the opportunity to harvest the profits of lower labour costs and fewer workers' rights in developing countries.
- **Offshoring** is sometimes said to differ from outsourcing merely in terms of location: companies subcontracting to another country (either to another company or one of its own subsidiary as long as it is abroad) resort to offshoring, or "offshore outsourcing". But offshoring is sometimes contrasted with outsourcing on different grounds. As Friedman puts it, *"Offshoring […] is different from outsourcing. Outsourcing means taking some specific, but limited, function that your company was doing in-house – such as research or call centers – and having another company perform that exact same function for you and then reintegrating their work back into your overall operation. Offshoring, by contrast, is when a company takes one of its factories that it is operating in Canton, Ohio, and moves the whole factory offshore to Canton, China. There, it produces the very same product in the very same way, only with cheaper labor, lower taxes, subsidized energy, and lower health-care costs. […] More companies shift production offshore and then reintegrate it into their global supply chains."* Whatever the precise definitions one may choose to adopt, outsourcing as well as offshoring are often seen as controversial issues, not only because of their social implications for workers locally, but also sometimes on account of the decreasing quality of services and products.
- **Nearshoring** is offshoring to locations that are cheaper and yet geographically nearer than offshore locations. Nearshoring is sometimes chosen over offshoring notably because it helps staff deal with less formidable cultural barriers and improves the efficiency of day-to-day information exchange.
- **Insourcing** is sometimes defined as the opposite of outsourcing, i.e. the decision to maintain on-site control of certain critical functions, while delegating them to an independent entity specialised in that operation.
- **Backsourcing** consists in resuming in-house management of a formerly outsourced function, usually after disappointing performances by the subcontractor.

**➡ Vocabulary**

**to make the case for sb / sth:** *défendre, argumenter en faveur de qqun / qqch*; **to span:** *s'étendre sur une période de*; **steam:** *la vapeur*; **the infancy of:** *les balbutiements de*; **to flatten:** *aplanir*; **outsourcing:** *l'externalisation*; **offshoring:** *la délocalisation;* **nearshoring:** *la délocalisation proche*

# C. Business ethics

Even before the 2008 financial crisis that led to a global economic recession, companies worldwide had been enjoined to become socially responsible for a few years. The vogue expression "**Corporate Social Responsilibity**" encapsulates a whole array of laudable objectives like promoting employee wellness, "ethical" industries, the greening of production processes, and so on. Conferences on CSR have been multiplying in the corporate world and today it is hard to think of any major firm that failed to recruit CSR officers or grow CSR departments.

Motives behind this new trend may vary. While some CSR advocates are probably just paying lip-service to the idea, others are genuine champions of an enlightened form of capitalism. On a more pragmatic level, companies that set up wellness programmes (from onsite daycare to yoga classes and napping areas) probably aim to reduce absenteeism and increase productivity. Perks, which used to be lavished only on top executives, now tend to be distributed at all levels of the corporate ladder. In some cases, they may be a substitute for actual pay rises the company could not – or would not – afford. Moreover, a well-advertised CSR policy may improve the company's image among consumers. At a time when sustainable development, fair trade and carbon neutralising have become essential demands, a modern business needs to appear "good" and benevolent to hang on to its customers and conquer new market shares.

Critics, however, expose the limits of CSR with several arguments:

- The very idea of "business ethics" is sometimes derided as a contradiction in terms.
- Companies are more eager to add a philanthropic paragraph to their annual reports about their new charity committee than to take vigorous action against the social consequences of their flexibility policies.
- The craze for CSR may be merely another form of marketing strategy.
- The underlying logic is that CSR is needed to correct the injustices inherent in unadorned capitalism. On the contrary, proponents of economic liberalism argue that companies are meant to make profits and should not be turned into some social institutions. Companies contribute to the wellness of society simply by making profits. Thanks to their profitability, firms produce more wealth, which will eventually "trickle down" on the lowest strata.

## ➡ Vocabulary

**Corporate Social Responsibility (CSR):** *la Responsabilité Sociale de l'Entreprise (RSE)*; **to encapsulate:** *résumer, englober*; **a whole array of:** *toute une panoplie de*; **laudable:** *louable*; **the greening of…:** *la conversion de… à l'écologie*; **a conference:** *un colloque*; **to pay lip-service to sth:** *prétendre croire en qqch, sans que cela soit suivi des actes*; **enlightened:** *éclairé*; **daycare:** *garderie*; **a nap:** *une sieste*; **a perk:** *un avantage en nature*; **to lavish sth on sb:** *distribuer qqch sans compter*; **a senior executive:** *un cadre supérieur*; **a pay rise (UK) = a pay raise (US):** *une augmentation*; **carbon neutralising:** *l'effacement de l'empreinte carbone (carbon footprint)*; **benevolent:** *bienveillant*; **to hang on to sth:** *conserver / ; se cramponner à*; **market shares:** *des parts de marché;* **to expose:** *mettre à jour, dénoncer*; **to deride:** *tourner en dérision*; **a craze:** *un engouement*; **unadorned:** *à l'état pur, sans fard*; **the trickle-down theory:** *théorie (initialement mise en avant par le Président Reagan) selon laquelle la réussite économique des plus riches finira par rejaillir sur les plus démunis*

# III. Reactions to the financial crisis

## A. Can capitalism be moralised?

At a time the world is in the throes of the worst financial crisis since the Great Depression, capitalism is sometimes seen as the root of all evils. Politicians and the media alike now castigate its excesses, so much so that the allegedly necessary "moralisation" of the capitalist system has today become the new buzzword among almost all shades of opinion. Such a commendable crusade may, however, not go unimpeded. Is it both logically and pragmatically possible to redeem capitalism or is there something inherently ruthless about it?

Those who hold a radical view of capitalism may dismiss any attempt at moralising it as either counter-productive or insufficient. Some believe that for capitalism to work properly, it has to remain unfettered and self-regulatory. When Lehman Brothers went bust in November 2008, some Republicans hailed the event as an opportunity for the system to cleanse itself and become fully functional again. State intervention would only alter the system and make it less efficient – or so it was argued. On the opposite side, others fiercely reject the rationale developed by Adam Smith as early as 1776, whereby the competitive market capitalist system mediates the self-interests of consumers and producers to the eventual benefit of all. Die-hard anti-capitalists believe such a system is actually bound to perpetuate the class divide and worsen social inequalities. Consequently, since it cannot be moralised, it simply should be scrapped altogether.

But for anyone who does not indulge in such radical views, capitalism is compatible with state intervention and may be successfully moralised, provided global efforts are made. The chain reaction triggered by the US subprime loan crisis may have actually provided governments with the leverage they had so far lacked to regulate modern finance. Because they have recapitalised illiquid banks that were "too big to fail" and helped them get rid of toxic assets, governments should now be entitled to demand salary caps or bonus bans on bailed-out companies. But let us not forget that when, in the early years of the Clinton administration, Congress restricted the tax deductibility of executive pay to $1m, a whole set of perks, pension benefits and stock options were created by firms to get around the limit…

Even for those who contend that capitalism remains the best economic system so far invented by man, the necessity to moralise it hardly leaves any room for doubt today. What remains to be seen is, however, whether governments are able to constrain firms that are only paying lip-service to corporate social responsibility and adequate governance. As evidenced by the recent scandal surrounding AIG executives' bonuses, naming and shaming reluctant companies will not be enough. New legal tools have to be crafted, if a new, enlightened, form of capitalism is to replace the older version.

### ➨ Vocabulary

**to be in the throes of:** *connaître les affres de*; **to castigate:** *vilipender*; **a buzzword:** *un mot/une expression à la mode*; **among all shades of opinion:** *quelle que soit la sensibilité politique*; **unimpeded:** *sans entraves*; **ruthless:** *cruel, sans pitié*; **to dismiss (an idea):** *rejeter, écarter*; **unfettered:** *sans entraves*; **to go bust:** *faire faillite;* **to hail:** *saluer*; **to cleanse o.s.:** *se purifier*; **a rationale:** *un raisonnement*; **die-hard (adj):** *résolu, acharné;* **to scrap:** *jeter, abandoner*; **to indulge in:** *se laisser aller à*; **to trigger a chain reaction:** *déclencher une réaction en chaîne*; **the US subprime loan crisis:** *la crise américaine des crédits hypothécaires à taux variable*; **leverage:** *influence, prise*; **illiquid:** *sans liquidités*; **toxic assets:** *les avoirs toxiques*; **to be entitled to do sth:** *être en droit de faire qqch*; **salary caps:** *limites fixées aux salaires*; **to bail out:** *renflouer*; **to name and shame:** *montrer du doigt, dénoncer*

## B. A crackdown on Wall Street?

In most countries that were hit hard by the financial crisis, the role of the state in the economy is now rising. Whereas some welcome this long-awaited **state intervention** as a necessary move to curb the excesses of capitalism and make the common good prevail over self-interests, others are increasingly worried by the return of **"big government"**. Governments indeed intervened first to shore up banks and avoid the collapse of the whole system, and then again to stave off depression.

In January 2010, President Obama announced plans for stringent rules on the banking sector that sent shockwaves through Wall Street. The plan immediately prompted comparisons with **the 1933 Glass-Steagall Act** which, in the wake of the Great Depression, prevented commercial banks that took customers' deposits from carrying on investment banking activities. President Obama told banks they would no longer be able to take risky bets with their own capital to make more money on the financial markets. Other measures could include banning takeovers and mergers in the banking sector, as well as the running of hedge funds or private equity funds by banks. Obama's announcement, which followed the release of record profits from Goldman Sachs, was meant to show Main Street his willingness to restrain Wall Street and prevent another situation when taxpayers are held hostage by banks from happening again.

EU proposals to tax banks that have already bounced back to profit barely a year after multibillion taxpayer bailouts also seem to be gaining ground, but they are bound to meet fierce resistance from financial lobbies.

### ➨ Vocabulary

**a crackdown on:** *des mesures énergiques contre;* **to curb:** *endiguer*; **to shore up:** *soutenir, renflouer*; **to stave off:** *éviter*; **a shockwave:** *une onde de choc*; **to take a risky bet:** *faire un pari risqué*; **a hedge fund:** *« fonds de couverture », fonds spéculatif*; **a private equity fund:** *un fonds de capital-investissement*; **Main Street:** *la classe moyenne, les petites entreprises (par opposition aux financiers de Wall Street et aux sociétés cotées en bourse)*; **a taxpayer:** *un contribuable*; **to bounce back:** *rebondir*; **to gain ground:** *gagner du terrain*

## IV. Thème d'application

1. Certains pensent que les droits de douane sont destinés à protéger les industries nationales contre la concurrence étrangère, ce qui constitue une entrave au libre-échange.
2. La RSE n'est peut-être qu'un vernis pour rendre le capitalisme apparemment moins sauvage.
3. Nous aurions pu conquérir de nouvelles parts de marché si les ouvriers ne s'étaient pas mis en grève.
4. Cela fait trois ans qu'il est à la tête de cinq ou six affaires de ce genre en Europe occidentale et il entend maintenant s'ouvrir au marché américain.
5. Les perspectives sont d'autant plus alarmantes qu'absolument aucune amélioration ne semble se dessiner à court terme.
6. Les mesures annoncées par le Président Obama ne vont pas manquer de faire frémir les financiers de Wall Street.
7. D'ici à la fin de l'année vont être présentées au Parlement certaines mesures économiques dont plusieurs de grande portée.
8. Entre de somptueuses primes d'embauche et indemnités de départ, les cadres supérieurs ne sont pas à plaindre.
9. Les militants alter-mondialistes pointent régulièrement du doigt ce qu'ils voient comme les injustices du capitalisme mondial.
10. Il ne faut pas confondre le phénomène de la délocalisation et celui de l'externalisation.
11. À la surprise générale, les bénéfices seront réinjectés dans les filiales sur le déclin
12. Jamais je n'aurais pensé que la crise aurait pu provoquer la fermeture d'entreprises aussi florissantes.
13. Bien que la tendance ne soit plus à l'optimisme, ce qui est compréhensible, nous nous attendons à une reprise.
14. Peut-on vraiment attendre des entreprises qu'elles se préoccupent autant de leur responsabilité envers la société que de leurs bénéfices ?
15. Et si la crise ouvrait la voie à une nouvelle donne dans les relations entre l'état et le monde de la finance ?

➨ **Proposition de corrigé**

1. Some believe that tariffs are meant to shield domestic industries from foreign competition, which hinders free trade.
2. CSR may be but a gloss to make capitalism appear less wild.
3. Had the workforce not gone on strike, we would have been able to conquer new market shares.
4. For the past three years, he has been at the head of five or six businesses of this type in Western Europe. He now intends to open up to the American market.
5. Prospects are all the more alarming as no improvement whatsoever seems to be on the way in the short term.
6. Measures announced by President Obama will no doubt send shivers down the spines of Wall Street financiers.
7. By the end of the year, some economic measures are to come before Parliament, several of which will be [wide-ranging / far-reaching].
8. What with golden hellos and golden handshakes, senior executives have nothing to complain about.
9. Alter-globalisation activists regularly pinpoint [/ point to] what they see as the inequalities created by global capitalism.
10. The process of offshoring should not be mistaken for that of outsourcing.
11. Contrary to all expectations [/ Much to everyone's surprise], profits will be ploughed back into ailing subsidiaries.
12. Never would I have thought that the recession could have forced such thriving businesses to close down.
13. Although the trend is understandably no longer one of optimism, we are expecting a recovery.
14. Can companies really be expected to worry about their social responsibility as much as about their profits?
15. What if the crisis paved the way for a new deal in the relations between the government and the world of finance?

PARTIE III

# S'entraîner sur les sujets d'annales

# 1 Versions

For some time now I've been finding it hard to relax properly in my own apartment. If I'm alone at home, I get increasingly restless, bothered by the idea that I'm missing some crucial encounter out there somewhere. But if I'm left by myself in someone else's place, I often find a nice sense of peace engulfing me. I love sinking into an unfamiliar sofa with whatever book happens to be lying nearby. And that's exactly what I did this time… Or at least, I managed to read a couple of chapters of *Mansfield Park* before dozing off for twenty minutes or so.

When I woke up, the afternoon sun was coming into the flat. Getting off the sofa, I began a little nose-around. Perhaps the cleaners had indeed been in during our lunch, or maybe Emily had done the tidying herself; in any case, the large living room was looking pretty immaculate. Tidiness aside, it had been stylishly done up, with modern designer furniture and arty objects – though someone being unkind might have said it was all too obviously for effect. I took a browse through the books, then glanced through the CD collection. […]

I was opening up a few cupboards in search of biscuits or a chocolate bar when I noticed what seemed to be a small notebook on the kitchen table. It had purple cushioned covers, which made it stand out amidst the sleek minimalist surfaces of the kitchen. Emily, in a big hurry just before she'd left, had been emptying and re-filling her bag on the table while I'd been drinking my tea. Obviously she'd left the notebook behind by mistake.

Kazuo Ishiguro, *Come Rain Or Shine*, in *Nocturnes*, 2009.

### ➡ Proposition de traduction

Cela fait[1] maintenant quelque temps[2] que j'ai du mal à me détendre correctement dans mon propre appartement. Lorsque[3] je suis seul chez moi, je suis de plus en plus agité[4], agacé à l'idée que je puisse être en train de passer à côté d'une rencontre essentielle quelque part à l'extérieur. Mais si je me retrouve seul[5] chez quelqu'un d'autre, une agréable sensation de paix[6] m'envahit souvent. J'adore m'affaler sur un canapé inconnu[7] avec le premier livre qui me tombe sous la main. Et c'est précisément ce que j'ai fait cette fois-ci. Ou du moins ai-je réussi à lire deux ou trois[8] chapitres de *Mansfield Park* avant de m'assoupir pendant une vingtaine de minutes.

À mon réveil, le soleil de l'après-midi pénétrait dans l'appartement. Je me suis alors levé du canapé et j'ai commencé à fureter[9] un peu. Soit le ménage avait bel et bien été fait[10] pendant notre déjeuner, soit Emily s'était elle-même occupée de ranger, mais, en tout cas[11], le grand séjour semblait pratiquement impeccable. En dehors du fait qu'il était bien rangé[12], il était aménagé avec élégance, avec des meubles de designers contemporains et des objets stylés, même si quelqu'un de médisant[13] aurait peut-être dit que l'ensemble visait de manière peu subtile à impressionner[14]. J'ai jeté un coup d'œil aux livres avant de passer en revue la collection de CD.

J'étais en train d'ouvrir quelques placards à la recherche de biscuits ou d'une barre chocolatée lorsque j'ai remarqué ce qui ressemblait à un petit carnet posé sur la table de la cuisine. Il avait une couverture molletonnée de couleur violette, ce qui le faisait ressortir au milieu des surfaces sobres et épurées de la cuisine. Très pressée[15], alors qu'elle s'apprêtait à partir, Emily avait vidé son sac à main sur la table avant de le remplir de nouveau pendant que je buvais mon thé. De toute évidence, elle avait laissé le carnet là par mégarde.

## ➠ Notes

**1.** La mise en exergue sert ici à rendre la valeur de l'aspect -ING et à indiquer clairement la continuité entre l'origine du phénomène et le moment de l'énonciation. **2.** Variante : un moment. **3.** Le *If* a bien ici une valeur plus temporelle qu'hypothétique. **4.** Variante : je tiens de moins en moins en place. **5.** Des expressions du type « livré à moi-même » constitueraient ici une légère sur-traduction. **6.** Variantes : bien-être / calme. **7.** La traduction littérale peut convenir ici, mais l'étoffement est également une stratégie possible : sur lequel je ne me suis jamais installé / que je n'ai encore jamais étrenné. **8.** C'est bien le sens d'approximation de *a couple of* ( = *an indefinite small number of*) qui l'emporte ici. **9.** Variante : fouiner. **10.** L'utilisation du passif rend ici superflue la mention de l'agent (les femmes de ménages). **11.** Variante : toujours est-il que. **12.** Variante : Outre l'ordre qui y régnait. **13.** Variante : une mauvaise langue. **14.** Variante : qu'il s'agissait de façon trop manifeste d'en mettre plein la vue. **15.** Variante : dans sa grande hâte.

"Pretty good joke, pretty good joke," said Bullard, amiably. Suddenly he clapped the stranger on his knee. "Say, you aren't in plastics, are you? Here I've been blowing off about plastics, and for all I know that's your line."

"My line?" said the stranger crisply, laying down his book. "Sorry – I've never had a line. I've been a drifter since the age of nine, since Edison set up his laboratory next to my home, and showed me the intelligence analyser."

"Edison?" said Bullard. "Thomas Edison, the inventor?"

"If you want to call him that, go ahead," said the stranger.

"If I *want* to call him that?" – Bullard guffawed – "I guess I just will! Father of the light bulb and I don't know what all."

"If you want to think he invented the light bulb, go ahead. No harm in it." The stranger resumed his reading.

"Say, what is this?" said Bullard, suspiciously. "You pulling my leg? What's this about an intelligence analyser? I never heard of that."

"Of course you haven't," said the stranger. "Mr Edison and I promised to keep it a secret. I've never told anyone. Mr Edison broke his promise and told Henry Ford, but Ford made him promise not to tell anybody else – for the good of humanity."

Bullard was entranced. "Uh, this intelligence analyser," he said, "it analysed intelligence, did it?"

"It was an electric butter churn," said the stranger.

"Seriously now," Bullard coaxed.

Kurt Vonnegut Jr, "Tom Edison's Shaggy Dog",
in *American Short Stories of Today.*

**➡ Proposition de traduction**

– Pas mal cette blague, oui vraiment pas mal[1], dit Bullard, l'air aimable. Soudain, il donna une tape sur le genou de l'inconnu. Dites-moi[2], vous n'êtes pas dans le plastique tout de même ? Ça fait un moment[3] là que je déblatère sur le plastique et si ça se trouve[4], c'est dans cette branche-là que vous travaillez.

– La branche dans laquelle je travaille ? dit l'inconnu d'un ton cassant, en posant son livre. Désolé, mais je n'ai jamais travaillé dans une branche précise. Depuis mes neuf ans, je navigue[5] d'un emploi à l'autre, depuis qu'Edison a installé son laboratoire près de chez moi et m'a montré sa machine à mesurer l'intelligence[6].

– Edison ? répondit Bullard. Thomas Edison, l'inventeur ?

– Si ça vous chante[7] de l'appeler comme ça, allez-y, répondit l'inconnu.

– Quoi ?[8] Si ça me chante ? Bullard s'esclaffa. Je veux[9], oui ! Le père de l'ampoule électrique et de je ne sais quoi d'autre !

– Si ça vous amuse de penser qu'il a inventé l'ampoule électrique, ne vous gênez pas. C'est pas bien grave[10]. L'inconnu se replongea dans sa lecture.

– Dites-moi, qu'est-ce que vous racontez ? demanda Bullard, l'air suspicieux. Vous vous fichez de moi ? C'est quoi cette histoire de machine à mesurer l'intelligence ? Je n'ai jamais entendu parler d'un truc pareil.

– Bien sûr que non, répondit l'inconnu. Monsieur Edison et moi, on a juré de garder le secret. Je n'en ai jamais parlé à personne. M. Edison a rompu sa promesse et en a parlé à Henry Ford, mais Ford a juré de n'en parler à personne d'autre… pour le bien de l'humanité.

Bullard était fasciné.

– Mais cette machine à mesurer l'intelligence, dit-il, elle servait à mesurer l'intelligence, c'est ça ?

– C'était une baratte électrique, répondit l'inconnu.

– Non, sérieusement, dit Bullard en tentant de l'amadouer.

### ➠ Notes

**1.** Traduire par une expression idiomatique du type « Elle est bien bonne celle-là ! » serait tentant s'il n'y avait le danger d'y lire une intention sarcastique. **2.** L'interjection « *Say* » placée en tête de phrase est essentiellement destinée à attirer l'attention de l'interlocuteur. **3.** Notez l'étoffement destiné à rendre la valeur de HAVE BEEN + –ING. **4.** « *For all* + nom » signifie « en dépit de » (*For all his efforts, he failed*). Par ailleurs, on rencontre *for all* dans deux expressions idiomatiques très fréquentes : *for all I care* (« ça m'est bien égal » / « pour ce que ça peut me faire ») et *for all I know* (en fonction du contexte, « pour autant que je sache » ou « je n'en sais rien » / « si ça se trouve »). **5.** La traduction proposée a l'intérêt de respecter un des sens premiers de *to drift* qui se dit notamment d'un bateau qui dérive. **6.** C'est bien la signification de *intelligence analyser* dans la nouvelle de Vonnegut, mais n'oubliez pas que *intelligence* peut aussi signifier les renseignements collectés par les services spécialisés. C'est dans ce contexte qu'on trouverait en anglais contemporain *an intelligence analyst* pour décrire un agent spécialisé dans l'exploitation des données collectées. **7.** La traduction proposée permet de rendre le caractère méprisant de la remarque. **8.** L'étoffement est destiné à rendre l'emphase matérialisée par les italiques dans le texte-source. **9.** La traduction proposée a l'avantage de jouer à la fois sur la valeur assertive de l'expression et sur la valeur volitive de *will*. **10.** On omet volontairement ici le premier terme de la négation (Ce n'est pas bien grave) pour rendre au mieux le caractère informel du dialogue.

Gualinto laughed. "And then?"

"He invited me to a soda. Went into the Ice Palace and sat down, him ordering the boy around. And it was, "What will you have Colorado?" and "Come on, don't be bashful, Colorado." He ended having a banana split and I had a cherry coke. He ordered water at least three times. To make it short, when we finished he says, "How much?" in that grand manner of his. The boy said fifty cents. He dug in his pockets and came out with two cents. "Left the wallet home, he said."

Gualinto laughed again. "So you paid," he said.

"You're goddamn right I paid," said El Colorado with feeling.

"He hasn't changed much."

"Not at all. Hungry?"

"A little. What was the idea, anyway?"

"Today's my birthday," said El Colorado, grinning self-consciously. "Thought we'd celebrate by having lunch at some restaurant."

"If it's your birthday," Gualinto said. "I'm paying for your lunch."

He felt inside his pocket for cash to back his offer.

"Nothing doing," El Colorado said. "I invited you. I pay."

"Listen," Gualinto said, "it's about time I treated you to something. Now's the best time to do it."

George Washington Gomez, *Americo paredes*, 1990.

**➡ Proposition de traduction**

Gualinto rit.

– Et ensuite ?

– Il a proposé de m'offrir un soda. On est entré dans le Ice Palace, on s'est assis, et il s'est mis à donner des ordres au garçon[1]. Et là, j'ai eu droit[2] à « Tu veux quoi, Colorado ? » et « Allez, Colorado, ne fais pas ton timide. » Au bout du compte, il a pris un banana split et moi un Coca à la cerise. Il a demandé de l'eau trois fois, au moins. Pour la faire courte, quand on a terminé, le voilà qui dit « Je vous dois combien ? » en jouant les grands seigneurs, comme d'habitude[3]. Le garçon a répondu que ça faisait cinquante centimes. Il a fouillé dans ses poches et en a sorti deux centimes. « J'ai laissé mon portefeuille à la maison », qu'il dit[4].

Gualinto se remit à rire. « Du coup c'est toi qui as payé », lui dis-je.

« Évidemment que j'ai payé ! répondit El Colorado, avec émotion.

– Il n'a pas beaucoup changé.

– Pas du tout. T'as faim ?

– Un peu. Tu voulais qu'on fasse quoi, au fait ?[5]

– C'est mon anniversaire aujourd'hui, dit Colorado avec un grand sourire emprunté[6]. Je pensais qu'on fêterait ça en allant déjeuner dans un restaurant.

– Si c'est ton anniversaire, répondit Gualinto, c'est moi qui régale.

Il fouilla dans ses poches pour vérifier qu'il avait de quoi honorer sa proposition.

– Hors de question, dit Colorado. C'est moi qui t'ai proposé. Je paie.

– Écoute, dit Gualinto, ça fait longtemps que je veux t'inviter. C'est le moment idéal pour le faire.

### ➠ Notes

**1.** L'expression *to order sb around* est bien sûr à rapprocher de *to boss sb around* (mener à la baguette). **2.** Étoffement destiné à rendre au mieux l'exaspération du personnage. **3.** Variante : « en se donnant l'air important qu'on lui connaît ». **4.** Tour familier destiné à compenser la perte de familiarité dans la traduction du segment précédent qu'on pouvait difficilement en français amputer de son sujet : *Left the wallet home* → *Laissé le portefeuille à la maison. **5.** Variante : C'était quoi le plan, au fait ? **6.** Notez la transposition adverbe → adjectif.

Almost a year had passed since my wife's announcement that she was leaving New York and returning to London with Jake. This took place one October night as we lay next to each other in bed on the ninth floor of the Hotel Chelsea. We'd been holed up in there since mid-September, staying on in a kind of paralysis even after we'd received permission from the authorities to return to our loft in Tribeca. Our hotel apartment had two bedrooms, a kitchenette, and a view of the tip of the Empire State Building. It had also extraordinary acoustics: in the hush of the small hours, a goods truck smashing into a pothole sounded like an explosion, and the fantastic howl of a passing motorbike once caused Rachel to vomit with terror. Around the clock, ambulances sped eastward on West Twenty-first Street with a sobbing escort of police motorcycles. Sometimes I confused the cries of the sirens with my son's nightmare cries. I would leap out of bed and go to his bedroom and hopelessly kiss him, even though my rough face sometimes woke him and I'd have to stay with him and rub his tiny back until he fell asleep once more. Afterwards I slipped out onto the balcony and stood there like a sentry. The pallor of the so-called hours of darkness was remarkable. Directly to the north of the hotel, a succession of cross streets glowed as if each held a dawn.

Joseph O'Neill, *Netherland*, 2008.

### ➠ Proposition de traduction

Pas loin d'un an s'était écoulé depuis que ma femme m'avait annoncé[1] qu'elle quittait New York pour[2] retourner à Londres avec Jake. C'était[3] une nuit d'octobre[4]; nous étions allongés côte à côte sur le lit au huitième[5] étage de l'hôtel Chelsea. Nous y étions[6] terrés depuis la mi-septembre, encore[7] paralysés, pour ainsi dire, même après que les autorités nous eurent[8] permis de retourner dans notre loft, dans le quartier de[9] Tribeca. Notre suite[10], dotée de deux chambres et d'une petite cuisine, donnait sur le sommet de l'Empire State Building. L'acoustique y était étonnante : dans le silence des premières heures du jour[11], le bruit d'un camion de marchandises heurtant un nid-de-poule ressemblait[12] à une explosion, et un jour[13] le formidable mugissement d'une moto qui passait terrifia Rachel au point de la faire vomir. À toute heure, des ambulances fonçaient en direction de l'est sur la Vingt-et-unième Ouest, escortées par des motards de police, dans un concert de sirènes plaintives[14]. Il m'arrivait de confondre les hurlements des sirènes avec ceux que mon fils poussait quand il faisait[15] des cauchemars. Je bondissais[16] hors du lit en direction de sa chambre et l'embrassais éperdument[17] même s'il m'arrivait de le réveiller avec mon visage qui piquait[18] et de devoir rester avec lui en caressant son dos minuscule jusqu'à ce qu'il se rendormît. Puis, je sortais furtivement sur le balcon et y demeurais posté, comme une sentinelle. La pâleur de ces[19] heures de prétendue[20] obscurité était saisissante. Immédiatement au nord de l'hôtel, une série de rues perpendiculaires rougeoyaient[21] comme si l'aube se levait sur chacune[22].

## ➠ Notes

**1**. Transposition « nom → verbe », plus courante en thème, mais qui est ici bienvenue. **2**. « Pour » peut exprimer un simple rapport de consécution visant à traduire le *and*. Dans le sens du thème, attention à bien évaluer la valeur de « pour » (simple enchaînement ? expression d'un objectif ?) pour choisir entre *and* et *to / in order to / so as to*… **3**. La tournure présentative permet ici un allégement. **4**. Les noms de mois ne prennent pas de majuscule en français. **5**. En anglais américain, le rez-de-chaussée compte pour un étage. **6**. Attention au choix des temps ; ici, le *past perfect* exprime un état qui durait dans le passé. D'où le choix de l'imparfait français. **7**. La transposition « participe présent → adverbe » permet ici un allégement stylistique. **8**. Même si l'erreur est très fréquente à l'oral, faites bien suivre « après que » de l'indicatif et non du subjonctif. **9**. L'étoffement, sans être absolument nécessaire, se justifie par la volonté d'expliciter la référence géographique : il ne s'agit pas d'une commune distincte de New York, mais bien d'un quartier de la ville, situé à Manhattan, et dont le nom est un « mot-valise », formé sur Triangle Below Canal Street. **10**. Une variante possible est la traduction littérale par « appartement », mais celle-ci n'est recevable que si *Hotel Chelsea* a été précédemment traduit par « résidence hôtelière Chelsea ». **11**. *"The small hours are the early hours of the morning, between twelve o'clock at night and the time when the sun rises"* (*Cambridge Advanced Learner's Dictionary*). **12**. Optez ici pour l'imparfait itératif pour marquer le contraste entre l'action, probablement répétée, décrite par ce premier verbe et celle, ponctuelle, exprimée par *once caused*… dans la proposition suivante. **13**. Attention à la polysémie de *once* qui, selon le contexte, peut exprimer « une fois » ou « autrefois ». **14**. La personnification des motos, débutée avec *the howl of a passing motorbike* se poursuit ici. **15**. Étoffement nécessaire ici. **16**. La valeur dite « fréquentative » de *would* peut ici être simplement rendue par l'imparfait itératif. **17**. La traduction littérale « sans espoir » constituerait un calque doublé d'un non-sens. **18**. Proposition relative destinée à expliciter l'origine de l'aspect rugueux de la peau. **19**. *The* servant linguistiquement à déterminer un élément qui a déjà été identifié, est parfois traduit par ce/cet/cette pour mettre en relief la reprise anaphorique. **20**. Attention à la place de l'adjectif. **21**. Attention au champ lexical de la lumière, très riche en anglais. **22**. On préférera ici une modulation permettant de réintroduire un tour idiomatique à une traduction plus littérale du type « comme si chacune détenait une part de l'aube » ou « comme si chacune portait une aube en elle ».

"Hi Daddy"

"Hey, sweety-pie"

It's Friday afternoon and I'm home early to look after the girls while Michelle goes to the hairdresser. I gather up Malia in a hug and notice a blonde girl in our kitchen, peering at me through a pair of oversized glasses.

"Who's this?" I ask, setting Malia back on the floor.

"This is Sam. She's over for a playdate."

"Hi, Sam." I offer Sam my hand, and she considers it for a moment before shaking it loosely. Malia rolls her eyes.

"Listen, Daddy… you don't shake hands with kids."

"You don't?"

"No," Malia says. "Not even teenagers shake hands. You may not have noticed it, but this is the twenty-first century." Malia looks at Sam, who represses a smirk.

"So, what do you do in the twenty-first century?"

"You just say 'hey'. Sometimes you wave. That's pretty much it."

"I see. I hope I didn't embarrass you."

Malia smiles. "That's okay, Daddy. You didn't know, because you're used to shaking hands with grown-ups."

"That's true. Where's your sister?"

"She's upstairs."

I walk upstairs to find Sasha in her underwear and a pink top.

Barack Obama, *The Audacity of Hope*, Canongate, 2006.

**➠ Proposition de traduction**

– Bonjour Papa.

Bonjour mon sucre d'orge[1].

C'est vendredi[2] après-midi, et je suis rentré tôt pour m'occuper des filles pendant que Michelle va chez le coiffeur. Je prends Malia dans mes bras et la serre contre moi quand je remarque la présence[3] dans notre cuisine d'une fillette blonde qui me dévisage[4] à travers une paire de lunettes trop grandes pour elle[5].

– Qui est-ce ? dis-je, en reposant Malia par terre.

– C'est Sam. Elle est venue jouer[6] à la maison avec moi.

– Bonjour Sam. Je tends la main à Sam, et elle la considère un moment avant de la serrer mollement.

Malia lève les yeux au ciel.

– Écoute, Papa… on[7] ne serre pas la main aux enfants.

– Ah bon ?

– Non, répond Malia. Même les ados ne se serrent pas la main. Tu n'as peut-être pas remarqué, mais on est au vingt-et-unième siècle. Malia regarde Sam qui réprime un petit sourire narquois[8].

– Alors on fait quoi au vingt-et-unième siècle ?

– On dit « salut », c'est tout. Des fois, on fait un signe de la main. Voilà, en gros[9].

– Je vois. J'espère que je ne t'ai pas fait honte.

Malia sourit.

– Ne t'en fais pas, Papa. Tu ne savais pas, parce que tu es habitué à serrer la main des grandes personnes.

– C'est vrai. Où est ta sœur ?

– En haut.

Je vais à l'étage et trouve Sasha en culotte avec un haut rose.

### ➡ Notes

**1**. La traduction proposée a l'avantage de rester dans le même champ lexical que l'expression anglaise, mais des variantes comme « mon ange / ma puce / mon cœur… » auraient bien sûr été tout aussi idiomatiques. **2**. Les noms de jours ne prennent pas de majuscule en français. **3**. Étoffement bienvenu, ici. **4**. Attention au champ lexical de la vue, très riche en anglais. **5**. Variante : à travers d'énormes lunettes. Il s'agit bien ici de la surface des verres et non de leur épaisseur (*thick glasses*). **6**. La transposition « nom → verbe » permet d'éviter une traduction maladroite. **7**. Attention à bien traduire ici la valeur générique de *you*. **8**. "*A smirk is a smile that expresses satisfaction or pleasure about having done something or knowing something which is not known by someone else*" (*Cambridge Advanced Learner's Dictionary*). **9** Voir en contexte les sens possibles de l'adverbe *pretty* qui appartient à un registre relativement familier. *I'm pretty sure he was there = I'm quite sure he was there. I've pretty much finished what I had to do = I've almost finished what I had to do.*

They were older when they got married than most of their married friends: in their well-seasoned late twenties. Both had had a number of affairs, sweet rather than bitter; and when they fell in love – for they did fall in love – had known each other for some time. They joked that they had saved each other "for the real thing". That they had waited so long (but not too long) for this real thing was to them a proof of their sensible discrimination. A good many of their friends had married young, and now (they felt) probably regretted lost opportunities; while others, still unmarried, seemed to them arid, self-doubting, and likely to make desperate or romantic marriages.

Not only they, but others, felt they were well-matched: their friends' delight was an additional proof of their happiness. They had played the same roles, male and female, in this group or set, if such a wide, loosely connected, constantly changing constellation of people could be called a set. They had both become, by virtue of moderation, their humour, and their abstinence from painful experience, people to whom others came for advice. They could be, and were, relied on. It was one of those cases of a man and a woman linking themselves whom no one else had ever thought of linking, probably because of their similarities. But then everyone exclaimed: Of course! How right! How was it we never thought of it before!

And so they married amid general rejoicing, and because of their foresight and their sense for what was probable, nothing was a surprise to them.

Doris Lessing, *To Room Nineteen*, in *A Man and Two Women*, 1963.

### ➡ Proposition de traduction

Ils se marièrent plus tardivement que la plupart de leurs amis[1], avec toute la maturité[2] de ceux qui approchent la trentaine. Tous deux avaient eu un certain nombre d'aventures[3], qui leur avaient laissé un goût plus doux qu'amer[4] ; et lorsqu'ils tombèrent amoureux l'un de l'autre – car ils tombèrent effectivement[5] amoureux – ils se connaissaient déjà depuis un certain temps. Sur le ton de la plaisanterie, ils disaient qu'ils s'étaient réservés pour « l'amour de leur vie »[6]. Avoir patienté[7] si longtemps (mais pas trop longtemps) pour connaître l'amour de leur vie était, à leurs yeux, preuve qu'ils étaient raisonnables et savaient user de discernement[8]. Bon nombre de leurs amis s'étaient mariés jeunes et – c'était du moins leur sentiment[9] – regrettaient sans doute à présent les occasions[10] manquées, tandis que d'autres, toujours célibataires, leur semblaient desséchés[11], en proie au doute et susceptibles de se marier sous le coup de la passion ou du désespoir.

Ils pensaient, et ils n'étaient pas les seuls, qu'ils formaient un couple bien assorti, et la joie de leurs amis à les voir ensemble[12] n'était qu'une preuve supplémentaire de leur propre bonheur. Mari et femme, chacun à sa place respective[13], avaient joué les mêmes rôles, au sein de ce groupe ou de ce cercle, si l'on pouvait appeler « cercle[14] » une telle nébuleuse[15] humaine, si vaste, aux liens lâches, dont la composition n'avait de cesse d'évoluer[16]. En raison de leur sens de la mesure, de leur humour et parce qu'ils avaient su se prémunir[17] de toute expérience douloureuse, ils étaient tous deux devenus des gens vers qui les autres, en quête de conseils, se tournaient. On pouvait compter sur eux, et on ne s'en privait pas[18]. Ils étaient de ces hommes et de ces femmes qui se liaient l'un à l'autre alors que personne ne les aurait imaginés ensemble, tant, sans doute, ils se ressemblaient. Mais *a posteriori*, tout le monde s'exclama[19] : Mais bien sûr ! Ça tombe sous le sens ![20] Comment n'y avons-nous jamais pensé avant ?

Ils se marièrent ainsi dans la liesse générale, et du fait de leur prévoyance et de leur intuition[21], rien ne put les surprendre.

## ➨ Notes

**1**. Optez ici pour l'effacement de la répétition *married*, le français supportant moins facilement la redondance que l'anglais. **2**. Notez le sens laudatif de *seasoned* : *a seasoned traveller* = un voyageur expérimenté. **3**. *Affair* peut avoir un sens transparent du français : *to meddle with people's affairs* (s'occuper des affaires des autres) / *the affair has damaged their reputation* (l'affaire / le scandale a terni leur réputation) mais peut aussi signifier une liaison amoureuse. **4**. L'étoffement se justifie ici par la volonté de réintroduire une expression idiomatique. **5**. Le *do* dit « emphatique » se traduit généralement par un adverbe. Variante : car c'est bien ce qui se produisit. **6**. Variantes : l'amour avec un grand A / la bonne personne. **7**. La structure nominalisée en *that* pourrait se traduire plus littéralement : Qu'ils eussent attendu si longtemps… **8**. Attention au danger du double calque ! *discrimination* est bien employé ici dans le sens de discernement, et *sensible* est un faux-ami notoire (sensé et non sensible). Variante : preuve de leur discernement éclairé. **9**. La proposition entre parenthèses peut facilement se traduire ici par une incise. **10**. Ne pas oublier que le sens premier de « opportunité » en français est « le caractère opportun » de quelque chose. Le sens de « circonstance opportune » constitue, comme l'indique le *Robert*, un « emploi critiqué », qu'il est donc prudent d'éviter dans les concours. **11**. Attention au danger du calque ! « Desséchés », au contraire d'« arides » peut aisément prendre un sens psychologique. **12**. Étoffement bienvenu ici, mais pas nécessaire. **13**. Variante : chacun avec sa propre sensibilité. **14**. Pensez au sens de *set* dans *the smart set* (le beau monde, la haute société…). **15**. Attention au danger du calque. Le terme "constellation" serait ici trop laudatif. **16**. Variante de l'ensemble de la proposition : à supposer toutefois qu'une telle nébuleuse, vaste et fluctuante, d'individus n'entretenant que de vagues relations, pût mériter ce qualificatif. **17**. Attention au danger du calque sur *abstinence*. **18**. L'étoffement vise ici à traduire le caractère sarcastique de la remarque entre virgules. **19**. Attention au passage du duratif/itératif au ponctuel, matérialisé par le recours au passé simple. **20**. Pensez à l'expression *it just felt right* (sens affectif et non intellectuel) : c'était une évidence pour nous. **21**. Variantes : lucidité / faculté d'anticipation.

"Well, Mr Herriot," she frowned and gazed at me solemn-faced, "I told you many years ago… that Tricki is descended from a long line of Chinese emperors."

"Yes, yes, of course."

"Well, I think I can explain the whole problem if I start at the beginning." […]

"When the restaurant first opened", she went on, "there was a surprising amount of resentment among some of the local people. They criticized the food and the very nice little Chinese man and his wife, and put it about that there was no place for such a restaurant in Darrowby and that it should not be patronized. Now it so happened that when Tricki and I were out on our little walks, he overheard these remarks in the street, and he was furious."

"Really?"

"Yes, quite affronted. I can tell when he feels like this. He stalks about with an insulted expression and it is so difficult to placate him."

"Dear me, I'm sorry."

"And, after all, one can fully understand how he felt when he heard his own people being denigrated." "Quite, quite, absolutely - only natural."

"However… the clever darling suggested the cure himself."

"He did?"

"Yes, he told me that we ourselves should start to frequent the restaurant and sample their food."

Note: Tricki is the name of a dog.

James Herriot, *Favorite Dog Stories,* St Martin's Press, New York, 1995.

### ➨ Proposition de traduction

– Eh bien, Mr Herriot, me dit-elle[1] en fronçant les sourcils et en me fixant du regard, l'air solennel. Je vous ai dit il y a de nombreuses années que Tricki… descend[2] d'une longue lignée d'empereurs chinois.

– Oui, oui, je m'en souviens très bien.

– Bon, je crois être en mesure d'expliquer toute cette affaire si je commence par le commencement. […] Dès l'ouverture du restaurant[3], poursuivit-elle, certains habitants du quartier ont manifesté beaucoup d'hostilité ; c'en était surprenant[4]. Ils ont critiqué la nourriture, et l'adorable[5] petit Chinois et sa femme. Ils ont répété à qui voulait bien l'entendre[6] que ce genre de restaurant n'avait pas sa place à Darrowby et qu'il ne méritait pas d'avoir des clients[7]. Or[8], il se trouve qu'au cours d'une de nos petites promenades, Tricki a entendu ces remarques dans la rue et cela l'a rendu furieux.

– Vraiment ?

– Oui, il s'est senti tout à fait outragé[9]. Je sais très bien quand il se sent comme cela. Il va et vient l'air digne mais contrarié[10], et c'est très difficile de le calmer.

– Mon Dieu, vous m'en voyez désolé[11].

– Et, après tout, on peut parfaitement comprendre ce qu'il a ressenti quand il a entendu dénigrer ses propres compatriotes.

– Certes, certes, tout à fait d'accord... Quoi de plus naturel ?[12]

– Pourtant, intelligent comme il est[13], le petit amour a trouvé lui-même comment remédier à cette situation.

– Ah oui ?

– Oui, il m'a dit que nous devrions nous-mêmes nous mettre à fréquenter ce restaurant, et à goûter leur cuisine.

## ➠ Notes

**1**. L'étoffement, sans être absolument nécessaire, est ici bienvenu. **2**. Notez la nécessaire modulation passif → actif. **3**. Attention au risque de faux-sens : traduire *when the restaurant first opened* par « lorsque le restaurant a ouvert pour la première fois » introduirait une ambiguïté : s'agit-il de la première ouverture, avant une fermeture ? **4**. Attention au risque de calque : *une surprenante quantité de ressentiment. **5**. On peut ici opter pour un allégement du schéma ADV + ADJ, à condition de respecter une gradation dans le choix de l'adjectif. **6**. Variante : ils ont fait courir un bruit selon lequel... **7**. Attention à la polysémie de *patron* : 1/ protecteur, bienfaiteur, mécène 2/ client, et à celle de *to patronise* : 1/ *to be a regular customer of a shop or restaurant* 2/ *to behave towards someone as if they are unimportant*. D'où *a patronising attitude* = une attitude condescendante. Par ailleurs, bien sûr, *patron ≠ boss*. **8**. *Now*, lorsqu'il n'est pas temporel, peut servir simplement à relancer le discours (bon ! / alors !...), mais peut également revêtir un sens contrastif (or...). **9**. Il faut respecter le registre de langue formel de *affronted*. **10**. Plusieurs opérations nécessaires pour traduire au mieux le segment *He stalks about with an insulted expression* : 1/ « chassé-croisé » : *about* est rendu par le verbe « aller et venir » et *stalk* par le complément de manière. 2/ Lorsqu'il sert à qualifier une démarche, le verbe *stalk* peut revêtir deux nuances, comme le montre la définition du *Oxford Dictionary of English* : "*to stalk is to walk in a proud or angry manner*". Deux interprétations sont donc possibles ici : soit le complément *with an insulted expression* ne vient que renforcer la connotation déjà présente dans *stalk* (il faudrait alors opter pour un adverbe d'intensité en français pour éviter le pléonasme : « d'un air fort contrarié »), soit le complément apporte une nuance supplémentaire à *stalk* qui désignait davantage la fierté de la démarche que le courroux (d'où la traduction proposée ici : « l'air digne mais/et contrarié »). **11**. Évitez la traduction littérale « Je suis désolé », qui prête à ambiguïté. **12**. Modulation affirmation → interrogation (rhétorique), à la faveur de l'introduction d'une expression idiomatique. **13**. Étoffement préférable, car une traduction littérale pourrait sembler ici incongrue.

Dora Greenfield left her husband because she was afraid of him. She decided six months later to return to him for the same reason. The absent Paul, haunting her with letters and telephone bells and imagined footsteps on the stairs had begun to be the greater torment. Dora suffered from guilt, and with guilt came fear. She decided at last that the persecution of his presence was to be preferred to the persecution of his absence.

Dora was still very young, though she vaguely thought of herself as past her prime. She came of a lower middle-class London family. Her father had died when she was nine years old, and her mother, with whom she had never got on very well, had married again. When Dora was eighteen, she entered the Slade School of art with a scholarship, and had been there two years when she encountered Paul. The role of an art student suited Dora. It was indeed the only role she had ever been able whole-heartedly to play. She had been an ugly and wretched schoolgirl. As a student she grew plump and peach-like and had a little pocket money of her own, which she spent on big multi-coloured skirts and jazz records and sandals. At that time, which although it was only three years ago now seemed unimaginably remote, she had been happy. Dora, who had so lately discovered in herself a talent for happiness, was the more dismayed to find that she could be happy neither with her husband nor without him.

Iris Murdoch, *The Bell*, Penguin, 1986.

## ➡ Proposition de traduction

Dora Greenfield avait quitté[1] son mari car elle en avait peur. Six mois plus tard, elle décida de revenir vivre avec lui pour la même raison. Paul la tourmentait davantage par son absence que lorsqu'il était à ses côtés[2], tant elle avait désormais la hantise[3] du courrier, des coups de téléphone et des bruits de pas qu'elle croyait entendre[4] dans l'escalier. Dora souffrait car elle se sentait coupable[5], et à la culpabilité s'ajouta la peur. Puisqu'elle devait dans un cas comme dans l'autre se sentir persécutée[6], elle finit par[7] se convaincre que mieux valait endurer sa présence que son absence.

Dora était encore très jeune, bien qu'elle eût le vague sentiment de ne plus être dans la fleur de l'âge[8]. Elle était issue d'une famille de la petite bourgeoisie[9] londonienne. Elle avait neuf ans quand elle perdit son père, et sa mère, avec laquelle elle ne s'était jamais très bien entendue, s'était remariée. À l'âge de dix-huit ans, elle obtint une bourse pour intégrer l'école Slade des Beaux-Arts[10]. Elle y étudiait[11] depuis deux ans lorsqu'elle rencontra Paul. Son rôle d'étudiante en art lui allait comme un gant. C'était de fait le seul rôle qu'elle eût jusque-là été capable d'assumer de gaîté de cœur. Écolière, elle avait eu un physique ingrat et avait été terriblement malheureuse. Une fois étudiante, elle prit des formes et un joli teint de pêche[12]. Elle avait en outre un peu d'argent de poche qu'elle dépensait pour s'acheter de grandes jupes multicolores, des sandales et des disques de jazz. À cette époque-là – trois ans seulement auparavant mais cela lui semblait une éternité – elle avait connu le bonheur. Dora, qui ne s'était que très récemment découvert une aptitude au bonheur[13], fut d'autant plus navrée de constater qu'elle ne pouvait être heureuse ni avec son mari, ni sans lui.

## ➨ Notes

**1**. Le plus-que-parfait semble plus pertinent ici que le passé simple, puisque l'action décrite par *left* est bien antérieure à celle exprimée par *decided* à la phrase suivante. **2**. L'étoffement sert ici à traduire l'emploi de la structure « *the* + comparatif de supériorité + nom » qui exprime grammaticalement une alternative à deux termes. **3**. Attention au danger du calque sur *haunted*. **4**. L'étoffement qui réintroduit un verbe conjugué se justifie ici par l'utilisation dans le texte anglais de *imagined* (qui insiste sur le procès) au détriment de *imaginary* (qui aurait insisté sur l'état). **5**. Notez l'étoffement de la préposition *from*. Il est tentant d'introduire ici le tour idiomatique « rongée par la culpabilité », mais il s'agirait d'une légère sur-traduction. **6**. L'étoffement proposé ici a deux avantages : éviter la lourdeur de la répétition et expliciter la valeur de la modalité *be to*, qui décrit un évènement planifié, voire découlant d'une forme de fatalité. C'est bien cette dernière nuance, cohérente avec la résignation du personnage, qui est à l'œuvre ici. **7**. Transposition locution adverbiale → verbe. **8**. Variante : de n'être plus de prime jeunesse. **9**. Attention à la traduction des catégories sociales : *the upper class* (la haute société / l'aristocratie), *the upper middle class* (la haute bourgeoisie), *the lower middle class* (la petite bourgeoisie), *the lower class* (la classe populaire). **10**. Composante de University College London, la Slade School of Arts, du nom de son fondateur Felix Slade (1788-1868), est l'équivalent approximatif de l'École Nationale Supérieure des Beaux-arts à Paris, étant bien entendu que, dans Londres, des universités autres que UCL proposent un cursus équivalent. **11**. Attention au choix des temps ; ici, le *past perfect* exprime un état qui durait dans le passé. D'où le choix de l'imparfait français. **12**. Le segment *She grew plump and peach-like* est ambigu. De prime abord, *peach-like* pourrait s'entendre comme une expression imagée, quasi-synonyme de *plump*. Cette interprétation, cohérente avec la tendance de l'anglais à utiliser des séries de noms ou d'adjectifs coordonnés qui confinent à la redondance, nous orienterait vers une traduction par « elle devint ronde et charnue/ pulpeuse comme une pêche ». Toutefois, alors que décrire la silhouette d'une femme par *peach-like* constituerait une image pour le moins inhabituelle, cet adjectif composé est en revanche assez souvent utilisé pour décrire l'aspect de la peau : *to have a peach-like complexion / skin*. Cette dernière interprétation semble en outre cohérente avec la vision désormais positive prêtée au personnage sur son propre aspect physique, une fois entrée dans l'âge adulte. **13**. Mieux vaut ici éviter le soupçon de calque sur *talent*, et opter pour « aptitude » ou « propension ».

Rolf was a strong but clumsy and awkward boy of fourteen. Like all of the Baumanns he spoke excellent English and on this holiday, much to my surprise, he formed a rapid and powerful bond with my brother, who does not make friendships easily. They would engage in swimming contests, run along the beach, disappear for long cycle rides together and play inexhaustible games [...] with a football on the back lawn. It was in the middle of one of these games [...] that Jorgen and Stefan came to talk to them.

"Hey! Germans!" Jorgen called out. "This is our back garden. Who said you could play your stupid games of football on our lawn?"

Rolf said nothing; just looked at the two Danes apprehensively.

Paul said: "I'm not German, I'm from England. And this is the back of our house as well as yours."

"But your friend is German, yes?" [...]

"His name is Rolf," my brother said, "and I'm Paul. And I bet we can beat you six-nil if we play for ten minutes each way."

By this means he managed to defuse the situation, and soon the four of them were involved in a keenly fought contest.

Jonathan Coe, *The Rotters' Club*, Penguin Books, 2002.

### ➠ Proposition de traduction

À quatorze ans[1], Rolf était un garçon robuste, mais très maladroit[2]. Comme tous les Baumann, il parlait parfaitement anglais et lors de ces vacances, à ma grande surprise, il noua rapidement[3] avec mon frère, qui ne se lie pourtant pas facilement, une solide amitié. Ils faisaient souvent[4] la course à la nage, couraient le long de la plage, disparaissaient à vélo pour faire[5] de longues promenades et se livraient à d'interminables parties [...] de football sur la pelouse, à l'arrière de la maison. Ce fut précisément au beau milieu d'une de ces parties [...] que Jorgen et Stefan vinrent leur parler.

– Hé ! Les Allemands ! cria Jorgen. C'est notre jardin ! Qui vous a permis de faire vos parties de foot débiles sur notre pelouse ?

Rolf ne répondit rien, et se contenta[6] de regarder les deux Danois avec une certaine appréhension. Paul répondit :

– Je ne suis pas allemand, je suis anglais. Et ce jardin n'est pas plus à vous qu'à nous.

– Mais ton pote est bien allemand, non ? [...]

– Il a un nom, fit mon frère. Lui, c'est Rolf et moi c'est Paul. Et je vous parie qu'on peut vous mettre six-zéro dans la vue[7] en deux mi-temps de dix minutes ! »

C'est par ce biais qu'il parvint à désamorcer la situation et, bientôt, tous les quatre se trouvèrent engagés dans une partie âprement disputée.

### ➠ Notes

**1**. Réagencement qui permet d'éloigner le soupçon de calque syntaxique. **2**. Parce que, comme on a coutume de le dire, le français « supporte » moins bien la redondance que l'anglais, il est sans doute préférable ici d'éviter une traduction littérale du type « gauche et maladroit », et d'opter pour une transposition d'un des deux adjectifs en un adverbe d'intensité. **3**. Transposition nécessaire ici, étant donné le caractère étrange que prendrait une traduction littérale « *une amitié rapide ». **4**. Certes, l'imparfait peut suffire à exprimer la répétition de l'action dans le passé, mais il est sans doute préférable d'indiquer clairement au jury que vous avez saisi la valeur du *would* dit « fréquentatif ». **5**. Étoffement nécessaire. **6**. Transposition adverbe → verbe. **7**. Étoffement justifié ici par la volonté d'introduire une expression idiomatique.

# HEC/ESCP admission directe, première session – 2009

The move to Doncaster raises complications for the whole family, but Kate and Ted, as two rational people, are not about to be thrown by them. With Jake they hope asleep upstairs, Kate sets out the invariables of the situation. Ted has passed the big four-O, so it would be daylight madness for him to give up his pension rights and promotion prospects unless something equally good and preferably better comes along. And that's putting the best face on it, says Kate. Because frankly, Ted, at your age, in your position – she tactfully leaves the sentence unfinished, just as she has left unfinished an earlier speech on the subject of Our Marriage and is Shortcomings, principal among which are Mundy's frequent absences, and his peculiar other-worldliness before and after them, which might well lead any other wife to conclude he had another interest, but since he swears he hasn't, he'll let that go.

Returning to Ted's career prospects, or lack of them, Kate takes it to be common ground that he has hit a plateau at the Council. This special job they gave him as Travelling Representative Eastern Europe all those years has not turned out to be quite the path to glory Ted was led to expect.

John Le Carré, *Absolute Friends*, 2004.

### ➠ Proposition de traduction

Le déménagement à Doncaster complique les choses pour toute la famille mais deux êtres rationnels comme Ted et Kate ne sont pas près de se laisser désarçonner pour autant. Tandis que[1] Jake, du mois l'espèrent-ils, dort à l'étage, Kate énonce les données intangibles[2] de la situation. Étant donné que Ted a passé le cap de la quarantaine[3], ce serait de la folie pure[4] qu'il renonce à son plan de retraite et à ses perspectives d'avancement à moins que quelque chose d'aussi intéressant, et même si possible de plus intéressant, ne se présente. Mais ça, c'est être optimiste, ajoute Kate. Car honnêtement, Ted, à ton âge et dans ton métier… Avec tact, elle choisit de ne pas finir sa phrase, comme elle avait laissé en suspens une précédente tirade sur l'air de[5] « Notre Couple et ses Problèmes », au premier rang desquels les absences fréquentes de Mundy, et cette façon particulière qu'il a d'évoluer sur une autre planète[6] avant de partir comme après, ce qui conduirait probablement n'importe quelle autre épouse à conclure qu'il avait un autre centre d'intérêt, mais puisqu'il jure que non, elle n'insistera pas.[7]

Revenant sur les perspectives de carrière de Ted, ou plutôt son manque de perspectives, Kate estime qu'ils peuvent se mettre d'accord sur un point : Ted ne progressera plus s'il continue de travailler au British Council[8]. Le poste stratégique de Représentant Itinérant de l'institution en Europe de l'Est qu'ils lui ont offert il y a tant d'années de cela n'a finalement[9] pas été le tremplin vers la gloire qu'on[10] lui avait fait miroiter.

## ➠ Notes

**1.** Attention à ne surtout pas calquer *with*. On décrit bien ici une situation de simultanéité et non d'accompagnement. **2.** Préférez ici un étoffement à la traduction littérale par « invariants », substantif qui ne s'utilise guère qu'en linguistique et en sciences. **3.** Bien sûr, ne pas tenter ici de traduction littérale, forcément absurde, mais favoriser un équivalent idiomatique. **4.** Variante : il faudrait être fou à lier pour… **5.** La traduction découle ici moins de *on the subject of* que du choix typographique consistant à mettre des majuscules à *Our Marriage and its Shortcomings*. Ce choix permet en effet de généraliser et d'indiquer qu'il s'agit d'une discussion récurrente chez les couples qui connaissent des difficultés. **6.** « Avoir la tête ailleurs » constituerait ici une légère sous-traduction. En revanche, « sembler être dans un autre monde » était une variante possible. **7.** À la faveur du mélange entre style direct et semi-direct, on pourrait envisager une variante : « mais puisqu'il jure que non, admettons ». **8.** Il convient ici d'étoffer pour élucider la référence. **9.** *Turn out to* marque l'aboutissement d'un processus. **10.** Le pronom indéfini permet ici de traduire le passif de *Ted was led to expect*.

# HEC/ESCP admission directe, deuxième session – 2009

Nettie feels all sorts of sadness. She, like Alfred, was rushed too soon away from her childhood, never had time to be young, was instructed to be an adult before she was ready. When she came back from finishing school, her mother had a husband almost lined up for her: Will, with whom, on the whole, she has been happy. But no children. Strange, how both Dolly and she have had no children, and inexplicable, unless you believe in those old superstitions about the wrong partner producing no children. She has not been unhappy, thinks Nettie, but Dolly is beginning to look hard, cruel. Hal sees it all, of course. For a long time now Nettie has disguised from herself the entanglement which is now obvious; it has kept her away from her aunt's house. Tact, perhaps, or distaste. In any event, a desire not to see, not to witness. All that is over, or should be. It is a long time now since she and Alfred danced at that wedding, when they were children. She used to think of him, learning to be a man while she sent him postcards of the lake at sunset. She tought he might be waiting for her when she came back. But Dolly had been eager to be married.

Anita Brookner, *Family and Friends*, 1986.

### ➠ Proposition de traduction

Il y a de nombreuses choses qui rendent Nettie triste. Trop tôt, on lui a brutalement confisqué son enfance[1], comme à Alfred, elle n'a jamais eu le temps d'être un enfant, on l'a sommée de devenir adulte avant qu'elle n'y soit prête. Quand elle est revenue après avoir fini ses études, sa mère lui avait déjà trouvé un mari qui lui était pratiquement déjà promis[2] : Will, avec qui, dans l'ensemble, elle a été heureuse. Mais sans enfants. C'est étrange, mais ni Dolly ni elle-même n'a eu d'enfants. Étrange et inexplicable, à moins d'adhérer à ces vieilles croyances[3] selon lesquelles se marier avec la mauvaise personne vous condamne à ne pas procréer. Elle n'a pas été malheureuse[4], pense Nettie, mais Dolly commence à avoir l'air dur, cruel. Hal s'en rend parfaitement compte, bien sûr. Depuis maintenant longtemps, Nettie a refusé de voir ce qui est maintenant évident : le caractère subi de cette relation[5] à cause de laquelle elle n'a pas fréquenté la maison de sa tante. Par tact, peut-être, ou par dégoût. En tout cas, elle ne voulait pas assister à cela, ne pas en être témoin. Tout cela est terminé, ou devrait l'être. Il y a bien longtemps désormais, Alfred et elle avaient dansé à ce mariage, alors qu'ils étaient enfants. Autrefois[6], elle pensait à lui, en train de faire son éducation, de devenir un homme, tandis qu'elle lui envoyait des cartes postales du lac au coucher du soleil. Elle se disait qu'il l'attendrait peut-être le jour où elle reviendrait. Mais Dolly s'était montrée pressée de se marier.

## ➠ Notes

**1.** Il faut bien rendre compte de toutes les informations contenues dans l'expression *was rushed too soon away from* : l'utilisation du passif montre qu'il s'agit d'une évolution imposée par autrui, cette évolution a été brutale (*rushed away*) et ressentie comme bien précoce (*too soon*). **2.** *To be lined up for* signifie attendre sagement (littéralement, en se mettant en rang). L'idée est donc bien ici que la mère avait presque (*almost*) tout arrangé. **3.** Il est plus prudent de ne pas calquer ici, le substantif « superstition » connaissant un emploi essentiellement abstrait, « indénombrable » en français. **4.** Une modulation (*She has not been unhappy* → elle a été heureuse) ne rendrait bien sûr pas compte du manque d'enthousiasme de la remarque. **5.** *An entanglement is a situation or relationship that are involved in and that is difficult to escape from* (Cambridge Advanced Learner's Dictionary). La traduction par « imbroglio » (situation embrouillée, confuse), envisageable dans d'autres contextes, constituerait ici une impropriété. **6.** Un adverbe de temps est souvent utilisé pour traduire *used to* qui marque la rupture radicale entre le passé considéré et le moment de l'énonciation.

# HEC/ESCP admission directe, première session – 2008

We had wanted something more exotic. No more Alpine chalets and villas in Spain. We needed yet another holiday, but a different holiday. We had had this need for eight years and it was a need we could afford. We felt we had suffered in the past and so required a perpetual convalescence. But this meant, in time, even our holidays lacked novelty; so we looked for something more exotic. We thought of the East. We imagined a landscape of minarets and domes out of the Arabian Nights. However, I pointed out the political uncertainties of the Middle East to my wife. She is sensitive to such things, to even remote hints of calamity. In London bombs go off in the Hilton and restaurants in Mayfair. Because she has borne one disaster she feels she should be spared of others, and she looks upon me to be her guide in this [...].

My wife is beautiful. She has a smooth, flawless complexion, subtle, curiously expressive eyebrows, and a slender figure. I think these were the things that made me want to marry her, but though they have preserved themselves well in eight years they no longer have the force of a motive. She looks best in very dark or very pale colours. She is fastidious about perfumes, and tends devotedly our garden in Surrey.

Graham Swift, "Seraglio" in *Learning to Swim*, 1982.

### ➠ Proposition de traduction

Nous avions souhaité une destination[1] plus exotique. Plus de chalet dans les Alpes, plus de villa en Espagne. Nous avions besoin de prendre encore[2] des vacances, mais d'un autre type. Cela faisait[3] huit ans que nous en avions envie, et nous pouvions nous le permettre. Nous avions le sentiment d'avoir souffert dans le passé, et d'avoir par conséquent besoin d'une éternelle convalescence. Mais, à la longue, même nos vacances finirent[4] par manquer d'originalité. Nous nous mîmes donc à la recherche de plus d'exotisme. L'Orient était une destination possible. Nous imaginions un paysage sculpté de[5] minarets et de dômes tout droit sortis des[6] Contes des Mille et une Nuits[7]. Toutefois je fis remarquer à ma femme que le Moyen-Orient était une région instable[8] politiquement. Elle est sensible à ce genre de choses, au moindre malheur, même lointain. Des bombes explosent à Londres, au Hilton, et dans des restaurants du quartier de[9] Mayfair. Parce qu'elle a déjà enduré une catastrophe, elle estime qu'on devrait lui épargner les autres et compte sur moi pour lui montrer[10] comment s'en protéger. [...]

Ma femme est belle. Elle a une peau douce, sans aspérités, des sourcils fins et étrangement expressifs, et une silhouette svelte. Je pense que c'est pour ces raisons que j'avais souhaité l'épouser. Cependant, bien que toujours pertinentes huit ans plus tard[11], ces raisons ne sont plus aujourd'hui impérieuses. Les couleurs très sombres ou très claires sont celles qui[12] lui vont le mieux. Elle est difficile[13] quand il s'agit de parfums, et entretient avec dévouement le jardin de notre maison dans le Surrey.

### ➨ Notes

**1**. Étoffement bienvenu. **2**. Notez les emplois de *yet* en tête de syntagme pour marquer la répétition : *yet another holiday = one more holiday / we need to discuss this yet again = we need to discuss this once more.* **3**. Attention au choix des temps ; ici, le *past perfect* exprime un état qui durait dans le passé. D'où le choix de l'imparfait français. **4**. La traduction choisie cherche à rendre la valeur de conséquence contenue dans *this meant*, dans ce contexte. **5**. L'étoffement se justifie par la volonté de réintroduire une expression idiomatique. **6**. Même remarque qu'en 5. **7**. Il importe bien sûr ici d'utiliser la traduction française de ce recueil d'origine persane. **8**. Transposition nom → adjectif. **9**. Certes, il s'agit d'un quartier connu de Londres, mais l'étoffement peut se justifier ici par la volonté de rendre le texte immédiatement compréhensible, y compris à un lecteur mal informé. **10**. Transposition nom (*guide*) → verbe (montrer). **11**. Variante : bien que toutes ces qualités ne se soient pas démenties… **12**. La modulation permet ici de traduire plus élégamment la mise en relief exprimée par le superlatif. **13**. Attention au faux-ami *fastidious* (minutieux, méticuleux, tatillon). Un exercice fastidieux = *a tedious exercise.*

# HEC/ESCP admission directe, deuxième session – 2008

Then I went to see Dudley. Drawing up outside his house I thought wistfully of all the previous occasions on which I had visited him with nothing more serious to complain of than a general, ill-defined malaise. A wide-bodied jet thundered overhead as I rang the doorbell, making me cringe and cover my ears. Dudley told me that it was a new, scheduled service to New York. "Be useful to you, won't it, in your line of work?" he remarked, "You won't have to go from Heathrow anymore." Dudley has a rather exaggerated notion of the glamour of a TV scriptwriter's life. I told him I was living in London now, anyway and the reason. "I don't suppose you have an essential oil for marital breakdown, do you?" I said. "I can give you something for stress," he offered. I asked him if he could do anything about my knee, which had been playing up badly on the M1. He tapped away on his computer and said he would try lavender, which was allegedly good for aches and pains *and* stress. He took a little phial out of his big, brass-bound case of essential oils, and invited me to smell it.

David Lodge, *Therapy*, 1996.

### ➠ Proposition de traduction

Puis, je partis voir Dudley. Alors que je garais la voiture devant chez lui[1], je me mis à penser avec nostalgie à toutes ces visites que je lui avais rendues[2] sans sujet de plainte plus grave[3] qu'un malaise général, aux contours flous. Au moment où je sonnai à la porte, un gros porteur[4] passa au-dessus de moi dans un grondement de tonnerre[5], si bien que j'eus un mouvement de recul[6] et que je dus protéger mes oreilles. Dudley m'expliqua qu'il s'agissait d'une nouvelle ligne régulière à destination de New York. « Ça[7] va te servir à toi, avec ton travail, non ? » remarqua-t-il. « Tu n'auras plus besoin de partir d'Heathrow ». Dudley a une vision quelque peu idéalisée de la vie d'un scénariste, qu'il imagine pleine de glamour[8]. Je lui dis que peu m'importait[9] car je vivais désormais à Londres, et je lui expliquai pourquoi. « Je suppose que tu n'as pas d'huile essentielle pour guérir d'[10]une rupture conjugale ? » dis-je. « Je peux te donner quelque chose contre le stress », me proposa-t-il. Je lui demandai s'il pouvait quelque chose pour mon genou qui m'avait posé beaucoup de soucis[11] sur l'autoroute M1[12]. Il tapota un moment[13] sur son clavier et dit qu'il essaierait quant à lui la lavande, réputée[14] efficace contre toutes sortes de douleurs[15] mais aussi[16] contre le stress. Il sortit une petite fiole de sa grande mallette[17] remplie d'huiles essentielles, et me la fit sentir.

## ➡ Notes

**1**. Réintroduisez un verbe conjugué pour éviter de calquer le participe présent. **2**. Attention au danger du calque : *to visit a place* ··➝ visiter un endroit / *to visit sb* ··➝ rendre visite à qqun. **3**. Attention de ne pas calquer l'adjectif *serious*. **4**. Ne pas tenter de traduction littérale de *wide-bodied jet*, là où le français dispose d'un terme précis pour décrire cette catégorie d'avions. **5**. Technique du « chassé-croisé » : l'adverbe *overhead* est ici traduit par le verbe, tandis que le verbe *thundered* est traduit par le complément. **6**. *To cringe = "to suddenly move away from someone or something because you are frightened"* (*Cambridge Advanced Learner's Dictionary*) ; *"to bend one's head and body in fear or apprehension or in a servile manner"*. (*Oxford Dictionary of English*). Une variante consisterait à jouer sur l'ambivalence sens propre/sens figuré suggérée ici par la seconde définition : « si bien que je courbai l'échine » **7**. Il faut bien sûr tenir compte du registre de langue (ellipse du modal ~~*It will*~~ *be useful to you* dans le texte-source). **8**. Étoffement bienvenu. **9**. Transposition adverbe (*anyway*) ➝ verbe. **10**. Étoffement nécessaire. **11**. *To play sb up = to cause sb pain*. **12**. Optez ici pour l'explication, éventuellement doublée de l'emprunt. (M1 = Motorway 1). **13**. Notez ici un sens possible de la postposition *away*, souvent peu connu des étudiants. **14**. Transposition adverbe (*allegedly*) ➝ adjectif. **15**. L'expression idiomatique anglaise *aches and pains* est, comme souvent, fondée sur une redondance destinée à exprimer une multiplicité de souffrances. Le français « supportant » moins bien la redondance que l'anglais, il faut ici éviter la traduction littérale. **16**. La mise en italiques correspond dans le texte-source à une volonté d'insistance qu'il est ici possible de traduire par un étoffement. **17**. Attention à ne pas tenter ici de traduction littérale.

# HEC/ESCP admission directe, première session – 2007

"Have you lived here long?" Blanche enquired, her cooling transparent tea revealing a previous stain in the cup.

"About a year. The lease was up on our old place and we had to find something quickly before my husband went abroad. We'd never have considered this place otherwise. Nowhere for Nellie to play and horribly damp. But a friend of ours, a painter, was going to the States for a year and he let us have it for nothing. So we couldn't refuse."

Yes, thought Blanche, admitting the plausibility of this story. It would be a painter. It is always painters who live in such squalor, considering their thoughts to be on a higher plane. On Art, in fact. But art is about aristocracy, and subversion, a deeper subversion than this. [...]

"And your husband," she said, with some trepidation. "Will he be away for long? I expect he misses the little girl."

"Oh, Paul," replied the girl, with a disgusted laugh. "He works for an American, a beast, I hate him. He's horribly rich and he has houses all over the place; and he's frightfully difficult and impatient and that's why he needs Paul. He uses him like a bloody factotum, if you'll pardon my French." [...]

Anita Brookner, *A Misalliance*, ed. Grafton Books, 1986.

## ➠ Proposition de traduction

– Vous habitez[1] ici depuis longtemps ? s'enquit Blanche. Son thé transparent qui refroidissait[2] trahissait une tasse mal lavée[3].

– Environ un an. Notre ancien bail arrivait à terme et il nous a fallu trouver quelque chose rapidement avant que mon mari ne parte à l'étranger, sans quoi[4] nous n'aurions jamais envisagé de vivre ici. Aucun endroit pour que Nellie puisse jouer, et c'est terriblement humide. Mais un de nos amis, un peintre, partait aux États-Unis pour une année et il nous a proposé son appartement gracieusement. Difficile de refuser.

– En effet, pensa Blanche, admettant que l'histoire était plausible. Ce ne pouvait être[5] qu'un peintre. Seuls les peintres peuvent vivre dans une telle saleté : ils estiment qu'ils ont à s'occuper de choses plus nobles. De l'art avec un grand A, en particulier. Mais l'art est affaire d'aristocratie et de subversion, une subversion autrement plus profonde que celle-ci. [...]

– Et votre mari, dit-elle avec une certaine appréhension. Il va rester absent longtemps ? La petite doit lui manquer[6].

– Paul ?[7] répondit la jeune femme avec un rire désabusé[8]. Il travaille pour un Américain, une brute[9], je hais ce type. Il est horriblement riche, il a des maisons partout. Il a un caractère très difficile et impatient ; c'est pour cela qu'il a besoin de Paul. C'est sa boniche[10], si vous me passez l'expression[11]. [...]

### ➠ Notes

**1**. Pensez à traduire ici le *present perfect* par un présent, puisque l'état se prolonge jusqu'au moment de l'énonciation. **2**. Transposition classique –ING → relative. **3**. Il semble plus naturel ici de procéder par modulation lexicale et de faire de l'ensemble de l'objet, plutôt que du détail, la base du groupe nominal. **4**. La tournure est ici acceptable, puisqu'il s'agit d'un dialogue, qui plus est écrit dans une langue assez informelle. **5**. Il s'agit ici de rendre la valeur de *would* correspondant à une action (généralement jugée de manière négative) prévisible parce que typique. **6**. N'oubliez pas la structure transitive directe du verbe *to miss*. *He misses her* : elle lui manque. **7**. On opte ici pour une modulation affirmation→ interrogation pour rendre au mieux l'intonation ironique et désabusée que l'on prête au personnage. **8**. La traduction littérale constituerait ici un calque doublé d'une sur-traduction. **9**. Variante : un chien. **10**. Le terme latin est parfois utilisé aussi en français, quoique rarement. Il appartient en anglais à un registre formel, qui se trouve contredit d'une certaine manière ici par l'adjectif familier *bloody*, d'où la traduction de l'ensemble du groupe nominal par le seul terme péjoratif « boniche ». **11**. Il faut ici trouver un équivalent à cette expression idiomatique utilisée souvent comme une forme de précaution rhétorique. "*Excuse / Pardon my French is a humorous phrase said when you are pretending to be sorry for saying a swear word*" (*Cambridge Advanced Learner's Dictionary*).

# HEC/ESCP admission directe, deuxième session – 2007

It was most disconcerting to see oneself described not by some provincial penny-a-liner but by the most famous writer of the day. It made him feel like several overlapping people at the same time; a victim seeking redress; a solicitor facing the highest tribunal in the country; and a character in a novel.

Here was Sir Arthur explaining why he, George, could not possibly have been involved with the supposed band of Wyrley ruffians: "In the first place, he is a total abstainer, which in itself hardly seems to commend him to such a gang. He does not smoke. He is very shy and nervous. He is a most distinguished student." This was all true, and yet untrue; flattering, yet unflattering; believable, yet unbelievable. He was not a *most* distinguished student; merely a good, hard-working one. He had received second-class honours, not first, from the Birmingham Law Society. And if he had been judged nervous on the basis of that previous meeting at the hotel, then there were mitigating circumstances. He had been sitting in the foyer reading his newspaper, beginning to worry if he were mistaken about the time or even the day, when he had become aware of a large, overcoated figure standing a few yards away and scrutinizing him intently.

Julian Barnes, *Arthur & George*, Ed. Vintage Books, 2006.

### ➡ Proposition de traduction

C'était extrêmement[1] déconcertant pour lui de se voir décrit non pas par quelque plumitif[2] provincial, mais par l'écrivain le plus célèbre du moment[3]. C'était comme s'il était simultanément[4] plusieurs personnes :[5] une victime en quête de réparation,[6] un avocat plaidant devant le plus haut tribunal du pays, et un personnage de roman[7].

Sir Arthur était là, qui[8] expliquait pourquoi lui, George, ne pouvait en aucune manière avoir été mêlé à cette prétendue bande de voyous de Wyrley. « En premier lieu, il ne boit jamais une goutte d'alcool, ce qui, convenons-en[9], fait de lui un membre bien improbable de ce genre de clique[10]. Il ne fume pas. Il est très timide et anxieux. C'est un étudiant absolument remarquable. » Tout cela était vrai et pourtant faux, élogieux et pourtant peu flatteur, crédible et pourtant invraisemblable. Il n'avait rien d'un étudiant « absolument » remarquable ; tout au plus était-il un bon étudiant, travailleur. Au concours d'avocat, qu'il avait passé à Birmingham[11], il avait obtenu la mention « bien » et non « très bien[12] ». Et si c'est à cause de cette première rencontre à l'hôtel qu'on l'avait trouvé « anxieux », alors il avait des circonstances atténuantes. Il patientait dans le hall, lisant son journal, et commençait à se demander s'il ne s'était pas trompé d'heure, voire de jour, lorsqu'il aperçut la silhouette d'un homme grand, vêtu d'un pardessus, qui se tenait à quelques mètres[13] de là et qui l'observait avec insistance.

### ➠ Notes

**1**. Remarquez l'emploi adverbial de *most* (= *very*), à distinguer de *the most* servant à construire le superlatif de supériorité des adjectifs longs. **2**. Le terme français doit revêtir la même connotation péjorative que le terme anglais. **3**. Il faut bien sûr entendre *day* ici au sens d'« époque ». **4**. Notez la transposition –ING → adverbe. **5**. L'emploi des deux points pour introduire une série d'exemples est plus fréquent en français qu'en anglais. **6**. Préférez en français des virgules plutôt que des points-virgules lorsqu'il s'agit de séparer des groupes nominaux et non des propositions. **7**. L'adjectif « romanesque », parce qu'il peut signifier « aventurier, hors du commun » constituerait ici une sur-traduction. **8**. Cette tournure écrite, consistant à rattacher au prédicat la relative qui qualifie le sujet, vise ici à rendre l'emphase de la tournure présentative anglaise. **9**. L'impératif traduit ici la nuance introduite par *seem* dans le texte-source. **10**. Il faut ici faire l'effort de trouver un synonyme de « bande », déjà utilisé plus haut, sans pour autant céder à la facilité de l'emprunt « gang », qui, employé en français, évoque le crime organisé, et constituerait donc en l'espèce un calque doublé d'un faux-sens. **11**. La traduction de *Birmingham Law Society* pose un problème d'équivalence. *Law Society* désigne en effet en Grande-Bretagne l'organisation professionnelle des avocats qui remplit une fonction représentative et syndicale au même titre que le Barreau / l'Ordre des avocats en France, mais assure également la préparation et la délivrance du diplôme d'avocat, ce qui correspond à la mission des CRFPA (centres régionaux de formation professionnelle d'avocat) français, en liaison avec les facultés de droit. L'équivalence stricte étant ici impossible, on optera pour un léger glissement de sens, de l'organisme délivrant la formation au diplôme lui-même. Le terme français de « concours » constitue ici un raccourci pratique insistant sur la sélectivité du processus, même s'il faudrait parler, pour une équivalence exacte de « certificat d'aptitude à la profession d'avocat ». **12**. L'équivalence culturelle est ici plus aisée. Notez les différentes « mentions » dans le système universitaire britannique : *First-Class Honours (1st), Upper Second-Class Honours (2:1), Lower Second-Class Honours (2:2), Third-Class Honours (3rd)*. **13**. Troisième cas où une équivalence est nécessaire pour rendre le texte spontanément intelligible à un lecteur francophone. La conversion approximative est ici aisée, puisqu'un *yard* représente 0,9 mètre.

GET HOMES OFF WELFARE

For a nation whose citizens pride themselves on self-reliance, the U.S. doles out an awful lot of welfare. Corporations get it. Farmers get it. Even poor people get it. But no other interest group makes out quite the way homeowners do. They – or we, I should say, for I'm a homeowner too – are at the receiving end of a truly staggering array of subsidies and tax breaks. Putting an exact price tag on ail of them is impossible, but the value is clearly in the hundreds of billions of dollars a year.

Even with ail this aid, though, U.S. homeowners haven't been doing so well. The value of their real estate holdings has fallen by $4 trillion since 2006, according to the Federal Reserve. Millions of people have been booted from their dwellings over the past couple of years because they couldn't make their mortgage payments. Millions more foreclosures are on the way. The housing market, despite some hopeful signs over the summer, remains a terrible mess. Washington's reading seems to be that housing is not being subsidized enough. Congress, the Bush and Obama administrations and the Fed have been piling on new aid. For now, they may be correct to do so. With the banking system still shaky, further big declines in house prices could bring disaster.

*Time*, 12 October, 2009.

## ➠ Proposition de traduction

ARRÊTEZ DE SUBVENTIONNER LES PROPRIÉTAIRES ![1]

Pour une nation dont les citoyens sont si fiers de leur aptitude à compter sur eux-mêmes[2], les États-Unis distribuent énormément d'aides sociales. Les grandes entreprises en reçoivent. Les agriculteurs en reçoivent. Même les pauvres en reçoivent. Mais aucune autre corporation[3] ne s'en tire aussi bien que les propriétaires. Une panoplie proprement ahurissante de subventions et de niches fiscales[4] leur sont destinées, ou devrais-je dire nous sont destinées, car moi aussi je suis propriétaire de mon logement. Chiffrer leur montant avec précision relève de la gageure, mais il est clair qu'il s'entend en centaines de milliards de dollars par an.

Pourtant, même avec toutes ces aides, les propriétaires américains ne s'en tirent pas si bien ces derniers temps[5]. Selon la Banque centrale américaine, la valeur de leurs biens immobiliers a chuté de 4 000 milliards de dollars depuis 2006. Au cours de ces deux dernières années, des millions de gens ont été expulsés de leur domicile car ils ne pouvaient plus faire face aux mensualités de leur crédit. Des millions de saisies supplémentaires sont programmées. En dépit de quelques signes de reprise cet été, le marché de l'immobilier est encore dans un état catastrophique. À Washington, on semble penser que[6] que l'immobilier n'est pas assez subventionné. Le Congrès, les gouvernements Bush et Obama comme la Banque centrale n'ont cessé d'ajouter de nouvelles aides. Peut-être sont-ils dans le vrai pour le moment. Comme le système bancaire est encore chancelant, de nouvelles chutes vertigineuses[7] du marché de l'immobilier pourraient être désastreuses.

### ➠ Notes

**1.** Un impératif à la première personne du pluriel aurait été également envisageable. Par ailleurs, une variante possible serait : « Coupez / coupons les vivres aux propriétaires ». **2.** Variante : s'enorgueillissent de leur autonomie. **3.** Certes, « corporation » désigne d'abord un ensemble de personnes unies par la même profession mais, par analogie, le terme peut aussi désigner « un ensemble de personnes ayant des intérêts communs ». **4.** Variante : crédits d'impôt. **5.** L'étoffement se justifie par la volonté de traduire la valeur de HAVE BEEN + –ING. **6.** Une traduction plus littérale n'était envisageable qu'au prix d'un étoffement : La lecture que Washington fait de ces difficultés… **7.** Variante : toute nouvelle dégringolade.

Bouncing a great-grandchild on her knee in her house in Bukaweka, a village in eastern Uganda, Mary Wokhwale gestures at her surroundings. "My mobile phone has been my livelihood," she says. In 2003 Ms Wokhwale was one of the first 15 women in Uganda to become "village phone" operators. Thanks to a micro-finance loan, she was able to buy a basic handset and a roof-mounted antenna to ensure a reliable signal. She went into business selling phone calls to other villagers, making a small profit on each call. This enabled her to pay back her loan and buy a second phone. The income from selling phone calls subsequently enabled her to set up a business selling beer, open a music and video shop and help members of her family pay their children's school fees. Business has dropped off somewhat in the past couple of years as mobile phones have fallen in price and many people in her village can afford their own. But Ms Wokhwale's life has been transformed.

Ms Wokhwale prospered because being able to make and receive phone calls is so important to people that even the very poor are prepared to pay for it. In places with bad roads, unreliable postal services, few trains and parlous landlines, mobile phones can substitute for travel, allow quicker and easier access to information on prices, enable traders to reach wider markets, boost entrepreneurship and generally make it easier to do business.

*The Economist*, 26 September, 2009.

### ➠ Proposition de traduction

Dans sa maison située à Bukaweka, village de l'est ougandais, tout en faisant sauter un de ses arrière-petits-enfants sur ses genoux, Mary Wokhwale désigne de la main les alentours. « Je gagne[1] ma vie grâce à mon téléphone portable », nous déclare-t-elle. En 2003, M^me Wokhwale a été une des quinze premières femmes d'Ouganda à devenir opératrice d'une micro-société de téléphonie locale. Grâce à un micro-crédit, elle a pu acheter un combiné de base et une antenne à poser sur un toit pour assurer une réception de qualité. Elle s'est lancée dans les affaires en vendant des appels téléphoniques aux autres villageois, réalisant un petit bénéfice par appel, ce qui[2] lui a permis de rembourser son prêt et d'acheter un second appareil. Les revenus qu'elle a tirés de la vente d'appels téléphoniques lui ont ensuite permis d'ouvrir un débit de bières, une boutique spécialisée dans la musique et la vidéo et d'aider des membres de sa famille à payer la scolarité de leurs enfants. Les affaires ont quelque peu ralenti ces deux dernières années, car maintenant que le prix des téléphones portables a baissé, de nombreux villageois peuvent se permettre d'en acheter un. Mais la vie de M^me Wokhwale n'est plus la même.

Le commerce de M^me Wokhwale a prospéré[3] car pouvoir passer et recevoir des appels revêt une telle importance pour les gens que même les plus pauvres sont prêts à payer le prix. Dans des endroits où les routes sont mauvaises, où on ne peut guère compter sur les services postaux, où les trains sont rares et les lignes de téléphone fixe en piteux état, le téléphone portable peut éviter un déplacement, fournir plus rapidement et plus efficacement une information sur les prix, permettre aux commerçants de s'ouvrir à d'autres marchés, stimuler l'esprit d'entreprise et, d'une manière générale, faciliter les affaires.

### ➠ Notes

**1.** Attention au piège sur l'aspect. Traduire par « a été mon gagne-pain » supposerait que ce n'est plus le cas aujourd'hui et cette rupture aurait été exprimée en anglais à l'aide du prétérit, non du *present perfect*. **2.** Réagencement syntaxique possible, mais pas nécessaire. **3.** Traduire littéralement *prospered* n'est envisageable qu'au prix d'un étoffement : « *le commerce de* M$^{me}$ … ». L'autre solution était d'utiliser un quasi synonyme : M$^{me}$ … a réussi.

# ECRICOME – LV1 – 2009

REAL PATRIOTS DON'T SPEND

For nearly 3 million years of human history, saving and investment was a dumb idea. We hunted, we gathered, we consumed, and we moved on to greener pastures. Only when migrating tribes learned to settle down and farm did they need to save and plan, storing seeds and surpluses to tide them over from season to season. We've had 10,000 years to absorb the truth that cultures which don't value thrift ultimately flame out and die. Apparently that isn't long enough to learn the lesson.

Judging from tales about the rise and fall of empires, there is always a point when things are going so well that the emperors doubt that anything could ever go wrong. [...] In the Old World, nations grew fat and then lazy, until they collapsed under their own weight. But that was not to be the story of the New World. American greatness – the vision of the founders, the courage of the pioneers, the industry of the nation builders – reflected a mighty faith in the power of sacrifice as a muscle that made young nations strong. Banks were like gyms for the soul: the first savings banks in Boston and New York were organized as charities, where "humble journeymen" could exercise good judgment, store their money and not be tempted to waste it on drink. Architect Louis Sullivan carved the word THRIFT over the door of his bank nearly a century ago, for it was private virtue that made public prosperity possible.

*Time*, 13 October 2008

## ➠ Proposition de traduction

LES VRAIS PATRIOTES SONT ÉCONOMES

Trois millions d'années durant, l'homme a considéré qu'il était stupide d'épargner et d'investir[1]. Il[2] chassait, pratiquait la cueillette[3], consommait, avant de se diriger vers de plus verts pâturages[4]. Ce n'est que lorsque les tribus nomades ont appris à se sédentariser et à cultiver la terre qu'elles ont éprouvé le besoin d'être économes et prévoyantes, se mettant à[5] emmagasiner graines et excédents pour subsister[6] jusqu'à la saison suivante. L'homme a eu 10000 ans pour se faire à[7] la vérité suivante :[8] les cultures qui font peu de cas du principe d'économie[9] finissent par voir leur rayonnement se consumer[10] et meurent. Visiblement, cette période n'a pas suffi pour qu'il retienne la leçon.

À en juger par les récits sur la grandeur et la décadence des empires, il arrive toujours un moment où tout va si bien que les empereurs n'imaginent pas que les choses puissent jamais se gâter. [...] Dans le Vieux Monde, les nations engraissaient avant de céder à la paresse, jusqu'au jour où elles s'effondraient sous leur propre poids. Mais ce n'est pas ainsi que les choses allaient se passer[11] pour le Nouveau Monde. La grandeur de l'Amérique, fondée sur[12] la vision des pères fondateurs, le courage des pionniers, et le travail acharné des bâtisseurs de la nation, était le reflet d'une foi inébranlable[13] dans le pouvoir du sacrifice, le nerf[14] de la puissance dont faisaient preuve les jeunes nations. Les banques étaient, en quelque sorte, les lieux de la gymnastique de l'âme[15] : les premières caisses d'épargne à Boston et New York étaient organisées à la manière d'œuvres de bienfaisance où le « modeste compagnon[16] » pouvait mettre en pratique son discernement, déposer son argent et ainsi ne pas être tenté de le gaspiller en boisson. Il y a presque un siècle, l'architecte Louis Sullivan fit graver « ÉCONOMIE » au fronton de sa banque car c'était bien de la vertu de chacun que découlait la prospérité de tous.

### ➠ Notes

**1**. Il est nécessaire d'opter pour une construction parallèle : « verbe + verbe », comme ici, ou « nom + nom » : (l'épargne et l'investissement). **2**. Il était envisageable de garder la première personne du pluriel, mais le passage au singulier générique est peut-être plus naturel. **3**. Le contexte impose cette interprétation. **4**. Si le contexte avait été différent, une variante aurait été « vers des cieux plus cléments ». L'expression prend en effet spontanément un tour figuré. **5**. Étoffement bienvenu. **6**. *"To tide sb over (sth): to help sb to work or operate normally through a difficult period."* (*Cambridge Advanced Learner's Dictionary*). **7**. Le calque serait, bien sûr, absurde ici. **8**. Le réagencement syntaxique, sans être absolument nécessaire, permet d'alléger la syntaxe en optant pour deux propositions indépendantes. **9**. Étoffer avec « principe d'économie » permet d'évacuer toute ambiguïté sémantique. **10**. L'image du « rayonnement » culturel permet de respecter le champ lexical du texte d'origine. **11**. Attention à bien rendre la valeur de *was to*. **12**. On peut ici préférer un étoffement à la longue incise du texte d'origine. **13**. Il faut ici privilégier une collocation idiomatique à la traduction littérale « *foi puissante ». **14**. La modulation permet ici de jouer sur le sens figuré de « nerf » en tant qu'« élément qui donne de l'efficacité à quelque chose ». Une variante plus littérale serait : « … le pouvoir du sacrifice, ce muscle qui permettait le développement des jeunes nations ». **15**. Variante possible (mais moins concise) : « comme des gymnases où l'âme pouvait se fortifier ». Il faut en tout état de cause garder l'image de la gymnastique, cohérente avec les autres termes évoquant l'effort physique (*muscle, exercise*). **16**. Le sens archaïque de *journeyman*, ici mobilisé, n'est pas connoté négativement alors qu'en anglais contemporain, le terme peut signifier : *"any worker who produces good, but not excellent work"* (*Cambridge Advanced Learner's Dictionary*).

# ECRICOME – LV2 – 2008

NEW EXAM FOR ASPIRING AMERICANS

Federal immigration authorities on Thursday unveiled 100 new questions that immigrants will have to study in order to pass a civics test to become naturalized American citizens. The redesign of the test, the first since it was created in 1986 as a standardized examination, follows years of criticism in which conservative groups said the test was too easy and advocates for immigration said it was too hard.

The new questions did little to quell that debate among many immigrant groups, who complained the test would become even more daunting.

Several historians said the new questions successfully incorporated more ideas about the workings of U.S. democracy and better touched upon the diversity of the groups – including women, American Indians and African Americans – that have influenced the country's history.

Alfonso Aguilar, a senior official at Citizenship and Immigration Services, the agency that designs and administers the test, said it was not intended to be punitive. "We don't seek to fail anyone."

Immigration officials said they sought to move away from civics trivia to emphasize basic concepts about the structure of government and American history and geography. In contrast to the old test, which some immigrants could pass without any study, the officials said the new one is intended to force even highly educated applicants to do some reviewing.

*The International Herald Tribune*, 29-30 September, 2007

## ➡ Proposition de traduction

NOUVEL EXAMEN POUR LES CANDIDATS À LA CITOYENNETÉ AMÉRICAINE

Les autorités fédérales chargées de l'immigration ont dévoilé jeudi 100 nouveaux sujets que les immigrés devront étudier pour réussir un test d'instruction civique[1] afin d'acquérir la citoyenneté américaine. Cette[2] refonte du test que passent tous les candidats à la citoyenneté[3], la première depuis sa création en 1986, intervient après des années de polémique au cours desquelles les milieux conservateurs ont soutenu qu'il était trop facile, là où les défenseurs du droit à[4] l'immigration le trouvaient trop difficile.

Ces nouvelles questions n'ont guère contribué à apaiser le débat au sein de nombreux groupes d'immigrés pour lesquels[5] le test allait devenir[6] encore plus redoutable.

Selon plusieurs historiens, les nouvelles questions intègrent avec bonheur plus d'éléments sur les rouages[7] de la démocratie et rendent compte de façon plus convaincante de la diversité des communautés – comme les femmes, les Indiens et les Afro-Américains – dont l'influence a marqué l'histoire du pays.

Alfonso Aguilar, haut fonctionnaire aux services de l'Immigration et de la Citoyenneté[8], l'agence responsable de la conception[9] de l'examen et de sa gestion, a déclaré que ce dernier n'avait pas vocation à sanctionner[10]. « Nous ne cherchons pas à recaler qui que ce soit ».

Les responsables des services de l'Immigration ont affirmé qu'ils avaient cherché[11] à s'éloigner des détails triviaux[12] de l'instruction civique pour privilégier les concepts fondamentaux touchant à la structure du gouvernement ainsi qu'à l'histoire et à la géographie des États-Unis. Selon eux, au contraire du précédent test, que certains immigrants pouvaient réussir[13] sans aucune préparation, le nouvel examen a pour but d'obliger même les candidats qui ont fait des études à réviser un peu.

## ➠ Notes

**1**. Sur le modèle du « test de connaissance des valeurs de la République », récemment mis en place à l'attention des candidats à la nationalité française, on pourrait construire la variante : « test de connaissance des valeurs de la République fédérale ». 2. *The* servant linguistiquement à déterminer un élément qui a déjà été identifié, est parfois traduit par ce/cet/cette pour mettre en relief la reprise anaphorique. **3**. Notez la transposition adjectif (*standardized*) → relative (que passent tous les candidats…), qui permet d'éviter le soupçon de calque. **4**. L'étoffement se justifie ici par la volonté d'éviter une formulation, certes plus concise, mais aussi légèrement maladroite : « les partisans de l'immigration ». **5**. Il est possible d'alléger la syntaxe ici en réduisant le verbe déclaratif du texte-source. Variante : « lesquels se sont plaints, prétendant que… » **6**. Attention à bien rendre la valeur de « futur dans le passé » de *would* ici. **7**. *The workings of* : le fonctionnement de (≠ *works* : travaux) **8**. On peut aussi opter pour une équivalence culturelle plus rigoureuse en parlant, comme en France, d'« Office de l'Immigration et de l'Intégration ». **9**. Transposition « verbe → nom », fréquente dans le sens « anglais → français ». **10**. Variante : à être dissuasif. "*Punitive: 1/ inflicting or intended as punishment, 2/ very high or difficult*" (*Oxford Dictionary of English*). **11**. L'utilisation du plus-que-parfait français semble ici plus logique puisqu'il s'agit de retracer le raisonnement qui a donné lieu à l'élaboration du nouveau test. **12**. Variante : futiles. **13**. Attention au faux-ami *to pass an exam* (réussir un examen) ≠ *to sit an exam* (passer un examen).

# ECRICOME - LV1 - 2007

HIGHER EDUCATION: AMERICA'S UNIVERSITIES NEED TO FIX THEMSELVES WHILE THEY ARE STILL ON TOP

The evidence from the world's campuses and common-rooms could not be much clearer. America rules the academic roost. It boasts 17 of the world's top 20 universities, employs 70% of the world's Nobel Prize winners and attracts the best and the brightest from just about everywhere.

Are American universities in this position because they are so good, or because their competition is so bad? The evidence, overwhelmingly, is that the latter is the case – especially when you look at Europe. Who, for instance, could fail to lure talent away from French universities where all the teachers are civil servants? But no American dean should bet on this lasting forever. Oxford and Cambridge are getting their acts together. Switzerland is attracting some academic stars and China is ploughing money into higher education.

From this perspective, America's universities bear some uncomfortable resemblance to Detroit's big three carmakers in the 1950s: General Motors, Ford and Chrysler also presumed that they would always rule the roost. Shorn of international competition, America's universities are run for the convenience of producers rather than their customers. The cost of tuition at public universities is soaring. Students have successfully sued the University of California for raising their fees.

*The Economist*, 11 March, 2006

## ➨ Proposition de traduction

ENSEIGNEMENT SUPÉRIEUR : LES UNIVERSITÉS AMÉRICAINES DOIVENT SE RESSAISIR TANT QU'ELLES FONT ENCORE LA COURSE EN TÊTE

Les campus et les salles des professeurs du monde entier en sont la preuve éloquente : dans le domaine universitaire, ce sont les États-Unis qui font la loi[1]. Ils peuvent s'enorgueillir[2] de compter 17 des 20 meilleures universités au monde, d'employer 70 % des lauréats du Prix Nobel et d'attirer de partout la crème[3] du monde intellectuel.

Est-ce l'excellence[4] des universités américaines qui explique le rang qu'elles occupent ou bien la médiocrité de leurs concurrentes ? Tout laisse à penser que[5] la seconde hypothèse est la bonne, singulièrement si l'on considère le cas de l'Europe. Par exemple, rien n'est plus aisé que de débaucher les éléments les plus talentueux des universités françaises, où tous les enseignants sont des fonctionnaires[6]. Pour autant, les doyens des universités américaines seraient bien inspirés de ne pas s'endormir sur leurs lauriers, à l'heure où Oxford et Cambridge se reprennent en main, où la Suisse a su s'attacher les services de quelques pontes du monde universitaire et où la Chine investit massivement dans le supérieur.

De ce point de vue, les universités américaines présentent une ressemblance inquiétante avec les trois grands constructeurs automobiles de Détroit dans les années 1950. General Motors, Ford et Chrysler, elles aussi, pensaient qu'elles feraient toujours la loi[7]. En l'absence de toute concurrence internationale, les universités américaines sont gérées dans l'intérêt du producteur plus que dans celui du consommateur[8]. Les frais de scolarité dans les universités publiques s'envolent. Des étudiants ont gagné le procès intenté contre l'Université de Californie, reconnue coupable d'avoir augmenté ses frais.

## ➠ Notes

**1**. Variantes : qui mènent la danse / qui tiennent le haut du pavé. **2**. Variante : se targuer. **3**. Variante : le gratin. Ne surtout pas traduire *the best and the brightest* littéralement ; il s'agit d'une expression idiomatique coordonnée dont il faut trouver un équivalent. **4**. Notez la transposition possible « adjectif → nom ». **5**. Variante : Tout porte à croire que. **6**. La modulation « phrase interrogative → phrase affirmative » permet ici de rendre au mieux le sens du modal *could* en contexte. **7**. Il importe bien sûr ici de respecter l'écho. En fonction du choix opéré plus haut, les variantes possible sont donc : qu'elles mèneraient toujours la danse / qu'elles tiendraient toujours le haut du pavé. **8**. La comparaison filée entre le système éducatif et le secteur marchand impose ici de conserver l'analogie. Une variante plus explicite est envisageable, en sacrifiant la cohérence de la comparaison avec les constructeurs automobiles : « les universités sont gérées dans l'intérêt de leurs dirigeants, mais aux dépens des étudiants ».

## DON'T LOOT DETROIT'S ART MUSEUM TO PAY THE CITY'S CREDITORS

I am not such a romantic that I ascribe to art the mystical status of some of the DIA's defenders. If there really were a one-to-one correspondence between selling off paintings and feeding families, I could become a museum looter myself. But the whole point of a bankruptcy is to solve deep and structural problems in the economic organization of a major city – not to strip-mine everything from the Bellinis at the museum to the baboons at the Detroit Zoo for however much one-time cash you can squeeze out of them.

Detroit has serious problems, but the Detroit Institute of Arts is not one of them. It's running very well, actually; the museum is run at no cost to the city, and to disembowel one of its few great institutions for the sake of dysfunctional ones defies not only decency but logic.

Jason Farago, *The Guardian*, 8 December 2013

### ➡ Proposition de traduction

## CONTRE LE[1] PILLAGE DU MUSÉE DES BEAUX-ARTS DE DÉTROIT POUR REMBOURSER LES CRÉANCIERS DE LA VILLE

Je ne suis pas romantique au point de prêter à l'art le statut sacré[2] que lui confèrent certains défenseurs du musée. S'il existait véritablement une correspondance terme à terme[3] entre vendre des tableaux et nourrir sa[4] famille, je me ferais bien pilleur de musée moi-même. Mais tout l'intérêt de la procédure de la mise en faillite est de résoudre les problèmes structurels fondamentaux qui affectent l'organisation économique d'une grande ville, et certainement pas de tout liquider, des Bellini exposés au musée aux babouins du zoo de Détroit afin d'en tirer une fois pour toutes[5] le plus gros pactole possible.

Détroit connaît de graves ennuis, mais son musée des Beaux-Arts n'en fait pas partie. Au contraire, il marche très bien. Il ne grève en rien le budget de la ville[6], si bien que[7] démanteler[8] l'une de ses rares institutions prestigieuses pour sauver celles qui fonctionnent mal est non seulement indécent[9] mais aussi illogique.

### ➡ Notes

**1.** Variante : Non au. **2.** Il était possible de conserver le terme du texte-source au prix d'un étoffement : au point de prêter à l'art le statut que, dans un élan de mysticisme, certains défenseurs du musée lui confèrent. **3.** Variantes : une corrélation étroite // Si vendre des tableaux était la condition *sine qua non* pour… **4.** Le possessif prend ici une valeur générique particulièrement compatible avec la suite de la phrase. **5.** Variante : en une seule fois. **6.** Variante : Ses coûts de fonctionnement ne pèsent en rien sur le budget de la ville. **7.** Notez ici le choix d'une traduction qui vient renforcer le lien logique. **8.** Variante : vider de sa substance. **9.** Notez la transposition nom → adjectif.

# IENA - LV1 - 2008

Fear of identity fraud means that many people now routinely shred receipts and sensitive documents before binning them. But identity thieves rarely waste time looking in dustbins any more. There is no point bothering to steal one person's details, when records can be had in their thousands and millions from leaky computer systems. Large databases have become central to the operation of governments, health systems, banks and other large companies. And despite the howls from libertarians, nobody really wants to turn back the clock and revert to paper records. What can be done?

As always with computer security, there are two things to remember. First, that security depends on a combination of technology and policy; and second, that no system is ever totally secure. It is safer to assume that there will be breaches, and work out how to minimise the damage. That means storing, and moving around, as little data as possible; anonymising records and linking to personal details stored in a separate database.

*The Economist*, November 24th, 2007

**➠ Proposition de traduction**

La peur de voir leur identité usurpée pousse désormais régulièrement de nombreuses personnes à passer à la déchiqueteuse[1] facturettes et autres documents confidentiels avant de les mettre à la poubelle. Mais il est rare aujourd'hui que les usurpateurs d'identité perdent leur temps à fouiller dans les corbeilles à papier. À quoi bon[2] se donner la peine de voler des renseignements sur un individu isolé lorsqu'il est possible d'obtenir des milliers, voire des millions de données personnelles, grâce à la porosité[3] de certains systèmes informatiques ? De gigantesques bases de données sont partout[4] devenues essentielles au bon fonctionnement du gouvernement, du système de sécurité sociale, des banques et autres grandes entreprises. Malgré les hauts cris[5] poussés par les défenseurs des libertés individuelles, personne ne semble en outre[6] vraiment vouloir remonter le temps[7] pour revenir aux documents papier. Que faire ?

Comme toujours en matière de sécurité informatique, il y a deux choses à ne pas perdre de vue. Premièrement, que la sécurité dépend de la façon dont on associe une technologie et un principe d'utilisation et, deuxièmement, qu'aucun système n'est jamais tout à fait sécurisé. Il est plus prudent de partir du principe qu'il y aura toujours[8] des dysfonctionnements et de réfléchir à la meilleure manière d'en réduire la portée. Cela implique d'archiver et de déplacer aussi peu de données[9] que possible, de rendre les archives anonymes et de créer des liens vers les données personnelles, elles-mêmes stockées dans une base de données indépendante.

## ➠ Notes

**1**. *Shredder* se traduit par « déchiqueteuse » ou « destructeur de documents ». **2**. Notez la modulation « affirmation → interrogation », qui permet ici de rendre au plus près le caractère définitif de l'expression *There is no point* + -ING. **3**. Variante : grâce au manque de fiabilité de… **4**. On choisit ici de transposer le pluriel de *governments* et *health systems* par un adverbe de lieu. **5**. Variante : en dépit des cris d'orfraie. **6**. Débuter une phrase par « Et » à l'écrit est souvent considéré comme maladroit là où il est fréquent d'utiliser à l'écrit *And* à l'initiale de la phrase anglaise, sans pour autant commettre une faute de registre majeure. On préférera donc ici, dans le sens de la version, étoffer *And* par « en outre », qu'on choisit de faire intervenir plus loin dans la phrase. **7**. Variante : faire machine arrière. **8**. L'étoffement se justifie par le fait que la valeur de *will* est ici quasi proverbiale, proche de celle qu'on trouverait dans *boys will be boys* (il faut que jeunesse se passe) ou *he will always be late* (il faut systématiquement qu'il soit en retard). **9**. On notera que *data*, employé dans le texte-source avec le quantifieur *little* est considéré comme un indénombrable. *Data* est bien le pluriel latin de *datum* mais, en anglais contemporain, l'accord « *data* + verbe singulier », même s'il est contesté par les puristes, tend à devenir plus fréquent que « *data* + verbe pluriel ».

# IENA – LV2 – 2008

Homelessness is not an issue normally associated with places like Minneapolis. This city is relatively prosperous, has cold winters and is in an overwhelmingly white, northern state. But homelessness has moved up the agenda for many American mayors in the past couple of years. With property foreclosures surging, homeless advocates worry that the problem will grow. They also voice concerns about the number of returning veterans with brain injuries and post-traumatic stress disorder. Big cities have long grappled with the issue, and say they are making progress. San Francisco was in the news this month for sending teams of social workers, psychologists and police on a sweep for homeless people.

*The Economist*, 18 October 2007

## ➠ Proposition de corrigé

Dans l'imaginaire collectif[1], les lieux comme Minneapolis ne sont pas associés au problème des sans-abri. La ville, plutôt prospère, connaît des hivers rigoureux et se trouve dans un état du nord où la population blanche est très largement majoritaire. Mais ces deux dernières années, la question des sans-logis est devenue une priorité[2] pour de nombreux maires de villes américaines. En raison de[3] la forte augmentation du nombre de saisies immobilières, les associations de défense des SDF redoutent de voir le phénomène prendre une nouvelle ampleur. Elles expriment également leurs craintes au sujet de la masse d'anciens combattants qui, une fois de retour au pays[4], souffrent de lésions cérébrales et de stress post-traumatique. Depuis longtemps, les grandes villes ont pris ce problème à bras-le-corps et elles prétendent aujourd'hui[5] que la situation évolue favorablement. La ville de San Francisco s'est retrouvée sous le feu des projecteurs ce mois-ci quand elle a envoyé en maraude[6] des équipes de travailleurs sociaux, de psychologues et de policiers, pour sortir les sans-abri de la rue.

## ➠ Notes

**1**. Ce cliché journalistique correspond à l'étoffement de l'adverbe *normally*. **2**. Attention, bien sûr, à ne pas traduire littéralement le cliché journalistique *to be high on the agenda*. **3**. Il est souvent nécessaire d'étoffer la traduction de *with* pour expliciter la relation logique induite par la préposition. **4**. Variante : une fois démobilisés. **5**. Étoffement justifié par la volonté de bien marquer le contraste entre la valeur du *present perfect* (*have grappled*) et celle du *present simple* (*say*). **6**. Le terme « maraude » désigne initialement un vol de denrées alimentaires dans un champ ou dans une ferme ou l'action de rôder à la recherche de nourriture. Ce n'est que par analogie que le terme signifie, pour un taxi, le fait de circuler lentement, à la recherche d'un client à charger. L'actualité sociale a cependant donné une nouvelle jeunesse à l'expression, qui a largement perdu sa connotation négative aujourd'hui pour désigner les rondes des services sociaux, à la rencontre des sans-abri qui ont besoin d'être secourus.

# 2 Thèmes

Me voici à Paris depuis onze jours déjà ! J'avoue ne pas encore y avoir été heureuse. Je n'ai aucune joie. Aucune.

J'ai appris l'autre jour la mort de Jock. Je ne peux pas dire combien cela m'a fait de la peine. Je savais que je ne le reverrais pas mais j'espérais tout de même. Il a été tué en Italie, dans la région de Cassino, je crois. Il était dans une Jeep et il a été décapité. Pauvre Jock, il était, paraît-il, adoré de tout le monde. Quand les autres parlaient tranquillement de sa mort, ils ne se rendaient pas compte de ce que cela me faisait. Maintenant je suis sûre de ne plus le retrouver sur le front, de ne plus le rencontrer dans la rue, de ne plus recevoir une lettre de lui et je suis aussi triste que le premier jour. Jock est le seul être que j'aie aimé. L'autre soir, lorsque j'étais au Lido, j'avais envie de pleurer. Tous ces gens qui dansaient me donnaient mal au cœur. Je voyais Jock dans son cercueil. Je l'imaginais comme j'en avais vu tant d'autres et je trouvais ça horrible. C'est vrai, j'ai failli pleurer.

Depuis que je suis à Paris, j'ai revu un tas de vieux amis, mais à tous j'avais envie de dire : « Ce n'est pas vous que je voudrais voir, c'est Jock. »

Anne Wiazemsky, *Mon Enfant de Berlin*, 2009.

### ➠ Proposition de traduction

I have now been in Paris for eleven days already! I must confess I haven't been happy here yet[1]. I feel no joy. None whatsoever.

I heard the news of Jock's death the other day[2]. I cannot express how much pain it caused me. I knew that I would not be seeing him again, but still I was hoping[3]. He was killed in Italy, in the area around Cassino I believe. He was riding in a Jeep when he got decapitated. Poor Jock. They say everybody loved him. When the others were casually talking about his death, they didn't realise what they were putting me through. Now I am certain I shall never meet him on the frontlines, or run into him in the street, or receive a letter from him, and I am just as sad as I was on the first day[4]. Jock is the only person I ever loved. The other night, when I was at the Lido, I felt like crying. Watching[5] all those people dance was making me sick. I could see Jock lying in his coffin. I imagined him the way I had seen so many others and it was unbearable. It's true, I almost cried.

I have seen a whole bunch of old friends since I arrived in Paris, but to every single one I felt like saying: "You are not the one I want to see. I want to see Jock."

### ➠ Notes

**1.** Variante : *I have yet to be happy here.* **2.** Variante : *The other day I heard that Jock had died.* **3.** Un léger étoffement est ici possible : *I had not given up hope.* **4.** Variante : *as I was the day I heard of his death.* **5.** Sans être indispensable, l'étoffement était ici possible.

# CCIP – LV1 – 2010

Le jeune homme se tut. Je l'aurais écouté jusqu'à la fin des temps.

– Ça vous va, belle jeune fille ? Maintenant rendez-moi mes lunettes. L'Europe doit s'être réveillée. Au boulot !

Il prononçait le moindre mot français avec une très soigneuse gourmandise. En conséquence, son histoire avait duré des heures. L'après-midi était largement entamé. Je le suivis dans le rez-de-chaussée où il habitait, une seule pièce qui donnait sur une cour pleine de bidons d'huile.

– Quel est votre métier ?

– Je me trompe ou vous prononcez drôlement ?

– Un petit problème d'accents, je vous expliquerai. En attendant, je répète : comment gagnez-vous votre vie ?

– Je suis… une sorte de policier.

Il alluma son ordinateur. Et s'exclama :

– Elles sont arrivées !

– Qui donc ?

– Les contraventions du week-end : feux rouges grillés, stationnements interdits, voies de bus empruntées…

– Je n'ai pas vu beaucoup de feux en ville.

– Normal, je m'occupe des contraventions de Brest, une ville de chez vous, dans une région qui s'appelle la Bretagne, je crois.

– Et pourquoi vous, pourquoi en Inde ?

– Je travaille trois fois plus vite qu'un Français. Je coûte sept fois moins cher.

Erik Orsenna, *La révolte des accents*, 2007.

### ➡ Proposition de traduction

The young man stopped talking[1]. I could have listened to him till the end of time[2].

"Does that suit you, pretty young lady? Now, give me back my glasses. Europe must have woken up by now[3]. Let's get to work!"

He uttered each and every French word with a gleeful appetite, yet meticulously[4], which is why the story had lasted for hours. It was now well into the afternoon. I followed him into the ground-floor apartment he lived in, a single room that opened onto a courtyard full of oil cans.

"What is your occupation?"

"Am I wrong in thinking that your pronunciation is a little odd?"

"It's just a slight problem with accents; I'll get into that later[5]. In the meantime, let me ask this again: what do you do for a living?"

"I'm … a policeman of sorts."

He switched on his computer. Then he exclaimed:

"They're here!"

"What are you talking about?"

"The week-end's tickets for jumping red lights, unauthorised parking, driving in bus lanes and so on.

"I didn't see many lights in town."

"Quite natural. My job is to process tickets handed down in Brest, a town in your country, in a region called Brittany, am I right?"

"But why you?[6] Why from India?"

"I work three times as fast as a Frenchman and I'm paid seven times less."

### ➠ Notes

**1.** Variante : *fell silent*. **2.** Variante : *forever*. **3.** Une traduction plus imagée était aussi possible : *Time for Europe's wake-up call!* **4.** Variante : *very greedily, yet neatly*. **5.** Variante : *I'll explain some other time*. **6.** Variante : *But why would you be in charge of that?*

# CCIP – LV2 – 2010

Je surpris Mathilde et Dora en pleine conversation dans le dortoir. [...]

– Moi aussi, j'ai été amoureuse, disait Dora. Mais ce n'était pas d'un soldat.

– Il y a longtemps ?

– Non. Une rencontre qui m'a beaucoup marquée.

– Un grand amour ?

– Qui s'est mal terminé...

Je m'approchai des casiers afin de faire mine d'y ranger quelques affaires. Les deux femmes ne me prêtèrent aucune attention.

– Que s'est-il passé ? demanda doucement Mathilde.

– C'est le père de Mifraha.

– Je m'en serais doutée.

– Un séducteur, un beau parleur... Rien d'un gentleman, aucun rapport avec ton officier, je n'ai pas eu cette chance. Quand il m'a sue enceinte, il m'a tout de suite laissée tomber. Du jour au lendemain.

– Il t'a bien dit quelque chose ?

– Rien.

Dora baissa les yeux et soupira :

– J'étais très amoureuse de lui, et je croyais qu'il m'aimait aussi.

Johan Bourret, *Dans La Gueule Du Loup*, 2003.

## ➠ Proposition de traduction

I overheard Mathilde and Dora deep in conversation in the dormitory. [...]

"*I*[1] was once in love too," Dora said. "But not with a soldier."

"Was it long ago?"

"No. Meeting him did change my life."

"Was he one of the loves of your life?[2]"

"But things took an ugly turn."

I walked over to the lockers to pretend I was busy putting some things away. The two women paid no attention whatsoever to me [/ didn't pay any attention to me].

"What happened?" Mathilde asked softly.

"I'm talking about Mifraha's father."

"I thought so.[3]"

"He was a womanizer[4], a smooth talker ... He was certainly no gentleman, nothing to be compared with your officer. I didn't have that kind of luck. When he heard I was pregnant, he dumped me immediately. Overnight.

"He must have told you *something*, right?"

"Nothing."

Dora looked down and sighed.

"I was deeply in love with him, and I thought he loved me too."

### ➠ Notes

**1.** Le doublement du sujet étant agrammatical en anglais, il faut traduire l'emphase d'une autre manière. Ici, ce sont les italiques qui matérialisent l'insistance. **2.** Variante : *Were you really in love?* **3.** Variante : *That doesn't surprise me.* **4.** Variantes : *a Don Juan / a libertine*.

## CCIP – LV1 – 2009

Je suis allé voir la petite maison où habitaient ma tante Tania, ma tante Bella.

Julien posait mille questions, très pratiques.

– Il faut combien de temps pour descendre l'escalier et aller au bout du couloir ?

– Je ne sais pas, deux ou trois minutes, pas plus.

– Pourquoi l'hôtelier n'a-t-il pas retenu les Allemands en bas, le temps qu'ils descendent au deuxième étage ?

– Avec une mitraillette dans le dos, il a fait ce qu'il a pu. Et puis, ils avaient mal aux jambes, c'était difficile pour eux de se dépêcher. C'était la nuit, ils n'étaient pas habillés.

– Les autres y sont bien arrivés, pourquoi pas eux ?

Puis nous nous sommes rendus à la gare de Dégagnac où mon grand-père est allé remplir son devoir de citoyen [...], réquisitionné par les services de police français pour prévenir les « attentats terroristes ».

Le soir tombait, la gare, en pleine campagne, sans aucune construction autour, était sans doute identique à celle que mon grand-père avait connue en mars 1943.

Jamais, Julien à mes côtés, je ne m'étais senti si proche de mes grands-parents.

Nous sommes restés longtemps, seuls, dans cette gare plongée dans la nuit.

Jérôme Clément, *Plus tard, tu comprendras*, 2005.

### ➠ Proposition de traduction

I went to see the small house where Aunt Tania and Aunt Bella used to[1] live.

Julien asked a thousand questions, all of them[2] quite practical.

"How long does it take[3] to get downstairs and over to the other end of the corridor?"

"I don't know, but no more than two or three minutes."

"Why didn't the hotel-keeper hold the Germans back downstairs, just long enough for them to get down to the second floor?"

"He did his best, seeing that[4] he had a machine-gun pointed at his back. And anyway, their legs hurt; so[5] they found it hard to walk fast. And it was at night, so they weren't dressed."

"But[6] the others made it, so why didn't they?"

Then we went to the Dégagnac station, where my grand-father had come to fulfil his civic duty [...], as he had been summoned by the French police to prevent "terrorist attacks".

It was getting dark. The station, right in the middle of the countryside, without a single building nearby, was doubtless exactly the same as when[7] my grand-father had come to it in March 1943.

With Julien beside me, never had I felt so close to my grand-parents.

We stood there a long time, alone in the station steeped in darkness.

## ➡ Notes

**1**. Le contexte semble imposer ici *used to* pour marquer la rupture radicale entre le passé considéré et le moment de l'énonciation. **2**. Étoffement bienvenu. **3**. Il est bien sûr nécessaire de rétablir ici la syntaxe normale des interrogatives. **4**. Étoffement à mettre au compte de la tendance de l'anglais à expliciter les liens entre les éléments juxtaposés. Ici, le caractère légèrement familier de *seeing that* est compatible avec le registre du texte-source. **5**. Même remarque qu'à la note précédente : évitez en anglais les éléments simplement juxtaposés. **6**. Explicitation du contraste. **7**. Traduire littéralement par *identical to the one*… laisserait supposer l'existence de deux gares distinctes, là où le contexte impose une autre interprétation.

## CCIP – LV2 – 2009

Avant la répétition générale, le danseur rencontra Diaghilev.

– Je veux faire de vous mon premier danseur, et y arriverai, lança-t-il. Pour le moment, pas un mot à quiconque.

Ces mots allaient être décisifs pour la carrière artistique de ce danseur d'exception. Fallait-il maintenant brusquer les choses ou attendre ? Hésitant, le jeune amoureux transi finit par demander un rendez-vous avec le directeur des Ballets russes.

La veille du grand jour, il ne parvint pas à dormir. À 11 heures, Diaghilev l'attendait déjà dans le hall de son hôtel, détendu, souriant avec bienveillance.

– Eh bien, qu'avez-vous à me dire ?

On apporta du thé. Et Lifar commença à balbutier :

– Je voulais, je voulais vous remercier… et vous dire adieu… Je pars la semaine prochaine.

– Fort bien. Et où comptez-vous passer vos vacances ?

Le danseur lâcha alors :

– Ce n'est pas pour deux mois que je pars, mais pour toujours… Je quitte la troupe.

Vladimir Fédorovski, *Le Roman de l'Orient Express*, 2006.

### ➨ Proposition de traduction

The dancer met Diaghilev before the dress rehearsal[1].

"I want you as[2] my lead dancer and I intend to succeed[3]," he said. "But for now, mum's the word[4]!"

Those words were to[5] prove decisive in the artistic career of this outstanding dancer. Should[6] he now rush things or wait for them to happen? The bashful young lover hesitated for a long time[7], but he eventually[8] asked for an appointment with the director of the Russian Ballet.

On the night before the big day, he couldn't sleep[9]. At 11, a relaxed Diaghilev[10] was already waiting for him in the hotel lobby, smiling benevolently.

"So, you wanted to see me[11]?"

Tea was brought in. Then Lifar started stammering.

"I wanted – I wanted to thank you… and to say good-bye to you – I'm leaving[12] next week."

"Very well. And where do you intend to spend your holiday?"

At this point the dancer finally blurted out: "I'm not leaving for a couple of months. I'm leaving for good. I'm quitting the troupe."

## ➠ Notes

**1**. *"A dress rehearsal is the final rehearsal of a live show, in which everything is done as it would be in a real performance."* (*Oxford Dictionary of English*) **2**. Variante : *I want you to be…* **3**. Variante : *I will make it happen.* **4**. *"Mum as in 'mum's the word!' is imitative of a sound made with closed lips as an indication of an unwillingness to speak"* (*Oxford Dictionary of Word Histories*). Une variante plus littérale était possible : *don't say anything to anyone!* **5**. La périphrase modale *be to* exprime qqch de prévu (*He is to leave in September*). Au passé, il faut distinguer deux énoncés : *He was to leave in September* (c'était prévu) et *He was to have left in September* (c'était prévu, mais cela ne s'est pas produit). Par ailleurs *was/were to* peuvent aussi prendre une valeur de fatalité, de destin, comme dans la traduction proposée ici. **6**. Le modal *should* est ici le mieux à même de rendre le questionnement intérieur exprimé par le discours indirect libre. **7**. Notez le rétablissement d'une syntaxe canonique qui permet ici de ne pas calquer l'apposition de l'adjectif en tête de phrase. **8**. Transposition « verbe (finit par) → adverbe (*eventually*) ». **9**. Traduire par *was unable to get a wink of sleep* serait, certes, idiomatique, mais constituerait une légère surtraduction. **10**. La structure « *a* + adjectif + prénom/nom » permet de mettre en relief une caractéristique saillante, éventuellement inhabituelle, identifiée chez quelqu'un. **11**. Variante : *What is it you want to tell me?* **12**. Le présent dit continu peut servir à traduire une action prévue, fruit de préparatifs personnels.

# CCIP – LV1 – 2008

Tout en lui massant les pieds et les chevilles, son père lui dit : « J'ai croisé Rouvière, tout à l'heure. Il venait de te voir. Il m'a complimenté pour ta bonne mine ».

« Qu'est-ce qu'il t'a raconté ? »

« Rien. Que les temps sont durs. Que nous aurons un parlement de fer au deuxième tour des législatives. Mais toi ? De quoi voulais-tu lui parler ? »

« De timbres-poste », dit Mathilde.

Son père sait depuis toujours comment elle est cachottière, il ne s'en émeut plus.

« Tiens donc ? Tu t'intéresses à une foule de choses depuis quelque temps. La bicyclette, la boxe, le vin d'Anjou, maintenant les timbres. »

« Je m'instruis, dit Mathilde. Tu devrais essayer, toi aussi. Je suis sûre que tu serais incapable de citer le nom d'un seul bateau faisant la traversée San Francisco – Vancouver en 1898. [...] » Il rit.

« Tu me fais marcher. Mais quel rapport avec les timbres-poste ? »

« Alors là, c'est encore plus difficile, même pour moi. Tu ne vas pas me croire. »

« Mais oui, je vais te croire. »

Sébastien Japrisot, *Un long dimanche de fiançailles*, 1991.

### ➡ Proposition de traduction

While massaging her feet and ankles, her father said[1] to her:

"I ran into[2] Rouvière just now[3]. He had just seen[4] you. He congratulated me on[5] how well you looked[6]."

"What did he tell you?"

"Nothing. That these are hard times. That the second round of the general[7] election[8] will leave us with a strong[9] parliament. But what about you? What did you want to talk to him about?"

"About postage stamps," Mathilde replied.

Her father had always been aware of how[10] secretive she was, so[11] he no longer paid much attention to it[12].

"Well, well[13]! You've taken an interest in a whole host of things lately:[14] cycling, boxing, Anjou wine, and now stamps."

"That's how you learn things," Mathilde said. "You should try too. I bet you couldn't name a single ship that crossed from San Francisco to Vancouver in 1898. [...]" He laughed.

"You're pulling my leg. But what's that got to do with postage stamps?"

"Well, now, that's a lot more difficult, even for me. You're not going to believe me."

"Of course I'll believe you."

## ➠ Notes

**1.** « Le prétérit s'imposait comme le temps le plus naturel du récit d'évènements passés, mais le jury a admis le présent, à condition que son usage soit cohérent dans tout le texte, ainsi que la concordance des temps qui en découlait » (*Rapport HEC 2008*). **2.** Variante : *bumped into*. **3.** Selon le contexte, *just now* peut signifier « en ce moment » ou « il y a peu ». Variante : *a short while ago*. **4.** Emploi du *past perfect* et de l'adverbe *just* pour les actions qui viennent de s'achever. **5.** Notez bien la structure du verbe : *to congratulate sb on sth*. **6.** Transposition habituelle en thème « nom (ta bonne mine) → verbe (*how well you looked*) ». **7.** Emploi essentiellement britannique. On parle aussi en anglais américain de *Congressional elections*. **8.** Notez l'emploi du singulier. **9.** Variante : *an unyielding legislative assembly*. Une traduction par *iron-handed parliament* est envisageable, mais impliquerait un commentaire sur la façon dont la nouvelle majorité va administrer le pays. Pensez aux expressions idiomatiques : *to rule sth with an iron hand / to be an iron hand in a velvet glove*. **10.** Il s'agit bien de traduire ici « *comment* elle est cachottière » et non « qu'elle est cachottière ». **11.** Étoffement à mettre au compte de la tendance de l'anglais à expliciter les liens entre les éléments juxtaposés. **12.** Variante : *so he was no longer affected by it*. **13.** Variantes : *Oh really / Well I never / Fancy that*. **14.** Il est préférable ici de relier les deux phrases pour éviter de construire une phrase nominale en anglais.

# CCIP – LV2 – 2008

Pendant des dizaines de siècles, il y a eu une forte pression sur les couples afin qu'ils restent ensemble pour élever les enfants qu'ils avaient faits. Il convenait que chacun des membres du couple tourne le dos à ses aspirations afin de rester unis pour élever les enfants. Mais aujourd'hui, comme le théâtral « Je me suis sacrifié(e) pour vous » semble démodé, beaucoup de parents se sont reportés sur une version plus tendance, « J'ai renoncé à mes plus chers désirs pour toi. Pour que tu sois heureux. Épanoui. Pour que tu aies une bonne éducation. Pour que tu puisses faire des études plus tard ». Le refrain change, l'hypocrisie est la même. Ceux qui n'ont pas d'enfants s'étonnent parfois de tant de sacrifices consentis pour des rejetons qui n'ont rien demandé, et se voient répondre : « Tu ne peux pas comprendre, tu n'as pas d'enfants. »

Corinne Maier, *No Kid*, 2007.

## ➠ Proposition de traduction

For centuries and centuries[1], much pressure was exerted[2] on couples to have them stay together[3] to raise[4] the children they had given birth to[5]. Both partners were expected to turn their backs[6] on their aspirations so as to maintain unity and bring up the children. Today, however, as the overdramatised I-sacrificed-myself-for-my-family[7] tune sounds outmoded, a lot of parents now use the trendier "I-renounced-my-deepest-desires-in-order-for-you-to-feel-happy-and-fulfilled[8] version. I gave them up so that you could receive a good upbringing, so that you may go to university later on." The tune is different but the hypocrisy remains the same. Childless couples sometimes say how surprised they are by the many sacrifices made for kids[9] who never asked for anything and they get the following answer: "You simply can't understand, because you don't have any children."

## ➠ Notes

**1**. Variante : *for dozens of centuries / for ages*. **2**. Notez le passage d'une tournure présentative en français au passif en anglais, d'autant plus idiomatique ici que l'agent n'est pas mentionné. **3**. Utilisez ici *to have sb do sth* plutôt que *to make sb do sth*, plus coercitif. Variante : *so that they stayed together* **4**. Variantes : *to rear / to bring up*. En revanche, *to breed* ne s'emploiera que pour « élever des animaux », et *to grow* pour « faire pousser des plantes ». **5**. Variante : *they had conceived*. **6**. Alors qu'en français, on a tendance à mettre en facteur commun l'élément possédé lorsqu'il est identique d'une personne à l'autre, l'anglais utilisera le pluriel. **7**. Il est fréquent en anglais de construire des adjectifs composés à partir d'expressions idiomatiques (*a never-to-be-forgotten party, a couldn't-care-less attitude, a take-it-or-leave-it attitude*...) ou de syntagmes caractéristiques d'un locuteur : *He was giving us his usual I-will-not-let-you-down speech*. Cette construction est ici possible, précisément puisqu'on décrit les phrases en question comme des remarques récurrentes. **8**. Il convient d'éviter le calque syntaxique qui consisterait à rendre « Pour que tu sois heureux. Épanoui. » par deux phrases sans verbe principal. Il est en effet très souvent nécessaire de réintroduire un verbe conjugué dans une phrase anglaise, là où le français peut recourir plus facilement à une phrase nominale ou adjectivale. **9**. Respectez le registre de langue du texte source.

– Et cette valise noire, c'est quoi ?

– Rien ne t'échappe !

– Non, j'écoute, c'est tout.

– C'est une valise qui appartenait à Maman, elle y rangeait toutes ses lettres, tous ses souvenirs. En fait, je crois que cette valise contient l'essentiel de sa vie.

– Comment cela, « tu crois » ?

Cette valise était un grand mystère. Toute la maison était à lui, sauf le placard où elle était rangée. Interdit formel d'accès. « Et je t'assure que je n'aurais pas pris le risque ! »

– Où est-elle ?

– Dans le bureau, à côté.

– Et tu n'es jamais revenu pour l'ouvrir ? Je ne peux pas le croire !

Elle devait contenir toute la vie de sa mère, il n'avait jamais voulu précipiter ce moment, il s'était dit qu'il fallait être adulte et réellement prêt à prendre le risque de l'ouvrir pour comprendre. Devant les plissements de front sceptiques de Lauren, il avoua : « Bon, la vérité, c'est que j'ai toujours eu la trouille ».

– Pourquoi ?

– Je ne sais pas, peur que cela change l'image que j'ai gardée d'elle, peur d'être envahi par le chagrin.

– Va la chercher !

Arthur ne bougea pas. Elle insista pour qu'il aille la chercher, il n'avait pas à avoir peur.

Marc Lévy, *Et si c'était vrai…*, Robert Laffont, 2000.

## ➨ Proposition de traduction

"What about[1] that black suitcase? What is it?"[2]

"You don't miss a thing, do[3] you?[4]"

"I[5] just listen to what people say, that's all."

"That suitcase belonged to Mum. She used to[6] put away all her letters and all her souvenirs[7] in it. Actually, I believe that suitcase must contain all that mattered in her life."

"What do you mean, 'I believe'?"

The suitcase was a deep[8] mystery. The house was all his, except for the cupboard in which it was stored. Strictly no trespassing[9]. "And I wouldn't have run the risk, I can tell you[10]…"

"Where is it?"

"Next door, in the study[11]."

"And you never came back to open it? I can't believe this!"

As[12] it probably contained all of his mother's life, he had never wanted to rush that moment. He told himself that he had to be fully grown-up, and truly ready to risk opening it to understand. He saw Lauren furrowing her brow in disbelief[13] and admitted: "Fine, the truth is, it has always given me the jitters[14]."

"Why is that?"

"I don't know… Maybe I was afraid[15] it might change the image I've always had of her, and afraid of being overwhelmed with sorrow[16]."

"Go get it[17]!"

Arthur did not budge. She insisted that[18] he should go and fetch it, as there was nothing to be afraid of.

## ➠ Notes

**1**. Préférez la tournure idiomatique *What about…*, plutôt qu'un calque maladroit. **2**. Attention aux différences dans la ponctuation des dialogues en français et en anglais. **3**. *Tag* positif ici, puisque le verbe principal est à la forme négative. **4**. Variante : *Nothing escapes you!* **5**. Notez l'effacement de l'adverbe négatif « non », que le contexte de ce début de dialogue rend superflu et peu idiomatique en anglais. **6**. *Used to*, servant à insister sur le caractère révolu de l'action décrite, s'impose naturellement ici. **7**. *Souvenirs / Keepsakes* (objets) ≠ *memories / remembrances* (pensées). La mention des lettres dans un premier temps semble nous orienter plutôt vers l'interprétation de « souvenirs » comme objets, mais l'autre interprétation possible (les « souvenirs » comme pensées) n'est pas à exclure. **8**. Variantes : *profound / total*. **9**. Cette expression s'utiliserait bien plus volontiers pour matérialiser l'interdiction de pénétrer dans une zone ou un bâtiment. Elle a cependant l'avantage de respecter la concision de la phrase française et pourrait se justifier par le fait que la valise symbolise ici tout un univers personnel. Une variante plus descriptive serait : *It was strictly forbidden to open it*. **10**. Variante : *I assure you / not a chance*. **11**. *A study* (pièce domestique) ≠ *an office* (lieu de travail). **12**. Notez la tendance de l'anglais à expliciter les liens logiques qui demeurent parfois implicites en français. **13**. Variante : *frowning sceptically* **14**. Variantes : *the wobbles*. **15**. Comme souvent, les tournures verbales sont plus spontanées en anglais, là où le français préfère souvent des tournures nominales. **16**. Variante : *overcome with grief*. **17**. La tournure *go and get it* est souvent abrégée en *go get it* à l'oral. **18**. Le verbe *to insist* admet deux constructions : *to insist that sth (should) be done / to insist on (sb's) doing sth*.

J'ai répondu simplement bonjour, parce que mon nom, il l'avait devant lui, sur mon passeport. Il m'a dit de m'asseoir et il n'y avait pas de chaise, mais ça ne l'avait pas frappé. Il examinait une carte du Maroc dépliée devant lui.

Bien, d'où êtes-vous, exactement ?

Il avait l'air pressé, alors que notre avion partait le lendemain. J'ai regardé à l'envers sur mon passeport le nom de la ville où Place-Vendôme* m'avait fait naître.

Irghiz, j'ai dit.

Il a répondu :

Je sais, j'ai lu, mais je n'ai pas trouvé. Où est-ce ?

J'ai compris pourquoi ses yeux étaient rouges en voyant la loupe sur la carte du Maroc. Il avait exploré tous les noms du pays sans succès. J'ai failli lui dire de demander à Place-Vendôme, mais il n'existait plus : [...] je l'avais chassé de ma mémoire. D'ailleurs, c'était sûrement un nom qu'il avait inventé, Irghiz : ça évitait les vérifications à l'état civil.

* Place-Vendôme : nom de code d'un agent secret (ne pas traduire)

Didier Van Cauwelaert, *Un aller simple*, Albin Michel, 1994.

### ➠ Proposition de traduction

I simply replied "hello", since he could easily read my name; it[1] was written right in front of him, on my passport. He told me to sit down when there was no chair, but that had not struck him. He was peering over[2] a map of Morocco, which he had unfolded in front of him.

"Right. Where are you from, exactly?"

He seemed to be in a hurry, although our plane was to[3] leave only on the following day. Reading the wrong way round, I checked the name of the town where Place-Vendôme had me born[4].

"Irghiz," I said.

He answered:

"So I read, but I couldn't find it. Where is it?"

I understood why his eyes were red when I saw the magnifying glass on the map of Morocco. He had been checking[5] the name of every single town on the map in vain[6]. I nearly told him to ask Place-Vendôme, but he no longer existed: I had blotted him out of my memory. Anyway, chances were that Irghiz was a name he had made up, so as to[7] bypass public records checks.

### ➠ Notes

**1**. Notez que le réagencement de la phrase en deux propositions indépendantes permet ici d'éviter la répétition du complément, qui serait asyntaxique en anglais. Une variante aurait consisté à simplifier au contraire la syntaxe : *since he had my name written on my passport in front of him*. **2**. Variante : *He was examining…* **3**. Notez l'emploi du modal *be to* pour exprimer un horaire prévu. Variante : *was only leaving…* **4**. Une variante plus lourde, mais plus explicite, est envisageable : *the town Place Vendôme had told me I should say I was born in*. **5**. Il faut ici légèrement sous-traduire pour éviter un calque incongru. La perte induite par la traduction de « exploré » par *checked* est cependant compensée plus loin par *every single name*. **6**. Variantes : *with no success / to no avail*. **7**. L'étoffement répond ici à la nécessité fréquente en anglais d'expliciter les liens logiques, qui restent souvent implicites en français.

# HEC/ESCP admission directe, première session – 2009

Kelmar et moi, nous sommes sortis du wagon en même temps. On a couru en protégeant nos têtes avec nos mains. Les gardes hurlaient. Certains parvenaient même à rire en hurlant. On aurait pu croire à une grande comédie, mais il y avait les gémissements et il y avait l'odeur du sang. Kelmar et moi étions essoufflés. Nous n'avions rien mangé depuis six jours, et à peine bu. Nos jambes nous portaient mal. [...] Nous avons dépassé un grand chêne, tordu, et auquel la foudre avait grillé une partie du feuillage. C'est peu après que Kelmar s'est arrêté. D'un coup.

« Je n'irai pas plus loin, Brodeck. »

Je lui ai répondu qu'il était devenu fou, que les gardes allaient arriver, qu'ils allaient fondre sur lui et le tuer.

« Je n'irai pas plus loin. Je ne pourrai pas vivre avec ce que tu sais... », a-t-il répété.

J'ai essayé de le prendre par la manche, de le tirer malgré lui.

Philippe Claudel, *Le Rapport du Brodeck*, 2007.

### ➠ Proposition de traduction

Kelmar and I both got down from the wagon at the same time. We ran shielding our heads with our hands. The guards were yelling. Some even managed to laugh while they yelled. It could have appeared as some great comedy, but for[1] the moans and the smell of blood. Kelmar and I were out of breath. We had not eaten anything for[2] six days, and hardly drunk. Our legs could hardly bear our weight. [...] We ran past a twisted oak, half its foliage scorched by lightning. It was a short time after that Kelmar stopped, suddenly.

"I won't go any further, Brodeck."

I replied that he had gone mad, that the guards were coming, that they would pounce on him and kill him.

"I won't go any further. I won't be able to live with you-know-what...," he repeated.

I tried taking him by the sleeve, pulling him along despite his reluctance.

### ➠ Notes

**1.** *But for = were it not for / had it not been for.* **2.** Variante : *in six days.*

# HEC/ESCP admission directe, deuxième session – 2009

Lorsque Dietlev arriva à l'Ester, le café-restaurant où il avait rendez-vous avec sa dernière chance de trouver une embarcation, le patron lâcha son pinceau pour l'accueillir avec force démonstrations d'amitié :

– Holà, *amigo* ! dit-il en serrant Dietlev entre ses bras. Ça fait plaisir de te revoir. Qu'est-ce que tu deviens depuis tout ce temps ?

– Salut, Herman ! fit Dietlev, sans donner de réponse à une question qui n'en attendait pas. Alors, toujours à la peinture ?

– Eh oui ! Je décore un peu ces vieux murs. Mais cette fois, ce sera un portrait. Regarde ce que j'ai déniché, dit-il en prenant une vieille carte postale qui traînait sur une table : Otto von Bismarck ! Pas mal, non ? Je suis en train de le reproduire. Ça va être géant ! […]

– Bon, reprit Herman, qu'est-ce que je t'offre pour fêter ton retour ? J'ai une nouvelle bière à la pression, un régal des dieux !

Jean-Marie Blas de Roblès, *Là où les tigres sont chez eux*, 2008.

## ➠ Proposition de traduction

When Dietlev showed up at[1] the Ester, the bar where he was meeting the person[2] who could provide him with his last chance of getting onto a boat, the owner dropped his paint brush and greeted him with a great show of affection.

"Holà, *amigo*!" he said, hugging Dietlev. "It's great to see you. What have you been doing[3] all this time?"

"Hi Herman!" Dietlev said, without providing an answer to a question which didn't call for one. "So, still painting?"

"Yes, indeed!" I'm decorating these old walls a bit. But this time it's going to be a portrait. Look at what I've dug up," he said, picking up an old postcard which had been left on a table: "Otto von Bismarck! Not bad, is it? I'm copying it. It's going to be quite something!" […]

"So," Herman said, "what can I get you to celebrate your return? I've got a new draught beer – it's quite divine![4]"

## ➠ Notes

**1.** Variante : *got to.* **2.** Il est souvent plus difficile en anglais de conserver l'animisme. Il convient donc ici d'effacer la personnification qui passe largement inaperçue dans le texte français : « rendez-vous avec sa dernière chance ». **3.** Variante : *What have you been up to all this time?* **4.** Variante : *it's a nectar for the gods!*

# HEC/ESCP admission directe, première session – 2008

Dans l'avion Bruxelles-Tokyo, je me sentais bizarre. Cela faisait plus de six ans que je n'avais pas vu le pays adoré d'où je m'étais enfuie. Entre-temps, il m'était arrivé tellement de choses [...]

Le pilote devait avoir reçu des instructions : on ne survola pas le mont Fuji. À Tokyo je ne reconnus pas grand-chose. La ville n'avait pas changé, mais elle n'était plus mon terrain d'expérimentation. Une voiture officielle me conduisait en des lieux où des journalistes me parlaient avec égard et me posaient des questions sérieuses. J'y répondais légèrement et j'étais gênée de les voir tout noter avec respect. J'avais envie de leur dire : « Enfin, c'était pour rire ! ».

L'éditeur japonais organisa un cocktail pour le lancement du livre. Il y eut beaucoup d'invités. Le 13 décembre 1996, dans cette foule je vis un visage que je n'avais plus revu depuis le 9 janvier 1991. Je courus vers lui en disant son nom. Il dit le mien.

Amélie Nothomb, *Ni d'Ève ni d'Adam*, 2007

## ➠ Proposition de traduction

As I was flying from Brussels to Tokyo[1], I felt strange. It was over six years since I had last seen[2] the beloved country I had fled[3]. So much had happened to me in the meantime.

The pilot must have received[4] instructions, as[5] we did not fly over Mount Fuji. I didn't recognise much of Tokyo. The city had not changed but it no longer was my experiment field[6]. I was driven in an official car to places where journalists would[7] address me with deference and ask me serious questions. I gave light answers and was embarrassed to see them note everything down respectfully. I felt like telling them: "Oh come on, I was just kidding!"[8]

The Japanese publisher[9] threw[10] a cocktail party[11] for the book launch. Many people were invited. On December 13th, 1996, I saw a face in that crowd – one[12] I hadn't seen since January 9th, 1991. I ran towards him, saying his name. He said mine.

## ➠ Notes

**1.** Variante : *On the plane from Brussels to Tokyo...* **2.** Il est possible pour traduire les phrases débutant par « cela fait/faisait... que... » de garder une structure de mise en relief du complément, à condition d'être particulièrement attentif à l'emploi des temps. Notez les transformations dans les phrases suivantes marquant la rupture avec le moment de l'énonciation : *I bought this book four days ago* ➞ *It is (US: It has been) four days since I bought this book; I haven't seen her for a week* ➞ *It is (US: has been) a week since I last saw her.* Dans la phrase suivante, en revanche, il s'agit bien d'exprimer la continuité de l'action dans le moment de l'énonciation : *I have been learning German for five years* ➞ *It is five years since I have been learning German* ou *It is five years since I started learning German.* S'il s'agit dans une narration de situer une action passée par rapport à une autre action passée, il est possible de réécrire ces phrases qui respectent une concordance des temps présent → passé / « temps 1 » → « temps 2 » : *It was (US: It had been) four days since I had bought this book; It was (US: had been) a week since I had last seen her; It was five years since I had been learning German* ou *It was five years since I had started learning German.* **3**. Notez que deux constructions existent : *to flee a place / to flee from a place.* **4**. Notez l'ambiguïté du schéma MUST + HAVE + participe. Ainsi, une phrase simple comme *"He must have left"* peut signifier « Il doit être parti » (commentaire présent sur la situation) mais aussi « Il devait être parti », si la phrase se rencontre dans le cadre d'une narration et si le contexte situe l'action passée par rapport à une autre action passée. Ex : *He must have left for several minutes when she arrived.* Ici, pour lever l'ambiguïté, une variante possible était *The pilot had certainly received instructions.* **5**. Réagencement syntaxique à mettre au compte de la tendance de l'anglais à préférer l'explicitation des liens entre éléments juxtaposés. **6**. Variante : *my ground of experiment.* **7**. Sans être absolument nécessaire, l'utilisation du *would* dit « fréquentatif » est ici bienvenue. **8**. Variante : *No, that was a joke!* **9**. Attention à ne pas utiliser le faux-ami *editor* (rédacteur en chef). **10**. *To throw a party = to organise a party.* **11**. Attention au danger du calque : *a cocktail (drink) ≠ a cocktail party (social gathering).* **12**. Le réagencement syntaxique permet de ne pas séparer le verbe *see* de son COD (*face*), sans toutefois rejeter maladroitement le complément de lieu après une longue subordonnée elliptique (**I saw a face I hadn't seen since January 9$^{th}$, 1991 in that crowd*).

# HEC/ESCP admission directe, première session – 2007

Ils étaient assis depuis longtemps dans un grand vestibule et, par l'entrebâillement des portes, on apercevait des bureaux déserts que leurs occupants venaient sans doute de quitter en y laissant un air vicié et une odeur de tabac. L'horloge, fixée au mur devant eux, marquait huit heures.

– Je t'attends dehors, lui dit Louis. Je serai dans le café, en face.

Huit heures dix. Elle ne pouvait détacher ses yeux de la pendule dont l'acier et le verre l'éblouissaient. Le silence était si profond dans cette pièce qu'elle entendait le léger grésillement du néon. Elle se leva et marcha jusqu'à l'une des fenêtres. La nuit. En bas, le flot des voitures coulait le long de l'avenue de la Grande-Armée et les doubles vitres étouffaient le bruit des moteurs. De l'autre côté de l'avenue, le café, où Louis lui avait donné rendez-vous. Est-ce qu'elle aurait encore la force d'aller le rejoindre ? Il pleuvait.

Patrick Modiano, *Une Jeunesse*, éd. Gallimard, 1981

## ➨ Proposition de traduction

They had been sitting[1] for a long time in a large vestibule and, through the doors left ajar, one could[2] catch a glimpse of empty offices, which had probably just been deserted[3], with the smell of tobacco clinging in the stale air. The clock, which was fixed on the wall right in front of them, showed eight.

"I'll be waiting[4] for you outside," Louis told her. "I'll be in the café across the street."

It was ten past eight. She could not take her eyes off the dazzling[5] steel-and-glass[6] clock. The room was so deeply silent that she could hear the gentle buzzing of the neon lights. She stood up and walked up[7] to one of the windows. Night[8]. Down on the street, there was a stream of cars along the Avenue de la Grande Armée and the double-glazing muffled[9] the noise of the engines[10].

On the other side of the Avenue, there was[11] the café where Louis had arranged to meet her. Would she still have the strength to go and join[12] him? It was raining.

## ➨ Notes

**1**. Notez l'emploi du *past perfect progressive* pour rendre une action qui durait dans le passé. **2**. Notez cet emploi idiomatique du modal *can* devant les verbes de perception. **3**. La mention de l'agent serait ici tout à fait maladroite, puisqu'aucune précision n'est apportée sur son identité. **4**. Attention au calque grammatical : la traduction par un *present simple* n'aurait bien sûr aucun sens ici. **5**. Transposition « verbe conjugué → adjectif ». **6**. Transposition « complément du nom → adjectif composé ». **7**. La particule *up* peut désigner un simple rapprochement, et pas nécessairement un mouvement vers le haut. **8**. Si d'une manière générale l'anglais accepte moins facilement que le français les phrases nominales, l'extrême concision de la phrase de départ en fait ici l'équivalent stylistique d'une didascalie, qu'il faut ici conserver. **9**. Variante : *deadened*. **10**. *The roar of the engine* (le vrombissement du moteur) est une collocation courante, mais qui constituerait ici une légère sur-traduction. **11**. Notez la tendance de l'anglais à réintroduire un verbe conjugué grâce à la tournure présentative. **12**. « Aller faire quelque chose » : *to go and do sth*.

# HEC/ESCP admission directe, deuxième session – 2007

Je suis revenu au journal pour la première fois depuis deux mois et demi, depuis mon entrée en clinique, depuis ma fuite.

J'ai retrouvé les hésitations, les projets merveilleux et les projets mort-nés, l'enthousiasme et la dépression qui sont la substance du journalisme, son caractère fluide, évanescent, tout ce qui le rend excitant et décevant.

Content de voir que certains des membres de mon service paraissent heureux de me revoir. Je me croyais impopulaire parce que trop autoritaire. Je retrouve mon équipe avec ses problèmes. Fayard a simplement disparu parce qu'il n'arrivait pas à finir son article, une longue enquête sur les travailleurs étrangers et leurs négriers. Thérèse déclare :

– Je ne peux pas écrire un article de journal aujourd'hui. Je veux faire une licence d'ethnologie.

Françoise veut prendre l'avion pour partir en reportage à Nice. La direction, pour des raisons d'économie, préfère qu'elle prenne le train. Je plaide :

– En première classe. Fais-le pour moi.

Olivier Todd, *L'année du crabe*, éd. Robert Laffont, 1972

### ➠ Proposition de traduction

Back to[1] the newspaper offices for the first time in two and a half months, since I was admitted into hospital, since I fled[2].

Back to the hesitations, the thrilling projects along with the stillborn ones, the fits of enthusiasm and depression that make up the very[3] essence of journalism, with its fast-flowing and fleeting quality, which all add up to an exciting and disappointing job.

Happy to see that some members of staff from my department seem glad to see me back. I thought I was unpopular because of my authoritarian manner. Back with my team, and their problems. Fayard has quite simply vanished because he could not complete his article – a long investigation into foreign workers and their slave drivers.

Thérèse declares[4], "I cannot produce a newspaper article today. I want to take a BA in Ethnology."

Françoise wants to fly over to Nice to cover a story. To save money, Management would rather she travelled[5] by train.

"Travel first class. Do it for me," I plead.

## ➡ Notes

**1**. Le style minimaliste du journal intime peut justifier ici l'ellipse du groupe nominal. Toutefois, le respect d'une syntaxe plus canonique est également envisageable. **2**. Transposition nom → verbe, classique dans le sens français → anglais. **3**. Notez ici l'emploi de *very* comme adjectif et non comme adverbe. **4**. S'il est parfois conseillé de rendre le présent de narration français par un prétérit, le recours au *present simple* se justifie ici par la forme de narration « sur le vif » proposée dans cet extrait de « carnet de bord ». **5**. Notez l'emploi du prétérit modal dans les séquences « *would rather* + personne différente du sujet + verbe ».

# ECRICOME – LV1 – 2010

Pas assez d'un week-end pour découvrir les charmes de Londres ? Si vous possédez de bonnes baskets, ce n'est plus un problème. City Jogging Tours propose en effet depuis peu de visiter la capitale en courant. Ce concept qui existe déjà à New York et à Buenos Aires – mais pas encore à Paris – est pour l'instant un succès outre-Manche, tant auprès des touristes que des Londoniens eux-mêmes. Six itinéraires sont disponibles, chacun vous conduisant dans des quartiers différents. À vous de choisir, par exemple, entre une petite virée au pas de course à Buckingham Palace et Big Ben ou une exploration sportive de la rive gauche de la Tamise et des résidences et parcs royaux. Deux rythmes de course sont à votre disposition. Si vous avez l'habitude de courir, préférez l'option « Amateur ». Si vous êtes novice, optez plutôt pour la formule « Débutant ». À vos côtés, un guide expérimenté, qui connaît parfaitement l'histoire de chaque recoin de la ville, sera chargé d'emmener le groupe au bon rythme.

Chaque circuit coûte 26 £ par personne, à peine plus cher qu'une excursion en bus touristique dans Londres. La visite peut également se faire à la carte si vous êtes un petit groupe d'amis, moyennant 38 £ par personne.

*Le Parisien*, 11 Octobre, 2009.

### ➡ Proposition de traduction

Do you think a week-end is not long enough to discover the many sights of[1] London? If you've got a good pair of trainers[2], it's no longer a problem. Indeed, City Jogging Tours recently launched jogging tours around London. The concept which already exists in New York and Bueno Aires – but not yet in Paris – has so far been successful on the other side of the Channel with tourists and Londoners alike. Six routes are available for you to choose, each taking you to different parts[3] of town. You may choose, for instance, between a short run to Buckingham Palace and Big Ben, and an energetic visit of the South Bank and royal parks and residences. You will select from one of two pace groups. If you are used to running[4], go for the "Recreational Runner" option. If you are a novice, you should rather choose the "New Runner[5]" formula. An experienced guide, who perfectly knows the history of every nook and cranny[6] of the city, will be at your side, leading an appropriately paced group of joggers.

Each tour costs 26£ per person, hardly more than a sightseeing bus tour in London. Custom-designed[7] tours for small groups of friends are also available for 38£ per person.

### ➠ Notes

**1.** Une traduction plus littérale était aussi envisageable : *all the charms of London*. **2.** Variante : *sneakers*. **3.** Variantes : *areas / districts*. **4.** Soyez attentif à bien distinguer *he used to run a lot* (autrefois, il courait beaucoup) et *he is used to running a lot* (il a l'habitude de courir beaucoup). **5.** Variante : *Beginner*. **6.** Il faut ici préférer cette expression coordonnée au substantif *recess* qui désigne un recoin dans une pièce ou quand il ne prend pas un sens psychologique : *to explore the recesses of one's mind*. **7.** Variantes : *customised / tailor-made*.

### LES EUROPÉENS PARLENT ANGLAIS

Les citoyens de l'Union européenne, invités à célébrer vendredi 26 septembre la 8e Journée européenne des langues, enregistrent quelques progrès en matière linguistique : 56 % des Européens, selon un récent Eurobaromètre, se déclarent « capables de participer à une conversation dans une autre langue que leur langue maternelle », soit 9 points de plus qu'en 2001. Mais ce multilinguisme profite très majoritairement à l'anglais, en passe de devenir la *lingua franca* des 490 millions d'habitants de l'Europe des Vingt-Sept, qui compte 23 langues officielles. Face à cette domination croissante, le russe et l'allemand ont, depuis le 1er janvier 2007, renforcé leurs positions. Grâce aux pays baltes, 6 % des Européens citent le russe comme première langue étrangère, à égalité avec l'espagnol. De même, l'allemand redresse la tête en Europe grâce à l'intégration de la Pologne, de la République tchèque et de la Hongrie. Mais la domination de l'anglais est telle que cette langue figure dans les 27 pays – Luxembourg excepté – parmi les deux langues étrangères les plus parlées.

L'UE veut promouvoir « la diversité dans l'Union » en incitant les États à investir dans l'apprentissage des langues.

D'après *Le Monde*, 29 septembre 2008.

## ➠ Proposition de traduction

### EUROPEANS SPEAK ENGLISH

The citizens of the European Union, who were invited to celebrate the 8th European Day of Languages on Friday 26th September[1], have made some progress as far as their language skills are concerned. In a recent poll by Eurobarometer, 56% of Europeans declared they were "able to take part in a conversation in a language other than their mother tongue," up 9 points since 2001. But that multilingualism is essentially beneficial to English, which is in the process of becoming the *lingua franca* of the EU, with its 490 million inhabitants, 27 countries and 23 official languages. Confronted with such growing domination, Russian[2] and German have strengthened their positions since January 1st, 2007. With the addition of the Baltic States, 6% of Europeans give Russian as their first foreign language, on a par with Spanish. German has likewise come back to the fore thanks to the entry of Poland, the Czech Republic and Hungary. But the domination of English is such that in the 27 countries, except for Luxemburg, it is one of the two most widely-spoken foreign languages.

The EU aims to promote "diversity inside the Union" by encouraging member-states to invest in language learning.

### ➠ Notes

**1**. La phrase française constitue un piège typique de calque syntaxique, puisqu'il faut être attentif en anglais à ne pas séparer le verbe de son COD. Il importe donc ici de rejeter le complément de temps à la fin de la relative. **2**. En anglais, les noms de langues, les substantifs de nationalité et les adjectifs de nationalité prennent tous des majuscules. En français, seuls les substantifs de nationalité prennent une majuscule.

Étudiante en économie, Albina trouve le temps, en plus de ses cours et de ses petits boulots pour subsister, d'organiser de vastes campagnes de nettoyage volontaire. Elle a conscience que la gestion des ordures est un enjeu majeur pour la planète et plus spécialement dans les pays pauvres. Avec une suite dans les idées rare à cet âge, elle décide d'en faire l'objet de sa thèse universitaire. De cette opiniâtreté naît une vision d'avenir pour le XXIe siècle.

Puisque ce sont les pauvres qui subissent ce mal, elle va développer un concept qui leur permettra d'assainir leurs quartiers et de créer une activité économique rentable. Nombre d'entre eux, en effet, subsistent par une dégradante et dangereuse activité de récupération illégale. Albina étudie et met sur pied un concept de « microentreprise » de nettoyage et de recyclage. En outre, elle démontre par son travail universitaire qu'en rationalisant cette activité, de véritables micro-entreprises peuvent voir le jour et permettre de salarier décemment les travailleurs en ayant un résultat efficace pour l'environnement. La solution paraît simple… comme toutes les bonnes idées.

D'après Marie-Hélène et Laurent de Cherisey, *Passeurs d'espoir*, 2005

### ➠ Proposition de traduction

When she read[1] economics[2], in addition to her lectures and odd-jobs to make ends meet, Albina found the time to set up large-scale voluntary clean-up campaigns. She was aware that waste management is[3] a major stake for the planet and, more specifically, for poor countries. With a single-mindedness unusual for her age, she decided to write her doctoral dissertation on the subject. A vision for the future of the 21st century was born of her tenacity[4].

Since it is[5] the poor who bear the brunt of this scourge[6], she was to develop a concept enabling them to clean up their districts and produce a profitable economic activity[7]. A good many of them indeed make a living from a dangerous and degrading activity of illegal retrieval. Albina studied and developed a concept: "micro-businesses" specialised in cleaning and recycling. Moreover, through the research[8] she did at university, she demonstrated[9] that by rationalising this activity, true "micro-businesses" can be created, and allow workers to get decent wages while protecting the environment efficiently. The solution seemed simple enough – like all good ideas.

### ➠ Notes

Au sujet du choix des temps dans l'ensemble du texte, voir cette remarque sans équivoque tirée du rapport de jury :

- *« Le texte est entièrement écrit au présent, mais raconte des faits passés. […] Il s'agit donc d'actions accomplies, de faits révolus, et par conséquent le traducteur ne peut en aucune façon*

> *envisager l'emploi du présent anglais. Cette faute majeure a été sévèrement sanctionnée par les correcteurs, d'autant plus que cet emploi abusif a entraîné des incohérences par ailleurs ».*

**1**. Transposition « nom → verbe » classique dans le sens « français → anglais ». Par ailleurs, notez ce sens particulier de *to read* : *to read law and mathematics* = *to study law and mathematics*. **2**. *Economics* (les sciences économiques) ≠ *the economy* (l'économie, le système économique). **3**. Il est possible de faire ici une entorse à la concordance des temps puisqu'il s'agit d'une « vérité générale ». **4**. Variante : *derived from her unrelenting determination. Stubbornness* aurait été trop négatif dans ce contexte. **5**. Voir note 3. **6**. Variantes : *plague, evil*. **7**. On peut aussi entendre « activité économique rentable » dans un sens plus restrictif, ce qui nous orienterait vers une traduction du type : *set up a profitable business*. **8**. Ne pas oublier que *research* est indénombrable. **9**. Le verbe *to demonstrate*, plutôt moins employé en anglais qu'en français, convient cependant ici, puisque le contexte est bien celui d'un travail de recherche.

Cette invasion pacifique, très sélective, a ses critères propres. Les Britanniques s'installent plus dans l'intérieur, pourvu qu'il soit campagnard, que sur le littoral. Paradoxalement, ils viennent réaliser en France un rêve… anglais, qui commence par l'achat d'une résidence secondaire et se poursuit souvent par l'installation définitive : « Ils recherchent un cadre de vie qui leur corresponde vraiment. C'est l'image du cottage anglais, parce qu'ils ont beaucoup plus de mal à réaliser cette aspiration chez eux, pour des raisons de prix et de densité démographique », résume M. Deschamps. José-Alain Fralon confirme cette analyse : « Ces "gens-là", écrit-il, peuvent bien nous dire qu'ils adorent la France, qu'ils y vivent et veulent y mourir, ne nous leurrons pas : c'est en Angleterre qu'ils sont. Une Angleterre mythique, certes, une Angleterre rêvée […], mais une Angleterre quand même ». Une Angleterre d'avant l'évolution vers une société de plus en plus dure. D'avant la raréfaction des espaces libres, dans un pays aujourd'hui deux fois plus peuplé que la France.

Jean-Louis Andréani, *Le Monde*, 21 juillet 2007

### ➠ Proposition de corrigé

This highly selective and peaceful intrusion is guided by its own set of criteria[1]. The British settle down inland, provided the area is a rural one[2], rather than on the coast. Paradoxically enough, the dream they want to fulfil[3] in France is typically an English one, the first step of which is to buy a second home before settling down for good. "They are looking for an environment where they truly belong. They are looking for the cliché of the English cottage, as they find it far more difficult to achieve this aspiration in their own country, because of prices and population density," is how Mr Deschamps sums it up. José-Alain Fralon endorses this analysis: "Those people," he writes, "may go to great lengths to[4] tell us that they love France, that France is the country where they are living and where they want to die but let's make no mistake about it: the country they really are in is England. A mythical and fantasised England it may be, but England all the same." It is England as it used to be before it started down the road towards an increasingly harsh society, before open spaces became scarce (the country is today twice as densely populated as France).

### ➠ Notes

**1.** Variante : *by criteria of its own*. **2.** Variante : *provided the area has a French country style about it*. **3.** La base verbale est orthographiée *fulfil* en anglais britannique et plutôt *fulfill* en anglais américain. **4.** Il aurait été aussi possible d'utiliser une structure concessive : *However much those people tell us that they adore France* […], *let's make no mistake about it…*

# 3 Thèmes grammaticaux

# ECRICOME – LV2 – 2009

1. Si les directeurs n'avaient pas pris les décisions nécessaires, l'entreprise n'aurait pas survécu à la crise.
2. La plupart des Espagnols estiment que leur pouvoir d'achat dégringole depuis le passage à l'euro.
3. Il me confia son intention de quitter la banque dès qu'il aurait trouvé un poste à l'étranger.
4. C'est bien la première fois que je te vois levé et habillé avant tout le monde.
5. Nous ne pouvons nous en prendre qu'à nous-mêmes. Nous n'aurions pas dû investir dans ce paradis fiscal.
6. Ce qui rassure les automobilistes, c'est que le prix du pétrole a baissé le mois dernier.
7. Les salaires n'ont progressé que de 1 %, ce qui n'a pas permis aux ménages de consommer davantage.
8. L'installation des éoliennes en mer est d'autant plus difficile que le sel abîme les machines.
9. Il faudra désormais qu'elle tienne compte de tous les conseils que ses supérieurs lui prodigueront.
10. Il serait grand temps que les autorités compétentes décident de démolir ces immeubles laids, n'est-ce pas ?

### ➡ Proposition de traduction

#### ◆ Phrase 1

▷ Connaissances mobilisées :

- Concordance des temps : subordonnées en **if** ➝ proposition principale
- Lexique de base de l'entreprise : **a firm, a business, a company** (*une entreprise*), **Ø enterprise** (*l'esprit d'entreprendre*), **the CEO** (*le PDG*), **a director** (*directeur siégeant au conseil d'administration*), **a manager** (*directeur d'un magasin ou d'un service*).
- Collocations très fréquentes : **to [overcome / weather / survive] a crisis.**

➝ **If the directors had not made the necessary decisions, the company would not have weathered the crisis.**

#### ◆ Phrase 2

▷ Connaissances mobilisées :

- Traduction de « la plupart de » : **Most** + Ø + nom (Most Americans) ≠ **Most** + **of** + **the** + nom + complément du nom ou relative (Most of the Americans from Texas / Most of the Americans I know)

- Noms et adjectifs de nationalité
- Traduction de « depuis » + choix du temps

→ **Most Spaniards feel that their purchasing power has been slumping [/ tumbling] since the changeover to the euro.**

◆ **Phrase 3**

▷ Connaissances mobilisées :

- Structure du verbe to confide : **to confide to sb that** mais **to confide sth in sb.**
- La traduction du futur dans les subordonnées de temps
- Concordance des temps dans le passage au discours indirect

→ **He confided to me that he would [/ He confided in me his intention to] quit the bank as soon as he had found a position abroad.**

◆ **Phrase 4**

▷ Connaissances mobilisées :

- Traduction de « c'est bien la première fois » : expression idiomatique ou modal
- Choix des temps : le **present perfect** permet d'exprimer dans le présent un bilan des expériences passées

→ **For sure, it's the first time [/ This must be the first time] I've seen you up and dressed before everyone else.**

◆ **Phrase 5**

▷ Connaissances mobilisées :

- Traduction de l'expression idiomatique « ne pouvoir s'en prendre qu'à soi-même »
- Expression du regret : **should not have + -ed / ought not to have + -ed**

→ **We have only ourselves to blame. We should not have invested in that tax haven.**

◆ **Phrase 6**

▷ Connaissances mobilisées :

- Traduction de « ce que / ce qui » en tête de proposition, pour annoncer ce qui suit : **what**
- Choix du déterminant : **the** ou **Ø** ? Ici, il n'y a pas de fléchage.
- Emploi du prétérit systématique quand l'action est datée

→ **What comforts car-drivers is that oil prices decreased last month.**

- **Phrase 7**

▭ Connaissances mobilisées :

- Traduction de « ce que / ce qui » en cours de phrase, pour reprendre un segment : **which** systématiquement précédé d'une virgule
- « Une augmentation du nombre d'accidents de 5 % » = **an increase IN car accidents BY 5%**
- Nuances entre les traductions possibles du verbe « permettre » : **to allow** (autoriser) ≠ **to enable** (rendre capable) ≠ **to permit** (donner une autorisation administrative ou réglementaire)

➞ **Wages have gone up by only 1%, which has not enabled households to consume more.**

- **Phrase 8**

▭ Connaissances mobilisées :

- Transposition nom (installation) ➞ verbe (**setting up**), fréquente en thème
- Structure comparative **all the** + [**more** + adj long/ adj court + –er] **as**…

➞ **Setting up offshore wind turbines is all the harder as machines are damaged by salt.**

- **Phrase 9**

▭ Connaissances mobilisées :

- Traduction de « il lui faudra » : contrainte extérieure (**have to**) + futur
- **Advice** indénombrable

➞ **From now on she will have to take into account all the advice that her superiors will lavish on her.**

- **Phrase 10**

▭ Connaissances mobilisées :

- Structure de l'interro-négative
- Emploi du prétérit modal après **it's (high / about) time** + nom/pronom.
- Lexique de base : *immeuble* = **building** (*bâtiment*) / **block of flats** (*bâtiment à usage d'habitation*)

➞ **It's high time the authorities concerned decided to pull down those ugly buildings [/ blocks of flats], isn't it?**

# IENA – LV2 – 2009

1. Certains experts ont pensé que le plan de relance était bien trop ambitieux.
2. Cet auteur, dont les romans sont si populaires, s'est vu attribuer un prix.
3. Cela fait des années que le réchauffement de la planète nous préoccupe.
4. L'opposition accusa le président d'avoir menti dans plusieurs de ses discours.
5. Les syndicats auraient souhaité que la direction leur en parle bien plus tôt.
6. La crise économique ne devrait pas durer aussi longtemps que prévu.
7. Je pense que je changerais d'emploi si les actionnaires devenaient trop exigeants.
8. Fais-moi penser à acheter du papier pour l'imprimante : il ne m'en reste plus du tout.
9. Sais-tu combien le consommateur britannique dépense pour ses achats de Noël ?
10. C'est la première fois qu'il va au théâtre : il est tellement ému !

## ➠ Proposition de traduction

### ◆ Phrase 1

▹ Connaissances mobilisées :

- Lexique de base de l'économie : **expert / pundit, revival plan**

··➧ **Some pundits thought that the revival plan was far too ambitious.**

### ◆ Phrase 2

▹ Connaissances mobilisées :

- Traduction de « dont »
- Traduction de l'adverbe d'intensité « si »
- Ne pas calquer la structure « se voir + verbe » et utiliser un passif

··➧ **This writer, whose novels are so popular, was awarded a prize.**

### ◆ Phrase 3

▹ Connaissances mobilisées :

- Traduction de « depuis » + utilisation du **present perfect**

··➧ **Global warming has been a cause for concern for years.**

◆ **Phrase 4**

▻ Connaissances mobilisées :

- Traduction de « avoir menti » : une structure en **having + –ed** n'est pas nécessaire, l'antériorité étant implicite

⇢ **The opposition accused the President of lying in several of his speeches.**

◆ **Phrase 5**

▻ Connaissances mobilisées :

- Traduction de « aurait souhaité que la direction… » : **would have liked the director to**… / **wish the director had** + –ed…
- Lexique de base du monde du travail : *syndicat* = **(trade) union**

⇢ **The unions wish the director had talked to them about it far sooner.**

◆ **Phrase 6**

▻ Connaissances mobilisées :

- Traduction du verbe « devoir » exprimant le degré de probabilité. **Should** est utilisé pour décrire un évènement tout à fait vraisemblable.

⇢ **The economic crisis should not last as long as expected.**

◆ **Phrase 7**

▻ Connaissances mobilisées :

- Concordance des temps : subordonnées en **if** ⇢ proposition principale
- Utilisation du faux-ami **to demand** = *exiger*
- Lexique de base de l'entreprise : *actionnaires* = **shareholders**

⇢ **If shareholders became too demanding, I think I would change jobs.**

◆ **Phrase 8**

▻ Connaissances mobilisées :

- Structures du verbe **to remind** : **sth reminds sb of sth else / to remind sb about sth / to remind sb to do sth / to remind sb that…**
- Expression idiomatique : *être à court de…* = **to have run out of sth**

⇢ **Please remind me to buy some paper for the printer; I've completely run out of it.**

- **Phrase 9**

▻ Connaissances mobilisées :

- Traduction du verbe « dépenser pour qqch » : **to spend money <u>on</u> sth**
- Rétablissement d'une syntaxe sujet/verbe/complément dans les interrogatives indirectes

➞ **Do you know how much the (average) British consumer spends on Christmas shopping?**

- **Phrase 10**

▻ Connaissances mobilisées :

- Préférence de l'anglais pour l'explicitation des liens entre les éléments juxtaposés
- Utilisation du **present perfect** pour exprimer un bilan

➞ **The reason he's so moved is because it's the first time he's been to the theatre.**

# 4 Expression écrite : questions de compréhension

ONE of the most striking things about the document that Americans celebrate with such gusto on July 4th is that so much of it is dull. [...] There are lists of complaints about the administration of the courts and the quartering of British troops. [...] But all this tedium is more than made up for by a single sentence – the one about "life, liberty and the pursuit of happiness".

The sentence was remarkable at the time – a perfect summary, in a few pithy words, of exactly what was new about the new republic. Previous countries had been based on common traditions and a collective identity. Previous statesmen had been exercised by things like the common good and public virtue [...] The Founding Fathers were the first politicians to produce the explosive combination of individual rights and the pursuit of happiness. It remains equally remarkable today, still the best statement, 230 years after it was written, of what makes America American.

[...]

Everywhere you look in contemporary America you see a people engaged in that pursuit. You can see it in work habits. Americans not only work harder than most Europeans (they work an average of 1,731 hours a year compared with an average of 1,440 for Germans). They also endure lengthy commutes (who cares about a couple of hours a day in a car when you have a McMansion to come home to?). You can see it in geographical mobility. About 40m of them move house every year. They are remarkably willing to travel huge distances in pursuit of everything from bowling conventions to factory outlets. You can see it in religion: Americans relentlessly shop around for the church that most suits their spiritual needs. And you can see it in the country's general hopefulness: two-thirds of Americans are optimistic about the future.

Since Americans are energetic even in deconstructing their own founding principles, there is no shortage of people who have taken exception to the happiness pursuit. They range from conservatives such as Robert Bork, who think the phrase encapsulates the "emptiness at the heart of American ideology", to liberals who think that it is a justification for an acquisitive society.

One criticism is that the pursuit is self-defeating. The more you pursue the illusion of happiness the more you sacrifice the real thing. The flip side of relentless mobility is turmoil and angst, broken marriages and unhappy children. Americans have less job security than ever before. They even report having fewer close friends than a couple of decades ago. And international studies of happiness suggest that people in certain poor countries, for instance Nigeria and Mexico, are apparently happier than people in America.

Another criticism is that Americans have confused happiness with material possessions [...] Do all those pairs of Manolo Blahnik shoes really make you happy? Or are they just a compensation for empty lives à la "Sex in the City"?

If opinion polls on such matters mean anything – and that is dubious – they suggest that both these criticisms are flawed. A 2006 Pew Research Centre study,

"Are we happy yet?" claims that 84% of Americans are either "very happy" (34%) or "pretty happy" (50%). The Harris Poll's 2004 "feel good index" found that 95% are pleased with their homes and 91% are pleased with their social lives. The Pew polls show that money does indeed go some way towards buying happiness: nearly half (49%) of Americans with annual incomes of more than $100,000 say they are very happy compared with just 24% of people with incomes of $30,000 or less. They also suggest that Americans' religiosity makes them happier still: 43% of Americans who attend religious services once a week or more report being very happy compared with 31% who attend once a month or less and 26% of people who attend seldom or never.

The pursuit of happiness explains all sorts of peculiarities of American life: from the $700m that is spent on self-help books every year to the irritating dinner guests who will not stop looking at their BlackBerries. It also holds a clue to understanding American politics. Perhaps the biggest reason why the Republicans have proved so successful in recent years is that they have established a huge "happiness gap". Some 45% of Republicans report being "very happy" compared with just 30% of Democrats. The Democrats may be right to give warning of global warming and other disasters. But are they right to give the impression that they relish all the misery? The people's party will never regain its momentum unless it learns to relate to the guy on the super-sized patio, happily grilling his hamburgers and displaying his American flag.

The pursuit of happiness may even help to explain the surge of anti-Americanism. Many people dislike America because of its failure to live up to its stated ideals. But others dislike it precisely because it is doing exactly what Jefferson intended. For some Europeans, the pursuit of happiness in the form of monster cars and mansions is objectionable on every possible ground, from aesthetic to ecological. You cannot pursue happiness with such conspicuous enthusiasm without making quite a lot of people around the world rather unhappy.

*The Economist*, July 1st 2006

## Question de compréhension

According to the text, to what extent has the United States kept up the spirit of the Declaration of Independence concerning the pursuit of happiness?

Answer in your own words

(environ 250 mots)

## Proposition de corrigé

The United States, or so it is stated in the text[1], has retained many of the Founding Fathers' principles, among which the idea that individual happiness should be a basic right enjoyed by all citizens.

That relentless pursuit can be illustrated in at least four different fields of American life. First, Americans, even after working long hours[2], seem to revel in[3] heavy commuting[4] for the sheer pleasure of living in leafy areas. Apparently, happiness lies in suburban mass-produced housing[5]. Second, Americans seem never satisfied with where they live and cannot help moving house on a regular basis. It seems that the grass is always greener elsewhere[6] – i.e. where *true* happiness lies. Third, Americans are religious-minded people who will never be content with the religious group they belong to. Happiness is bound to[7] lie in another denomination. Lastly, some propensity for optimism lies at the core of the American mindset, as evidenced by[8] polls. Happiness is, indeed, said to lie in the future.

Such a constant pursuit of happiness is, however, sometimes criticised by Americans themselves, from two different perspectives[9]. The constant pursuit of idealised happiness may prevent people from enjoying here-and-now smaller pleasures, as well as from building some emotional and professional stability. Besides, money cannot buy happiness[10]. So Americans, try though they might[11], cannot spend their way into[12] a sunnier outlook on life.

Besides, not all Americans pursue happiness in the same way. The journalist thus makes it clear that the pursuit of happiness falls short of[13] transcending political divides[14]. The pursuit of materialistic happiness on the Republican side is contrasted with Democrats' bigger awareness for ecological and social issues – two notorious joy-killers.

(275 words)

### ➠ Notes

**1**. L'incise permet de rappeler que la réponse proposée est fondée sur « le texte et rien que le texte ». **2**. Variante : *despite their long-hours culture*. **3**. *To revel in sth = to get great pleasure from an activity*. **4**. Le terme est bien sûr présent dans le texte, mais il importe ici de le conserver, sous peine d'avoir recours à une lourde périphrase. **5**. Il s'agit ici de rendre le ton moqueur du journaliste, sans toutefois l'accentuer, ce qui constituerait une forme de commentaire. **6**. Le recours au proverbe permet ici de restituer de manière concise l'idée développée dans le texte. **7**. La périphrase modale, qui traduit l'idée d'une certaine fatalité, permet de rendre le sarcasme. **8**. Notez la structure elliptique de l'expression. **9**. La question posée invite à nuancer (*to what extent…?*) l'enthousiasme américain pour cette recherche du bonheur permanente ; il s'agit donc de montrer dans le deuxième paragraphe de la réponse les réserves d'une partie de la population face à cette idée. **10**. Même remarque que dans la note 7. **11**. Variante : *however hard they might try*. **12**. Notez la concision de la structure résultative. **13**. *To fall short of (doing) sth = to fail to reach a desired standard*. **14**. Variante : *political cleavages*.

# IENA – LV1 – 2009

Europe's surprising labour flexibility

By the best guesses of Polish diplomats, a couple of thousand Poles lived in Ireland at the start of 2004, including 200 émigrés left from the Second World War. Three years later Ireland was home to more than a quarter of a million Poles, according to consular estimates. This would be a startling change anywhere. It has transformed Ireland, a country of 4m which has long thought of itself (in the words of Ruairi Quinn, a Labour Party politician) as "an island off an island off the coast of the continent of Europe".

The change had two causes. One was a boom that began in the 1990s. The other was Ireland's enlightened decision to throw open its labour market when eight east European countries joined the European Union in May 2004. Ireland was one of only three countries (Britain and Sweden were the other two) from the old EU to open its labour markets from day one. A mass of evidence suggests that Ireland was rewarded for its openness, as its "Celtic Tiger" economy boomed on. Since then foreigners have come to make up 15% of Ireland's population. The influx has helped to restrain wages even as unemployment sank to historic lows of under 4%.

The new arrivals have also provided a big boost to domestic demand, as they shopped, ate and rented homes (thereby, less happily, helping to fuel a monstrous housing bubble). If anything, the Irish squandered the new immigrants' real potential: too many foreign graduates were left waiting on tables.

To Ireland's credit, however, society has stayed pretty calm in the face of change. There is no anti-immigrant party of note in Ireland. Tensions have centred on marginal issues, such as worries about non-English-speaking children in schools, or drink-driving easterners. It helps that the Irish have long memories of emigration and that the newcomers have spread countrywide, so that almost everyone knows a Pole. It is also true that Poles, being fair-skinned, family-loving Roman Catholic north Europeans, do not pose a huge test of Irish prejudices. But Ireland now faces a vicious recession. The latest quarterly figures record the first annual fall in employment since 1991.

Unemployment has jumped to 7% and will rise further. Ireland last had such a savage recession 20 years ago. Back then, Irish workers, including many young graduates, reacted as their forebears had: they left. [...] If significant numbers of Irish now have to emigrate again, it will be "very painful", both politically and culturally.

In truth, with the economic crisis hurting such traditional boltholes as Britain, America and Australia, as well as newer hotspots like Dubai, the options for laid-off Dublin lawyers or builders from Cork are limited. For now, though, things look brighter for those from Eastern Europe. Polish banks may be shedding staff, but this is a good time to be a Polish engineer or builder of big infrastructure. A torrent of EU regional aid is about to hit the ex-communist countries: across eastern and central Europe there are plans for new airports, fast trains and motorways. Poland has stadiums to build for the European football championship in 2012. The Polish and Lithuanian governments are actively trawling for workers in Ireland.

Think-tanks like the ESRI now forecast a net outflow of migration from Ireland of some 30,000 over the year to next April. Harder numbers are difficult to come by: Ireland is not a police state, and seasonal workers are tricky to monitor. Some emigrants will be Irish, or non-EU nationals. But the political significance is clear: if 20,000 workers from eastern Europe left Ireland, that would reduce unemployment by about a percentage point. Departing Poles would take their spending power with them, admittedly. But on balance, if they leave, it will be another reward for open labour markets. For the first time, a jump in Irish unemployment may be offset by non-nationals leaving the country.

In the most optimistic scenario, skilled Poles, Balts and others will head home to wait out the storm, finding secure (if lower-paid) jobs there, but then return when Ireland picks up again. This would be a big step forward for Europe as well. For such dynamic and flexible migration has been an economic grail in the EU for years, as politicians looked enviously at Americans' willingness to move from one state to another in search of work. [...]

*The Economist*, November 27th 2008

## Questions de compréhension

### Question 1

Explain what the following sentence means:

"A mass of evidence suggests that Ireland was rewarded for its openness, as its 'Celtic Tiger' economy boomed on." (100 mots, ± 10%)

### Question 2

Explain what the following sentence means:

"Harder numbers are difficult to come by: Ireland is not a police state, and seasonal workers are tricky to monitor." (100 mots, ± 10%)

## Proposition de corrigé

### Question 1

Ireland decided to open its labour market right from the day the EU enlarged towards eastern countries in May 2004. This undoubtedly had a decisive impact on its economy. The inflow of foreign workers helped cap salaries at a time when unemployment rates reached an all-time low, which contributed to Ireland's economic miracle. In an analogy with the period of boom the East Asian Tigers (South Korea, Singapore, Hong Kong and Taiwan) enjoyed in the 1980s and 1990s, the "Celtic Tiger economy" describes Ireland's rapid growth, which started in the 1990s and was still alive and kicking in 2004. It seems therefore that Ireland's openness helped keep its economy thriving. (110 mots)

◆ **Question 2**

In the context of the global economic crisis, Ireland is now in turn in the throes of a severe recession. This is evidenced by the fact that, for the first time in twenty years, more people are expected to flow out of the country than into it[1] from 2008 to the first quarter of 2009. The 30,000 or so[2] net outflow was, however, nothing but a rough estimate. Ireland has no tradition of dataveillance[3] and the whereabouts of seasonal workers are hard to trace, which accounts for the difficulty to get some more accurate[4] statistics. (95 mots)

## ➡ Notes

◆ **Question 1**

La réponse à la question est ici fondée sur deux principes :

1. Travail sur les synonymes : *influx* ➝ *inflow, restrain wages* ➝ *cap wages, sank to historic lows* ➝ *reached an all-time low, boomed on* ➝ *was still alive and kicking / was as strong as ever*
2. Travail sur l'image *Celtic Tiger* : qualification du procédé rhétorique (*an analogy*), explicitation de la référence

◆ **Question 2**

**1**. Il est bon de rappeler une définition de *net outflow of migration* pour bien montrer de quelles statistiques il s'agit dans la phrase à expliquer. **2**. Notez cette tournure équivalente à *some 30,000*. **3**. Au sens strict, *police state* s'emploie comme synonyme de *totalitarian state*. Plus vraisemblablement ici, le journaliste fait référence au fait que l'Irlande ne possède pas de base de données collectées par les autorités sur le compte des individus (fichier national de cartes d'identité, fichier d'empreintes génétiques, etc.). Le mot-valise *dataveillance* (*date* + *surveillance*) a donc l'avantage ici de renvoyer au débat contemporain sur le fichage et la menace qu'il représente sur les libertés individuelles dans les démocraties occidentales. **4**. Explicitez le sens de *harder numbers* à l'aide d'un synonyme.

Do you remember what it was like back in the old days when we had a New Economy – In the 1990s, jobs were abundant, oil was cheap and information technology was about to change everything.

Then the technology bubble popped. Many highly touted New Economy companies, it turned out, were better at promoting their images than at making money – although some of them did pioneer new forms of accounting fraud. After that came the oil shock and the food shock, grim reminders that we're still living in a material world.

So much, then, for the digital revolution – Not so fast. The predictions of '90s technology gurus are coming true more slowly than enthusiasts expected – but the future they envisioned is still on the march.

In 1994, one of those gurus, Esther Dyson, made a striking prediction: that the ease with which digital content can be copied and disseminated would eventually force businesses to sell the results of creative activity cheaply, or even give it away. Whatever the product – software, books, music, movies – the cost of creation would have to be recouped indirectly: businesses would have to "distribute intellectual property free in order to sell services and relationships."

Her most compelling illustration of how you can make money by giving stuff away was that of the Grateful Dead, who encouraged people to tape live performances because "enough of the people who copy and listen to Grateful Dead tapes end up paying for hats, T-shirts and performance tickets. In the new era, the ancillary market is the market." [...]

Downloads are steadily undermining record sales – but today's rock bands, the magazine reports, are finding other sources of income. Even if record sales are modest, bands can convert airplay and YouTube views into financial success indirectly, making money through "publishing, touring, merchandising and licensing."

What other creative activities will become mainly ways to promote side businesses – How about writing books? [...]

Now, e-books have been the coming, but somehow not yet arrived, thing for a very long time. But we may finally have reached the point at which e-books are about to become a widely used alternative to paper and ink. [...]

How will this affect the publishing business – Right now, publishers make as much from a Kindle download as they do from the sale of a physical book. But the experience of the music industry suggests that this won't last: once digital downloads of books become standard, it will be hard for publishers to keep charging traditional prices.

Indeed, if e-books become the norm, the publishing industry as we know it may wither away. Books may end up serving mainly as promotional material for authors' other activities, such as live readings with paid admission.

Paul Krugman, *The New York Times*, June 16th 2008

## Question de compréhension

How is the development of information technology changing the nature of intellectual property?

(150 mots, ± 10%)

## Proposition de corrigé

The growth and use of new information technologies dramatically[1] changed the way cultural goods circulate. It has been easy to copy and share movies and music via the Internet for quite some time and e-books are today becoming credible alternatives to published material. So, as the sales of cultural products have plummeted, artists need to find new and lucrative ways to make some money out of their creative activities. This means intellectual property tends to be increasingly perceived from quite a different angle. Whereas it used to be seen as the cornerstone of the relationship between artists and their audiences, providing the former with a well-deserved source of income, it now is a mere link to be dispensed freely in the marketing chain, the end of which is the amount of by-products[2] and by-services businesses hope to lure fans into buying[3].

(141 mots)

## Notes

**1**. Attention à l'utilisation de ce faux-ami : *dramatically* ≠ *tragically*. **2**. Le journaliste parle dans le texte de *indirect / ancillary (additional) / side products*, mais pas de *by-products* (produits dérivés) dont le sens est pourtant proche. Puisqu'il s'agit d'un exercice de reformulation, il est donc intéressant d'utiliser cette expression ici. **3**. Notez l'emploi de la structure résultative.

# 5 Expression écrite : essais

In your opinion, does the quest for greater security endanger civil liberties in the UK and other English-speaking countries?

## Proposition de corrigé

In our Western democracies, effective safeguards usually ensure the correct balance between civil liberty and security. However, the anti-terror legislation rushed through parliaments[1] both in the US and in the UK in the wake of[2] 9/11 and 7/7 has often been rightly[3] resented as a threat to privacy.

Science fiction abounds with stories where the all-powerful state rules over people's private lives. The epitomes[4] of the literary genre are *Brave New World* and *1984*, in which Huxley and Orwell depict individuals who have been brainwashed[5] into loving their servitude, which enables the state to satisfy its lust[6] for power. Today, the relentless[7] quest for greater security leads civil rights activists to argue that Orwell's and Huxley's prophecies have come true – a concern I, for one, tend to share.

Indeed, new legal tools such as the USA Patriot Act[8] or the UK Terrorism Acts enable the authorities, among other things, to intercept and analyse digital information (email, web traffic, phone billing, library records...) and to extend the period of detention without charge. This latter decision raised a rumpus[9] in Britain, since it was seen as a hazardous retreat from habeas corpus[10] and Magna Carta[11] – an objection dismissed by those who want to adapt society to the new threats it is facing. Omnipresent cameras and open-street CCTV systems may be but a small price to pay for personal safety, or so it is sometimes argued.

Policy-makers should certainly take new steps in favour of national security, but they should equally remember that the Western drift towards[12] a dedicatedly repressive society may well have been terrorists' goal right from the start.

(269 words)

## Notes

**1**. *the legislation rushed through Parliament*: les lois votées à la hâte au Parlement. **2**. *In the wake of...*: suite à, dans le sillage de... **3**. *Rightly*: à juste titre. **4**. *The epitome of...*: l'exemple parfait de... **5**. *Brainwashing*: le lavage de cerveau. **6**. *Lust*: le désir. **7**. *Relentless*: sans relâche. **8**. The *Uniting and Strengthening America by Providing Appropriate Tools Required to Intercept and Obstruct Terrorism Act* of 2001. **9**. *To raise a rumpus*: soulever un tollé. **10**. *A writ of* habeas corpus *can be applied for by anyone detained in custody or prison. It requires the person who detains him or her to justify the detention. This is meant to prevent unlawful imprisonment and dates back to the Habeas Corpus Act of 1679, meant as a guarantee of citizens' rights against royal power.* **11**. *The "great charter" granted by King John in 1215. It lists the concessions made by the king to the church and to freemen who cannot be denied "right or justice".* **12**. *A drift towards...*: une dérive vers...

# CCIP – LV2 – 2007

In your opinion, should the U.S. play a leading role in the fight against global warming?

### ➡ Proposition de corrigé

One of America's most conspicuous[1] features is its belief that it has a duty of moral leadership over the world. So, at a time when mankind is faced with an unprecedented challenge because of climate change, shouldn't the US pave the way for[2] new and efficient measures, instead of lagging behind[3]?

The world's only remaining superpower is also admittedly one of the worst polluters worldwide. From a strictly quantitative approach, simply because the US is the largest emitter of greenhouse gases, it should obviously be at the cutting edge of[4] environmental campaigns. Unfortunately, powerful industrial lobbies, a spontaneous aversion to tax and regulation, as well as a definite lack of political drive[5] have so far prevented the American administration from tackling the issue seriously. At the end of his mandate, George W. Bush seemed to show a new-found interest in green matters. Yet this evolution was castigated[6] as inconsistent[7] by environmentalists, since he steadfastly refused to introduce binding targets and preferred to stick to some illusory pledge-and-review scheme.

Nonetheless, America's responsibility obviously goes beyond statistics. As long as US leaders keep sabotaging efforts to combat climate change, they will set the worst example of all. Why should developing countries feel committed to reducing carbon dioxide emissions while the US has ruled out the possibility of a carbon tax or of any binding cap-and-trade system in advance?

By taking the lead in[8] the fight against global warming, the US could regain the high moral ground while at the same time catching up with Europe on the clean-energy business. Let us hope the Toxic Texan[9]'s successor will stop dithering and start acting[10].

(270 words)

### ➡ Notes

**1**. *Conspicuous = very noticeable*. **2**. *To pave the way for sth*: ouvrir la voie à qqch. **3**. *To lag behind*: être à la traîne. **4**. *To be at the bleeding edge of sth*: être à la pointe de qqch. **5**. *A lack of political drive*: un manque d'impulsion politique. **6**. *To castigate sth*: fustiger qqch. **7**. *Inconsistent* (*with sth*): incohérent (avec qqch). **8**. *To take the lead in sth*: prendre la tête de qqch. **9**. Surnom donné à George W. Bush par ses détracteurs en raison des piètres résultats environnementaux de l'état dont il était gouverneur. **10**. *To stop dithering and start acting* (*= to stop procrastinating*): cesser de tergiverser et commencer à agir.

Can online editions of newspapers save a dying industry?

## ➠ Proposition de corrigé

Since the heyday[1] of the dot-com boom[2], the circulation of newspapers has fallen precipitously. With this ever-fiercer competition from the digital media, the print media are today in a sorry state[3]. Is the Internet bound to[4] kill them, or can publishers turn the web to their advantage?

Fewer people are buying newspapers but readers are consuming news more avidly than ever, be it[5] online or on smartphones. At first sight[6], traditional papers seem no match for user-friendly websites. It is so easy to check on frequently updated news on the web that past readers are now turning into online newsaholics[7]. Moreover, publishing news electronically is cheaper and more eco-friendly. So, at a time when the survival of American institutions such as the *San Fransisco Chronicle* is on the line[8], the shift online[9] might be the only way to save an ailing[10] industry.

Newspapers, however, have yet to find a profitable[11] online business model. Up to now, most of them have been giving away[12] news and articles online, but that model is unsustainable, because websites don't generate enough advertising revenue. A simple approach, favoured by a growing number of newspapers, is to go on giving away news reports, which Internet users could find via Google News anyway, while erecting a pay wall around specific content-based articles and "e-papers", the digital simulacra[13] of print editions, with a more familiar layout[14] than websites.

In our digital age, it seems highly unlikely that the newspaper industry will survive without resorting to[15] comprehensive[16] online editions, even if it means that journalists will be faced with increased competition from influential bloggers, whose posts also contribute to shaping public opinion.

(273 words)

## ➠ Notes

**1.** *"The heyday is the most successful or popular period of someone or something"* (Cambridge Advanced Learner's Dictionary). **2.** *The dotcom boom* : la bulle Internet (≠ *the dotcom burst / the dotcom crash*). **3.** *To be in a sorry state*: être en piteux état. **4.** *Bound to*: voué à. **5.** *be it… or…* : que ce soit… ou… **6.** *At first sight*: à première vue, de prime abord. **7.** « Mot-valise » : *news + alcoholic*. **8.** *To be on the line*: courir un risque. **9.** *The shift online*: le tournant numérique. **10.** *Ailing*: qui périclite. **11.** *Profitable*: rentable. **12.** *To give away*: distribuer gratuitement. **13.** Attention au pluriel irrégulier : *a simulacrum* → *simulacra*. **14.** *A layout*: agencement, disposition. **15.** *To resort to sth*: avoir recours à qqch, généralement à contrecœur. **16.** Attention au faux-ami *comprehensive* (= exhaustif). Compréhensif : *understanding*.

# 6 Épreuves orales

# Analyse d'un enregistrement authentique (HEC – LV1 – 2008)

➠ [Transcript]

**HOST – Well, the old line used to go something along the lines of "Men don't make passes at girls who wear glasses", but a new study at Melbourne's Monash University has perhaps put paid to that. It seems that women with university degrees are more likely to marry than their less educated sisters. I wonder what this is all about! The analysis of these figures is done by Genevieve Heard of the Center for Population and Urban Research at Monash University. Dr Heard, good morning**

Dr HEARD – Good morning John

**HOST – These figures you've been pouring over... Where do they come from?**

Dr HEARD – These figures come from the census which, as most people understand, gives us a picture of the living arrangements of Australians every five years.

**HOST – OK, so you've gone through all of these. What do they actually show when it comes to education and the likelihood of marriage?**

Dr HEARD – Well, it's so interesting John. For some decades, the census data have revealed a continued decline in the proportions of men and women living in married partnerships. So, that in itself is not new, and we can see that the decline in the proportion of married couples has continued in the 2006 data, so that for example less than half of men aged 30 to 34 years are married for the first time as far as these data go. But what's really interesting is what we see when we look at these trends for different groups by educational attainments. And we considered there was something quite new going on, particularly among women. It's long been assumed that more educated women are less traditional, are more financially independent, and are therefore less likely to need or want to marry. These assumptions have been borne out in the data for a very long time, but in the 2006 data we can see that in fact this pattern has reversed so that women with post-school qualifications, especially those with degrees are now in fact more likely to be married than their less educated counterparts.

**HOST – This would seem to be an intriguing sort of a turnaround. Any inkling at this stage as to what sort of social trends might be behind these numbers?**

Dr HEARD – Well, we need to do some qualitative research to really get an explanation. At this stage we can only speculate but perhaps this has something to do with middle-class aspirations. Perhaps at a time when house prices are so high, educated men and women realise that formally pooling their resources is a necessary first step towards the nice house in the nice suburb... And perhaps that aspiration is just too far out of reach for those with less earning capacity to bother... But also the traditional model of marriage, you know, with the male as bread-winner and the female as home-maker is to represent I suppose something of a trap for educated women who see that they would be relegated to that home-maker role. So perhaps also the institution of marriage has sufficiently changed, so that educated women feel confident that they can forge a collaborative relationship and a new model of marriage if you like.

**HOST – So how does the academic process work, Genevieve? When you get figures like these and then you come up with a hypothesis like that, do you then go about… I mean… How do you actually test it… to sort of say we can now conclude therefore that this is what's happening, that's why the numbers are saying this?**

Dr HEARD – Well, that's a very good question, John. And […] I think we do need to get out there and ask people. There's only so much that you can read into national level statistics… We need to ask people what's going on. We also need to look at what's going on overseas and see if perhaps other people, other academics in other countries are witnessing similar trends and if they have got any ideas that we could perhaps test in the Australian context.

**HOST – It could just be that universities are a hotbed of dating opportunities. They're meeting future husbands at uni.**

Dr HEARD – It could be John, but I work at a university and I suspect that that's not the case.

## ➡ Proposition de corrigé

### ◆ [Suggested introduction]

Common wisdom has it[1] that graduate women who make it to the top of the corporate ladder[2] in developed countries have often chosen their careers over their family lives. In this recording, however, the academic who is being interviewed, Dr Heard, from Melbourne's Monash University, makes it clear that women with degrees are actually more likely to marry than less educated ones – or so a recent study carried on in Australia apparently shows[3]. The questions that come readily to mind are therefore: how come deep-rooted representations of successful but unmarried women prove wrong today? What does it tell us about the way gender issues are apprehended today?

### ◆ [Suggested synthesis]

Three main points are discussed by the host and his guest in this recording[4].

First, data gathered from the 2006 Australian census confirm an overall decline in marriage rates. This really comes as no surprise, as the trend has been ongoing for decades. But a more detailed analysis of the figures shows that educated women, especially those who graduated from a university, are in fact more likely to get married. Such findings appear to negate the cliché[5] of the independent businesswoman who is able to support herself and is therefore in no need of a husband.

Dr Heard is then asked to provide the audience with some explanation for this reversal of trends. Two main reasons may account for it. First, in a context of soaring house prices, marriage can serve as an incentive *only* for a woman who can already contemplate[6] buying a house and just needs her husband's purchasing power to complement hers. Second, the new, horizontal model of marriage which sets up a *real* collaboration between the two partners, is less likely to frighten women out of matrimony.

The third point that is being raised in the recording is the method used to compile and interpret such figures. Some field study is now needed to qualify national statistics and move from the quantitative to the qualitative. Cross-border comparisons could help enunciate[7] credible interpretations and go beyond another cliché – that of university as a sort of matrimonial bureau.

◆ **[Commentary outline]**

I now wish to make two main points. First, I think the way the results of the study are presented certainly doesn't do its author credit. The analysis is here so superficial that there's not much to learn from it. Second, I'll show why the myth of the childless but educated bachelorette persists.

▻ **I – Qualifying the analysis made**

- The researcher fails to explain the protocol of the study. For sure, scientific work needs to be popularised in the media and it's true that there's not much you can say in a 4-minute interview but sentences such as "we need to get out there and ask people" and "we need to ask people what's going on" sound strikingly vague.
- At the end of the recording, when the host compares universities to "hotbeds of dating opportunities", Dr Heard just laughs the idea away. I think on the contrary that it is sheer common sense. Life on campus is rightly said to encourage socialising and eventually endogamy. Let's point out that Facebook for instance started life as a college community site, which shows all the opportunities to meet people that university represents.
- Marriage may not be the only relevant criterion when it comes to assessing the impact of education on women's family status. What about parenthood out of wedlock[8]?
- The findings are actually not revolutionary. In fact, some American sociologists and economists already showed a few years ago that the difference between the proportion of married women with little or no education and that of married women with degrees (known as the "success gap") steadily declined in the US in the 80s and 90s.

▻ **II – Why is the common misconception that educated women choose their careers over marriage still widely held today?**

- I guess part of the answer is to be found in the role of the media. American soap operas and Hollywood blockbusters often convey the image of the successful but unmarried woman whose main goal is to compete with equally successful men. Moreover, some influential media figures sometimes enjoy perpetuating the myth. Maureen Dowd, an influential columnist for the *New*

*York Times*, has repeatedly exposed an "epidemic" of professional women missing out on family life.

- The heart of the matter is probably the way marriage is seen. In the traditional form of marriage differences between bread-winners and home-makers are thought to be complementary. I guess that, even though the idea of a union of equals has gained ground, the traditional vision is still comforting to many, especially to those who see to it that[9] women hit a glass ceiling on their way towards the top of the corporate ladder.
- For male *or female* antifeminists, equating liberated and educated women with unhappiness is obviously popular, just in the same way as portraying a woman who takes a short maternity leave when having a child as an irresponsible mother.

◆ **[Suggested conclusion]**

To conclude, it seems to me striking that, at a time when education is still denied to women in many parts of the globe, sociologists in Western countries are wondering whether education erodes a woman's desirability.

### ➡ Notes

**1**. *Common wisdom has it that… :* On s'accorde généralement à dire que… Il est parfois utile, dans l'introduction, de commencer par citer le cliché pour mieux le nuancer ensuite. **2**. *The corporate ladder* : la hiérarchie de l'entreprise. **3**. Structure *or so… shows/argues…* utile pour citer une source, tout en amorçant une prise de distance par rapport à ses conclusions. **4**. Attention à bien parler de *recording* (enregistrement) et non de *record* (disque, album). **5**. *To negate a cliché* : battre en brèche un cliché. **6**. *To contemplate doing sth* : envisager de faire qqch. **7**. *To enunciate an idea* : exposer une idée. **8**. *Out of wedlock* : en dehors du marriage. **9**. *To see to it that…* : s'assurer que…

# Analyse d'un article (AUDENCIA - LV1 - 2009)

ITV PLOTS FUTURE IN WHICH THERE IS NO ESCAPE FROM ADS

Television viewers who like to fast-forward through advertising breaks may want to look away now. ITV is developing a new form of unavoidable advertisement that can be embedded in television programmes.

The new technology, which is known as "automatically placed overlay advertising", uses complex computer algorithms to find clear space, such as blue sky or blank walls, in video footage in which to display logos or messages.

The technology, which was developed for ITV by Keystream, a Californian company, is currently being tested in news footage on the broadcaster's ITV Local website. If it is well received, and if regulations permit it, ITV hopes to transfer it to the television screen.

Simon Fell, head of future technology at ITV, said: "There's a lot of potential. If there's a scene in a programme where there's time, then it could give us a chance to get an ad away. But obviously on television you won't be seeing one of these appearing at a crunch point in a drama.

"It [the technology] looks at moments in the video where it finds segments that are big enough to get a non-moving logo in. Rather than an editor sitting through it and finding space, and all the effort that takes, this does it all automatically."

"We're trialling it online, where it's a manageable area and allows us to get feedback from both advertisers and viewers. It gives us another tool in the arsenal, and it's subtle."

Advertisers taking part in the trial include USwitch.com, the price comparison website, and Freesat, the digital satellite service. The companies' logos appear in the background of some videos on the ITV Local website.

The technology could also allow viewers to click on the logo to visit an advertiser's website, an avenue that advertisers are keen to exploit, given the development of set-top boxes that allow internet access.

Set-top boxes that allow viewers to record programmes and then skim through the advertisements mean that advertisers are finding it increasingly difficult to capture the attention of consumers. In the United States broadcasters have developed a technique known as a "speed bump", in which advertisers buy the presence of their logo or message during programme breaks, so that viewers who fast-forward still see the branding.

How viewers in this country will react to the technology remains to be seen. Colin Macleod, research director at the World Advertising Research Centre, an independent advisory body, said: "Consumers are becoming a lot more clever in avoiding advertising, and now that they've got the technology to do it it's become a big issue for advertisers. They need to be smarter.

"Anything that they are able to use to attract viewers' attention they will welcome, but as long as viewers feel comfortable about it. This potentially could cause some friction between broadcaster and consumer."

ITV may also face opposition from television regulators. Neither Ofcom, the broadcasting watchdog, nor the Advertising Standards Authority was able to say yesterday how the new technology would fit within current broadcasting regulations.

Subliminal advertising is banned on British television, as is product placement – references to products that have been acquired at no cost or less than their full cost.

Patrick Foster, Media Correspondent, *The Times*, October 1, 2008

### ➨ Proposition de corrigé

#### ◆ [Suggested introduction]

Although television nowadays still claims a major share of many marketers' budgets, television advertising is said to be losing ground to the Internet or mobile technology. With digital set-top boxes enabling viewers to fast-forward through advertisements, and with hundreds of cable channels competing for viewers, companies are understandably looking for new ways to capture people's attention. In this context, this fairly recent article provides some insight into an experiment carried out by ITV, a British channel, to try and revive flagging[1] advertising revenues. The potential efficacy and novelty of such a marketing strategy however remain to be debated, as well as the ethical implications it entails[2].

#### ◆ [Suggested synthesis]

First, the **facts**: in October 2008, ITV announced it would try out a new advertising technology, known as "automatically placed overlay advertising" on its online news site. The technology, developed by Californian firm Keystream, intuitively seeks out empty space on the screen and fills it with unavoidable advertising, such as branded images, logos and company messaging. The system is programmed to show the logo *only* when a lull in the action coincides with an expanse of open space such as sky or a blank wall. Indeed ITV's head of future technology made it clear that moments of heightened tension in a movie would not be spoiled by the new device. Testing it online first is meant to provide marketers with some necessary feedback with a view to eventually transferring[3] it onto mainstream television.

The **causes** for such an initiative are to be found in the tough times traditional television advertising is going through. Indeed, the more sophisticated audio and video equipment gets, the easier it becomes for viewers to select the commercials they want to watch – or to avoid advertising altogether. Advertisers now need to outsmart[4] viewers or to beat them at their own game.

The experiment conducted by ITV could result in a number of **consequences**. First, it may well ruffle the public's feathers[5], since some people have got used to circumventing[6] commercials whenever they feel like it. Second, broadcasting watchdogs, which already banned subliminal advertising from British television, could bare their teeth[7] at the overlay technology, should they feel it infringes current regulations.

- **[Commentary outline]**

To comment on this article, I will first expand on the economic context that served as a backdrop to ITV's move. Second, I wish to question the effectiveness and relevance of the new technology. Lastly, I will analyse the ethical implications the journalist remained almost silent about.

**I – How can the decline of television advertising be accounted for?**

- Consumer behaviour while watching television has evolved dramatically. Many viewers zap when there is a commercial break while others are multi-tasking and undertake other activities at the same time as watching television. Recent technological developments such as personal video recorders allow viewers to fast-forward automatically through the commercial breaks, which is felt as a true relief by those who have reached message saturation.
- The explosion in the number of commercial channels available through cable or satellite gives viewers far more programme options. This media fragmentation quite naturally results in lower viewing levels for programmes and, therefore, lowers advertising profitability.
- Digital marketing is becoming more pervasive and is often able to engage consumers in a way that traditional media cannot. For example, social networking sites such as Myspace and Facebook account for a large share of consumers' time, hours that may have previously been spent watching television.
- The economic context sometimes leads TV channels to cut prices significantly to sell advertising spots. For instance, in the US, the Super Bowl has long been considered an unrivaled marketing opportunity. Given that the game attracts almost 100 million viewers (out of about 300 million people in the country), TV channels were used to selling Super Bowl advertising space at staggering[8] prices. At the end of 2008, however, with the economy unravelling[9], NBC still had advertising spots left to sell for the 2009 Super Bowl broadcast.

**[Suggested transition]** Because the television is no longer necessarily the be-all and the end-all[10] of family entertainment, it is no wonder television advertising should have become less and less profitable. It is therefore only natural that marketers are trying to invent some novel[11] way of reaching the audience. But is the overlay technology likely to prove successful?

**II – Is this new technology likely to be effective? Does it signal a watershed[12] in television advertising?**

- Embedded ad content raises important practical questions. First and foremost, content providers need to be careful not to ruin programmes. If the alleged impact is resented as an unnatural intrusion, this could lead to complaints from viewers and a further reduction in audience figures. Excessive use of "product placement" could prove detrimental as well if it leads to the over-exposure of the brand to the point of damaging the credibility of the programme. Bombarding consumers with endless commercial messages will not only undermine programmes but could also end up alienating the sought-after audience. There are no doubt some other, less intrusive ways in which the medium of television can be used to address new consumers by making the best of technology opportunities.

- What seemed an aggravating circumstance at first could be turned into an advantage. The proliferation of smaller, specialist channels can indeed make it easier to advertise on television through lower cost options while targetting more particular audiences.
- Moreover, interactivity has the potential to open a dialogue between the marketer and the consumer. As more and more homes are equipped with digital television and the analogue signal is gradually phased out, interactive television is likely to become increasingly popular. The "hotspot technology" that already allows you to shop online at the press of a button could soon become available through digital TV, placing viewers in a playful situation.

**[Suggested transition]** *Pragmatic* solutions do exist, but where should the *ethical* line be drawn[13] between the legitimate promotion of consumer goods and untimely advertising bludgeoning?

**III – The ethical debate**

- I feel that people should never be forced or brainwashed into watching commercials against their will or without being aware of it. For that reason, advertising should remain distinct from other programmes and the decision of British regulator Ofcom to keep banning subliminal advertising is sheer common sense. Customers are rightly[14] frightened by the idea that they can be influenced to respond to advertisements through words, images, or sounds flashing across the screen and secretly appealing to the subconscious.
- Moreover, all viewers should be entitled to enjoy the aesthetic experience of watching a movie without being harassed by some advertising blitz[15] pervading the screen. What appears to marketers as some blank space to be filled with slogans may well have been deliberately left blank by the director for its evocative or symbolic quality.

- **[Suggested conclusion]**

To conclude, it seems to me undeniable that the relationship between today's marketers and viewers, which the journalist here presents rather playfully in a who's-going-to-outsmart-whom kind of tone, actually raises some serious ethical questions that run deep in our consumer society.

## ➠ Notes

**1**. *Flagging revenues* : des revenus en baisse… **2**. *To entail sth* : entraîner, avoir pour conséquence. **3**. *With a view to doing sth* : dans l'optique de faire qqch. **4**. *To outsmart sb* : se montrer plus malin que qqun. **5**. *To ruffle sb's feathers* : irriter qqun. **6**. *To circumvent sth* : contourner qqch. **7**. *To bare one's teeth* : montrer les dents. **8**. *A staggering price* : un prix exhorbitant. **9**. *To unravel* : se défaire, aller à vau-l'eau. **10**. *The most important part of sth*. **11**. *Novel* (adj) : innovant. **12**. *A watershed represents a big change in how people do or think about sth*. **13**. *Where should the line be drawn?* : Où faut-il placer la limite ? **14**. *Rightly* : à juste titre. **15**. *Advertising blitz* : le matraquage publicitaire.

# Bibliographie sélective

Pour approfondir certains des points seulement ébauchés dans ce manuel ou tout simplement nourrir votre réflexion sur les épreuves d'autres méthodes et points de vue, il est possible de se reporter aux ouvrages suivants :


### Ouvrage de « remise à niveau » (lexique, grammaire, civilisation)

- GRELLET Françoise, *The Guide*, Nathan, 2007.

### Grammaire

- BOUCHER P. et OGÉE F., *Grammaire appliquée de l'anglais*, SEDES, 1997.
- LOUBIGNAC C., *Le thème anglais grammatical en fiches*, Ellipses, coll. « Optimum », 2005.
- MALAVIEILLE M. & ROTGÉ W., *La grammaire anglaise*, Hatier, coll. « Bescherelle », nouvelle édition 2008.

### Vocabulaire

- DENIS C., MAJOU A., SUSSEL A., *Le vocabulaire de l'anglais*, Hachette Supérieur, nouvelle édition 2013.
- DUMONG M., HUART R.-A., KNOTT C., POUVELLE J., *Du mot au texte*, Ellipses, 2006.
- FONTANE G., FROMONOT J., LEGUY I., *Vocabulaire de l'anglais contemporain*, Le Robert & Nathan, 2009.
- GANDRILLON D., *Le Vocabulaire anglais de l'étudiant*, Ellipses, 2014.
- GRELLET F., *In So Many Words*, Hachette Supérieur, nouvelle édition 2009.

### Traduction

- GRELLET F., *Initiation à la version anglaise*, Hachette Supérieur, nouvelle édition 2014.
- GRELLET F., *Initiation au thème anglais*, Hachette Supérieur, nouvelle édition 2013.
- HIERNARD J.-M., *Les règles d'or de la traduction*, Ellipses, 2003.

### Civilisation


- FICHAUX F. *et al.*, *Fiches de civilisation américaine et britannique*, Ellipses, coll. « Optimum », nouvelle édition 2014.
- GRELLET F., *Contemporary British Institutions and Culture*, Hachette Supérieur, 1998.
- GRELLET Françoise, *A Cultural Guide*, Nathan, 2008.
- JOHN P., LURBE P., *Civilisation britannique*, Hachette Supérieur, nouvelle édition 2014.
- PAUWELS M.-C., *Civilisation des États-Unis*, Hachette Supérieur, nouvelle édition 2013.
- SUDDATH-LEVRARD C., *Words that Made America*, Presses de Sciences Po, 1997.
- + Les volumes de la collection « Classi-Files », Ellipses.


### Expression écrite


- ANDREYEV J., *Say it with style*, Bréal, nouvelle édition 2014.
- FICHAUX F., de GUILLEBON B., *Just write it!*, Ellipses, coll. « Optimum », 2001.
- LARUELLE P., *Mieux écrire en anglais*, PUF, coll. « Major », nouvelle édition 2012.
- LARUELLE P., MICHELET F., *L'aide-mémoire de l'angliciste*, PUF, coll. « Major », nouvelle édition 2012.
- REGARD F. *et al.*, *Thinking and writing processes in English*, Ellipses, coll. « Optimum », 2007.

# Table des matières

Remerciements .......... 3
Avant-propos .......... 5

## Première partie
## Acquérir la méthode des épreuves écrites et orales 7

### 1. Épreuves écrites .......... 9

I. Descriptifs .......... 11
A. Concours « classes préparatoires » – LV1 .......... 11
B. Concours « classes préparatoires » – LV2 .......... 12
C. Concours « admission sur titres » ou « admission parallèle » (HEC/ESCP, EDHEC) .......... 13

II. La traduction .......... 15
A. Conseils généraux et principaux défis .......... 15
*1. Typologie des erreurs* .......... 16
*2. Le registre de langue* .......... 18
*3. Les allusions culturelles* .......... 20
*4. Les noms propres* .......... 22
*5. Les unités de mesure* .......... 23
*6. Les titres* .......... 24
*7. La ponctuation* .......... 25
*8. Les temps* .......... 30
B. La version .......... 39
*1. La transposition* .......... 40
*2. La modulation* .......... 41
*3. L'étoffement* .......... 42
*4. L'allégement* .......... 43
*5. L'équivalence* .......... 43
*6. La traduction des structures résultatives* .......... 43
*7. Exemples corrigés et commentés* .......... 44
C. Le thème .......... 50
*1. Préférence de l'anglais pour les formes verbales* .......... 51
*2. Préférence de l'anglais pour la coordination et la chronologie des faits* .......... 52
*3. Préférence de l'anglais pour l'explicitation des liens entre les éléments apposés* .......... 52

4. *Préférence de l'anglais pour l'ordre canonique (sujet-verbe-complément)* ....53
5. *Préférence de l'anglais pour l'effacement de la relative* ....54
6. *Thème et rhème* ....55
7. *Place des adverbes* ....55
8. *Place des compléments circonstanciels* ....57
9. *L'absence de répétition du sujet et du complément* ....57
10. *La difficulté de conserver l'animisme* ....58
11. *Exemples corrigés et commentés* ....58

D. Le thème grammatical ....64
1. *La concordance des temps dans les* If-clauses ....65
2. *Le futur dans les subordonnées de temps* ....66
3. *Le prétérit modal et le* past perfect *modal* ....67
4. *« Depuis »* ....68
5. *« Dont »* ....70
6. *« Ce que », « ce qui »* ....71
7. *Le comparatif de supériorité* ....72
8. *Le comparatif d'infériorité* ....73
9. *Le comparatif d'égalité* ....73
10. « the + *comparatif*… the + *comparatif* » ....74
11. *Superlatif ou comparatif ?* ....75
12. *La tournure « comparatif +* and *+ comparatif »* ....76
13. *L'expression d'une grande quantité* ....76
14. *L'expression d'une petite quantité* ....78
15. *Une quantité insuffisante* ....78
16. *L'expression d'une quantité nulle* ....79
17. *La traduction de « on »* ....79
18. *La traduction du verbe « devoir »* ....81
19. *Dénombrables et indénombrables* ....83
20. *Exclamatives et tournures intensives* ....86
21. *La traduction de « faire faire »* ....87
22. *Les «* tags *»* ....88

**III. L'expression écrite ....89**

A. La question de compréhension ....89
B. L'essai ....91
1. *Les critères de notation* ....92
2. *Comment bâtir l'introduction ?* ....93
3. *Quel type de plan ?* ....93
4. *Comment structurer un paragraphe ?* ....94
5. *Comment exprimer son opinion personnelle ?* ....95
6. *Comment bâtir la conclusion ?* ....95
7. *Typologie (non exhaustive) des libellés de sujets* ....95
8. *Exemples corrigés et commentés* ....100

C. Enrichir l'expression ... 104
1. *Les* phrasal verbs *utiles dans un contexte argumentatif* ... 105
2. *Les collocations* ... 130
3. *Varier les constructions syntaxiques* ... 137
4. *Déjouer les pièges lexicaux* ... 141

**2. Épreuves orales ... 155**

**I. Descriptifs ... 157**
A. Concours « classes préparatoires » – LV1 ... 157
B. Concours « classes préparatoires » – LV2 ... 158
C. Concours « admission sur titres » ou « admission parallèle » (HEC/ESCP, EM Lyon, EDHEC, AUDENCIA) ... 160

**II. Méthode ... 161**
*Avertissement* ... 161
A. Présentation par le candidat ... 161
1. *Introduction* ... 161
2. *La synthèse* ... 164
3. *La transition synthèse / commentaire* ... 166
4. *Le commentaire* ... 167
5. *La conclusion* ... 172
B. L'entretien ... 173

**III. Sur quelques formats spécifiques ... 175**
A. Le format ESSEC LV1 / SKEMA (article en français) ... 175
B. L'analyse de documents audio (HEC LV1, ECRICOME, IENA) ... 175

**IV. Critères de notation ... 177**
A. Compétence linguistique ... 177
B. Richesse de l'analyse ... 177
C. Interaction avec le jury ... 178

**Deuxième partie**

**Maîtriser les notions de civilisation 179**

**1. Politics and institutions ... 181**

**I. The UK political system ... 183**
A. A Parliamentary Monarchy ... 183
B. Parliament ... 184
C. The executive ... 186

D. Political parties ... 188
E. The 2009 expenses scandal ... 189
F. Devolution ... 190
G. The UK and Europe ... 191
H. Northern Ireland ... 193

**II. The US political system ... 194**
A. Founding texts ... 194
B. The three branches of government and the system of "checks and balances" ... 195
C. State governments and Federalism ... 198
D. The two-party system ... 199
E. The presidential electoral process ... 200
*1. The selection of delegates* ... 200
*2. The National Convention* ... 201
*3. The Popular Vote* ... 201
*4. The Electoral Vote* ... 202
F. The 2008 presidential election ... 202
G. The 2012 presidential election ... 206

**III. Thème d'application ... 207**

**2. Law and justice ... 209**

**I. The UK ... 211**
A. The judicial system ... 211
B. The controversial issue of ASBOs ... 212
C. Prison reform ... 214

**II. The US ... 215**
A. The judicial system ... 215
B. The death penalty ... 216
C. Guantánamo Bay ... 219

**III. Thème d'application ... 221**

**3. Population and social mobility ... 223**

**I. Immigration and ethnic minorities ... 225**
A. The US, a nation of immigrants ... 225
B. The competing models of integration in the US ... 226
C. Recent immigration policies in the US and in the UK ... 228

II. **Fighting discrimination** .......... **231**
A. The end of legal segregation in the US .......... 231
B. Affirmative action: a necessary evil? .......... 232
C. Gay rights .......... 235
D. A need for identity politics? .......... 236

III. **The lack of social mobility** .......... **239**
A. Is Britain a "classless" or a "class-ridden" society? .......... 239
B. Social mobility in the US .......... 240
C. Are women still faced with a glass ceiling? .......... 242

IV. **Thème d'application** .......... **243**

4. **Education** .......... **245**

I. **The British educational system** .......... **247**
A. State schools .......... 247
B. Independent schools .......... 247
C. Examinations .......... 249
D. Higher education .......... 249

II. **The US educational system** .......... **252**
A. The School System .......... 252
B. Higher education .......... 253

III. **Improving education standards** .......... **254**
A. UK policies .......... 254
B. US policies .......... 255
C. Pedagogy .......... 256

IV. **Education and elitism in the UK** .......... **257**
A. An "educational apartheid"? .......... 257
B. Positive discrimination .......... 258
C. Top-up fees .......... 258

V. **Education and segregation in the UK** .......... **259**
A. Desegregation or resegregation? .......... 259
B. The "No Child Left Behind" Act .......... 260

VI. **Should firms be allowed to play a role in education?** .......... **261**
A. Existing partnerships .......... 261
B. An ongoing controversy .......... 262

VII. **Thème d'application** .......... **264**

**5. Religion** .......... **267**

**I. Religion in the uk** .......... **269**
A. The Anglican Church .......... 269
B. Religion and politics .......... 270
C. The debate over disestablishment .......... 272

**II. Religion in the US** .......... **274**
A. The religious diversity .......... 274
B. Religion and politics .......... 276

**III. Thème d'application** .......... **279**

**6. The media** .......... **281**

**I. The British media** .......... **283**
A. The press .......... 283
B. The BBC .......... 287

**II. The American media** .......... **289**
A. The press .......... 289
B. Radio and television .......... 291

**III. Current issues** .......... **292**
A. Freedom of the press vs individual privacy? .......... 292
B. Does the Fourth Estate still fulfil its role? .......... 293

**IV. Thème d'application** .......... **295**

**7. Civil liberties and privacy** .......... **297**

**I. The consequences of the war on terror** .......... **299**
A. Anti-terrorism legislation .......... 299
B. Arbitrary detention and the use of torture .......... 301
C. Freedom of speech and the war on terror .......... 303

**II. Are western democracies turning into orwellian societies?** .......... **304**
A. The ID card scheme and other controversial databases in the UK .......... 304
B. Surveillance .......... 306

**III. Thème d'application** .......... **308**

8. Social protection and health care ........................................ 311

I. Which way forward for the Welfare State in Britain? ........................ 313
A. The birth of the Welfare State ........................................ 313
B. NHS reforms ........................................ 314
C. Welfare vs Workfare ........................................ 315
D. A Nanny State? ........................................ 317

II. Social protection in the US ........................................ 318
A. Social security and welfare ........................................ 318
B. Obama's health-care bill: a historic milestone? ........................................ 319
C. Attempts at rolling back health care legislation ........................................ 321

III. Thème d'application ........................................ 322

9. International relations ........................................ 325

I. America's foreign policy and its repercussions on global geopolitics ........................................ 327
A. Between isolationism and internationalism ........................................ 327
B. The global war on terror ........................................ 330
C. The return to multilateralism? ........................................ 333
D. The only remaining superpower? ........................................ 335
E. A "special relationship" with the UK ........................................ 336

II. The issue of nuclear proliferation ........................................ 338
A. The globalisation of the nuclear issue ........................................ 338
B. The case of North Korea ........................................ 339
C. The case of Iran ........................................ 340

III. Thème d'application ........................................ 342

10. The environment ........................................ 345

I. The endangered environment ........................................ 347
A. Various forms of pollution ........................................ 347
B. Global warming ........................................ 348
C. Extreme climatic events ........................................ 349
D. The threat to biodiversity and the depletion of natural resources ........................................ 350

II. Environmental awareness ........................................ 351
A. Sustainable development and international initiatives ........................................ 351
B. America's stance on environmental issues ........................................ 353
C. Domestic and personal initiatives ........................................ 355
D. The greening of businesses ........................................ 356
E. Climate change sceptics ........................................ 356

III. Thème d'application ........................................ 357

11. The economy ... 359

I. Recent trends in global business ... 361
A. The switch from agribusiness and manufacturing to services ... 361
B. The rapid rise of e-commerce ... 363
C. Fair Trade ... 365

II. Trends in business organisation and corporate governance ... 367
A. Business combination ... 367
B. Outsourcing / Offshoring... Has the world become flat? ... 369
C. Business ethics ... 371

III. Reactions to the financial crisis ... 373
A. Can capitalism be moralised? ... 373
B. A crackdown on Wall Street? ... 374

IV. Thème d'application ... 375

Troisième partie

S'entraîner sur les sujets d'annales 377

1. Versions ... 379

CCIP – LV1 – 2011 ... 381
CCIP – LV1 – 2010 ... 383
CCIP – LV2 – 2010 ... 385
CCIP – LV1 – 2009 ... 387
CCIP – LV2 – 2009 ... 389
CCIP – LV1 – 2008 ... 391
CCIP – LV2 – 2008 ... 393
CCIP – LV1 – 2007 ... 395
CCIP – LV2 – 2007 ... 397
HEC/ESCP admission directe, première session – 2009 ... 399
HEC/ESCP admission directe, deuxième session – 2009 ... 401
HEC/ESCP admission directe, première session – 2008 ... 403
HEC/ESCP admission directe, deuxième session – 2008 ... 405
HEC/ESCP admission directe, première session – 2007 ... 407
HEC/ESCP admission directe, deuxième session – 2007 ... 409
ECRICOME – LV1 – 2010 ... 411

ECRICOME – LV2 – 2010 .......... 413
ECRICOME – LV1 – 2009 .......... 415
ECRICOME – LV2 – 2008 .......... 417
ECRICOME – LV1 – 2007 .......... 419
IENA – LV1 – 2014 .......... 421
IENA – LV1 – 2008 .......... 422
IENA – LV2 – 2008 .......... 424

2. Thèmes .......... 425

CCIP – LV1 – 2012 .......... 427
CCIP – LV1 – 2010 .......... 428
CCIP – LV2 – 2010 .......... 430
CCIP – LV1 – 2009 .......... 432
CCIP – LV2 – 2009 .......... 434
CCIP – LV1 – 2008 .......... 436
CCIP – LV2 – 2008 .......... 438
CCIP – LV1 – 2007 .......... 439
CCIP – LV2 – 2007 .......... 441
HEC/ESCP admission directe, première session – 2009 .......... 443
HEC/ESCP admission directe, deuxième session – 2009 .......... 444
HEC/ESCP admission directe, première session – 2008 .......... 445
HEC/ESCP admission directe, première session – 2007 .......... 447
HEC/ESCP admission directe, deuxième session – 2007 .......... 449
ECRICOME – LV1 – 2010 .......... 451
ECRICOME – LV1 – 2009 .......... 453
ECRICOME – LV1 – 2008 .......... 455
IENA – LV1 – 2008 .......... 457

3. Thèmes grammaticaux .......... 459

ECRICOME – LV2 – 2009 .......... 461
IENA – LV2 – 2009 .......... 464

4. Expression écrite : questions de compréhension .......... 467

CCIP – LV1 – 2007 .......... 469
IENA – LV1 – 2009 .......... 472
IENA – LV2 – 2009 .......... 475

5. Expression écrite : essais ........ 477

CCIP – LV1 – 2009 ........ 479
CCIP – LV2 – 2007 ........ 480
ECRICOME – LV1 – 2009 ........ 481

6. Épreuves orales ........ 483

Analyse d'un enregistrement authentique (HEC – LV1 – 2008) ........ 485
Analyse d'un article (AUDENCIA – LV1 – 2009) ........ 489

**Bibliographie sélective** **495**

Cet ouvrage a été achevé d'imprimer en septembre 2014
dans les ateliers de Normandie Roto Impression s.a.s.
61250 Lonrai
N° d'impression : 1403525
Dépôt légal : septembre 2014

*Imprimé en France*